LAW & BUSINESS
法商圖書

公司法

邹 武 / 著

24个案由

诉讼指引与实务操作

GONGSIFA24 GE ANYOU
SUSONG ZHIYIN YU SHIWU CAOZUO

法律出版社 | LAW PRESS
北京

图书在版编目(CIP)数据

公司法24个案由诉讼指引与实务操作 / 邹武著. --
北京 : 法律出版社, 2024
ISBN 978 - 7 - 5197 - 9118 - 6

Ⅰ. ①公… Ⅱ. ①邹… Ⅲ. ①公司法-研究-中国
Ⅳ. ①D922.291.914

中国国家版本馆CIP数据核字(2024)第091023号

公司法24个案由诉讼指引与实务操作
GONGSIFA 24 GE ANYOU SUSONG ZHIYIN YU SHIWU CAOZUO

邹　武 著

责任编辑 章　雯　慕雪丹
装帧设计 鲍龙卉

出版发行 法律出版社
编辑统筹 法商出版分社
责任校对 赵明霞
责任印制 胡晓雅
经　　销 新华书店

开本 710毫米×1000毫米 1/16
印张 31.75　**字数** 516千
版本 2024年9月第1版
印次 2024年9月第1次印刷
印刷 天津嘉恒印务有限公司

地址:北京市丰台区莲花池西里7号(100073)
网址:www.lawpress.com.cn
投稿邮箱:info@lawpress.com.cn
举报盗版邮箱:jbwq@lawpress.com.cn
销售电话:010-83938349
客服电话:010-83938350
咨询电话:010-63939796

书号:ISBN 978-7-5197-9118-6　**定价**:128.00元

目录

CONTENTS

第一章

股东资格确认纠纷

股东资格的法律确认，意在解决具体情形下公司股东身份认定的法律问题。[1] 司法实践中，股东权利的行使、股东会决议效力、股东出资责任等多类纠纷，皆直接或间接涉及股东资格的法律确认问题。为妥善解决该类纠纷，2020年《民事案件案由规定》确定了三级案由“262. 股东资格确认纠纷”。《最高人民法院新民事案件案由规定理解与适用》将其释义为：“股东资格确认纠纷，是指股东与股东之间或者股东与公司之间就股东资格是否存在，或者具体的份额等发生争议而引起的纠纷。”[2]

根据上述释义，股东资格确认纠纷主体限于股东之间或者股东与公司之间，为公司内部纠纷。对于公司外部主体，如公司债权人，基于对国家登记公示信息的信赖，为保障交易安全和效率，应认定公示登记的股东即为公司股东，由登记公示的股东承担股东责任，这符合商事外观主义规则，例如《最高人民法院关于适用〈中华人民共和国公司法〉若干问题的规定（三）》（以下简称《公司法司法解释三》）第26条第1款规定：“公司债权人以登记于公司登记机关的股东未履行出资义务为由，请求其对公司债务不能清偿的部分在未出资本息范围内承担补充赔偿责任，股东以其仅为名义股东而非实际出资人为由进行抗辩的，人民法院不予支持。”

因此，股东资格确认纠纷应采取“内外有别”原则，在处理公司、股东与外部

〔1〕 参见虞政平：《股东资格的法律确认》，载《法律适用》2003年第8期。

〔2〕 杨万明主编、最高人民法院研究室编著：《最高人民法院新民事案件案由规定理解与适用》（下册），人民法院出版社2021年版，第734页。

交易第三人的关系上，如涉及股东资格认定问题，应坚持商事外观主义规则，认定登记公示股东为公司股东；但股东之间或者股东与公司之间，包括名义股东与实际出资人之间就股东资格产生纠纷的，属于内部争议，应考虑当事人真实的意思表示。本章主要论述公司内部主体之间股东资格确认问题。

第一节　股东资格确认纠纷诉讼指引

一、诉讼主体

（一）原告

股东资格确认纠纷属于确认之诉。因此，任一主体主张是公司股东或不是公司股东，或主张享有具体的公司份额，同时符合《民事诉讼法》第122条的规定，即“原告是与本案有直接利害关系的公民、法人和其他组织”，该主体即可作为股东资格确认纠纷之诉的原告。

股东资格确认之诉主要包括以下类型：瑕疵出资股东的股东资格确认纠纷；名义股东与实际出资人的股东资格确认纠纷；共有股权股东资格确认之诉；因股权转让而产生的股东资格确认之诉。[1] 因此，股东资格确认之诉的原告主要包括以下几类。

1. 因瑕疵出资失权的公司股东。公司有权根据《公司法》[2]第52条规定通知瑕疵出资股东失权。股东对公司失权通知不认可的，有权作为原告提起股东资格确认之诉。

2. 实际出资人。实际出资人虽实际出资，但其名称并未载于股东名册，未进行公示登记，为实现名实相符，实际出资人可作为原告提起诉讼，如（2021）最高法民申4921号案，法院认为，王某系青海省中国旅行社有限公司的原始股东，请求确认其在青旅公司的全部股权、青旅公司为其签发出资证明书并将其

---

〔1〕 参见最高人民法院民事审判第二庭编著：《最高人民法院关于公司法解释（三）、清算纪要理解与适用》，人民法院出版社2011年版，第350页。

〔2〕 如无特殊说明，本书中的《公司法》均指2023年修订后的《公司法》。——编者注

姓名记载于股东名册等。王某的诉讼请求具体而明确，其作为实际出资人主张投资权益的归属，符合《民事诉讼法》第 112 条规定的起诉条件，应具有原告的主体资格。

3. 名义股东。名义股东是为实际出资人代持股权，需承担相应的法律风险，在实际出资人不配合终止代持关系时，名义股东可作为原告提起诉讼，请求确认其名下的股权属于实际出资人享有。

4. 共有股权人。因共同认购、合伙及夫妻关系等事由请求确认其作为共有人或夫妻一方享有股东资格或享有相应的股权比例。

5. 股权继受取得主体。因股权转让、赠与及继承等方式继受取得股权的，作为股权受让人、受赠与人及继承人请求确认具有股东资格。

6. 公司债权人。股东出资是公司偿债资金的重要来源，股东未履行出资义务，根据《公司法司法解释三》第 13 条的规定，瑕疵出资股东应在其未出资本息范围内对公司债务不能清偿的部分承担补充赔偿责任。如存在股权代持的情形，名义股东无清偿能力，公司债权人有权请求名义股东与实际出资人承担连带责任，相当于请求法院确认实际出资人具有股东资格，如《上海市高级人民法院关于审理涉及公司诉讼案件若干问题的处理意见（二）》（沪高法民二〔2003〕第 15 号）第 2 条第 3 款第 2 项规定，公司债权人将实际出资人与名义股东列为共同被告的，人民法院可以根据案情判决双方承担连带责任；《山东省高级人民法院关于审理公司纠纷案件若干问题的意见（试行）》（鲁高法发〔2007〕3 号）第 39 条第 3 款规定，实际出资人直接享有并行使股东权利的，债权人有权要求实际出资人和名义出资人承担连带责任。需要注意的是，公司债权人在提起股东资格确认之诉时，不应含有"变更登记"给付成分的内容，因在均违背实际出资人、名义股东、公司三方意志的情况下，单纯确认股东资格的诉请足以进一步实现债权。[1]

---

〔1〕 参见张晓菁、柳洋：《有限责任公司股权代持中股东资格的确认》，载微信公众号"上海高院研究室"，https://mp. weixin. qq. com/s? src = 11&timestamp = 1685584153&ver = 4563&signature = Xq0dwi9O4UwVNRxXcupnwPNEGRLhgWjzHl7vNq - W8mcEvME7gs9D600j7aU12l9WMic0Wbem53Gk1erOyzzziw4 - hCUOA3G * cb37XHENOqrq4WhJ7ahaccLN9MZqRvQO&new = 1，最后访问日期：2023 年 3 月 1 日。

（二）被告

《公司法司法解释三》第21条规定，当事人向人民法院起诉请求确认其股东资格的，应当以公司为被告。股东是公司成员，股东资格被法院确认后，股东是向公司主张权益，公司有权就是否接受该当事人作为股东发表意见，因此，股东资格确认纠纷应以公司为被告。

实务中，实际出资人除请求确认股东资格，同时还会要求公司、名义股东配合办理公司股东变更登记，除确认之诉外，还包括给付内容，此时可以考虑将名义股东作为共同被告。

（三）第三人

股东资格确认纠纷案件中公司为被告，但是争议双方通常是公司股东，公司作为组织，其意思表示仅能通过公司机关表达，控制公司就控制了公司意志，为防止原告与被告公司串通，损害其他股东利益，《公司法司法解释三》第21条规定，与股东资格确认纠纷案件有利害关系的人作为第三人参加诉讼。

二、管辖

《民事诉讼法》第27条规定："因公司设立、确认股东资格、分配利润、解散等纠纷提起的诉讼，由公司住所地人民法院管辖。"根据上述规定，股东资格确认纠纷由公司住所地法院管辖。《最高人民法院关于适用〈中华人民共和国民事诉讼法〉的解释》（以下简称《民事诉讼法司法解释》）第3条规定，法人或者其他组织的住所地是指法人或者其他组织的主要办事机构所在地。法人或者其他组织的主要办事机构所在地不能确定的，法人或者其他组织的注册地或者登记地为住所地。

三、诉讼请求

确认之诉包括两种类型：主张法律关系存在的积极确认之诉与主张法律关系不存在的消极确认之诉。确认之诉的特点在于，法院仅需确认当事人之间是否存在某一法律关系，无须判令当事人为一定给付，也无须改变法律关系存在或不存在的现状。[1] 因此,股东资格确认纠纷的诉讼请求一般为原告向法院提起诉讼要求确认其享有股东资格,属于积极的确认之诉。

原告能否提起诉讼请求确认自己不是公司股东?有观点认为,原告请求确认其不是公司股东,属于消极确认之诉,不符合《公司法司法解释三》第 22 条规定,法院不应受理;也有观点认为,原告提起要求确认不具备股东资格的诉讼,具有诉的利益,亦有消除法律上不稳定状态、平衡当事人程序利益等价值,并且法律并不禁止消极确认之诉,在符合《民事诉讼法》规定的其他起诉条件的情况下,人民法院应当受理,在经过实体审理后依法判定是否支持确认不具备股东资格的诉讼请求。[2] 如(2020)最高法民终 1178 号案,法院裁判要旨认为,股东资格反向确认之诉具有诉的利益,符合民事诉讼法规定的其他起诉条件的,人民法院应当受理。

四、诉讼时效

股东资格确认纠纷属于确认之诉,不适用诉讼时效。

第二节　股东资格认定实务操作

一、股东资格认定规则

(一)股东资格的外观表现

公司股东具有如下外观表现或实施了如下行为。

1. 签订公司设立协议

公司设立是一个过程,需设立人采取一系列行为,包括拟定公司名称、确定

〔1〕 参见最高人民法院民事审判第二庭编著:《最高人民法院关于公司法解释(三)、清算纪要理解与适用》,人民法院出版社 2011 年版,第 349 页。

〔2〕 参见王福蕾、魏炳煌:《北京金一文化发展股份有限公司诉河南一恒贞珠宝股份有限公司股东资格确认纠纷案优案评析》,载 alpha 案例数据库,https://alphalawyer.cn/#/app/tool/excellentCase/detail/goode33f070ade378c157acbf4c1d58c0f4a?queryId=941d3bae9dbe11ebbc567cd30ac4754a&focus=1,最后访问日期:2023 年 4 月 10 日。

公司经营范围，租赁办公场所等。《公司法》第43条规定："有限责任公司设立时的股东可以签订设立协议，明确各自在公司设立过程中的权利和义务。"为明确各方在公司设立过程中的权利义务以及公司未成功设立时的责任，设立人通常会就公司设立行为签订设立协议。但是，签订公司设立协议并非设立人的法定义务，实务中也存在未签订的情况。

2. 申请设立公司

公司并不能凭空成立，需由设立人向公司登记机关提出设立登记申请。公司设立人，在法律意义上被称为公司发起人，《公司法司法解释三》第1条规定："为设立公司而签署公司章程、向公司认购出资或者股份并履行公司设立职责的人，应当认定为公司的发起人，包括有限责任公司设立时的股东。"

申请设立公司，发起人应当依法向公司登记机关申请设立登记。一般而言，发起人申请设立公司需提交的材料包括：公司登记申请书，该申请书应载明拟设立的公司名称、法定代表人姓名、注册资本、经营期限、经营范围、股东出资情况（包括股东名称或姓名、证件号码、认缴出资额、出资时间及出资方式等）等；全体股东签署的公司章程；法定代表人、董事、监事和高级管理人员的任职文件；住所使用的相关文件等。

3. 公司登记公示

公司登记包括设立登记和变更登记。公司设立成功，公司登记机关发给公司营业执照，公司营业执照签发日期为公司成立日期。公司成功设立的，公司登记机关应就下列公司登记事项通过统一的企业信息公示系统向社会公示：（1）名称；（2）住所；（3）注册资本；（4）经营范围；（5）法定代表人的姓名；（6）有限责任公司股东、股份有限公司发起人的姓名或者名称。公司登记事项发生变更的，应当依法办理变更登记。公司登记事项未经登记或者未经变更登记，不得对抗善意相对人。

4. 按期缴纳出资

公司设立后，开展经营需要资金，股东应按期缴纳出资。股东出资是公司经营的物质基础。鉴于出资是股东的核心义务以及出资对公司经营的重要性，长期以来，出资情况都是股东资格确认纠纷中法院需重点查明的事实。

5. 公司向股东签发出资证明书

《公司法》第 55 条规定:“有限责任公司成立后,应当向股东签发出资证明书,记载下列事项:(一)公司名称;(二)公司成立日期;(三)公司注册资本;(四)股东的姓名或者名称、认缴和实缴的出资额、出资方式和出资日期;(五)出资证明书的编号和核发日期。出资证明书由法定代表人签名,并由公司盖章。”根据上述规定,出资证明书是公司单方签发的,证明股东已缴纳了出资。

6. 公司置备股东名册

股东名册是公司成立后用以记载全体股东信息的书面文件。《公司法》第 56 条规定:“有限责任公司应当置备股东名册,记载下列事项:(一)股东的姓名或者名称及住所;(二)股东认缴和实缴的出资额、出资方式和出资日期;(三)出资证明书编号;(四)取得和丧失股东资格的日期。记载于股东名册的股东,可以依股东名册主张行使股东权利。”因此,置备股东名册是公司的法定义务,但《公司法》未对公司违反该项法定义务应承担何种责任作出规定。实务中,因违法后果不明确、中小企业管理不规范等原因,多数公司并未按照《公司法》规定置备股东名册。

7. 行使股东权利

《公司法》第 4 条第 2 款规定:“公司股东对公司依法享有资产收益、参与重大决策和选择管理者等权利。”股东资格与股东权利密不可分,行使股东权利,即代表其具有相应股东资格。某主体参加股东会,对公司法规定的股东会决策事项行使表决权,取得公司的利润分红,足以说明该主体具有股东资格。需要注意的是,公司股东并不直接参与公司经营管理。公司经营管理由董事会、经营层负责,因此,仅参与公司管理并不是股东资格的外观表现。

正常状态下,上述股东资格的外观表现应是前后一致的,参与公司设立的发起人,在公司设立成功后登记为公司股东,该股东认缴或实缴了出资,签署了公司章程,依法行使股东权利,公司向其发放出资证明书,并将其姓名或名称载入公司置备的股东名册中。但因社会经济活动复杂,各主体诉求不同,导致股东资格的上述外观表现在实务中并不一致,甚至相互冲突,例如登记公示的股东是甲,但公司章程、股东名册载明的股东却是乙,如此情况下,股东资格如何认定?上述外观表现中的哪个或哪些是股东资格认定的决定性要件,哪些仅能作为参考？

（二）股东资格认定规则

股东资格的上述外观表现，理论与实务一般将其区分为实质要件与形式要件。实质要件包括股东出资等；形式要件包括公司章程、股东名册、出资证明书与工商登记等。在此基础上，股东资格的认定规则有三种观点。

1. 以形式要件作为股东资格的认定标准

比较具有代表性的观点是以股东名册或工商登记作为股东资格的认定标准。将股东名册作为股东资格认定标准的观点认为，《公司法》第56条第2款规定"记载于股东名册的股东，可以依股东名册主张行使股东权利"，因此，可以推定记载于股东名册上的主体具有股东资格，公司只能对记载于股东名册的股东主张权利与履行义务。以股东名册作为公司内部确定股东资格的标准，更符合公司内部的运行逻辑，更符合效率与成本规则。[1] 以工商登记作为股东资格认定标准的观点认为，工商登记不仅仅是公司主体资格取得的唯一途径，也是公司相关法定记载事项予以公示的过程，使得相关利益主体能够通过公司登记机关的登记文件而获取公司的相关信息，包括股东信息。[2]

但是，采纳形式要件观点的，并不否认股东名册或工商登记载明的信息可以推翻。股东名册仅是证据之一种，但基于股东名册的推定性效力，相较于其他种类的证据，股东名册享有在举证方面的优势。[3] 有观点认为，认定股东资格的依据只能是相关的证明文件，其中最重要的就是工商登记，除非有相反证据足以推翻工商登记内容的真实性。[4] 作者认为，既然是股东资格的认定标准，该标准应是确定、唯一、可识别的，如果可以推翻，另以其他标准为准，则说明形式要件并非认定标准，仅能作为认定股东资格的证据之一。只是基于股东名册的法定推定效力或工商登记的对外公示效力，二者证明力相对高于其他股

[1] 参见张双根：《论有限责任公司股东资格的认定——以股东名册制度的建构为中心》，载《华东政法大学学报》2014年第5期。

[2] 参见刘凯湘：《股东资格认定规则的反思与重构》，载《国家检察官学报》2019年第1期。

[3] 参见张双根：《论有限责任公司股东资格的认定——以股东名册制度的建构为中心》，载《华东政法大学学报》2014年第5期。

[4] 参见刘凯湘：《股东资格认定规则的反思与重构》，载《国家检察官学报》2019年第1期。

东资格认定的证据。而且，股东名册或工商登记是由公司制定或完成，而公司一般由控股股东或董事、高级管理人员控制，公司的小股东无法参与制定过程，以小股东无法参与制定的股东名册或工商登记作为认定股东资格的唯一标准，只会造成实质不公平和无尽纷争。因此，股东名册或工商登记仅是对已经取得股东资格的主体的身份的反映、记载或公示，并非创设股东资格的行为，不能作为股东资格的认定标准。

2. 以实质要件作为股东资格的认定标准

采纳该主张的观点认为，公司作为法人，其设立和运营需要资金支持，没有资金，公司无法运转。因此，资金对于公司的重要性不言而喻。公司设立时的唯一资金来源就是公司股东的出资。从这个角度看，出资应作为认定股东资格的唯一标准。《公司法司法解释三》最终采纳了实质要件说，实际出资人可依据其与名义出资人之间的隐名投资合同或者其他出资事实证明其为真正的出资人。[1]

3. 以实质要件和形式要件综合作为股东资格的认定标准

采纳该主张的观点认为，人民法院审理该类案件应注意，股东取得完整无瑕疵的股东资格和股东权利（无论是原始取得还是继受取得）须符合两个要件，即实质要件和形式要件。实质要件是以出资为取得股东资格的必要条件，形式要件是对股东出资的记载和证明，是实质要件的外在表现。[2] 如（2019）最高法民申5080号案（最高人民法院第六巡回法庭2019年度参考案例），法院裁判要点认为，依据2018年《公司法》第28条、第32条及《公司法司法解释三》第23条的规定，取得股东资格需具备实质要件和形式要件，实质要件是股东完成认缴出资，形式要件是对股东出资状况的记载和证明。

作者认为，股东资格的认定标准，应结合股东资格的取得方式进行认定。不同的取得方式，股东资格认定标准亦存在不同，根据《公司法司法解释三》第22条的规定："当事人之间对股权归属发生争议，一方请求人民法院确认其享有股权

---

〔1〕 参见胡晓静、崔志伟：《有限责任公司隐名出资法律问题研究——对〈公司法解释（三）〉的解读》，载《当代法学》2012年第4期。

〔2〕 参见最高人民法院民事审判第二庭编著：《最高人民法院关于公司法解释（三）、清算纪要理解与适用》，人民法院出版社2011年版，第353页。

的,应当证明以下事实之一:(一)已经依法向公司出资或者认缴出资,且不违反法律法规强制性规定;(二)已经受让或者以其他形式继受公司股权,且不违反法律法规强制性规定。”股东资格取得方式包括两种情形:原始取得和继受取得,因此,股东资格认定包括原始取得情形下股东资格的认定与继受取得情形下股东资格的认定。

二、原始取得情形下股东资格的认定

股东资格的原始取得,分为公司设立时的原始取得和公司设立后的原始取得。公司设立时的原始取得,是指随着公司设立取得股东资格的情形。公司设立后的原始取得,是指通过认缴公司新增资本取得股东资格的情形。

原始取得情形下的股东资格认定标准,根据《公司法司法解释三》第 22 条的规定,一方有证据证明其已经依法向公司出资或者认缴出资,且不违反法律法规强制性规定的,有权请求法院确认其享有股权。享有股权的前提是具有股东资格,换言之,一方请求法院确认其享有股权即是请求法院确认其具有股东资格。

有观点认为,只有实际缴纳出资的主体才能取得公司股东资格,作者认为该观点并不严谨。2013 年我国开展公司资本制度改革,实行全面认缴制,公司设立时,只要认缴出资即可,并不需要实际出资。股东资格取得在前,出资义务在后。只有该主体具有了股东资格,其出资义务才产生。与此印证的是,实践中,对于股东瑕疵出资或抽逃出资,并不影响股东资格的认定。实际出资虽然是股东的重要义务,但股东未按约定出资仅导致其承担相应的民事责任和行政责任,并不必然否定其股东资格。〔1〕 因此,实际缴纳出资不应成为股东资格认定标准。

一项民事权利的取得,需要借助法律行为来完成,法律行为的灵魂是意思表示。〔2〕 该主体要成为公司股东,首先应具有认缴的意思表示,并依据该意思表示进行外部表示行为。实际缴纳出资行为,是认缴意思表示的外部表示行

〔1〕 参见王毓莹:《隐名股东的身份认定及其显名路径——基于最高人民法院 76 份裁判文书的实证分析》,载《国家检察官学院学报》2021 年第 2 期。

〔2〕 参见税兵:《在表象与事实之间:股东资格确定的模式选择》,载《法学杂志》2010 年第 1 期。

为。因此,作者认为,应将主体具有认缴的意思表示作为原始取得情形下股东资格的认定标准。至于缴纳出资、签发出资证明书、办理股东登记、股东名册记载等均是其成为股东后的义务或公司对已取得股东资格的主体负担的义务,不能倒果为因,将这些结果或义务作为认定股东资格的标准,这些结果或义务仅是该主体具有认缴的意思表示的外化证据,证据可以多样,甚至相互冲突,但核心的认定标准不能变化,原始取得情形下股东资格认定的唯一标准应是该主体具有认缴的意思表示,如(2020)最高法民申441号案,法院认为,根据《公司法司法解释三》第22条的规定,股东之于公司是否具有股东资格应依据股东是否认缴出资确定。

三、继受取得情形下股东资格的认定

股东资格原始取得情形下,无论是公司设立时的原始取得,还是公司增资时的原始取得,出资款项均流入公司;而股东资格继受取得时,例如股权转让,受让人应将取得股权的对价支付给股权的出让人,这是股东资格原始取得与继受取得的区别。

股东资格继受取得包括股权转让、继承、赠与等方式。实务中,最常出现的争议是股权转让和继承时的股东资格取得问题,即股权受让人或继承人在何时取得公司的股东资格。

(一)《民法典》关于物权设立的规定

《民法典》第209条第1款规定:"不动产物权的设立、变更、转让和消灭,经依法登记,发生效力;未经登记,不发生效力,但是法律另有规定的除外。"第224条规定:"动产物权的设立和转让,自交付时发生效力,但是法律另有规定的除外。"根据上述规定,不动产物权的设立、转让经依法登记发生效力,动产物权的设立、转让自交付时发生效力,即不动产和动产物权的设立和转让需要合同生效加登记或交付才发生效力。

《民法典》第333条规定:"土地承包经营权自土地承包经营权合同生效时设立。"第374条规定:"地役权自地役权合同生效时设立。当事人要求登记的,可以向登记机构申请地役权登记;未经登记,不得对抗善意第三人。"第403条规定:“以动产抵押的,抵押权自抵押合同生效时设立;未经登记,不得对抗善意第三人。”根据上述规定,土地承包经营权、地役权(属于用益物权)与动产抵押权(属于担保物权)均自合同生效时设立并且未经登记,不得对抗善意第三人。

因此,我国物权设立模式包括两种情形:一是物权自合同生效加上登记或交付完成时设立;二是物权自合同生效时设立,登记是对抗要件。

股权作为一种复合型权利,股权受让人何时取得股东资格?是自股权转让合同生效时受让人取得股东资格?还是自股权转让合同生效,再加上股东姓名或名称记载于股东名册或进行工商变更登记后,受让人才取得股东资格?《公司法》及其司法解释对此并未进行明确规定。

(二)股权受让人取得股东资格的标志

1.有限公司股权受让人取得股东资格的标志

正常状态下,股权转让合同的签订及履行过程包括如下事项:股权转让合同的磋商;出让人询问其他股东是否行使优先购买权;如其他股东不行使优先购买权,出让人和受让人签订股权转让合同;受让人支付股权转让款;出让人通知公司股权发生转让;受让人名称记载于股东名册、公司章程;公司进行工商变更登记;受让人开始行使股东权利。

上述事项中,哪个事项是作为股权受让人取得股东资格的标志呢?《公司法》第 86 条第 2 款规定:“股权转让的,受让人自记载于股东名册时起可以向公司主张行使股东权利。”《全国法院民商事审判工作会议纪要》(以下简称《九民会议纪要》)第 8 条规定,当事人之间转让有限责任公司股权,受让人以其姓名或者名称已记载于股东名册为由主张其已经取得股权的,人民法院依法予以支持。因此,有观点认为,按上述规定,应以公司内部登记,即记载于股东名册作为取得股东资格的标志。

陈克老师认为,有限责任公司的股权变动,在出让人和受让人之间,股权自双方达成合意时发生变动;于公司而言,正常情况下,受让人名称记载于股东名册时股权发生变动,如发生公司拒不办理股东名册变更的非正常情况,股权自出让人通知公司后,再经过合理期限即发生变动。

作者认为,首先,根据《公司法》第 34 条第 2 款规定,“公司登记事项未经登记或者未经变更登记，不得对抗善意相对人"，股东发生变更，公司应进行变更登记，但办理变更登记的法律后果是对抗善意相对人，登记是对抗要件，非创设新的权利或生效要件。因此，以工商登记作为股权受让人取得股东资格的标志没有法律依据。其次，《公司法》第 86 条第 2 款及《九民会议纪要》第 8 条规定的情形是受让人的姓名或者名称已记载于股东名册，并以此主张取得了股权。因其姓名或者名称已记载于股东名册，基于股东名册的推定效力，受让人自然有权主张其已取得股权。但是，反推之，并不能说明姓名或者名称未记载于股东名册的受让人就不是股东。如以记载于股东名册作为股东资格取得标志，未记载于股东名册的，此时受让人尚未取得股东资格，公司不是股权转让合同相对方，受让人基于何种理由请求公司将其记载于股东名册，并进行公司股东变更登记呢？如果公司一直拒绝变更股东名册，岂不是受让人一直无法取代出让人的股东资格。因此，合理的解释是，只有股权受让人取得了股东资格后，其才有权请求公司将其姓名或者名称记载于股东名册，请求修改公司章程、变更公司股东登记。请求记载于股东名册、修改公司章程、变更公司股东登记是股权受让人成为股东之后享有的权利，公司基于股权受让人已取得了股东资格，才向其负有义务。最后，可借鉴债权转让的模式，债权转让自债权人与债权受让人达成债权转让合意时生效，无须债务人同意，但要对债务人生效，债权人应通知债务人债权转让情况。

基于上述分析，作者认为，股权转让情形下股东资格的认定标准为：股权受让人自股权转让合同生效时即取得股东资格，但股权转让人通知公司后，对公司才具有约束力。公司在知晓转让人转让股权后，基于公司章程等规定，可以对受让人享有抗辩权，如(2021)最高法民申 6526 号案，法院认为，昌恒公司虽与平棉集团签订股权转让协议，平棉集团认可其将碧海公司 11.76% 的股权转让给了昌恒公司，但平棉集团向昌恒公司转让股权违反了碧海公司章程的约定，碧海公司对股权转让不予认可，昌恒公司也未提供工商登记、股东名册等能够证明其股东身份的证明文件，因此原审判决认定昌恒公司并不是公司法意义上的股东，其主张碧海公司直接向其支付分红款的理由不成立，并无不当。

与作者观点相印证，现行《公司法》第 86 条第 1 款规定："股东转让股权的，应当书面通知公司，请求变更股东名册；需要办理变更登记的，并请求公司向公司登记机关办理变更登记。公司拒绝或者在合理期限内不予答复的,转让人、受让人可以依法向人民法院提起诉讼。"第87条规定:"依照本法转让股权后,公司应当及时注销原股东的出资证明书,向新股东签发出资证明书,并相应修改公司章程和股东名册中有关股东及其出资额的记载。对公司章程的该项修改不需再由股东会表决。"根据上述规定,办理变更登记、签发新出资证明书,修改公司章程和股东名册,均发生在股权转让后,说明在此之前受让人已取得了股东资格,否则公司无义务办理相关事项,因此,有限公司股权变动模式采取意思主义,既有债权变动模式可以借鉴,也符合现行《公司法》规定。

2. 股份公司股份受让人取得股东资格的标志

与有限公司不同,《公司法》第159条第1款规定:"股票的转让,由股东以背书方式或者法律、行政法规规定的其他方式进行;转让后由公司将受让人的姓名或者名称及住所记载于股东名册。"具体言之,记名股票由股东以背书方式转让;无记名股票由股东以交付方式转让,因此,股份有限公司受让人取得股东资格的标志为合同有效加背书或交付。

(三)股权继承情形下股东资格的取得

《公司法》第90条规定:"自然人股东死亡后,其合法继承人可以继承股东资格;但是,公司章程另有规定的除外。"第167条规定:"自然人股东死亡后,其合法继承人可以继承股东资格;但是,股份转让受限的股份有限公司的章程另有规定的除外。"

股权是一项独立的民事权利,既包括股东的财产权,也包括基于财产权产生的身份权即股东资格,该身份权体现为股东可以就公司的事务行使表决权等有关参与公司决策的权利,就股权所具有的财产属性而言,其作为遗产被继承符合《民法典》规定;而涉及股东身份的股东资格继承问题,需要在《公司法》中作出明确规定。[1] 因此,《公司法》第90条和第167条规定了股东资格继承的一般原则,即无论有限公司或股份公司,股东资格原则上由合法继承人在股东

〔1〕 参见最高人民法院民事审判第二庭编著:《最高人民法院关于公司法解释(三)、清算纪要理解与适用》,人民法院出版社2011年版,第365页。

死亡后继承,除非公司章程另有规定。

关于公司章程另有规定的问题,如公司章程属于初始章程或经全体一致同意的章程修正案,同意排除股东资格继承,全体股东应遵守;如股东死亡后,公司章程以资本多数决形式排除死亡股东继承人继承,死亡股东无机会表达意见,此时形成的章程修正案缺乏公平性;如股东死亡前,公司章程以资本多数决形式排除死亡股东继承人继承,如各股东已充分表达了意见,且不存在违反股东平等原则,基于发生死亡的或然性,认定章程修正案有效较为合理。

四、冒名股东相关法律问题

冒名股东是指以根本不存在的人的名义(如去世者或者虚构者)出资登记,或者盗用真实人的名义出资登记的投资者。[1] 包括以根本不存在的人的名义出资并登记和盗用真实的人的名义出资并登记两种情形。[2]

被冒名者虽经公示登记为公司股东,并载于股东名册,但其并不具有成为股东的意思表示,其不是公司股东,不应承担出资义务,应由冒名登记行为人承担责任。因此,《公司法司法解释三》第28条规定:"冒用他人名义出资并将该他人作为股东在公司登记机关登记的,冒名登记行为人应当承担相应责任;公司、其他股东或者公司债权人以未履行出资义务为由,请求被冒名登记为股东的承担补足出资责任或者对公司债务不能清偿部分的赔偿责任的,人民法院不予支持。"

如以工商登记或股东名册载明的信息作为股东资格的唯一认定标准,则冒名股东就是公司真正股东,应承担出资义务,对于被冒名的无辜者而言是不合理的,也会导致社会秩序混乱。当然,为了防止真正股东假借被冒名的名义逃避出资义务,实践中,法院对冒名股东的认定适用较为严格的审查标准,审查要点主要包括:第一,审查主张被冒名者是否存在成为公司股东的动机。同时,严格审查主张被冒名者是否存在逃废债的动机,避免损害公司已知或未知债权人

〔1〕参见最高人民法院民事审判第二庭编著:《最高人民法院关于公司法解释(三)、清算纪要理解与适用》,人民法院出版社2011年版,第435页。

〔2〕参见江苏省高级人民法院民事审判第二庭:《有限责任公司股东资格的认定》,载《人民司法》2003年第2期。

的合法权益。第二,公司的章程、股东会决议、股权转让协议以及设立公司时所提交资料上的签名是否为本人签字,如非本人签字是否为授意签字。第三,被冒名者需初步举证证明冒名者未经授权持有其身份证原件,应提供在被冒名登记期间遗失身份证的报失证明原件等。第四,被冒名者对工商登记等事宜是否知情,如果其知情但未反对,则不应被认定为冒名登记。第五,综合考虑其他因素,如被冒名登记的股东与冒名股东或其他股东的关系,以及被冒名登记股东的身份、财产情况,被冒名登记的股东是否参与公司管理、是否参加过股东会、是否有分红等因素进行判断。主张被冒名者应就冒名事实的存在承担举证责任。[1] 如(2020)最高法民申 5589 号案,吕某坤主张其被登记为埃宝公司股东系身份被冒名使用,应承担身份信息被冒用的举证责任。根据公司登记的相关规定,申请设立公司时,自然人股东需要提供身份证明。而根据查明的事实,埃宝公司的工商登记资料显示,吕某坤自 1997 年 1 月 21 日即被登记为埃宝公司股东。吕某坤虽然主张埃宝公司工商登记资料中的吕某坤签名不是其本人所签署,但其并未提供充分证据证明其身份证明被谁冒用、如何被冒用等的事实,而工商登记的内容具有对外公示效力。因此,原审判决认为吕某坤提供的证据不足以证明其身份被冒用的事实,对其诉讼请求不予支持,并无不当。

第三节　股权代持时股东资格认定

股权代持现象在市场经济活动中广泛存在,法律上应予以尊重,但公司作为组织体,如一律认可实际出资人的股东资格,将破坏股东间的人合性,同时对于实际出资人的投资权益也不能忽视,因此《公司法司法解释三》第 24 条在平衡实际出资人的投资权益和维护股东人合性基础上作出如下规定:“有限责任公司的实际出资人与名义出资人订立合同,约定由实际出资人出资并享有投资权益,以名义出资人为名义股东,实际出资人与名义股东对该合同效力发生争

---

[1] 参见郑军欢、俞悦:《股东资格确认纠纷案件的审理思路和裁判要点》,载微信公众号“上海一中法院”2020 年 3 月 9 日,https://mp.weixin.qq.com/s/mDGQ3L7ZkDRuZ_YAiIKo9w。

议的，如无法律规定的无效情形，人民法院应当认定该合同有效。前款规定的实际出资人与名义股东因投资权益的归属发生争议，实际出资人以其实际履行了出资义务为由向名义股东主张权利的，人民法院应予支持。名义股东以公司股东名册记载、公司登记机关登记为由否认实际出资人权利的，人民法院不予支持。实际出资人未经公司其他股东半数以上同意，请求公司变更股东、签发出资证明书、记载于股东名册、记载于公司章程并办理公司登记机关登记的，人民法院不予支持。”

根据上述规定，股权代持纠纷同时适用《民法典》及《公司法》的规定。认定代持协议效力时适用《民法典》规定，认定股东资格时适用《公司法》规定。首先，《公司法司法解释三》第24条仅适用有限责任公司存在股权代持时的处理，并不包括股份有限公司；其次，实际出资人与名义股东之间存在合同关系，双方权利义务以合同约定为准，具有相对性，实际出资人可以基于合同向名义股东主张投资权益，但不得向公司主张权益；最后，如实际出资人请求显名，即请求确认股东资格的，应经公司其他股东半数以上同意。

一、实际出资人股东资格的认定

股东资格取得包括原始取得与继受取得两种情形。与此对应，股权代持具体存在以下两种类型：第一，原始取得股东资格发生的代持，包括公司设立时名义股东为实际出资人代持以及名义股东为实际出资人认缴出资。第二，股权转让中发生的代持。后者包括两种情况：其一，“实转形不转”，转让人代受让人持有股权，形成了股权转让与代持关系的双重合意，类似于动产的占有改定，受让人为实际股东，但形式上股东名册及工商登记中的股东仍为转让人；其二，“形转实不转”，受让人代转让人持有股权，即形式上股东名册中股东变更为受让人，但转让人仍为实际股东，股东资格实际上并未发生变动。[1]

---

〔1〕 参见张晓菁、柳洋：《有限责任公司股权代持中股东资格的确认》，载微信公众号“上海高院研究室”，https://mp.weixin.qq.com/s?src=11&timestamp=1685584153&ver=4563&signature=Xq0dwi9O4UwVNRxXcupnwPNEGRLhgWjzHl7vNq-W8mcEvME7gs9D600j7aU12l9WMic0Wbem53Gk1erOyzzziw4-hCUOA3G*cb37XHENOqrq4WhJ7ahaccLN9MZqRvQO&new=1，最后访问日期：2023年3月1日。

实际出资人请求确认具有股东资格的，应满足如下条件。

（一）实际出资人与名义股东之间存在股权代持的合意

股权代持合意是实际出资人股东身份确认的实质要件。[1] 实际出资人请求确认名义股东名下股权归其所有，其是公司股东的，首先应举证证明双方存在股权代持的合意。按照“谁主张，谁举证”的原则，应由主张存在代持合意的一方承担举证责任，如举证不能，应承担不利后果，如（2015）民申字第692号案，法院认为，关于申请人王甲与被申请人王乙之间是否存在合法有效的代持股合意问题。从王甲在本案一审、二审中举证情况看，王甲未能提供其与王乙及海科公司之间存在书面代持股合意的证据，王乙与海科公司亦否认存在代持股合意；王甲与王乙的父母、姐姐虽然出庭证明珠峰公司是由王甲筹资建立，家庭会议商定王甲出资、王乙代王甲持股45%，2008年王甲将自己持有的珠峰公司股份全部转让给王乙，实际是由王乙代持股的意思，这也经家庭会议商定，但上述家庭成员证人证言并未明确对于珠峰公司2012年4月增资至5000万元过程中，由王甲实际出资王乙代其持有相应股份的行为是否经过了家庭会议讨论决定，家庭会议也没有形成任何书面记载，王乙亦否认曾参加过家庭会议。而且，家庭成员对于海科公司成为珠峰公司股东并持有股份的事宜亦均不知情；王甲提交的珠峰公司相关人员的证人证言，主要内容为珠峰公司由王甲筹建，由王甲实际控制并行使公司的经营管理权，这些证人证言不足以证明王甲与王乙之间存在代持股的合意以及珠峰公司2012年4月增资之时王甲已实际认缴注册资本；王甲签署珠峰公司文件的行为，亦不足以证明王甲与王乙之间存在代持股的合意。

股权代持合意并不限于书面形式，口头或其他形式均可。当股权代持协议为书面时，实际出资人只需举证存在该书面股权代持协议即可，除非有相反证据足以推翻代持协议，法官通常认定存在股权代持合意；而在不存在书面代持协议时，主张股权代持协议一方还需提供其他证据以补强股权代持合意，以使

---

〔1〕 参见王毓莹：《隐名股东的身份认定及其显名路径——基于最高人民法院76份裁判文书的实证分析》，载《国家检察官学院学报》2021年第2期。

法官产生足够的内心确信,方才完成证明。[1]

没有书面代持协议时,向公司实际出资是一方主张存在股权代持合意的重要证据,但并非实质要件。前已述及,原始取得情形下股东资格的认定,是一方具有认缴出资的意思,而非实际出资,实际出资是成为公司股东后应履行的义务,而非成为股东的前提;而且,一方向公司投入资金,存在借贷或属于其他往来款项的可能。因此,未签订书面代持协议情况下,法院应结合出资、双方沟通情况,是否实际行使了股东权利等综合认定股权代持合意是否存在,而非简单以实际出资作为认定合意存在的实质证据。

(二)股权代持合意合法有效

股权代持合意原则上有效,除非存在法律规定的无效情形。无效情形认定主要依据《民法典》总则编及合同编关于合同效力的相关规定。实务中,股权代持合意无效主要存在以下两种情形。

1. 金融监管领域,如保险、商业银行等股权代持无效。如(2018)最高法民再 325 号案,法院认为,商业银行股权的委托代持协议不应肯定。辉县农商行是商业银行,而对于商业银行股权的代持行为有单独的部门规章予以规制。2018 年 1 月 5 日原中国银行业监督管理委员会公布的《商业银行股权管理暂行办法》明确对商业银行的股权代持行为予以了否定。该办法第 10 条规定:"商业银行股东应当严格按照法律法规和银监会规定履行出资义务。商业银行股东应当使用自有资金入股商业银行,且确保资金来源合法,不得以委托资金、债务资金等非自有资金入股,法律法规另有规定的除外。"第 12 条规定:"商业银行股东不得委托他人或接受他人委托持有商业银行股权。"该规定虽然是部门规章,但是该规定明确对商业银行的股权代持行为持否定态度,要求商业银行股东不得委托他人或接受他人委托持有商业银行股权。如果在对外关系中轻易保护实际出资人,则会发出不恰当的信号,会导致非正常的公司持股现象大增,徒增交易成本,不利于交易安全。如果一概承认实际出资人排除执行的权

[1] 参见王毓莹:《隐名股东的身份认定及其显名路径——基于最高人民法院 76 份裁判文书的实证分析》,载《国家检察官学院学报》2021 年第 2 期。

利，则会让股权代持协议成为实践中规避执行、逃避义务的工具，导致无论被执行人是股权的实际出资人，还是名义持有人，法院都无法执行的局面。代持股可能成为一种规避监督制约的方式，使得实际出资人规避了原本应当承担的责任。因此，对于商业银行股权的代持行为，法院不应肯定和支持。

2. 上市公司股权应清晰，不存在重大权属纠纷，代持上市公司股票行为无效。如上市公司首发公开上市时的股权存在代持，一方面说明上市公司在上市时未如实披露重大信息，构成虚假陈述；另一方面上市公司存在股权代持时，如实际出资人主张名义股东名下股权归其所有，会造成上市公司股权不稳定，损害不特定投资者利益，危及公共金融秩序，应认定无效，如（2017）最高法民申2454 号案，法院认为，诉争协议即为上市公司股权代持协议，对于其效力的认定则应当根据上市公司监管相关法律法规以及《合同法》等规定综合予以判定。首先，中国证券监督管理委员会于 2006 年 5 月 17 日颁布的《首次公开发行股票并上市管理办法》（已失效）第 13 条规定："发行人的股权清晰，控股股东和受控股股东、实际控制人支配的股东持有的发行人股份不存在重大权属纠纷。"2014 年《证券法》第 12 条规定："设立股份有限公司公开发行股票，应当符合《中华人民共和国公司法》规定的条件和经国务院批准的国务院证券监督管理机构规定的其他条件……"第 63 条（现为第 78 条）规定："发行人、上市公司依法披露的信息，必须真实、准确、完整，不得有虚假记载、误导性陈述或者重大遗漏。"中国证券监督管理委员会于 2007 年 1 月 30 日颁布的《上市公司信息披露管理办法》第 3 条（现为第 4 条）（2021 修订）规定："发行人、上市公司的董事、监事、高级管理人员应当忠实、勤勉地履行职责，保证披露信息的真实、准确、完整、及时、公平。"根据上述规定可以看出，公司上市发行人必须股权清晰，且股份不存在重大权属纠纷，以及公司上市需遵守如实披露的义务，披露的信息必须真实、准确、完整，这是证券行业监管的基本要求，也是证券行业的基本共识。由此可见，上市公司发行人必须真实，不允许发行过程中隐匿真实股东，否则公司股票不得上市发行，即上市公司股权不得隐名代持。该案之中，在亚玛顿公司上市前，林某坤代杨某国持有股份，以林某坤名义参与公司上市发行，实际隐瞒了真实股东或投资人身份，违反了发行人如实披露义务，为上述规定明令禁止的情形。此外，中国证券监督管理委员会根据《证券法》的授权对证券行业进行监督管理，是为保护广大非特定投资者的合法权益。要求拟上市公司股权必须清晰，约束上市公司不得隐名代持股权，系对上市公司监管的基本要求，否则如上市公司真实股东不清晰，其他对于上市公司系列信息披露要求、关联交易审查、高管人员任职回避等的监管举措必然落空，进而损害到广大非特定投资者的合法权益，从而损害到资本市场基本交易秩序与基本交易安全，损害到金融安全与社会稳定，从而损害到社会公共利益。本案杨某国与林某坤签订的《委托投资协议书》与《协议书》，违反公司上市系列监管规定，而这些规定有些属于法律明确要求的应当遵循之规定，有些虽属于部门规章性质，但因经法律授权且与法律并不冲突，并属于证券行业监管基本要求与业内共识，并对广大非特定投资人利益构成重要保障，也是社会公共利益的必要保障，故依据原《合同法》等的规定，该案上述诉争协议应认定为无效。

上述两个案例的代持情形不属于原《合同法》规定的无效法律行为，但法院先认定上述代持情形违反了金融监管部门制定的规范性文件，然后再层层递进分析，最终认定代持情形损害了社会公共利益，并认定无效。《公司法》第 140 条第 2 款规定，禁止违反法律、行政法规的规定代持上市公司股票。该规定为认定代持上市公司股票行为无效提供了法律依据。认定金融领域和上市公司股权代持无效，有助于维护金融领域的安全，但金融领域商事活动活跃，牵涉利益巨大，扩大合同无效的范围同样会造成金融秩序混乱，因此，在金融监管领域的股权代持无效的认定上，应当妥善运用穿透式审判思维，综合分析相关制度的出台目的、内容实质以及违反后是否会损害到金融市场交易秩序安全、损害到社会公共利益，从而对合同效力进行判断。[1]

(三)实际出资人取得股东资格需公司其他股东半数以上同意

有限公司具有人合性，公司其他股东是基于对名义股东的了解和信任，才与其共同设立公司，如名义股东事后披露为实际出资人代持其股权，其他股东有权决定是否接纳实际出资人为股东。

---

〔1〕 参见王毓莹：《隐名股东的身份认定及其显名路径——基于最高人民法院 76 份裁判文书的实证分析》，载《国家检察官学院学报》2021 年第 2 期。

以实际出资人的隐名状态区分，实际出资人分为完全隐名的实际出资人和不完全隐名的实际出资人。完全隐名的实际出资人，是指公司其他股东不知晓实际出资人的存在，直至名义股东或实际出资人披露时才知晓代持关系的存在；不完全隐名的实际出资人，是指公司其他股东在公司设立时或公司运作过程中，就知晓实际出资人的存在，而且实际出资人也参与了公司管理、行使了股东权利，公司其他股东已“默示同意”实际出资人为公司股东。

如完全隐名的实际出资人要成为公司股东，相当于名义股东对外转让股权，参考2018年《公司法》关于股权转让的规定，《公司法司法解释三》第24条第3款规定，实际出资人要显名成为股东，需公司其他股东半数以上同意。需要注意，首先，其他股东半数以上是指公司的股东人数，而非表决权数；其次，其他股东半数以上同意，不包括名义股东。如(2020)粤民再420号案，法院查明，健泰公司工商登记的股东为樊某带、樊某添，持股比例均为50%。樊某带、樊某添所持健泰公司的100%股权中的50%系代周某雄、李某持有。法院认为，名义股东并非公司真正投资人，仅为实际出资人的代持股权主体，实际出资人显名时应予以配合，其无权提出异议。因此，上述规定中的“其他股东”是指名义股东以外的股东，即实际出资人请求公司办理显名登记时无须征得名义股东的同意。该案中，樊某带、樊某添所持健泰公司的100%股权中的50%系代周某雄、李某持有，樊某带、樊某添相对周某雄、李某而言属于显名股东，周某雄、李某请求公司办理显名登记时，无须征得樊某带、樊某添的同意。

如不完全隐名的实际出资人，公司其他股东已认可其股东身份，《九民会议纪要》第28条规定：“实际出资人能够提供证据证明有限责任公司过半数的其他股东知道其实际出资的事实，且对其实际行使股东权利未曾提出异议的，对实际出资人提出的登记为公司股东的请求，人民法院依法予以支持。公司以实际出资人的请求不符合公司法司法解释(三)第24条的规定为由抗辩的，人民法院不予支持。”因此，不完全隐名的实际出资人要显名成为股东，不需要公司其他股东半数以上同意，但实际出资人对公司其他股东已“默示同意”其为公司股东的事实承担举证责任。

二、投资权益的理解

《公司法》第 4 条第 2 款规定，公司股东对公司依法享有资产收益、参与重大决策和选择管理者等权利；《公司法司法解释三》第 24 条规定，实际出资人与名义股东之间，投资权益归实际出资人享有。公司股东的资产收益权利属于“投资权益”，应不存在争议。例如，公司进行利润分配后，名义股东应将收到的利润分红交付给实际出资人。

参与重大决策和选择管理者等权利是否属于“投资权益”呢？例如，公司召开股东会选举董事，实际出资人指示名义股东选择甲作为公司董事，名义股东未遵循实际出资人的指令，选择乙担任公司董事。如果选择管理者的权利属于“投资权益”，则实际出资人有权重新选举甲作为董事。如果选择管理者的权利不属于“投资权益”，则“投资权益”的范围仅限于资产收益的权利。有观点认为，因股权代持协议同时具有交易属性和组织属性，“投资权益”应包括参与重大决策和选择管理者等权利。

作者认为，因实际出资人尚未取得股东资格，无法直接行使公司表决权，如名义股东违背实际出资人的指示，名义股东应承担相应的违约责任；相较于实际出资人与名义股东之间的内部关系，公司其他股东属于第三人，其有权基于对名义股东股东资格的信赖，认定名义股东表决权的合法性和真实性，否则在名义股东行使表决权后，他人自称是实际出资人，并主张改变决议结果的，会造成公司经营不稳定，因此，“投资权益”理解为股东的资产收益权利符合目前《公司法》及其司法解释的规定，司法实践按此处理较为合理。

三、名义股东股权处分行为效力

名义股东未经实际出资人同意，擅自将代持股权进行处分，包括对外转让、质押或者以其他方式处分的，根据《公司法司法解释三》第 25 条的规定：“名义股东将登记于其名下的股权转让、质押或者以其他方式处分，实际出资人以其对于股权享有实际权利为由，请求认定处分股权行为无效的，人民法院可以参照民法典第三百一十一条的规定处理。名义股东处分股权造成实际出资人损失，实际出资人请求名义股东承担赔偿责任的，人民法院应予支持。”名义股东擅自处分的行为效力,适用《民法典》第311条善意取得制度。

有观点认为,善意取得制度适用前提是无权处分,名义股东已进行工商登记,外部第三人对于工商登记具有信赖利益,与物权善意取得中的物权无权处分人处分行为不同,名义股东处分其名下股权属于有权处分,不适用善意取得制度。作者认为,《公司法司法解释三》第25条虽对外部善意第三人不适用,但对公司内部主体或其他恶意第三人,特别是在实际出资人不完全隐名的情况下,明知名义股东的股权是为实际出资人代持的情形下,仍接受名义股东处分行为的,应适用善意取得制度,保护实际出资人投资利益。

第四节 股东失权制度

股东按期足额缴纳出资义务是其核心义务。股东出资形成的公司财产是公司法人人格独立的物质基础。因此,对于股东违反出资义务,按《公司法》及其司法解释的相关规定,瑕疵出资股东应补齐出资、赔偿公司损失,同时公司根据公司章程或者股东会决议有权对该股东的利润分配请求权、新股优先认购权、剩余财产分配请求权等股东权利作出相应的合理限制。

但是,瑕疵出资股东仍具有股东资格,享有表决权。《公司法》第65条规定:"股东会会议由股东按照出资比例行使表决权;但是,公司章程另有规定的除外。"根据该条规定,股东按出资比例行使表决权,法律并未限制瑕疵出资股东的表决权,瑕疵出资股东有权参与公司决策和选择董事,进而控制公司,由此导致法律对瑕疵出资股东的规制未能切中要害。

基于此,现行《公司法》第52条规定了股东失权制度,从剥夺股东股权、甚至股东资格角度敦促股东履行出资义务。

一、股东除名制度及其不足

《公司法司法解释三》第17条第1款规定:"有限责任公司的股东未履行出资义务或者抽逃全部出资,经公司催告缴纳或者返还,其在合理期间内仍未缴纳或者返还出资,公司以股东会决议解除该股东的股东资格,该股东请求确认该解除行为无效的,人民法院不予支持。”

该款规定了有限公司股东除名制度,即剥夺有限公司股东的股东资格。根据该款规定,公司股东会对于未履行出资义务或者抽逃全部出资的股东,公司可以通过股东会决议剥夺其股东资格。但是,该款规定适用条件较窄,限于未履行全部出资义务或抽逃全部出资的情形,极易被规避。例如,公司股东认缴出资 100 万元,到期未出资,为避免被公司股东会除名,该股东可以出资 1000 元至公司,这样就不属于全部未履行出资义务的情形,公司股东会无法剥夺其股东资格。

二、股东失权制度

现行《公司法》第 51 条规定:“有限责任公司成立后,董事会应当对股东的出资情况进行核查,发现股东未按期足额缴纳公司章程规定的出资的,应当由公司向该股东发出书面催缴书,催缴出资。未及时履行前款规定的义务,给公司造成损失的,负有责任的董事应当承担赔偿责任。”第 52 条规定:“股东未按照公司章程规定的出资日期缴纳出资,公司依照前条第一款规定发出书面催缴书催缴出资的,可以载明缴纳出资的宽限期;宽限期自公司发出催缴书之日起,不得少于六十日。宽限期届满,股东仍未履行出资义务的,公司经董事会决议可以向该股东发出失权通知,通知应当以书面形式发出。自通知发出之日起,该股东丧失其未缴纳出资的股权。依照前款规定丧失的股权应当依法转让,或者相应减少注册资本并注销该股权;六个月内未转让或者注销的,由公司其他股东按照其出资比例足额缴纳相应出资。股东对失权有异议的,应当自接到失权通知之日起三十日内,向人民法院提起诉讼。”

针对股东除名制度规制股东瑕疵出资的不足,现行《公司法》第 52 条规定了股东失权制度。股东除名制度与股东失权制度的适用条件均是股东存在瑕疵出资,法律上均可以导致股东丧失股东资格,但进一步细化,两个制度的不同点在于:一是适用条件上,股东失权制度针对瑕疵出资,包括股东全部未出资及部分未出资两种情形,股东除名制度仅适用全部未出资的情形;二是法律后果上,股东失权制度下,股东可丧失瑕疵出资部分对应的股权或股东资格,而适用股东除名制度时,股东丧失的是全部股权对应的股东资格。

适用《公司法》第51条及第52条股东失权制度应注意以下事项。

1. 该条适用范围是有限责任公司。《公司法》第42条规定:“有限责任公司由一个以上五十个以下股东出资设立。”因此,一人有限责任公司也适用股东失权制度,如由此导致公司没有股东,公司登记机关应撤销公司登记。

2. 该条适用对象是货币出资。对于非货币出资是否适用股东失权制度,理论上存在不同理解。2018年《公司法(修订草案)》第46条规定了货币和非货币出资瑕疵均适用股东失权制度,但《公司法(修订草案二次审议稿)》第51条删除了非货币出资瑕疵的表述,并在《公司法(修订草案三次审议稿)》第50条针对非货币出资瑕疵情形作出了专门规定,《公司法》第52条规定的情形是“股东未按照公司章程规定的出资日期缴纳出资”,因此,作者认为,从法律修订的演变分析,非货币财产出资瑕疵不适用股东失权制度。但也有观点认为,货币财产出资瑕疵、非货币财产出资瑕疵及抽逃出资均是股东对其出资义务的违反,应同等对待,均适用股东失权制度。这一争议尚需在司法实务中进一步明确。

3. 董事会应当对股东的出资情况(包括公司设立出资及新增资本认缴出资)进行核查。核查主体是董事会,这说明需要召开董事会,并对决定核查股东出资情况作出决议。董事会怠于履行出资情况核查,或核查后对于股东瑕疵出资未进行实质催缴的,董事会催缴出资不能仅限于通知,如瑕疵出资股东迟迟不履行出资义务,董事会应以公司名义提起诉讼,要求瑕疵股东完成出资。董事会未履行上述义务,作为董事会成员的董事构成对其忠实勤勉义务的违反,应承担相应的赔偿责任。

4. 瑕疵出资股东失权,不仅需要董事会作出决议,还需要公司发出两个通知,第一个是书面催缴出资通知,给予瑕疵出资股东宽限期。《公司法》第52条表述为“可以载明缴纳出资的宽限期”,说明公司也可以不给予宽限期。如果公司同意给予宽限期的话,宽限期自公司发出出资催缴书之日起,不得少于60日;第二个是书面失权通知,宽限期届满,股东仍未履行出资义务的,自通知发出之日(非送达之日)起,瑕疵出资股东丧失其未缴纳出资的股权。

5. 瑕疵出资股东因未缴纳出资丧失股权,自发出书面失权通知之日起,公司应在6个月内未转让或者完成减资,否则由其他股东按照其出资比例足额缴纳相应出资。对于股东失权后的法律后果,《公司法》给予公司选择权,可以转让,也可以减资,但公司应在6个月内完成;公司未在6个月内完成转让或完成减资,为避免公司登记注册资本与失权后的公司真实注册资本长期不一致,其他股东应对瑕疵股东未履行的出资义务按比例完成缴纳,该要求属于法定义务。

6. 瑕疵出资股东未按期足额缴纳出资,给公司造成损失的,应承担赔偿责任。公司损失主要表现为资金利息损失,如公司因资金不到位,丧失了某些商业机会,其他股东也应赔偿公司,但公司应承担举证责任。

7. 与股东出资加速到期制度的衔接。股东出资期限未到,其出资义务未产生,如公司要求该股东提前出资,该股东有权拒绝。但是,公司不能清偿到期债务的,公司或者已到期债权的债权人有权要求已认缴出资但未届缴资期限的股东提前缴纳出资。此时,如该股东拒绝提前缴纳出资,因其出资义务已产生,可适用股东失权制度。

8. 失权股东的救济。《公司法》第52条规定,自失权书面通知发出之日起,该股东丧失其未缴纳出资的股权;股东对失权有异议的,应当自接到失权通知之日起30日内,向人民法院提起诉讼。因通知是公司发出的,失权股东可提出股东资格确认之诉寻求救济。

存在的问题是,如失权股东不提起股东资格确认之诉,其他股东或公司无法提起股东资格消极确认之诉,确认失权股东不具有股东资格,如何要求市场监督管理部门办理完成股东变更登记,尚需司法与行政机关进一步明确。如无法有效衔接,导致的后果就是失权股东不提起诉讼,公司或其他股东提起诉讼法院不受理或被驳回,公司凭失权通知要求市场监督管理部门办理股东变更登记,市场监督管理部门能否凭公司的失权通知作出变更?如无法变更,失权股东在公司公示信息登记上仍为股东,虽公司或其他股东认可失权股东实际上已不是股东,但对于投资者等外部主体而言,在外部公示信息与内部真实情况不一致的情况下,其对与公司的合作可能会心存疑虑,公司最终会因失去业务机会或外部投资而逐渐被市场淘汰。

三、公司章程约定除名

如股东全部未出资,按《公司法》第52条规定,公司可以通知形式对该股东进行除名，属于法定除名。实务中，公司基于经营需要，公司章程会另外约定除名事由，比如最常见的“人走股留”约定，要求离职员工将持有的公司股权转让给公司或公司指定第三方。

法院判决普遍尊重公司自治，认可章程规定的除名事由的效力。[1] 全体股东一致通过的初始章程约定除名事由，法律适用上不存在争议，如最高人民法院第96号指导案例，其裁判要旨认为，初始章程明确约定公司回购条款的，只要不违反公司法等法律的强制性规定，可认定为有效。嗣后章程约定除名事由，为防止大股东滥用表决权损害小股东权益，应由全体股东一致通过方可对全部股东生效。

---

〔1〕 参见刘胜军：《论股东除名的事由与程序再造》，载《法学》2023年第3期。

第二章

股东名册记载纠纷

股东名册是指公司记载股东身份信息及其出资情况等的法定内部簿册。记载于股东名册的股东,可以依股东名册主张行使股东权利。公司亦可根据股东名册的记载进行内部管理,例如进行股东会会议通知、分配利润等。因此,股东名册记载与股东资格认定、提升公司内部管理效率密切相关,为解决该类纠纷,2020 年《民事案件案由规定》确定了三级案由"263. 股东名册记载纠纷"。

实务中,当事人单独提起股东名册记载纠纷诉讼的案例较少,当事人要求将其姓名或名称记载于股东名册,实质为要求公司认可其股东资格,如(2020)浙 01 民终 8090 号案,原告的诉讼请求为请求公司置备股东名册,但法院围绕原告是否认缴了出资、是否具有股东资格来展开审理。

第一节 股东名册记载纠纷诉讼指引

一、诉讼主体

(一)原告

1. 股权转让的转让人与受让人

《公司法》第 86 条规定:"股东转让股权的,应当书面通知公司,请求变更股东名册;需要办理变更登记的,并请求公司向公司登记机关办理变更登记。公司拒绝或者在合理期限内不予答复的,转让人、受让人可以依法向人民法院提起诉讼。股权转让的，受让人自记载于股东名册时起可以向公司主张行使股东权利。”《公司法司法解释三》第23条规定：“当事人依法履行出资义务或者依法继受取得股权后，公司未根据公司法第三十一条、第三十二条的规定签发出资证明书、记载于股东名册并办理公司登记机关登记，当事人请求公司履行上述义务的，人民法院应予支持。”根据上述规定，股东依法转让股权的，公司应完成股东名册变更，公司未履行该义务的，转让人、受让人可作为原告提起诉讼，如(2017)皖18民终492号案，法院认为，徐某向舒某辉、杨某霞转让股权后，宁国大华公司应当依法办理相关手续。为有效履行股权转让协议，徐某作为转让方与受让方舒某辉、杨某霞一并提起本案诉讼，并无不当。

2. 股权继承中的继承人

《公司法》第90条规定：“自然人股东死亡后，其合法继承人可以继承股东资格；但是，公司章程另有规定的除外。”根据该条规定，继承人可作为原告提起诉讼，请求公司将其姓名或名称记载于股东名册，无须先提起股东资格确认之诉，如(2020)京01民终7363号案，二审法院认为，股东名册是有限责任公司和股份有限公司必须具备的文件，是指公司依法置备的记载股东及其持股情况的簿册。对于有限责任公司以及发行记名股票的股份有限公司而言，股东名册必须记载股东的姓名或名称、持股数量等内容；当股东转让股权或者发生其他应当变更股东名册记载事项时，公司应当予以变更，否则，即可能产生股东名册记载纠纷。依据相关法律规定，自然人股东死亡后，其合法继承人可以继承股东资格，公司章程另有规定的除外。该案中未有证据证明天骄公司章程中存在对于股东继承人可以继承股东资格的相反约定，故一审法院判决天骄公司向赵某、何某1签发出资证明书并将二人的个人信息记载于公司股东名册及协助二人办理股权变更登记手续从而将何某2名下公司股权进行变更的做法，并无不妥。

3. 股权代持中的实际出资人

《公司法司法解释三》第24条第3款规定：“实际出资人未经公司其他股东半数以上同意，请求公司变更股东、签发出资证明书、记载于股东名册、记载于公司章程并办理公司登记机关登记的，人民法院不予支持。”根据该条规定，如实际出资人经公司其他股东半数以上同意成为股东，公司怠于将股东姓名或名称记载于股东名册，实际出资人可作为原告提起诉讼。

（二）被告

1. 公司

根据《公司法》第 56 条及第 102 条的规定，公司应当置备股东名册，置备股东名册是公司义务，因此，公司是股东名册记载纠纷的适格被告。

2. 股权转让人

股权转让人与受让人在股权转让合同中明确约定股权转让人配合完成股东名册变更的，受让人可将公司和股权转让人作为共同被告提起诉讼。

3. 名义股东

实际出资人与名义股东签订股权代持协议，约定实际出资人显名时，名义股东应提供协助的，实际出资人可将名义股东和公司作为共同被告提起诉讼。

（三）第三人

原告请求公司将其名称或姓名记载于股东名册，如公司作出记载，推定公司已确认原告的股东资格，对公司其他股东而言构成实质性影响，因此，为防止原告与被告公司串通，损害第三人利益，应参考《公司法司法解释三》第 21 条的规定，法院应通知与股东名册记载纠纷有利害关系的主体作为第三人参加诉讼。

二、管辖

《民事诉讼法》第 27 条规定，因确认股东资格纠纷提起的诉讼，由公司住所地人民法院管辖。《民事诉讼法司法解释》第 22 条规定，因股东名册记载纠纷提起的诉讼，依照《民事诉讼法》第 27 条规定确定管辖。因此，股东名册记载纠纷由公司住所地法院管辖。

需要注意的是，股东名册记载由公司住所地人民法院管辖，但并非专属管辖，当事人对管辖有约定的，仍可适用协议管辖，如（2022）浙 07 民终 1298 号案，法院认为，因公司设立、确认股东资格、分配利润、解散等纠纷提起的诉讼，由公司住所地人民法院管辖。该条关于公司诉讼管辖的规定属于特殊地域管辖而非专属管辖，因此，公司诉讼仍可由当事人协议管辖。该案中，案涉《协议书》明确约定，如在履行协议中产生纠纷，各方共同约定由东阳市人民法院管辖。至于该案是股东名册记载纠纷还是股权转让纠纷，可经实体审理后再行认定。

三、诉讼请求

股东名册记载纠纷的诉讼请求为原告请求公司将其姓名或名称记载于股东名册，如(2019)浙11民终815号案，姚某芬向一审法院起诉请求：(1)被告丰元仓储公司向原告姚某芬签发出资证明书(载明出资金额为140万元，出资日期为2015年5月18日)；(2)被告丰元仓储公司置备股东名册(载明出资证明书编号)。

股东名册记载纠纷与股东资格确认纠纷实质均为确认股东资格，如在另案中股东资格案件已被法院驳回，原告再次提起股东名册记载纠纷的，法院可不予受理，如(2020)吉民申1057号案，法院认为，吉林省敦化市人民法院(2017)吉2403民初2492号确认股东资格纠纷案中，马某红的诉讼请求是："确认原告马某红享有被告公共汽车公司的股东资格，原告持有2%的股权。"(2017)吉2403民初2492号生效判决已驳回马某红确认其享有2%股权的诉讼请求。吉林省敦化市人民法院(2017)吉2403民初2492号民事判决书已指出依据现有证据无法确定高某国的出资额在公汽公司所占比例，需按照现有股东所持股本重新划分比例后再行记载于股东名册。当事人重复起诉的，裁定不予受理，马某红的再审申请不符合《民事诉讼法》规定的情形，其再审申请理由不能成立。

该类纠纷一般与股东资格确认纠纷、请求公司变更登记纠纷重合，当事人在请求确认享有股东资格的同时，常一并请求进行股东名册记载变更及股东变更登记，如(2020)苏05民终5201号案，黄某向一审法院起诉请求：(1)判令适度公司依据《公司法》规定为股东黄某签发299.8万元的出资证明书，记载于股东名册并办理公司登记机关登记；(2)该案诉讼费用由适度公司承担。

四、诉讼时效

诉讼时效的客体为债权请求权，公司置备股东名册是其法定义务，股东有权在任何时候提起诉讼要求公司履行义务，不受时间限制，故股东名册记载纠纷不适用诉讼时效。

第二节　股东名册记载纠纷实务操作

一、股东名册的作用

（一）股东名册的推定作用

《公司法》第 56 条第 2 款规定，记载于股东名册的股东，可以依股东名册主张行使股东权利。因此，记载于股东名册的股东，可以推定享有股东资格，有权行使股东权利，除非有相反证据推翻。

实务中，股东名册与公司章程、出资证明书、市场监督管理部门的股东登记、汇款记录等均是证明股东资格的证据之一，股东名册在股东资格认定上非唯一决定性证据。作者在第一章“股东资格确认纠纷”中论述认为，当事人是否具有认缴的意思表示应作为原始取得情形下股东资格的认定标准。与作者观点印证的是，《公司法司法解释三》第 24 条第 2 款规定，名义股东以公司股东名册记载、公司登记机关登记为由否认实际出资人权利的，人民法院不予支持。根据该款规定，股东名册记载、公司登记机关的登记均不能作为认定股东资格的唯一证据。

（二）股东名册是公司管理的依据

根据《公司法》第 56 条第 1 款的规定，股东名册应记载股东的姓名或者名称及住所。公司管理涉及股东会会议通知、利润分配等事项，公司管理层有权依据股东名册记载的股东信息发放会议通知或分配利润，如其他股东以股东名册载明股东并非公司真实股东为由要求公司管理层承担责任的，公司管理层可以股东名册记载信息进行抗辩。

（三）股东名册是认定股权变动的重要依据

《公司法》第 86 条第 2 款规定：“股权转让的，受让人自记载于股东名册时起可以向公司主张行使股东权利。"《九民会议纪要》第 8 条也有类似规定。根据《公司法》及《九民会议纪要》的上述规定,涉及股权转让的,受让人以其姓名或名称记载于股东名册作为认定股权变动的依据。作者认为,姓名或者名称已记载于股东名册仅能作为股权转让时股权变动的依据之一,而非唯一依据,任何能够表明公司对股权转让事项知晓,且未提出抗辩的行为或文件,均可以作为认定股东变动的依据。例如,股权转让后,公司并未将受让人姓名记载于股东名册,但公司通知受让股东参加了股东会,并将受让股东表决权数计入了统计,此时应视为受让人取得了股东资格。

二、股东名册的置备、记载与查阅

(一)股东名册的置备

根据《公司法》第 56 条及第 102 条的规定,公司应当置备股东名册,但未明确具体的实施主体。作者认为,置备股东名册属于公司法定义务,应由公司董事、高级管理人员负责实施,如未置备,则构成不作为侵权,参考《公司法司法解释三》第 27 条第 2 款规定:"原股东处分股权造成受让股东损失,受让股东请求原股东承担赔偿责任、对于未及时办理变更登记有过错的董事、高级管理人员或者实际控制人承担相应责任的,人民法院应予支持;受让股东对于未及时办理变更登记也有过错的,可以适当减轻上述董事、高级管理人员或者实际控制人的责任。"未置备股东名册造成当事人损失的,有过错的董事、高级管理人员或者实际控制人应承担相应责任。

(二)股东名册的记载事项

股东名册的记载事项由《公司法》规定。根据《公司法》第 56 条第 1 款的规定,有限责任公司应当置备股东名册,记载下列事项:(1)股东的姓名或者名称及住所;(2)股东认缴和实缴的出资额、出资方式和出资日期;(3)出资证明书编号;(4)取得和丧失股东资格的日期。根据《公司法》第 102 条的规定,股份有限公司应当制作股东名册并置备于公司。股东名册应当记载下列事项:(1)股东的姓名或者名称及住所;(2)各股东所认购的股份种类及股份数;(3)发行纸面形式的股票的,股票的编号;(4)各股东取得股份的日期。

(三)股东名册的查阅

股东名册记载了股东的基本信息以及出资情况,是股东知情权的客体。根据《公司法》第57条的规定,有限责任公司股东有权查阅、复制股东名册;《公司法》第110条规定,股份公司股东有权查阅股东名册。

三、股东名册记载纠纷诉讼适用条件

《公司法司法解释三》第23条规定:"当事人依法履行出资义务或者依法继受取得股权后,公司未根据公司法第三十一条、第三十二条的规定签发出资证明书、记载于股东名册并办理公司登记机关登记,当事人请求公司履行上述义务的,人民法院应予支持。"《公司法》第87条规定:"依照本法转让股权后,公司应当及时注销原股东的出资证明书,向新股东签发出资证明书,并相应修改公司章程和股东名册中有关股东及其出资额的记载。对公司章程的该项修改不需再由股东会表决。"股东提起股东名册记载纠纷诉讼的前提是当事人依法履行出资义务或依法转让股权后,公司未在合理期限内签发股东名册。

四、股东名册记载纠纷的类型

股东名册记载纠纷主要包括以下两种类型:一是因转让方股东怠于履行变更登记义务产生的纠纷。一般来讲,股东名册变更登记必须由转让方股东向公司提出申请,由公司进行变更登记;如果转让方股东懈怠或者因为过失未向公司申请变更登记,此时即产生股东名册记载纠纷。二是因公司不履行记载义务产生的纠纷。股东名册由公司备有和保管,并由公司负责办理登记事宜。因此,当公司因为懈怠或者过失未变更股东名册时,就可能产生股东名册记载纠纷。[1]

[1] 参见杨万明主编、最高人民法院研究室编著:《最高人民法院新民事案件案由规定理解与适用》,人民法院出版社2021年版,第738页。

第三章

请求公司变更登记纠纷

公司登记包括设立登记、变更登记和注销登记。根据变更信息的不同，公司变更登记分为公司内部登记信息变更(如股东名册与出资证明书的变更)、公司登记机关登记事项的变更及备案信息的变更。上述三类变更事项，内部登记信息变更具有内部性，公司仅向股东签发出资证明书，并将股东姓名或名称记载于股东名册，并不对外公示，而公司登记机关登记事项及备案信息的变更，应当按照规定通过统一的企业信息公示系统进行公示，具有外部性。为了保证公司真实情况与外部公示信息一致，公司有义务进行变更登记，公司拒绝或怠于履行变更登记义务的，由此产生的纠纷为请求公司变更登记纠纷，为保障相应主体诉权，2020 年《民事案件案由规定》确定了三级案由“264. 请求变更公司登记纠纷”。

该案由与股东名册记载纠纷的区别在于，股东名册记载纠纷适用于内部登记信息(股东名册)变更记载，而请求公司变更登记纠纷适用于外部登记事项及备案信息的变更。实务中，鉴于这两个案由都与股东资格确认相关，且被告相同，原告在起诉时一般并不作细致区分，一并请求公司完成股东名册变更与登记事项变更。

该案由与股东资格确认纠纷案由也存在重合，当事人一般在请求法院确认其享有股东资格的同时也会请求公司股东变更登记，避免了先起诉请求确认具有股东资格，再提起诉讼要求完成股东变更登记的烦琐，法院在认定原告具有股东资格的同时，会一并支持原告请求公司变更登记的诉求。

第一节　请求公司变更登记纠纷诉讼指引

一、诉讼主体

（一）原告

1. 股权转让的转让人与受让人

《公司法》第86条规定："股东转让股权的，应当书面通知公司，请求变更股东名册；需要办理变更登记的，并请求公司向公司登记机关办理变更登记。公司拒绝或者在合理期限内不予答复的，转让人、受让人可以依法向人民法院提起诉讼。股权转让的，受让人自记载于股东名册时起可以向公司主张行使股东权利。"根据该条规定，股东转让股权后，公司应完成股东变更登记，公司拒绝或者在合理期限内不予答复的，转让人、受让人可作为原告提起诉讼。

2. 认缴公司新增资本的外部投资者

为扩大经营规模或解决资金需求，公司以增加注册资本的形式吸引外部投资者进入公司的，外部投资者与公司达成新增资本认缴合意后取得股东资格。外部投资者成为公司股东后，请求公司完成股东变更登记的，可作为原告提起诉讼。

3. 股权继承中的继承人

根据《公司法》第90条的规定，自然人股东死亡后，其合法继承人可以继承股东资格。合法继承人继承股东资格后，公司不予办理股东变更登记的，继承人可作为原告提起诉讼。

4. 股权代持中的实际出资人

实际出资人经公司其他股东半数以上同意成为股东的，公司怠于完成股东变更登记的，实际出资人可作为原告提起诉讼。

5. 被冒名登记的股东

被冒名登记的股东不具有成为股东的意思表示，该主体发现其被冒名登记为公司股东后，可作为原告提起诉讼，请求公司变更登记。

6. 公司法定代表人

《公司法》第 10 条第 1 款规定:"公司的法定代表人按照公司章程的规定,由代表公司执行公司事务的董事或者经理担任。"《公司法》修改后扩大了法定代表人的选任范围,执行公司事务的董事或者经理均可以成为公司法定代表人。

法定代表人作为公司机构之一,具有职权并承担相应义务。职权方面,法定代表人以公司名义从事的民事活动,其法律后果由公司承受;出资证明书由法定代表人签名;如公司章程就公司证照印章保管没有特别约定,推定由法定代表人负责保管。因此,公司新选任的法定代表人为了控制公司,请求公司变更法定代表人,公司未及时办理的,其可作为原告提起诉讼。

就法定代表人承担的义务方面,公司在执行时被要求偿付债务,公司无力清偿被纳入失信的,法定代表人可被限制出境等;公司从事违法犯罪活动的,法定代表人作为公司负责人,存在承担刑事责任方面的风险。因此,辞职的、被改选的或被挂名的法定代表人会要求公司及时办理变更法定代表人,公司拒不办理的,其可作为原告提起诉讼。

(二)被告

1. 公司

《公司法》第 35 条第 1 款规定:"公司申请变更登记,应当向公司登记机关提交公司法定代表人签署的变更登记申请书、依法作出的变更决议或者决定等文件。"《市场主体登记管理条例》第 24 条和第 29 条规定,公司登记事项或备案信息发生变更,公司应当向登记机关申请变更登记。因此,公司是完成登记事项变更的义务主体,是请求公司变更登记纠纷的适格被告。

2. 股权转让的转让方

股权转让合同约定转让方应协助公司办理公司变更登记的,受让方可将公司和转让方作为共同被告。

3. 公司其他股东

新增资本认缴合同约定其他股东有义务协助公司办理公司变更登记的,受让方可将公司和其他股东作为共同被告。

（三）第三人

请求公司变更登记纠纷一般为公司内部纠纷，相关当事人以公司为被告，如公司为原告办理股东变更登记或董事变更备案，会实质影响其他股东或相关方利益，因此，法院应通知与请求公司变更纠纷有法律上利害关系的主体参加诉讼，如（2021）新民申 3154 号案，法院认为，2012 年 3 月 30 日，科创公司在昌吉市市场监督管理局注册成立，法定代表人为康某生。康某生向法院主张变更新科创公司的法定代表人登记。康某生在诉讼前已经向公司及公司的两个股东发送辞去公司法定代表人、董事长的信函，在公司两个股东怠于行使股东的权利，不召开股东会的情况下，康某生的权利应当得到法律的救济。此种情况下，法院应当对案件进行实质审理，必要时可以追加公司股东为第三人，查明康某生所主张的事实情况后，以判断能否涤除康某生法定代表人的身份。

二、管辖

根据《民事诉讼法》第 27 条及《民事诉讼法司法解释》第 22 条的规定，请求变更公司登记纠纷由公司住所地法院管辖。如（2018）最高法民辖终 63 号案，法院认为，该案中王某胜起诉请求确认案涉合同无效及变更公司登记的两项诉讼请求存在密切关联，其起诉的最终目的是将无锡金科公司持有的西湖置业公司 100% 股权变更登记至江阴瑞银公司名下。该案应当根据关于请求变更公司登记纠纷的有关规定确定案件的管辖权。该案为涉及变更西湖置业公司登记的纠纷，西湖置业公司的住所地位于安徽省合肥市。一审法院作为西湖置业公司住所地的法院，对该案纠纷享有管辖权。

三、诉讼请求

请求公司变更登记纠纷的诉讼请求一般包括两种情形。

一是当事人请求公司确认其享有某种身份或资格，如股东的继承人请求其享有股东资格，并完成股东变更登记，或者股东会新任命的法定代表人请求公司将其登记为法定代表人，如（2022）鲁民终 276 号案，原告一审诉讼请求为判令山东青上公司在 10 日内办理完毕山东青上公司的董事变更登记手续：（1）将原董事陈某贵、江某柱变更登记为富利公司现委派的董事陈某福、吴某彬;(2)判令山东青上公司赔偿富利公司损失人民币10万元;(3)判令山东青上公司承担该案诉讼费用。

二是当事人请求公司涤除某种身份或资格,如被冒名的股东请求确认其不是公司股东,担任公司法定代表人的执行董事辞职后,请求公司涤除自己的法定代表人身份。需要注意的是,当事人的诉讼请求应为请求公司涤除其资格,而非要求由确定的第三人替代其职位,因为选举或任命何人担任某职务,属于公司自治事项,司法不应贸然介入,如(2021)粤03民终10299号案,法院认为,周某某通过诉讼途径请求深圳市某金属制品有限公司涤除其在登记机关登记的法定代表人、执行董事、总经理的事项于法有据,予以支持。由谁担任公司的法定代表人、执行董事和总经理属于深圳市某金属制品有限公司内部事务,不属于法律审理范畴,且周某某上诉时明确表示仅主张涤除其作为深圳市某金属制品有限公司法定代表人、执行董事和总经理的登记事项,故对是否由颜某某担任公司法定代表人、执行董事和总经理的请求,法院不予审查。我国法律并未规定可以通过诉讼方式由法院判决某人担任公司的法定代表人、执行董事和总经理等公司职务,因此该项请求属于公司内部事务,法院不予受理。

四、诉讼时效

公司登记或备案信息发生变更,根据《公司法》及《市场主体登记管理条例》规定,公司应当及时完成变更登记或备案。公司完成公司登记或备案是其法定义务,故本案由不适用诉讼时效。

第二节　请求公司变更登记纠纷实务操作

一、请求公司变更登记纠纷的适用范围

公司信息变更包括公司内部登记信息变更、公司登记机关登记事项变更以及公司备案信息变更三类。

狭义上理解，请求公司变更登记纠纷的适用范围是《公司法》第 32 条规定的公司登记事项变更。公司登记事项包括：名称；住所；注册资本；经营范围；法定代表人的姓名；有限责任公司股东、股份有限公司发起人的姓名或者名称。根据《公司法》第 34 条的规定，公司登记事项发生变更的，应当依法办理变更登记。

广义上理解，请求公司变更登记纠纷的适用范围除《公司法》第 32 条规定的公司登记事项变更外，还包括公司内部登记信息变更，如出资证明书、股东名册的变更，以及公司备案信息的变更。因出资证明书、股东名册的变更适用于股东名册记载纠纷，故本章不再论述。

根据《市场主体登记管理条例》第 9 条的规定，公司备案信息包括公司章程，公司董事、监事、高级管理人员及有限责任公司股东或者股份有限公司发起人认缴的出资数额、缴付期限和出资方式等。公司备案信息变更的，根据《市场主体登记管理条例》第 29 条的规定，公司应当自作出变更决议、决定或者法定变更事项发生之日起 30 日内向登记机关办理备案。因此，公司备案信息变更的，公司同样有义务进行变更备案，公司拒不办理备案信息变更的，应赋予相应主体诉请法院变更的权利。例如，董事辞职后，公司不进行董事备案信息变更的，会导致公司内部治理机构与真实情况不符，而且辞职后的董事不在公司继续担任职务，但对于外部主体而言，在外观上其仍是公司董事，辞职董事存在承担董事责任的风险，因此，辞职后董事有权提起诉讼请求公司完成变更登记，如江苏省高级人民法院于 2022 年 9 月 29 日发布的“2020－2021 年江苏法院公司审判典型案例”案例 5“戴某诉旅游公司请求变更公司登记纠纷案”，法院认为，戴某与旅游公司之间系委任关系，戴某有权解除该委任关系。旅游公司不予办理戴某监事身份变更登记手续，也会给戴某带来因登记为公司监事所涉及的法律风险，故支持戴某的涤除监事登记请求。

二、请求公司变更登记纠纷的适用条件

原告提起诉讼请求公司变更登记，需证明公司实施变更登记已满足相应的条件，但公司拒不变更，原告权益受到影响，只能提起诉讼要求法院支持其诉求。

根据《市场主体登记管理条例》第 24 条和第 29 条的规定，对公司登记事项以及备案信息的变更，公司应当自作出变更决议、决定或者法定变更事项发生

之日起30日内向登记机关申请变更登记或备案。因此，对于登记事项和备案信息，原告提起诉讼的条件是公司已作出变更决议或法定变更事项发生，但公司在30日内未提出变更登记或备案的申请。

以属于公司登记事项的法定代表人变更为例，法定代表人由执行公司事务的董事或者经理担任。董事由股东会选举或更换，经理由董事会聘任和解聘，董事、经理与公司构成委托法律关系，任何一方均有权单方终止委托关系，具体分为两种情形。

第一种情形，公司决定更换法定代表人的，由公司召开股东会免除担任法定代表人的董事职务，并任命新的董事，由该新的董事担任公司法定代表人。《公司法》修改前，公司变更法定代表人需向公司登记机关提交申请书，申请书由原法定代表人签字，因被免去法定代表人不配合，造成新法定代表人迟迟无法变更登记为公司法定代表人的现象时有发生，为改变这种状况，《公司法》第35条第3款规定："公司变更法定代表人的，变更登记申请书由变更后的法定代表人签署。"

第二种情形，担任法定代表人的董事辞职，正常情形下，公司应自董事辞职之日起30日内向登记机关申请法定代表人变更。但可能存在因公司经营不善，无人愿意担任公司法定代表人的情况，或者因公司被控股股东控制，拒绝办理，辞职董事提起请求公司变更登记纠纷诉讼，要求涤除法定代表人身份。实务中存在的问题是，公司法定代表人身份被涤除，如公司未通过合适方式任命新的法定代表人，会导致法定代表人职务空缺，与《公司法》规定的公司登记事项不一致。有案例显示，经法院释明，要求公司召开股东会并选任出新的法定代表人，公司表示无法选出新的法定代表人，法院以股东会决议属于公司自治范畴，现行《公司法》没有赋予司法机关强制公司召开股东会并强制通过变更法定代表人的相关决议作为理由，驳回原告请求变更法定代表人的诉讼请求。[1]

---

〔1〕 参见薛燕：《公司法定代表人变更登记的实务困境及其解决路径——以〈公司法修订草案〉〈市场主体登记管理条例〉相关新规切入》，载微信公众号"审判研究"，https://mp.weixin.qq.com/s?src=11&timestamp=1688281484&ver=4625&signature=ZtqrMhcWvzOsrSRBq30I*KkWJct3e0KYKRlOTRf8Pjee8X5ln9b*GZfJBlQBmCUxn-uUw9yzlhId34qjJK-qk6JoeuKQEyT015z9cLJWLW7AVPJyGlOi2eo9WVMhteZH&new=1，最后访问日期：2023年2月5日。

作者认为,担任法定代表人的董事辞职,即符合《市场主体登记管理条例》规定的公司启动变更登记的条件,如公司拒不办理变更,法院应支持原告诉讼请求,要求公司限期办理,至于公司能否办理,属于执行问题,不能以执行存在困难而驳回原告的诉讼请求。如(2022)最高法民再94号案(2022年第12期公报案例),法院认为,韦某兵被免职后,其个人不具有办理法定代表人变更登记的主体资格,宝塔房地产公司亦不依法向公司注册地工商管理部门提交变更申请以及相关文件,导致韦某兵在被免职后仍然对外登记公示为公司法定代表人,在宝塔房地产公司相关诉讼中被限制高消费等,已经给韦某兵的生活造成实际影响,侵害了其合法权益。除提起该案诉讼外,韦某兵已无其他救济途径,故韦某兵请求宝塔房地产公司办理工商变更登记,依法有据,应予支持。至于该案判决作出后,宝塔房地产公司是否再选任新的法定代表人,属于公司自治范畴,法院不予处理。

三、公司变更登记或备案的效力

公司登记事项或备案信息发生变更的,公司负有法定义务完成变更登记或备案。公司完成登记或备案,公司真实信息与登记公示或可查询到的信息一致,有助于提升外部主体决策效率,避免交易风险。

(一)公司登记机关登记事项变更登记的效力

1. 公示效力

《公司法》第32条规定,公司登记事项包括公司名称、住所、注册资本、经营范围、法定代表人的姓名、有限责任公司股东、股份有限公司发起人的姓名或者名称。公司登记机关应当将前款规定的公司登记事项通过统一的企业信息公示系统向社会公示。因此,公司登记事项具有公示效力。

2. 对抗效力

《公司法》第34条规定:“公司登记事项发生变更的,应当依法办理变更登记。公司登记事项未经登记或者未经变更登记,不得对抗善意相对人。”因此,公司登记事项变更登记的效力在于对抗善意相对人。

公司登记事项中,最容易产生纠纷的是法定代表人的姓名与股东的姓名或名称发生变更，但未经变更登记，导致真实法定代表人、股东与登记的法定代表人、股东不一致的情形。

法定代表人以公司名义从事的民事活动，其法律后果由公司承受。公司内部决议变更法定代表人，但未进行变更登记，善意相对人与原法定代表人签订的合同，仍对公司具有约束力，公司不得以法定代表人已进行变更为由对抗善意相对人。

股东姓名或名称由公司登记机关进行公示，推定登记股东具有股东资格，除非有足够的证据推翻公示登记的信息。如公司股东发生变更，未进行变更登记，应以登记信息作为依据认定相关法律行为效力。具体表现在以下两种情形。

（1）登记股东“一股再处分”，受让人符合善意取得时，处分行为有效。《公司法司法解释三》第 27 条规定：“股权转让后尚未向公司登记机关办理变更登记，原股东将仍登记于其名下的股权转让、质押或者以其他方式处分，受让股东以其对于股权享有实际权利为由，请求认定处分股权行为无效的，人民法院可以参照民法典第三百一十一条的规定处理。原股东处分股权造成受让股东损失，受让股东请求原股东承担赔偿责任、对于未及时办理变更登记有过错的董事、高级管理人员或者实际控制人承担相应责任的，人民法院应予支持；受让股东对于未及时办理变更登记也有过错的，可以适当减轻上述董事、高级管理人员或者实际控制人的责任。”根据该条规定，登记股东股权转让后，因未办理股东变更登记，登记股东在公司登记机关公示的信息中仍为公司股东，善意相对人据此与登记股东发生交易，受让股权的，交易有效，因登记股东的过错造成受让人损失的，应负责赔偿。

（2）登记股东继续承担出资义务。《公司法司法解释三》第 26 条第 1 款规定：“公司债权人以登记于公司登记机关的股东未履行出资义务为由，请求其对公司债务不能清偿的部分在未出资本息范围内承担补充赔偿责任，股东以其仅为名义股东而非实际出资人为由进行抗辩的，人民法院不予支持。”虽该条规定的是股权代持情形下出资义务的承担，但同样适用于股权转让情形，即登记股东转让了股权，未进行变更登记，公司债权人请求登记股东履行出资义务的，其无权以已进行股权转让进行抗辩。由此推知，登记于股东名下的股权属于其个人财产，如股东无法清偿到期债务，善意相对人可请求执行登记股东名下股权，股权受让人以已进行受让，只是未进行变更登记为由提出抗辩的，只能通过执行异议之诉解决。

（二）公司备案信息变更的效力

公司备案信息包括公司章程，公司董事、监事、高级管理人员及有限责任公司股东或者股份有限公司发起人认缴的出资数额、缴付期限和出资方式等。根据《市场主体登记管理条例》第 47 条的规定，市场主体未依照本条例办理备案的，由登记机关责令改正；拒不改正的，处 5 万元以下的罚款。因此，对于公司备案信息，公司无权选择是否备案，备案何种材料，必须依法备案。

根据《公司法》第 40 条的规定，部分备案信息，例如有限责任公司股东或股份公司发起人认缴的出资数额，应由公司按照规定通过统一的企业信息公示系统公示。公司对部分备案信息进行公示，推定相应商主体知道或应当知道这些备案信息。

四、董事、高级管理人员或实际控制人的责任

《公司法》第 86 条规定："股东转让股权的，应当书面通知公司，请求变更股东名册；需要办理变更登记的，并请求公司向公司登记机关办理变更登记。公司拒绝或者在合理期限内不予答复的，转让人、受让人可以依法向人民法院提起诉讼。股权转让的，受让人自记载于股东名册时起可以向公司主张行使股东权利。"根据《市场主体登记管理条例》第 24 条与第 29 条的规定，公司登记事项、备案事项发生变更的，公司应当自作出变更决议、决定或者法定变更事项发生之日起 30 日内向登记机关申请变更登记或办理备案。因此，公司登记事项、备案事项及公司章程等发生变更，公司负有法定义务完成上述事项变更登记，公司怠于履行法定义务的，构成不作为侵权，给当事人造成损失的，应负责赔偿。

公司作为拟制的法律主体，其无法作出任何法律行为，公司的任何行为均需决策机构作出决定，而后由公司工作人员实施。一般来说，公司实施了侵权行为，应由公司承担责任，不应由实施该行为的工作人员承担，工作人员实施的

行为属于职务行为。但是,公司通常被董事、高级管理人员或实际控制人控制,公司拒不办理变更登记的,一般是这些控制公司的主体在施加影响。在设计公司制度时,更为重要的是考虑一种责任制度所设计的各利害关系人的利益平衡,[1]要求控制公司主体承担一定责任,可以加强这些主体的谨慎意识,敦促其依法配合履行变更义务,因此《公司法司法解释三》第 27 条第 2 款规定,原股东处分股权造成受让股东损失,受让股东请求原股东承担赔偿责任、对于未及时办理变更登记有过错的董事、高级管理人员或者实际控制人承担相应责任的,人民法院应予支持;受让股东对于未及时办理变更登记也有过错的,可以适当减轻上述董事、高级管理人员或者实际控制人的责任。

《公司法司法解释三》第 27 条第 2 款适用情形是股权转让,但《公司法》第 179 条规定:"董事、监事、高级管理人员应当遵守法律、行政法规和公司章程。"第 180 条第 1 款、第 2 款规定:"董事、监事、高级管理人员对公司负有忠实义务,应当采取措施避免自身利益与公司利益冲突,不得利用职权谋取不正当利益。董事、监事、高级管理人员对公司负有勤勉义务,执行职务应当为公司的最大利益尽到管理者通常应有的合理注意。"根据上述规定,董事、高级管理人员应遵守法律规定,对公司负有忠实勤勉义务,应积极配合公司完成登记事项变更,如果怠于履行义务,根据《公司法》第 191 条的规定,董事、高级管理人员执行职务,给他人造成损害的,公司应当承担赔偿责任;董事、高级管理人员存在故意或者重大过失的,也应当承担赔偿责任。

---

[1] 参见最高人民法院民事审判第二庭编著:《最高人民法院关于公司法解释(三)、清算纪要理解与适用》,人民法院出版社 2011 年版,第 374 页。

第四章

股东出资纠纷

公司股东依法享有资产收益、参与重大决策和选择管理者等权利，与此对应，出资是其对公司的基本义务。股东出资构成了公司经营的物质基础，在公司经营还未形成利润的情况下，股东出资也是公司信用的担保。因此，真实有效的股东出资对于公司持续经营以及债权人利益保障有极为重要的意义。

股东未按期足额缴纳出资，将损害公司、公司债权人及其他股东利益，由此产生的纠纷为"股东出资纠纷"，为保障相应主体诉权，2020 年《民事案件案由规定》确定了三级案由"265. 股东出资纠纷"，为法院处理股东各种违反出资义务的行为、追究股东责任提供依据。

股东未按期足额缴纳出资，导致债权人遭受损失，形式上符合"277. 损害公司债权人利益责任纠纷"案由，但该案由是指股东或实际控制人滥用公司法人独立地位和股东有限责任，逃避债务，严重损害公司债权人利益的情形，与股东未依法履行出资义务导致债权人损失并不相同，实务中应注意两者的区分。

第一节　股东出资纠纷诉讼指引

一、诉讼主体

（一）原告

1. 公司

股东出资义务的履行对象是公司，公司是接受股东出资的权利方。股东未履行出资义务的,作为权利方的公司有权提起诉讼,是适格原告。

2. 股东

股东未按期足额缴纳出资,侵犯了公司权益,其他股东仅是间接受到损失,按法理分析,其他股东应提起股东代表诉讼,依法维护公司权益,但《公司法司法解释三》第 13 条第 1 款明确规定,股东可直接请求未履行或者未全面履行出资义务的股东向公司依法全面履行出资义务,该条为其他股东直接起诉未按期足额缴纳出资的股东提供了法律依据。如其他股东提起股东代表诉讼要求未按期足额缴纳出资的股东承担责任,法院应驳回起诉,如(2014)民提字第 170 号案,法院认为,当股东能够通过自身起诉的途径获得救济时,则不应提起代表诉讼,否则将有悖股东代表诉讼制度的设置意图。根据《公司法司法解释三》第 13 条第 1 款的规定,福生公司、张小宝公司作为股东本身即享有诉权,而若通过股东代表诉讼起诉,则剥夺了另一方股东(株)圃木园控股反诉福生公司、张小宝公司履行出资义务的诉讼权利,因为其无法针对合资公司提起反诉,由此造成股东之间诉讼权利的不平等。

未按期足额缴纳出资的股东,本身违反了出资义务,是否为适格原告?实务中有不同观点。否认其为适格原告的观点认为,未按期足额缴纳出资的股东侵害了公司权益,不具备起诉资格;赞成其为适格原告的观点认为,基于股东出资诉讼维护公司资本制度的目的以及诉讼利益最终归属于公司的现实考量,不应对《公司法司法解释三》第 13 条规定的“其他股东”予以限定,“其他股东”应解释为无论出资到位与否的全体股东,[1] 如(2021)沪 02 民终 6428 号案,法院认为,任何股东不履行出资义务,均属于违反《公司法》强制性规定,损害公司和其他股东利益的行为,股东均应当承担相应的法律责任。若“其他股东”亦属出资瑕疵股东,允许其提起诉讼向同类瑕疵股东主张权利,与我国法律规定的诚实信用原则不甚相符。然而,若因“其他股东”系出资瑕疵股东而否定其诉讼主

---

〔1〕 参见王曦、沈洁:《未出资股东能否诉请其他股东履行出资义务》,载微信公众号“至正研究”,https://mp.weixin.qq.com/s?src=11&timestamp=1665492712&ver=4098&signature=WH7*elweHdXJV2S4L6T9CItWqU-eJ1p7KBZ8zw29rB6N4RDfJs727mjmJvs2ePU2JGi6*CRLauK5zWD8ERunezyxJGDlGRkbcHIeCsvsncqN2uOTCbifP1VqPh5D2Wxk&new=1,最后访问日期:2022 年 10 月 10 日。

体资格,而公司又未提起诉讼,则可能出现股东以其他股东未履行出资义务为由自身亦不履行出资义务的情况,由此可能出现全体股东均不履行出资义务的僵局,直接导致公司资本制度失灵,最终影响公司、股东及债权人利益。基于此,法院认为,从股东出资诉讼维护公司资本制度的目的考量,将“其他股东”解释为不论出资到位与否的全体股东,更为符合立法本意。

3. 公司债权人

公司清偿债权人的债务,公司是付款主体,股东与公司债权人之间并不存在直接的法律关系。但是,股东未按期足额缴纳出资,违反了出资义务,公司怠于主张的,影响债权人债权的实现,基于代位权理论,公司债权人有权直接起诉未按期足额缴纳出资的股东。《公司法司法解释三》第 13 条与第 14 条明确规定,公司债权人可直接请求未履行或者未全面履行出资义务的股东或抽逃出资的股东对公司债务不能清偿的部分承担补充赔偿责任。

4. 清算组或破产管理人

根据《公司法》第 4 条的规定,股东以认缴或认购的金额为限承担责任。公司破产或进入清算程序,公司不再开展业务,清算组或破产管理人应对公司资产进行盘点,股东到期应缴未缴的出资以及尚未到期的出资均应作为清算资产,由清算组或破产管理人统一处理。股东不按要求出资的,清算组或破产管理人有权作为原告起诉。

(二)被告

1. 未按期足额缴纳出资的股东

出资义务的履行主体是公司股东,因此,未按期足额缴纳出资的股东是股东出资纠纷的适格被告。

2. 公司发起人(公司设立时股东)

公司发起人负有公司资本充实的法定担保责任,如公司设立时的股东未按期足额缴纳出资,根据《公司法》第 50 条及第 99 条的规定,公司发起人(公司设立时股东)与被告股东在出资不足的范围内承担连带责任。

3. 未尽勤勉义务的董事或协助抽逃出资的董事、高级管理人员

董事、高级管理人员负责公司业务经营和事务管理,知晓股东的出资情况。

对于未按期足额缴纳出资的股东，根据《公司法》第51条的规定，董事会应履行勤勉义务，采取适当措施积极敦促该股东履行出资义务，其未履行勤勉义务导致公司、债权人或其他股东损失的，负有责任的董事应承担赔偿责任。

股东并无直接参与公司经营管理的权利，因此，抽逃出资的股东一般有董事、高级管理人员的协助，因此，根据《公司法司法解释三》第14条第2款的规定，协助抽逃出资的董事、高级管理人员与被告股东承担连带责任。

4. 转让未届出资期限股权的转让人

《公司法》第88条第1款规定："股东转让已认缴出资但未届缴资期限的股权的，由受让人承担缴纳该出资的义务；受让人未按期足额缴纳出资的，转让人对受让人未按期缴纳的出资承担补充责任。"根据该款规定，转让人对受让人未按期缴纳的出资承担补充责任。

5. 未按期足额缴纳出资股权的受让人

股东出资义务到期仍未缴纳出资的，或者作为出资的非货币财产的实际价额显著低于所认缴的出资额的，此时转让股东是出资义务人，即使发生股权转让，出资义务并不转移给受让人，但如受让人知道或应当知道受让的股权未按期足额缴纳出资，根据《公司法》第88条第2款的规定，受让人应在出资不足的范围内与该股东承担连带责任。

6. 承担资产评估、验资或者验证的机构

股东非货币财产出资应经作价，如作价不实，造成公司真实资产与登记资本不符，公司债权人信赖公示资本信息，与公司发生交易，后期发现非货币财产出资不实，因交易已经发生，债权人将遭受损失，因此，《公司法》第257条第2款规定，承担资产评估、验资或者验证的机构因其出具的评估结果、验资或者验证证明不实，给公司债权人造成损失的，除能够证明自己没有过错的外，在其评估或者证明不实的金额范围内承担赔偿责任。

（三）第三人

公司作为法人组织，涉及内外部法律关系，就公司内部而言，股东是否按期足额缴纳出资涉及公司、其他股东、董事及高级管理人员等主体，外部涉及公司债权人，为查明案件事实、一并处理相应法律纠纷，诉讼当事人可基于案件情况申请追加或法院依职权追加第三人。

二、管辖

《民事诉讼法》第 27 条及《民事诉讼法司法解释》第 22 条未提及股东出资纠纷由公司住所地法院管辖，但《民事诉讼法司法解释》第 22 条表述的“等纠纷”又给股东出资纠纷适用公司住所地法院管辖提供了解释空间，由此导致实务中争议不断。

有观点认为，股东出资纠纷非公司类案件特殊管辖，应按一般地域管辖的规定确定管辖，如(2017)最高法民辖终 414 号案，法院认为，《民事诉讼法司法解释》第 22 条规定，“因股东名册记载、请求变更公司登记、股东知情权、公司决议、公司合并、公司分立、公司减资、公司增资等纠纷提起的诉讼，依照民事诉讼法第二十六条规定确定管辖”。上述条款系针对公司诉讼案件的管辖所作出的特别规定。公司诉讼是指涉及公司组织法性质上的诉讼，存在与公司组织相关的多数利害关系人，涉及多数利害关系人的多项法律关系的变动，且胜诉判决往往产生对世效力。该案案由为股东出资纠纷，唐山宝业公司的诉讼请求为：首钢公司作为控股股东，已构成抽逃出资，请求首钢公司向首钢宝业公司返还出资本息，其他抽逃出资的自然人被告应承担连带责任。该诉讼虽与公司有关，但不具有公司组织法上纠纷的性质，也不涉及多项法律关系，该案判决仅对公司出资双方和其他股东发生法律效力。因此，该案诉讼应适用一般地域管辖的规定确定管辖法院。

但实务中也有不同观点，如(2018)最高法民辖终 140 号案，法院认为，在公司作为被告的情况下，当然由公司住所地人民法院管辖，这与原告就被告的一般管辖规定并无特别之处，否则《民事诉讼法》也就没有专门规定第 26 条(作者注：现《民事诉讼法》第 27 条，下同)之必要。《民事诉讼法》第 26 规定的特别之处就在于，在公司作为原告，被告是公司的股东、董事、监事、高管等的情况下，如果案件由被告住所地的人民法院管辖，人民法院在审理案件时需要到公司住所地调阅有关资料，可能有所不便，因此，为了方便诉讼、提高诉讼效率，《民事诉讼法》第 26 条作了上述规定。由上述分析可知，适用《民事诉讼法》第 26 条的前提条件之一是：公司是被告，或者是原告。

也有观点认为，股东出资纠纷中的抽逃出资属于侵犯公司财产权的行为，应依据《民事诉讼法》第 29 条的规定，由侵权行为地或者被告住所地人民法院管辖，如(2020)沪民辖终 129 号案，法院认为，该案案由为股东出资纠纷，古井集团系汇智公司的股东，现汇智公司认为其股东古井集团擅自收取公安机关向汇智公司的退款，且拒不返还，构成抽逃出资款，侵害了汇智公司的合法权益，并以此为由提起该案诉讼，请求判令古井集团向汇智公司返还出资款及利息。从汇智公司的诉请内容看，该案属于侵权纠纷。股东抽逃对公司的出资款导致公司的合法权益受到侵害，公司住所地可视为侵权结果发生地。《民事诉讼法司法解释》第 24 条规定，民事诉讼法第 29 条规定的侵权行为地，包括侵权行为实施地、侵权结果发生地。该案中汇智公司的住所地在上海市浦东新区，系侵权结果发生地。根据级别管辖的相关规定，原审法院作为侵权结果发生地人民法院，依法对该案具有管辖权。作者不认可该案件的观点，抽逃出资虽侵犯了公司权益，但更重要的是，抽逃出资的股东违反了其基本义务，违反了资本维持原则，如按侵权行为处理，侵权导致的是损害赔偿，损害赔偿请求权应适用诉讼时效，与《公司法司法解释三》第 19 条规定的股东出资纠纷不适用诉讼时效相互冲突。作者认为，股东出资纠纷涉及公司、其他股东等，均属于公司内部主体，以公司住所地作为管辖地便于法院查明事实，提高审判效率。

三、诉讼请求

股东出资是公司运营的基础和物质保障，是公司信用的体现。因此，股东出资纠纷最常见的诉讼请求是要求未按期足额缴纳出资的股东继续完成出资及承担违约责任，或在未出资、抽逃出资本息的范围内承担补充赔偿责任等。

同时，股东完成出资是其基本义务，按照权利义务一致原则，股东未按期足额缴纳出资的，其享有的权利会相应受到限制，甚至会被解除股东资格，因此原告有权一并请求限制被告股东相应的股东权利，如(2016)最高法民再 357 号案，原告一审诉讼请求为：(1)确认乐生南澳公司对亿湖公司未履行出资义务；(2)确认乐生南澳公司对亿湖公司不享有利润分配请求权、新股优先认购权、剩余财产分配请求权等股东权利；(3)判令乐生南澳公司向亿中公司支付违约金 106.64 万港元(折合人民币 863,784 元)。

四、举证责任分配

"谁主张,谁举证"是民事纠纷案件举证责任分配的一般原则,按照该原则,应由原告承担举证责任。原告中,除公司外,其他股东及公司债权人并不参与公司经营,只有公司董事及高级管理人员知悉股东出资情况。基于上述原因,结合当事人举证责任能力等因素,《公司法司法解释三》第 20 条对股东出资纠纷中原、被告的举证责任进行了分配,该条规定,当事人之间对是否已履行出资义务发生争议,原告提供对股东履行出资义务产生合理怀疑的证据的,被告股东应当就其已履行出资义务承担举证责任。

如原告提供了银行流水,发现被告股东的出资款在缴纳至公司账户后,随即又转出,视为原告提供了合理证据,被告股东应承担举证责任,如(2016)最高法民再 2 号案,法院认为,关于周某、张某妮是否存在抽逃出资行为的问题。该案中,美达多公司虽然未提供直接证据证明新大地公司股东周某、张某妮存在抽逃出资行为,但二审期间美达多公司就新大地公司于 2011 年 5 月 6 日将注册资本从 100 万元增加至 6100 万元的当天即从公司账户转走 6000 万元的事实及资金流向提供了线索,指出张某妮、周某的增资款 6000 万元于 2011 年 5 月 6 日又分成了两笔汇出,其中 3200 万元汇入南昌市东湖区细妹贸易商行农行 31 × × ×92 账户,另外的 2800 万元汇入南昌市东湖区百昌建材销售部农行 31 × × ×01 账户,该两笔资金汇出后又转汇至其他账户,至今没有回到新大地公司的银行账户。对此,新大地公司、张某妮、周某并未否认 6000 万元于 2011 年 5 月 6 日增资当日即被转出的事实,张某妮仅辩称"增资后的款项用于购买设备了,但如何购买、去哪里买,是否有合同、发票等应在新大地公司的账目中有显示",但并未提供相应的证据予以证明。《公司法司法解释三》第 20 条规定:"当事人之间对是否已履行出资义务发生争议,原告提供对股东履行出资义务产生合理怀疑证据的,被告股东应当就其已履行出资义务承担举证责任。"根据该司法解释规定的精神,就股东是否抽逃出资的举证责任分配,由于美达多公司无法查询新大地公司及其股东周某、张某妮的银行账户或财务账簿,在美达多公司提供了对周某、张某妮有抽逃出资行为的合理怀疑的证明后,只能通过法院调查或者由新大地公司及周某、张某妮提供反驳证据,才能查清事实,因此,此时应将举证责任转移至周某、张某妮，由其提供相应的证据反驳美达多公司关于周某、张某妮抽逃出资的主张。然而，周某、张某妮未予举证。在这种情况下，法院应当作出对周某、张某妮不利的判断，即支持美达多公司的主张，认定周某、张某妮构成抽逃出资。

五、诉讼时效

《公司法司法解释三》第 19 条第 1 款规定，公司股东未履行或者未全面履行出资义务或者抽逃出资，公司或者其他股东请求其向公司全面履行出资义务或者返还出资，被告股东以诉讼时效为由进行抗辩的，人民法院不予支持。

根据上述规定，无论是瑕疵出资（股东未履行或者未全面履行出资义务）还是抽逃出资，均不适用诉讼时效。对于瑕疵出资，公司资本认缴制下，股东出资对外公示，他人基于此种公示，了解该公司注册资本的规模，判断风险并进行交易，股东之间的出资义务已由约定义务转变为法定义务，法定义务不适用诉讼时效。对于抽逃出资，有观点认为，抽逃出资属于对公司财产权的侵犯，属于侵权行为，应适用诉讼时效。[1] 作者认为，公司资本属于公司资产一部分，抽逃公司资本，确实侵犯了公司财产权，但抽逃出资是针对公司资本的侵蚀，禁止股东抽逃出资是资本维持原则的具体应用，股东抽逃出资也构成了对其法定义务的违反，不应适用诉讼时效。

《公司法司法解释三》第 19 条第 2 款规定，公司债权人的债权未过诉讼时效期间，其依照本规定第 13 条第 2 款、第 14 条第 2 款的规定请求未履行或者未全面履行出资义务或者抽逃出资的股东承担赔偿责任，被告股东以出资义务或者返还出资义务超过诉讼时效期间为由进行抗辩的，人民法院不予支持。

股东瑕疵出资或抽逃出资，该股东应在瑕疵出资或抽逃出资本息的范围内承担补充赔偿责任，债权人仍以公司为第一追索对象，如债权人对公司享有的债权未过诉讼时效，则债权人请求瑕疵出资或抽逃出资的股东承担责任的权利不受影响，但是如债权人对公司享有的债权已过诉讼时效，债权人无法通过诉

〔1〕 参见樊云慧：《从“抽逃出资”到“侵占公司财产”：一个概念的厘清——以公司注册资本登记制度改革为切入点》，载《法商研究》2014 年第 1 期。

讼途径请求公司承担责任，该股东也不用承担补充赔偿责任，但其法定出资义务仍存在。

第二节　股东违反出资义务的认定

《公司法司法解释三》第 7 条至第 20 条，共 14 个条文，规定了股东出资义务的履行及相应的法律责任。根据该 14 个条文表述，股东违反出资义务的行为包括股东未履行或者未全面履行出资义务以及抽逃出资，因此，股东违反出资义务的行为包括瑕疵出资（未履行或者未全面履行出资义务）与抽逃出资两种。瑕疵出资与抽逃出资的区别在于，股东构成瑕疵出资的，表明其从始至终未依法足额履行出资义务，而抽逃出资则是股东先依法足额履行了出资义务，而后又通过直接或间接的方式将其出资抽回。

《公司法》第 48 条规定，股东可以用货币出资，也可以用实物、知识产权、土地使用权、股权、债权等可以用货币估价并可以依法转让的非货币财产作价出资。因此，股东出资方式包括货币财产出资与非货币财产出资两种。

一、瑕疵出资的认定

瑕疵出资包括未履行出资义务与未全面履行出资义务两种情况。

（一）未履行出资义务

未履行出资义务是指股东根本未出资，包括拒绝出资、出资不能等，[1]结合股东的出资方式可分为未履行货币财产出资义务和未履行非货币财产出资义务两种。

1. 未履行货币财产出资义务

《公司法》第 49 条第 2 款规定："股东以货币出资的，应当将货币出资足额

---

〔1〕 参见最高人民法院民事审判第二庭编著：《最高人民法院关于公司法解释（三）、清算纪要理解与适用》，人民法院出版社 2016 年版，第 132 页。

存入有限责任公司在银行开设的账户……”因此，对于货币财产出资，未履行出资义务体现为股东未将货币出资存入公司账户。

出资人与公司之间常存在多笔资金往来，不一定为出资。作为股东出资的，出资人应有明确的意思表示，并有验资报告、股东会决议、账务账册等印证，如（2016）最高法民再307号案，法院认为，关于海天公司向太和公司汇入20笔资金的法律性质应为借款还是投资款？第一，没有股东会决议，仅凭所谓的口头约定和证人证言主张海天公司汇入太和公司的案涉款项为海天公司向太和公司的投资的主张，既缺少事实依据，也不符合太和公司章程的规定。第二，太和公司主张是投资款，却没有提交股东大会决议，其主张显然与上述法律规定不符。第三，对于该案各方当事人的资金往来，太和公司按照出资、借款资金性质的不同分别建账，20笔汇入资金均由其记入借款名项之下。海天公司的会计账册也是按照出资、借款分别建账记录的，20笔款项也记录为长期应付款，即在借款名项之下，与太和公司的会计账册登记一致。太和公司将长期应付款解释为投资款，不符合《企业会计准则——基本准则》对长期投资款的解释。第四，菏泽江天联合会计师事务所根据太和公司的委托进行审计后出具的江天核审（2012）735号审计报告，将海天公司借给太和公司的20笔注入资金长期应付款的法律性质认定为借款。第五，在海天公司向太和公司转款的银行凭证上，将款项性质大多写为“投资款”。但转账凭条上的记载不能作为认定案涉款项性质的依据，尤其是当其与太和公司账册记载的款项性质不一致的情况下。综上所述，海天公司向太和公司汇入20笔资金的法律性质应为借款，非投资款。

货币作为种类物和可替代物，属于特殊的动产，法律上推定占有人即为货币的所有权人并享有对其占有货币的处分权。因此，根据《公司法司法解释三》第7条第2款的规定，以贪污、受贿、侵占、挪用等违法犯罪所得的货币出资的，视为出资人履行了出资义务，司法部门对违法犯罪行为予以追究、处罚时，不能直接从公司抽回货币，只能采取拍卖或者变卖的方式处置出资人的股权，以股权折价款补偿受害人或作为罚金、脏款等由国家收缴。如此规定的合理性在于，货币作为种类物，公司无法辨别是否属于非法所得，一旦完成出资，货币就属于公司资产的一部分，是公司信用的保障；如经司法部门查明该笔出资属于贪污等犯罪所得，随意抽回，不仅违反资本维持原则，而且会造成公司资本不确定,严重损害债权人利益。为平衡各方利益,在认定将违法犯罪所得的货币用于出资是有效行为的基础上,对出资人享有的股权进行处置,既符合民法的一般原理,又能同时兼顾公司与犯罪行为受益人的利益。[1]

2. 未履行非货币财产出资义务

《公司法》第 48 条第 1 款规定,实物、知识产权、土地使用权、股权、债权等可以用货币估价并可以依法转让的非货币财产作价出资。该款不仅对可以用于出资的非货币财产进行了列举,还概括地规定可以用货币估价并可以依法转让的非货币财产作价出资,扩大了可以出资的非货币财产范围。

根据《市场主体登记管理条例》第 13 条第 2 款的规定,公司股东不得以劳务、信用、自然人姓名、商誉、特许经营权或者设定担保的财产等作价出资。出资人以《市场主体登记管理条例》第 13 条第 2 款规定的财产出资不符合法律规定,应认定股东未履行出资义务。

《公司法》第 49 条第 2 款规定,股东以非货币财产出资的,应当依法办理其财产权的转移手续。非货币财产的财产权转移手续,动产以交付为准,不动产或知识产权以转移登记为准。因此,按字面理解,用于出资的动产未交付、不动产或知识产权未办理转移手续的,即应视为股东未履行非货币财产出资义务。

对于以动产出资,出资期限届满,股东仍未将动产交付公司的,类似货币财产未存入公司账户,应属于未履行出资义务行为。但是,对于以不动产或知识产权出资,其包括交付使用与转移登记两个环节,根据《公司法司法解释三》第 8 条与第 10 条的规定,用于出资的房屋、土地使用权或者知识产权存在权利负担,或者存在交付未办理登记、办理登记未交付等情形时,法院应当责令出资人限期改正,逾期未改正的,仅视为未全面履行出资义务,而非未履行出资义务,如(2016)最高法民再 87 号案,法院认为,股东珊瑚礁管理处虽将案涉划拨土地交付给中海公司使用,但未将案涉土地过户登记至中海公司名下,因而其以案涉土地使用权出资的承诺并未履行到位,并最终判决确认珊瑚礁管理处未全面履行对中海公司的股东出资义务。

---

[1] 参见最高人民法院民事审判第二庭编著:《最高人民法院关于公司法解释(三)、清算纪要理解与适用》,人民法院出版社 2016 年版,第 118 页。

出资人以不享有处分权的非货币财产出资（货币财产不存在无权处分问题），属于无权处分行为，对于该出资行为是否有效的问题，根据《公司法司法解释三》第7条第1款的规定，适用《民法典》第311条规定的善意取得制度。出资人同意出资，表明出资人与公司之间就出资达成了约定，该约定如不存在法律、行政法规规定的无效情形，应属于有效约定，出资人不享有处分权不影响该约定的有效性。该问题关键在于出资财产的交付或过户登记，如出资人无法交付出资财产或办理过户登记给公司，属于履行不能，出资人属于未履行出资义务或未全面履行出资义务；如出资人将其不享有处分权的财产交付给了公司或办理完成了过户登记，此时对出资行为效力发生争议，应适用善意取得制度。如公司通过适用善意取得制度取得了出资财产，则应视为出资人履行了出资义务。出资人与出资财产的所有权人之间的争议另行解决，不影响出资人出资行为效力。

（二）未全面履行出资义务

未全面履行出资义务是指股东未完全依据法律、公司章程的规定或出资协议的约定履行出资义务。[1] 同样，结合股东的出资方式，未全面履行出资义务包括未全面履行货币财产出资义务与未全面履行非货币财产出资义务两种。

1. 未全面履行货币财产出资义务

对于货币财产出资，股东应按时、足额将货币存入公司指定账户或按公司要求的方式完成出资。如未按期出资或未足额缴纳出资，属于未全面履行货币财产出资义务。

2. 未全面履行非货币财产出资义务

《公司法》第48条规定："股东可以用货币出资，也可以用实物、知识产权、土地使用权、股权、债权等可以用货币估价并可以依法转让的非货币财产作价出资；但是，法律、行政法规规定不得作为出资的财产除外。对作为出资的非货币财产应当评估作价，核实财产，不得高估或者低估作价。法律、行政法规对评

〔1〕 参见李建伟：《瑕疵出资股东的股东权利及其限制的分类研究：规范、解释与实证》，载《求是学刊》2012年第1期。

估作价有规定的,从其规定。”

根据上述规定,非货币财产的瑕疵出资存在两种情形:一是未依法作价、评估;二是非货币财产无法办理财产权转移手续。

(1)未依法作价、评估

公司设立的注册资本是用货币表示的,股东以非货币财产出资的,为了保证注册资本的确定,股东首先应通过作价的方式将非货币财产折算成货币,并以此确定各股东所持股权,因此,以非货币财产出资,在公司设立时必须作价。

首先,关于作价的方法或具体程序,《公司法》并未规定。但是,专业评估机构的评估报告并非作价的唯一方式。非货币财产出资的作价,可以由股东协商一致,也可以由股东共同委托专业的机构作价。《市场主体登记管理条例》未将非货币财产的评估报告作为申请市场主体登记的材料。经作者查询当地行政审批局公示的公司设立登记需提交的资料,以非货币财产出资的,仅需“提交已办理财产权转移手续的证明文件”[1]。其次,《公司法司法解释三》第 9 条规定:“出资人以非货币财产出资,未依法评估作价,公司、其他股东或者公司债权人请求认定出资人未履行出资义务的,人民法院应当委托具有合法资格的评估机构对该财产评估作价。评估确定的价额显著低于公司章程所定价额的,人民法院应当认定出资人未依法全面履行出资义务。”根据该条规定,在公司、其他股东或公司债权人对出资人的非货币财产提出异议时,法院才委托评估机构进行评估。

因此,以非货币财产出资的,首先应完成作价,确定公司注册资本,确定各股东持股比例;如公司、其他股东或公司债权人对非货币财产的出资数额的真实性提出异议的,再由法院委托专业评估机构确定非货币财产的价值,以确定是否存在瑕疵出资。当然,因非货币资产作价出资的专业性,为避免后期争议,保证注册资本的真实性,股东可以在公司设立时就进行评估,证明已完全履行了出资义务。

非货币财产出资后,因市场环境变化,与公司章程所定出资额相比,出资财

---

〔1〕 参见查询网址:https://one.sipac.gov.cn/szgyyqwsdt/szyqzwdt/html/pages/default/handle_detail.html? item_id = c7fcd709 - bc8b - 4f1e - b828 - 7928a526361f,最后访问日期:2022 年 9 月 16 日。

产可能存在贬值,该种贬值属于正常的商业风险,与出资人无关,出资人并没有过错,除非股东之间另有约定,否则以非货币财产出资的股东不承担责任,《公司法司法解释三》第15条规定:“出资人以符合法定条件的非货币财产出资后,因市场变化或者其他客观因素导致出资财产贬值,公司、其他股东或者公司债权人请求该出资人承担补足出资责任的,人民法院不予支持。但是,当事人另有约定的除外。”如(2020)最高法民申4578号案,法院认为,根据2018年《公司法》第27条的规定,股东可以将知识产权等可以用货币估价并可以依法转让的非货币财产作价出资,对作为出资的非货币财产应当评估作价,核实财产,不得高估或者低估作价。《公司法司法解释三》第15条亦规定,出资人以符合法定条件的非货币财产出资后,因市场变化或者其他客观因素导致出资财产贬值,该出资人不承担补足出资责任,除非当事人另有约定。该案中,北京威德公司于2010年委托北京大正评估公司对其所有的知识产权价值进行了评估,并据此增资入股至青海威德公司,双方未作其他约定。此后,青海威德公司召开股东会会议,决议同意北京威德公司以知识产权评估作价1300万元入股青海威德公司,并履行了工商变更登记手续。上述事实表明,北京威德公司的出资严格遵循了《公司法》对知识产权出资的要求。虽然几年后用以出资的专利和商标都被宣告无效,但青海威德公司未能提交证据证明该案评估存在违法情形或者北京威德公司在评估时存在违法情形,现以案涉两项知识产权被确认无效,要求北京威德公司承担补足出资和赔偿损失的责任,缺乏事实和法律依据。

(2)非货币财产无法办理财产权转移手续

《公司法》第49条第2款规定,股东以非货币财产出资的,应当依法办理其财产权的转移手续。出资人成为公司股东,其核心义务是将出资财产的财产权转移给公司,如未能转移的,说明公司未取得用于出资的非货币财产所有权,则股东出资构成瑕疵出资。根据《公司法司法解释三》第8条、第10条及第11条的规定,出资人以土地使用权、房屋知识产权和股权等出资,如无法办理财产权转移手续,法院将限期采取补正措施,如逾期无法补正,应认定为出资人未依法全面履行出资义务。需要注意的是,如股东以动产出资,未进行任何交付,应认定未履行出资义务。

二、抽逃出资的认定

抽逃出资，是指公司成立后，股东违反资本维持原则的要求，直接或间接地将自己对公司的出资（或资本、股本）又取回来；或者从公司的角度来表述，指公司违反资本维持原则向股东返还出资。[1] 抽逃出资的认定，可以从主体、客体、后果及行为方式共四个方面分析。

（一）抽逃出资的主体

根据《公司法司法解释三》第 12 条及第 14 条的规定，抽逃出资行为的实施主体为公司股东以及协助抽逃出资的其他股东、董事、高级管理人员或者实际控制人。如果存在《公司法司法解释三》第 12 条所述行为，但实施主体并不是公司股东，不宜认定构成抽逃出资，如（2020）渝民终 3 号案，法院认为，该案中，郑某分别于 2013 年 10 月 25 日、2013 年 11 月 6 日将出资款共计 480 万元转入中喔公司，陈某淋于 2013 年 11 月 6 日将出资款 1120 万元转入中喔公司。中喔公司的账户显示，在 2013 年 11 月 6 日验资后的次日，即 2013 年 11 月 7 日，中喔公司有 1600 万元款项转入百世顺经营部。中喔公司认为 2013 年 11 月 7 日转入百世顺经营部的 1600 万元系陈某淋、郑某抽逃出资。但中喔公司没有举证证明该转款行为系陈某淋、郑某利用《公司法司法解释三》第 12 条规定的手段故意将出资资金转移给股东个人所有，且未支付公正、合理的对价，亦没有举证证明该笔转款损害了中喔公司的合法权益，不能仅以百世顺经营部从中喔公司获得 1600 万元款项即认为陈某淋、郑某构成抽逃出资。此时，举证责任并未转移至陈某淋、郑某，中喔公司应当对其主张的事实承担举证不能的法律后果。

（二）抽逃出资的客体

公司设立时，公司唯一财产是股东出资款（公司资本），此时公司财产等于公司资本，之后公司资本会因业务开展逐渐被消耗、转化为其他资产或形成收益，此时的公司资产等于对外负债和所有权权益（包含公司资本、资本公积金、

---

〔1〕 参见刘燕：《重构"禁止抽逃出资"规则的公司法理基础》，载《中国法学》2015 年第 4 期。

盈余公积金及未分配利润等)之和。

认定抽逃出资,首先要明确抽逃的对象或客体为股东出资。抽逃出资实质为对股东出资的侵蚀,是股东对其出资义务的违反,而非侵害了股东出资之外的其他公司资产,实务中应注意区分,如(2018)最高法民申4680号案,法院认为,该案再审的争议焦点为:陈某萍转移金椰林公司1504.498万元的行为是否构成抽逃出资?《公司法司法解释三》第12条将实践中较为常见的一些资本侵蚀行为明确界定为抽逃出资,但不能将股东从公司不当获得财产的所有行为都笼统认定为抽逃出资。认定股东从公司获得财产的行为是否构成抽逃出资,应重点审查其行为是否对公司资本构成了侵蚀这一因素。根据公司法原理,公司资本不等同于公司资产,公司资产包括公司资本、公司对外负债、公司的资产收益和经营收益,公司资本仅是公司资产中的股东出资部分。据该案原判决查明的事实,2001年2月22日,金椰林公司6800万元注册资金已全部到位。2013年8月19日,金椰林公司在中国农业银行海秀支行尾数为9046的账户在收到另案2508.764676万元执行案款前,其账户余额仅为893.5元。由此可知,陈某萍于2013年8月19日、8月20日所转移的金椰林公司1504.498万元款项系案外人因另案诉讼根据法院判决向金椰林公司支付的2508.764676万元执行款中的一部分。该执行款属于金椰林公司成立后、6800万元注册资金已全部缴纳到位并投资建设酒精厂的情形下,在其后续的生产、经营活动过程中因诉讼而获得的款项,该款项为金椰林公司经营期间的收益,应属于其公司资产。陈某萍转移上述款项的行为固然损害了金椰林公司的财产权,但其行为并未侵蚀到金椰林公司的资本,不构成《公司法司法解释三》第12条规定的抽逃出资行为。

(三)抽逃出资的后果

公司享有独立的法人人格,股东完成出资,出资财产的权属即转移给公司,公司是出资财产的所有权人。首先,股东抽逃出资侵害了公司权益;其次,按权利义务一致原则,抽逃出资的股东,相当于未履行或未全面履行出资义务,却与其他股东一样享有股东权益,有违公平,侵害了其他股东的权益;最后,股东抽逃出资,公司偿债能力降低,侵害了债权人的利益。

如股东仅存在《公司法司法解释三》第 12 条所述的行为，但并未造成公司、其他股东或债权人权益受损的，不宜认定为抽逃出资，如(2014)执申字第 9 号案，法院认为，第一，抽逃出资一般是指不存在合法真实的债权债务关系，而将出资转出的行为。而该案中，昌鑫公司对弘大公司存在合法的在先债权。对于昌鑫公司在 2004 年即通过债权受让的方式取得对于弘大公司债权的事实，潍坊市中级人民法院、山东省高级人民法院与各方当事人并无分歧。第二，未损害弘大公司及相关权利人的合法权益。法律之所以禁止抽逃出资行为，是因为该行为非法减少了公司的责任财产，降低了公司的偿债能力，不仅损害了公司与其他股东的权益，更损害了公司债权人等相关权利人的权益。而该案并不存在这种情况，昌鑫公司对于弘大公司享有债权在先，投入注册资金在后。在整个增资扩股并偿还债务过程中，昌鑫公司除了把自己的债权变成了投资权益之外，没有从弘大公司拿走任何财产，也未变更弘大公司的责任财产与偿债能力。第三，不违反相关司法解释的规定。《公司法司法解释三》第 12 条具体规定了抽逃出资的构成要件，可以作为执行程序中认定是否构成抽逃注册资金的参照。该条文规定的要件有两个：一个是形式要件，具体表现为该条罗列的“利用关联交易将出资转出”“通过虚构债权债务关系将其出资转出”等具体情形。另一个是实质要件，即“损害公司权益”。该案虽然符合了该法条规定的形式要件，但是如上所述，实质要件难以认定。又如，(2021)最高法民申 2488 号案，法院认为，是否构成抽逃出资，需要从形式要件和实质要件两方面出发加以认定。形式要件包括上述规定的三种具体情形和一种兜底情形，实质要件则是“损害公司权益”。

(四)抽逃出资的行为方式

鉴于抽逃出资的主体多为控股股东、实际控制人，其控制着公司人事任命以及财务处理等事项，导致抽逃出资行为存在隐蔽性、复杂性和欺诈性，为统一法律适用，《公司法司法解释三》第 12 条规定，公司成立后，公司、股东或者公司债权人以相关股东的行为符合下列情形之一且损害公司权益为由，请求认定该股东抽逃出资的，人民法院应予支持：(1)制作虚假财务会计报表虚增利润进行分配；(2)通过虚构债权债务关系将其出资转出；(3)利用关联交易将出资转出;(4)其他未经法定程序将出资抽回的行为。

根据上述规定,抽逃出资的行为方式包括以下几种。

1. 制作虚假财务会计报表虚增利润进行分配

“无盈不分”是公司利润分配的基本规则。《公司法》第210条第4款规定,公司弥补亏损和提取公积金后所余税后利润可用于分配。如公司没有税后利润或留存利润不足以分配,股东以出资充当利润进行分配,导致股东出资不当减少,构成抽逃出资。

需要注意的是,虽股东制作了虚假的财务会计报表,虚增了利润,但因公司存在法定公积金或任意公积金,如股东分配的是公积金,则并未侵蚀公司资本,不符合抽逃出资的客体,不构成抽逃出资,应作为“违法分配”处理。从这个意义上说,本款将“制作虚假财务会计报表虚增利润进行分配”直接作为“抽逃出资”,明显过于武断了,没有考虑到公司可能有盈余公积金、资本公积金的情形。[1]

2. 通过虚构债权债务关系将其出资转出

因法律禁止股东抽逃出资,股东通常不会公然将出资转出,为掩人耳目,会通过捏造债权债务将出资转出,这种情况下,虽资产负债表形式上是平衡的,但与实际情况不符,即通常所说的“账、实不符”情形,如(2018)苏民申962号案,法院认为,该案中,张某荣、张某于2006年9月22日将对天力公司增资的1272万元缴存到验资账户,通过了验资,2006年9月25日,天力公司即向无锡市15家公司开具支票,转出资金1272万元,验资时间与转出资金时间相隔仅3天,数额完全一致。根据《公司法司法解释三》第20条的规定,当事人之间对是否已履行出资义务发生争议,原告提供对股东履行出资义务产生合理怀疑证据的,被告股东应当就其已履行出资义务承担举证责任。张某荣、张某负有对1272万元转款的性质、用途的举证证明责任。张某荣、张某主张该15笔转款为偿还对王某储融资形成的债务,但未能提供天力公司向王某储借款的凭证。天力公司2004年至2006年的银行交易记录也表明在此3年期间,天力公司和王某储、王储公司及转账支票涉及的15家公司均不存在除该案1272万元以外的

〔1〕 参见刘燕:《重构“禁止抽逃出资”规则的公司法理基础》,载《中国法学》2015年第4期。

资金往来。因此,张某荣、张某主张 1272 万元系偿还天力公司对王某储的债务的依据不足。张某荣、张某在增资两天后通过虚构债务的形式将所有增资款全数转出,其行为符合抽逃出资的特征,一、二审法院认定其构成抽逃出资,并无不当。

3. 利用关联交易将出资转出

法律并不禁止关联交易,其规制对象是不公平的关联交易。股东与公司通过不公平的关联交易,将股东出资不合理或无偿转出的,构成抽逃出资,如(2021)最高法民申 224 号案,抽逃出资行为的关键在于公司资产从公司转移给股东或关联方时,股东或关联方并未向公司支付公正、合理的对价。该案中,HEH 公司和英迪公司的股东均为陈某浩和冯某,英迪公司系 HEH 公司的关联公司。柯迈公司将 386 万元支付给英迪公司,未有证据证明英迪公司就此支付了公正、合理的对价。该行为减少了柯迈公司的财产,有损公司利益,符合《公司法司法解释三》第 12 条的规定,构成股东抽逃出资行为。

4. 其他未经法定程序将出资抽回的行为

鉴于列举行为的局限性,为防止遗漏设此兜底条款,规制其他未经法定程序抽回出资的行为。凡是不符合法定程序、不合理或无偿将出资转出的行为,并损害公司、债权人及其他股东利益的,均应认定为抽逃出资。

2013 年公司资本制度改革,股东出资不需要强制验资,与此对应,《公司法司法解释三》于 2014 年对应修改,删除了“将出资款转入公司账户验资后又转出”认定为抽逃出资的规定。虽删除了该条款,但该情形仍属于典型的抽逃出资行为,可适用该条进行规制。最高人民法院在(2014)民二他字第 19 号答复中指出,2014 年 2 月 20 日发布的《公司法司法解释三》施行后尚未终审的股东出资相关纠纷案件,人民法院经审理查明,公司成立后,股东将出资款项转入公司账户验资后,未经法定程序又转出,损害公司权益的,可以依照该规定第 12 条第 4 项的规定,认定该股东抽逃出资。

(五)抽逃出资的归还

股东投入公司的出资,如超出实际需求,同时为提高资金效率,股东与公司之间可能存在大量的资金往来;同时,由于欠缺法人财产独立意识,控股股东认为其控制的公司资产可随意支取，根据经营需求，随用随还，由此导致公司与股东之间款项来往性质混乱。股东出资款、股东借款属于完全不同性质的款项，如股东抽逃了公司资金，后期归还，应明确归还的资金为返回的出资款，而非借款，否则应由抽逃出资的股东承担不利后果，如（2021）最高法民申7206号案，法院认为，张某海转给浩源公司的52笔款项合计5671.6666万元，银行明细摘要备注有“投资款”“还款”“往来款”等。虽然张某海存在向浩源公司转款5671.6666万元的行为，甚至有部分转账注明有“投资款”，但是系张某海单方记载，且股东向公司支付的所谓“投资款”，其性质也可能是借款，股东出借给公司的借款系公司负债，构成公司资产，但是不能作为公司的注册资本。因原审证据不能证明该投入性质为返还的抽逃出资，故判令张某海、高某令承担补足出资责任。即使上述证据能够证明其所主张的浩源公司有大量建设投入以及固定资产状况，亦只能证明浩源公司资产状况，不能当然证明浩源公司注册资本状况，也不能证明张某海在其抽逃出资后又向浩源公司投入的资金的性质，即不能证明张某海、高某令已补足抽逃的出资。即使姚某寒、高康资本是专业的投资方，增资时进行了相应的尽职调查或者资产评估，也不能免除抽逃出资的股东对公司注册资本的法定补足责任。在上述证据不能证明其抽逃出资后的投入系补足抽逃出资的情况下，不足以推翻原判决。

三、股东出资加速到期

瑕疵出资和抽逃出资均是针对出资期限已届满的情形，股东未履行或未全面履行出资义务或抽逃出资，违反了法定出资义务。股东出资加速到期，是指股东认缴的出资期限未届满，公司不能清偿到期债务的，债权人请求未届出资期限的股东在未出资范围内对公司不能清偿的债务承担补充赔偿责任。

《公司法》修改前，规定股东出资加速到期的条文只有两个：一是《企业破产法》第35条的规定，人民法院受理破产申请后，债务人的出资人尚未完全履行出资义务的，管理人应当要求该出资人缴纳所认缴的出资，而不受出资期限的限制；二是《最高人民法院关于适用〈中华人民共和国公司法〉若干问题的规定（二）》（以下简称《公司法司法解释二》）第22条第1款的规定，公司解散时，股东尚未缴纳的出资均应作为清算财产。股东尚未缴纳的出资，包括到期应缴未缴的出资,以及依照2018年《公司法》第26条和第80条(现为《公司法》第47条和第96条)的规定分期缴纳尚未届满缴纳期限的出资。这两条如此规定的法理在于,公司破产或者强制清算后将终止存在(在破产重整、和解的场合,公司不终止,但清理债权债务同破产清算的要求一样),不可能再根据原定期限请求股东履行,因此,如果公司不能要求股东提前缴付出资,则股东将逃避履行对公司的出资义务进而损害公司债权人和其他股东的正当利益。对于公司股东而言,虽然章程规定了明确的出资期限,但是由于出资义务的对象是公司,因此,章程规定的出资期限不能超过公司的存续期限,所以,一旦公司破产或者强制清算,则视为章程规定的出资期限届满,即加速到期。[1]

但是,对于非破产或非强制清算情形下,股东出资义务是否加速到期,理论上存在不同见解。

不支持股东出资加速到期的观点认为,股东认缴出资期限已经公示,债权人有注意义务,债权后期主张出资加速到期不合理;股东按认缴期限出资是《公司法》的明文规定,是法定权利,股东依法享有期限利益,股东出资加速到期突破了认缴制,加重了股东个人责任;公司不能清偿到期债务时,支持股东出资加速到期以对个别债权人清偿,会造成对其他债权人的不公平,无法平等保护全体债权人的利益。[2]

支持股东加速到期的观点认为,《公司法》第4条第1款规定,有限责任公司的股东以其认缴的出资额为限对公司承担责任;股份有限公司的股东以其认购的股份为限对公司承担责任。因此,股东对公司承担责任的范围是"其认缴的出资额或认购的股份",与是否到期并无关系,法律对股东的该类责任并未加设"认缴期限"的限制,在公司无法清偿到期债务时,股东无代价地享受期限利益是对合同权利、公司独立人格的滥用。当股东出资数额及缴资期限设计不合理,影响公司正常经营时,股东有义务修正其不合理的设计,此为出资契约中的默示条款/默示义务所致;相对于破产加速到期的破产管理人费用、债权人会议

---

〔1〕 参见最高人民法院民事审判第二庭编著:《〈全国法院民商事审判工作会议纪要〉理解与适用》,人民法院出版社2019年版,第124页。

〔2〕 参见蒋大兴:《论股东出资义务之"加速到期"——认可"非破产加速"之功能价值》,载《社会科学》2019年第2期。

费用及关闭企业的社会成本，非破产情形下的股东出资加速到期具有成本低、效益高之优势；如公司对部分债权人进行了偏颇清偿，仍可用破产撤销权否决不合理的“偏颇给付”，保护“公平清偿”的底线。[1]

最高人民法院采用了折中的观点，认为非破产或非强制清算情形下的股东出资加速到期应在严格条件下适用。《九民会议纪要》第 6 条规定，在注册资本认缴制下，股东依法享有期限利益。债权人以公司不能清偿到期债务为由，请求未届出资期限的股东在未出资范围内对公司不能清偿的债务承担补充赔偿责任的，人民法院不予支持。但是，下列情形除外：(1)公司作为被执行人的案件，人民法院穷尽执行措施无财产可供执行，已具备破产原因，但不申请破产的；(2)在公司债务产生后，公司股东会决议或以其他方式延长股东出资期限的。

《九民会议纪要》并非法律规定，其发布后，仍有法院持不同见解。为统一法律适用，修改后的《公司法》第 54 条规定：“公司不能清偿到期债务的，公司或者已到期债权的债权人有权要求已认缴出资但未届缴资期限的股东提前缴纳出资。”

四、股权转让中的出资问题

股东转让其股权，如已按期足额缴纳出资，则出资义务完成，转让股东与受让人就出资不再承担任何责任。但是，如转让股东存在瑕疵出资、抽逃出资或未届期限的出资，则何方应继续完成出资？受让人承担何种责任？公司或债权人有哪些救济措施？这些均涉及股权转让中的出资问题。

（一）已届出资期限的股权转让

1. 转让股东瑕疵出资情况下的股权转让

《公司法》第 88 条第 2 款规定，未按照公司章程规定的出资日期缴纳出资或者作为出资的非货币财产的实际价额显著低于所认缴的出资额的股东转让

---

〔1〕 参见蒋大兴：《论股东出资义务之“加速到期”——认可“非破产加速”之功能价值》，载《社会科学》2019 年第 2 期。

股权的，转让人与受让人在出资不足的范围内承担连带责任；受让人不知道且不应当知道存在上述情形的，由转让人承担责任。《公司法司法解释三》第18条第1款规定，有限责任公司的股东未履行或者未全面履行出资义务即转让股权，受让人对此知道或者应当知道，公司请求该股东履行出资义务、受让人对此承担连带责任的，人民法院应予支持；公司债权人依照本规定第13条第2款向该股东提起诉讼，同时请求前述受让人对此承担连带责任的，人民法院应予支持。

根据上述规定，瑕疵出资股东继续承担出资义务，受让人对转让股东存在瑕疵出资行为知道或应当知道的，应对公司或债权人在出资不足的范围内承担连带责任。如此规定的理由在于，出资期限到期，转让股东的出资义务已实际产生，即使发生了转让，其出资义务并不转移。

《公司法》第40条规定："公司应当按照规定通过国家企业信用信息公示系统公示下列事项：(一)有限责任公司股东认缴和实缴的出资额、出资方式和出资日期，股份有限公司发起人认购的股份数……"根据该项规定，公司认缴和实缴的出资情况是可以查询的，推定受让人对此应是明知的，故受让人应在出资不足的范围内与该股东承担连带责任。

2. 转让股东抽逃出资情况下的股权转让

《公司法司法解释三》第18条第1款规定的情形是"股东未履行或者未全面履行出资义务"，即瑕疵出资情形，对于存在抽逃出资情形下的股权转让，该款是否适用存在争议。

一种观点认为，"股东未履行或者未全面履行出资义务"针对的是瑕疵出资，抽逃出资与瑕疵出资是并列的股东违反出资义务行为，《公司法司法解释三》第18条第1款并不适用股东抽逃出资的股权转让，如(2013)民申字第1795号案，法院认为，从《公司法司法解释三》规定的前后体例看，涉及虚假出资和抽逃出资的相关规定，并未全部作为同一条文规定，也没有基于互相包含的关系而只列举一种情形的规定，因此，严格按照文义理解更符合该规定的精神。抽逃出资和虚假出资从后果看，都是导致公司不拥有该部分注册资本，但二者在内涵上是有区别的。虚假出资是公司成立之前的股东单方行为，因公司尚未成立，故公司不能够表达否定意志，责任在于股东，新股东受让后原则上要对公司承担原股东应承担的义务，此时可谓公司没有过错。抽逃出资行为是发生在公司设立之后，任何股东抽逃出资都必须经公司履行相关手续，从形式上看公司作出的是“同意”的意思表示，此时推定公司具有过错，股权转让后，公司不能够在同意原股东抽逃行为的前提下，又向新股东主张责任，否则有悖诚实信用原则。

另一种观点认为，抽逃出资是未履行或者未全面履行出资义务的一种表现形态，抽逃出资的股东股权转让，也应适用《公司法司法解释三》第 18 条第 1 款的规定。

作者赞同第二种观点，抽逃出资与瑕疵出资均是对股东出资义务的违反，法律后果与民事责任基本相同，抽逃出资的股东进行股权转让之前，其出资义务已产生，股权转让并不改变其出资义务，受让人对此知道或应当知道而仍受让抽逃出资股东的股权的，与转让股东承担连带责任，如（2018）最高法民申 2986 号案，法院认为，在公司法理论上，股东未履行或未全面履行出资义务可进一步细化为股东出资不实、虚假出资和抽逃出资三种情形。该案中，平宇公司通过中介机构虚假增资 900 万元，待办理完验资手续后，该 900 万元增资款随即转回中介机构，平宇公司的时任股东并未履行补足该部分增资款的缴纳义务。原审判决据此认定平宇公司的时任股东杨某平等构成抽逃出资，杨某平的抽逃出资额为 450 万元，符合《公司法司法解释三》第 12 条的规定。平宇公司在增资后，杨某平持有 50% 的股权，认缴的出资额为 500 万元，其中 450 万元股权未履行出资义务。杨某平将其股权中的 5% 转让给唐某南，却并未对转让价格作出约定，原审判决据此认定受让人唐某南知道或者应当知道出让人杨某平未履行或者未全面履行出资义务即转让股权的情形，并判令唐某南在该 5% 股权对应的抽逃出资额 45 万元的范围内与杨某平共同向债权人萍钢公司承担连带责任，不仅符合本案的实际情况，也符合前述司法解释的规定。

（二）未届出资期限的股权转让

《公司法司法解释三》第 18 条第 1 款适用的情形是“股东未履行或未全面履行出资义务”。股东出资未届出资期限，不属于“股东未履行或未全面履行出资义务”。出资期限未到期，股东享有期限利益，此时股东对外转让股权的，是由转让股东还是受让人承担出资义务,实务中存在不同观点。

第一种观点认为,转让股东承担出资义务。转让股东在公司章程中就出资作出了认缴的意思表示,与公司就按期出资已达成了合意,与公司之间形成了债权债务关系,同时股东认缴出资经公示登记已具有法定属性,为维护资本维持原则,避免认缴制下的股权转让成为股东逃避出资的工具,转让股东应对其认缴的出资继续承担出资义务,如最高人民法院民事审判第二庭发布的2020年全国法院十大商事案例中第2个案例[许某某等与被上诉人青岛铸鑫机械有限公司加工合同纠纷案(2020)鲁02民终12403号],法院认为,在公司认缴制度下,股东出资义务系其对公司附期限的契约。股东对于公司的认缴出资义务应是股东对于公司的附期限的承诺,股东在初始章程或增资合同中作出的认缴意思表示属于民法上为自己设定负担的行为,本质上是债权债务关系的建立。通过认缴,股东成为出资契约中的债务人,公司则成为出资契约中的债权人。蒋大兴教授对该案的点评也认为:认缴的股东未届出资期限即转让公司股权也并不是找到了逃避股东出资责任的“法门”,以为将认缴的出资额股权全部转让给他人就可以全身而退、从此置身事外。股东关于出资的约定本质上是股东与公司之间的契约,对于认缴出资期限的确认无异于对公司负有的附期限的合同义务。股东在出资期限届至之前将股权一转了之,仅仅是让渡了自己的合同权利,履行出资的合同义务并不会当然随着股权的转让而转移。当股东出资责任加速到期之时,没有切实履行出资的原股东也依然不能免除其出资义务,应就未足额出资的部分对公司债务承担连带责任。[1]

第二种观点认为,受让股东承担出资义务。首先,《公司法司法解释三》第18条规定的“股东未履行或者未全面履行出资义务”是指出资期限到期的情形,不适用出资期限未到期的情形,如前文提及的(2020)最高法民申4443号案;其次,转让股东承担出资义务,会造成权利义务不统一,股权转让完成后,受让股东取得股东资格,依法行使股东权利,但其却不承担出资义务,反而是已转

〔1〕 参见《2020年全国法院十大商事案例丨附专家点评意见》,载微信公众号“中国法律评论”2021年2月20日,https://mp.weixin.qq.com/s?src=11&timestamp=1664293613&ver=4070&signature=jrZmnQYeH4IrPx*UyGkKP1FNJX6nq3-*X3ZbQgIy4n5s0k01nGguZ3xLHLyGFlF2Ikho0vfWO8h7yFkb5a9LFGx62aLdo8XxBy7jBBp0VeOMOdknX8vQSlmkBgwkYTv-&new=1。

让股权的股东承担出资义务，这样会破坏了股东资格权利义务一体性，是不经济的；最后，不符合商事交易习惯，无助于流通。转让股东丧失合法摆脱出资义务的通道，在很大程度上会使股东投资意愿降低，会根本上弱化公司制度的集资功能；受让股东为保障股东权益完整行使，需频繁关注出让股东对出资义务的履行能力；公司不具备对受让股东的约束手段，在权利义务关系中陷于被动。三主体均束缚于该出资主体规则，徒增公司制度成本。[1]

第三种观点认为，为防止未届出资期限的股东通过股权转让将未来的出资义务转让给没有履行出资能力的受让人，借以逃避自身的出资义务，转让股东是否继续承担出资义务，要结合债权形成的时间认定。债权形成于转让股东持股期间的，转让股东因公司债务增加享受了利益，且其认缴出资行为也是对公司履行能力的担保，因此，转让股东继续承担出资义务；债权形成于股权转让之后的，出资义务由受让人承担。

为统一法律适用，解决实务争议，《公司法》第 88 条第 1 款规定："股东转让已认缴出资但未届缴资期限的股权的，由受让人承担缴纳该出资的义务；受让人未按期足额缴纳出资的，转让人对受让人未按期缴纳的出资承担补充责任。"适用该款时需注意以下几个问题。

1. 股东享有股东权利应同时承担最基本的出资义务，因此，对于未届出资期限的股权转让，由受让人承担出资义务是基本规则。

2. 相较于公司和债权人而言，转让人和受让人进行股权转让交易，彼此熟悉。为保障外部公司和债权人利益，转让人应承担补充责任，这是立法者在转让人利益和公司利益、债权人利益之间作出的选择。法律认可有限地保障公司和债权人利益，要求转让人和受让人共同完成出资义务。

3. 转让人承担的补充责任是法定义务，无法通过约定排除适用。

4. 转让人明知受让人没有认缴出资的能力，仍相互串通的，构成共同侵权，应适用《民法典》第 1168 条的规定："二人以上共同实施侵权行为，造成他人损

---

〔1〕 参见陈克:《未届出资期限股权转让后的出资义务人是谁？ | 民商辛说》，载微信公众号"天同诉讼圈"2021 年 10 月 12 日，https://mp.weixin.qq.com/s?__biz=MjM5NjA3NDc5MA==&mid=2654721738&idx=1&sn=52e523911a78ceaf7f8270c7d3393e71&chksm=bd21b2838a563b95a84f52dd85442d1f15aa3878fa0a1f8d74a80d1a1b0b652d2d685e794390&scene=21#wechat_redirect。

害的，应当承担连带责任。”由转让人和受让人承担连带责任。如转让人与受让人没有逃避出资、损害公司和债权人利益的故意，转让人应承担补充责任。如(2019)京03民终9641号案，法院认为，高某作为奇观公司前任大股东和实际控制人，对奇观公司的资产情况及偿债能力应当知悉。奇观公司债权人杨某波于2017年8月22日向奇观公司提起民间借贷纠纷的诉讼，法院经审理作出(2017)京0105民初64624号民事判决书后，杨某波一审胜诉，高某在明知奇观公司不能对外其清偿债务的情况下，仍于2018年1月12日诉讼期间无偿转让股权、变更公司法定代表人，且该受让人邱某范系高某的祖母，实际年龄达89周岁。以邱某范的年龄，其不仅难以履行公司法定代表人、执行董事、经理的相关职责，更是增加了公司认缴出资实缴到位的风险，导致公司债务难以得到及时清偿，实际是利用公司股东的期限利益恶意逃避债务，极大程度上增加了债权人的风险。高某恶意转让股权、滥用股东期限利益的行为，应当予以否定。

5. 立法使用的是“转让人”和“受让人”表述，而非“原股东”或“现股东”，意味着股权转让无论转手多少次，转让人均存在承担补充责任的风险，这可能会造成股权转让纠纷数量激增。

新《公司法》于2024年7月1日起施行。对于新《公司法》施行前发生的未届出资期限的股权转让，转让人是否需要承担补充责任，这涉及新《公司法》的溯及力问题。新法对施行前的法律事实引发的民事案件原则上没有溯及力，除非适用新法对当事人更有利。新《公司法》施行前，转让人转让未届出资期限股权是否需要承担责任，结合前面论述可以发现，实务观点并不一致，甚至存在需转让人承担连带责任的做法，转让人对自身承担何种责任不具有合理预期。因此，最高人民法院于2024年6月27日发布了《最高人民法院关于适用〈中华人民共和国公司法〉时间效力的若干规定》，该规定第四条第(一)项明确了新《公司法》施行前发生的未届出资期限的股权转让，适用《公司法》第88条第1款的规定，转让人承担补充责任。

第三节　股东违反出资义务的法律后果

一、股东权利的合理限制

出资人具有认缴出资的意思,其即成为公司股东。成为公司股东后,其应按认缴金额及期限出资,股东未按期足额缴纳出资,违反了出资义务,按权利义务一致原则,其股东权利应受到相应的限制。因此,《公司法司法解释三》第16条规定,股东未履行或者未全面履行出资义务或者抽逃出资,公司根据公司章程或者股东会决议对其利润分配请求权、新股优先认购权、剩余财产分配请求权等股东权利作出相应的合理限制,该股东请求认定该限制无效的,人民法院不予支持。

按权利内容和行使目的为标准,股东权利分为自益权与共益权。自益权是股东以实现投资回报为目的,为个人利益行使的权利,如《公司法司法解释三》第16条列举的利润分配请求权、新股优先认购权、剩余财产分配请求权等股东权利;共益权是股东以参与公司经营管理为目的,为了全体股东利益并间接维护自身利益的权利,如股东知情权、表决权等。

股东知情权属于法定权利,只要具有股东身份,即使存在瑕疵出资或抽逃出资,股东知情权也不可被限制或剥夺,如《上海市高级人民法院2005年上海法院民商事审判问答(之四)——关于审理股东请求对公司行使知情权纠纷若干问题的问答》第6条规定,知情权是股东权的一项重要权利。股东对公司未履行出资义务,或者未足额履行出资义务,或者在公司成立后又抽逃出资的,应当按照《公司法》的规定履行相应的义务。股东虽然存在出资瑕疵,但在未丧失公司股东身份之前,其仍可按照公司法或章程的规定,行使相应的股东权利。在股东出资存在瑕疵的情况下,除非章程或股东与公司之间另有约定,一般不能以股东存在出资瑕疵为由否定其享有知情权。

股东表决权是最重要的股东权利,股东参与公司管理、选择管理者以及享有资产收益均取决于表决权的行使。对于瑕疵出资、抽逃出资或未届出资期限股东的表决权是否应受到限制，实务中存在不同观点。

1. 瑕疵出资与抽逃出资股东的表决权限制

有观点认为，瑕疵出资与抽逃出资股东的表决权可以受到限制。理由如下：股东表决权虽然属于共益权，但具有特殊性，共益权是股东行使自益权的手段，如公司利润分配需经股东会决议，需股东按表决权投票；股东表决权的实质，从其功能看是一种控制权，具有工具性质，凭此股东可以选择管理者、决定公司重大事项进而实现股东参与公司经营管理的目的。如瑕疵出资股东可以不受限制地行使表决权，就意味着其可以在小范围内承担投资风险的前提下影响公司的决策甚至控制公司，实则难谓公平，所以应对此进行相应的限制。[1]如（2021）最高法民申 4298 号案，法院认为，我国法律目前并未对瑕疵出资股东的表决权行使应否受限作出明文规定，司法实践中对此也存在争议，在此情形下，该案原审法院按照实际缴纳出资比例认定案涉 7 月 3 日股东会决议经过代表 2/3 以上表决权的股东通过为合法有效，适用法律并不属于确有错误。

也有观点认为，瑕疵出资与抽逃出资股东的表决权不应受到限制。理由如下：股东表决权是基于股东身份取得，是股东的一项固有的法定权利，无法律明确规定不得限制，目前我国《公司法》和司法解释均未规定可以限制股东表决权；表决权属于股东共益权，非股东自益权，根据一般法理，共益权不应当受到限制。《公司法司法解释三》第 16 条规定公司章程可以对未足额出资的股东的权利作出限制，但限制的范围明确限定为股东自益权，并不包括共益权。亦因如此，《公司法司法解释三》第 16 条在最后定稿时把"表决权"从讨论稿中删去；《公司法》对股东瑕疵履行出资义务已设计了救济途径。[2]

作者赞同第二种观点，即瑕疵出资与抽逃出资股东的表决权不应受到限制。首先，根据《公司法司法解释三》第 16 条的规定，瑕疵出资或抽逃出资的部

[1] 参见李建伟：《瑕疵出资股东的股东权利及其限制的分类研究：规范、解释与实证》，载《求是学刊》2012 年第 1 期。

[2] 参见樊荣禧：《瑕疵出资股东表决权的行使与限制|法官论坛 253》，载微信公众号"审判研究"2017 年 2 月 13 日，https://mp.weixin.qq.com/s?src=3&timestamp=1665144773&ver=1&signature=Tt2oQr79*rMWP2ABXE2fCkHDRji7inBzjNOEfV3oCE2ta0K5xvVNKfx2*F1DTsibCXDAwPXmUmcfEZJ6ARkwqfVxMyJ9K812RfzNagBgTUULmcwAIb0wdfI6GN9S9kf0esBPrVfViPpr5D40GbdPAgQ*KgQpBMDzbuIv8opxHAg=。

分股东权利已受到限制，已承担了不利后果，如表决权再受到限制，相当于全部股东权利受到限制；其次，瑕疵出资或抽逃出资股东的出资义务已实际存在，公司、其他股东或公司债权人均有权要求其出资，其承担的风险一直存在，公司经营状况与其息息相关，按权利义务一致原则，其表决权应可以正常行使。即使存在瑕疵出资或抽逃出资股东滥用表决权、控制公司的情况，如公司经营不善破产，其仍应在出资不实本息范围内承担责任，并非逃避了责任，只是延后了责任承担的时间。

2. 未届出资期限股东的表决权限制

《公司法》第 65 条规定，股东会会议由股东按照出资比例行使表决权；但是，公司章程另有规定的除外。对于该条中的“出资比例”是指认缴的出资比例还是实缴的出资比例，《公司法》并未规定，实务中也存在争议。

为统一法律适用，《九民会议纪要》第 7 条规定，股东认缴的出资未届履行期限，对未缴纳部分的出资是否享有以及如何行使表决权等问题，应当根据公司章程来确定。公司章程没有规定的，应当按照认缴出资的比例确定。如果股东会作出不按认缴出资比例而按实际出资比例或者其他标准确定表决权的决议，股东请求确认决议无效的，人民法院应当审查该决议是否符合修改公司章程所要求的表决程序，即必须经代表 2/3 以上表决权的股东通过。符合的，人民法院不予支持；反之，则依法予以支持。

根据上述规定，对于未届出资期限的股东表决权是否受到限制的问题，首先依据公司章程确定；公司章程没有规定的，应当按照认缴出资的比例行使表决权，即未届出资期限股东的表决权不受限制。如果公司章程之前没有规定，拟召开股东会作出新的决议，须经代表 2/3 以上表决权的股东通过。但是，该“2/3 以上表决权的股东”是否包括认缴股东的表决权仍未明确。作者认为，《公司法》就按“实缴出资比例”行使权益已有明确规定的，则按“实缴出资比例”享有权益，例如，《公司法》就有限责任公司的利润分配及新增资本的认缴明确规定了按“实缴出资比例”享有权益，否则应视为《公司法》未作例外规定，应按“认缴出资比例”行使表决权。

二、股东除名资格

《公司法》第52条第1款规定："股东未按照公司章程规定的出资日期缴纳出资，公司依照前条第一款规定发出书面催缴书催缴出资的，可以载明缴纳出资的宽限期；宽限期自公司发出催缴书之日起，不得少于六十日。宽限期届满，股东仍未履行出资义务的，公司经董事会决议可以向该股东发出失权通知，通知应当以书面形式发出。自通知发出之日起，该股东丧失其未缴纳出资的股权。"

《公司法司法解释三》第17条规定了股东除名制度，适用情形是股东全部未出资或抽逃全部出资，经公司催告后，如股东履行了部分出资义务，该制度即无法适用。例如，股东抽逃全部出资1000万元，经公司催告后，股东返还了10万元，仅占比1%，此时公司已无权解除该股东资格。由此可见，《公司法司法解释三》第17条的适用过于僵化，无法对刻意规避行为作出有效应对。因此，《公司法》第52条规定了股东失权制度，该制度适用时应注意以下事项。

1. 适用情形

《公司法》第50条规定："有限责任公司设立时，股东未按照公司章程规定足额缴纳出资，或者作为出资的非货币财产的实际价额显著低于所认缴的出资额的，设立时的其他股东与该股东在出资不足的范围内承担连带责任。"该条规定了股东瑕疵出资的两种情形：一是股东未按照公司章程规定足额缴纳出资；二是作为出资的非货币财产的实际价额显著低于所认缴的出资额。

《公司法》第51条规定："有限责任公司成立后，董事会应当对股东的出资情况进行核查，发现股东未按期足额缴纳公司章程规定的出资的，应当由公司向该股东发出书面催缴书，催缴出资。未及时履行前款规定的义务，给公司造成损失的，负有责任的董事应当承担赔偿责任。"根据该条规定，董事会负责的催缴情形是股东未按照公司章程规定足额缴纳出资。

因此，股东失权制度适用于股东未按期足额缴纳出资的情形，作为出资的非货币财产的实际价额显著低于所认缴的出资额的情形不适用股东失权，而是由该股东补足其差额，设立时的其他股东承担连带责任。

2. 适用公司类型

根据《公司法》第107条的规定，股东失权制度不仅适用于有限责任公司，还适用于股份有限公司。

3. 前置程序

公司向该股东发出失权通知前，应向该股东发出书面催缴书催缴出资，可以载明缴纳出资的宽限期；宽限期自公司发出催缴书之日起，不得少于60日。

4. 解除途径

由公司发出失权通知前，应经董事会决议通过。董事会会议召开时，董事如对股东失权有不同意见的，应要求记载于董事会会议记录，作为之后认定董事是否履行职责的证明。

5. 法律后果

未缴纳出资对应部分的股权失权，对于失权股权，公司应当在6个月内依法转让，或者相应减少注册资本并注销该股权；6个月内未转让或者注销的，由公司其他股东按照其出资比例足额缴纳相应出资。

6. 法律救济

《公司法》第52条第3款规定："股东对失权有异议的，应当自接到失权通知之日起三十日内，向人民法院提起诉讼。"因未缴纳出资的股权自公司发出失权通知之日即丧失，失权股东对此有异议的，有权提起股东资格确认纠纷，请求法院确认其仍是公司股东或仍持有相应的股权比例。需要注意的是，公司发出失权通知前，董事会应先作出决议，如股东对董事会决议效力有异议的，股东有权提起决议效力之诉。

三、民事责任

（一）未依法足额履行出资义务股东的民事责任

1. 继续履行出资义务与返还抽逃的出资本息

《公司法司法解释三》第13条第1款规定，股东未履行或者未全面履行出资义务，公司或者其他股东请求其向公司依法全面履行出资义务的，人民法院应予支持；第14条第1款规定，股东抽逃出资，公司或者其他股东请求其向公司返还出资本息、协助抽逃出资的其他股东、董事、高级管理人员或者实际控制人对此承担连带责任的，人民法院应予支持。

根据上述规定，瑕疵出资股东应继续履行出资义务，抽逃出资股东应返还出资本息。

2. 对公司债权人承担补充赔偿责任

《公司法司法解释三》第 13 条第 2 款规定，公司债权人请求未履行或者未全面履行出资义务的股东在未出资本息范围内对公司债务不能清偿的部分承担补充赔偿责任的，人民法院应予支持；未履行或者未全面履行出资义务的股东已经承担上述责任，其他债权人提出相同请求的，人民法院不予支持；第 14 条第 2 款规定，公司债权人请求抽逃出资的股东在抽逃出资本息范围内对公司债务不能清偿的部分承担补充赔偿责任、协助抽逃出资的其他股东、董事、高级管理人员或者实际控制人对此承担连带责任的，人民法院应予支持；抽逃出资的股东已经承担上述责任，其他债权人提出相同请求的，人民法院不予支持。

根据上述规定，瑕疵出资股东应在未出资本息范围内对公司债务不能清偿的部分承担补充赔偿责任，抽逃出资股东应在抽逃出资本息范围内对公司债务不能清偿的部分承担补充赔偿责任。同时，瑕疵出资或抽逃出资的出资义务只履行一次，如已足额履行出资义务，其他债权人再次主张的，法院不予支持。

公司债权人请求瑕疵出资或抽逃出资股东承担补充赔偿责任，是《公司法司法解释三》赋予公司债权人直接起诉股东的权利，股东通常主张法院应先查明公司能否清偿债务，公司不能清偿债务的情况下，其才承担责任，并进而提出公司债权人取得公司无可供执行财产的终结执行程序裁定后，才可以另行起诉瑕疵出资或抽逃出资股东的抗辩。作者认为，无论是瑕疵出资还是抽逃出资，股东均违反了其基本出资义务，公司是否可以清偿到期债务，不影响股东出资义务的履行，补充赔偿责任具有法定性，不受公司清偿能力的限制，公司债权人有权一并起诉公司与债权人承担责任，如北京市第三中级人民法院 2021 年 4 月发表的《公司类纠纷审判白皮书》中第 4 个案例"公司债权人请求未履行或者未全面履行出资义务的股东在未出资本息范围内对公司债务不能清偿的部分承担补充赔偿责任的，应予支持"，该案例裁判观点认为，从解释论层面讲，未出资股东对债权人只承担补充赔偿责任，享有先诉抗辩权，公司债权人必须先对公司提起诉讼或仲裁，待公司无财产可供执行时才能向其主张权利。但实务中，债权人提起公司债务清偿诉讼时，大多直接把未出资股东与公司一起作为共同被告。这样做不但有利于保护债权利益，也有利于节约诉讼成本、避免矛盾裁决的发生。对未出资股东关于债务人经营状态正常、有足够能力偿还债务的抗辩意见，应当认为，债务人的实际清偿能力是判决的履行问题，根据补充责任的性质，在责任认定阶段以此作为抗辩事由不能成立。

3. 赔偿公司损失

《公司法》第49条第3款规定，股东未按期足额缴纳出资的，除应当向公司足额缴纳外，还应当对给公司造成的损失承担赔偿责任。

（二）董事、高级管理人员或实际控制人的民事责任

1. 瑕疵出资情形下的董事、高级管理人员的民事责任

《公司法》第51条规定："有限责任公司成立后，董事会应当对股东的出资情况进行核查，发现股东未按期足额缴纳公司章程规定的出资的，应当由公司向该股东发出书面催缴书，催缴出资。未及时履行前款规定的义务，给公司造成损失的，负有责任的董事应当承担赔偿责任。"

《公司法司法解释三》第13条第4款规定，"股东在公司增资时未履行或者未全面履行出资义务，依照本条第一款或者第二款提起诉讼的原告，请求未尽公司法第一百四十七条第一款规定的义务而使出资未缴足的董事、高级管理人员承担相应责任的，人民法院应予支持；董事、高级管理人员承担责任后，可以向被告股东追偿"。如（2018）最高法民再366号案，法院认为，根据董事会的职能定位，董事会负责公司业务经营和事务管理，董事会由董事组成，董事是公司的业务执行者和事务管理者。股东全面履行出资是公司正常经营的基础，董事监督股东履行出资是保障公司正常经营的需要。《公司法司法解释三》第13条第4款规定的目的是明确董事、高级管理人员对股东增资的监管、督促义务，从而保证股东全面履行出资义务、保障公司资本充实。在公司注册资本认缴制下，公司设立时认缴出资的股东负有的出资义务与公司增资时是相同的，董事、高级管理人员负有的督促股东出资的义务也不应有所差别。

2. 抽逃出资情形下的董事、高级管理人员或者实际控制人的民事责任

《公司法》第53条规定："公司成立后，股东不得抽逃出资。违反前款规定的，股东应当返还抽逃的出资；给公司造成损失的，负有责任的董事、监事、高级

管理人员应当与该股东承担连带赔偿责任。”根据《公司法司法解释三》第 14 条第 2 款的规定，协助抽逃出资的董事、高级管理人员或者实际控制人应对抽逃出资股东承担连带责任。董事、高级管理人员或者实际控制人负责公司运营，股东不参与公司经营，其能成功抽逃出资，一般有上述人员的协助。上述人员一旦参与了抽逃出资，不论作用力大小，均应承担连带责任，如(2014)民二终字第 00092 号案，法院认为，袁某岷系光彩宝龙公司法定代表人。该案原审判决认定龙湾港公司抽逃了对光彩宝龙公司的 1439 万元出资，龙湾港公司和袁某岷对此均未提出上诉，故予以确认。龙湾港公司抽逃出资的方式，是虚构光彩宝龙公司与疏浚公司之间的工程款债务，将款项从光彩宝龙公司转入疏浚公司，再从疏浚公司转入瑞福星公司，用以偿还了龙湾港公司欠瑞福星公司的借款。在光彩宝龙公司为龙湾港公司抽逃出资而出具的《资金使用申请单》上，袁某岷签字同意。虽然该行为发生在款项已经转出之后，但仍代表袁某岷对龙湾港公司抽逃出资行为的认可。根据《公司法司法解释三》第 14 条第 1 款的规定，公司的其他股东、董事、高级管理人员等，只要实施了协助股东抽逃出资的行为，即应承担连带责任，而与协助行为对抽逃出资所起作用的大小、是否为抽逃出资的必要条件等无关。故该案原审法院认定袁某岷实施了协助抽逃出资的行为，应当承担连带责任并无不妥。从主观上看，龙湾港公司、光彩宝龙公司、疏浚公司之间通过虚构债务、间接转款用以抽逃出资、偿还债务的行为，显然系精心设计、相互配合、故意而为之，采用间接转款的隐蔽方式是为了规避《公司法》关于禁止股东抽逃出资的规定，袁某岷一方在庭审中对此也是认可的。龙湾港公司、光彩宝龙公司、疏浚公司的时任法定代表人均为袁某岷，从常理上判断，袁某岷对其控制的三个关联公司之间故意实施的抽逃出资行为应是明知或应知的，袁某岷在虚构工程款以抽逃出资的资金使用申请单上签字同意亦可证明此点。从该案的一系列事实分析判断，有充足的理由使人相信，袁某岷对通过在其担任法定代表人的三个关联公司之间故意虚构债务以抽逃出资的行为主观上存在过错，客观上也实施了协助的行为，应当承担连带返还责任。

又如，(2015)民申字第 996 号案，法院认为，根据《公司法司法解释三》第 14 条第 2 款的规定，“公司债权人请求抽逃出资的股东在抽逃出资本息范围内对公司债务不能清偿的部分承担补充赔偿责任、协助抽逃出资的其他股东、董事、高级管理人员或实际控制人对此承担连带责任的，人民法院应予支持……”该案中，抽逃出资行为是以中房海外公司对外开具转账支票的形式进行的，出资款转入中房海外公司账户的当日，中房海外公司出具转账支票，加盖了李某义的名章将出资款转出，李某义不能提供证据证明其名章的使用系他人盗盖，即李某义作为中房海外公司的董事长，在中房海外公司出具的转账支票上加盖其法人印章将出资款转出，其行为符合《公司法司法解释三》第12条第1款第1项“将出资款项转入公司账户验资后又转出”的情形，应认定李某义实施了协助抽逃出资行为，故该案一、二审法院判决李某义承担法律责任并无不当。

四、未履行出资义务股东的行政责任

《公司法》第252条规定，公司的发起人、股东虚假出资，未交付或者未按期交付作为出资的货币或者非货币财产的，由公司登记机关责令改正，可以处以5万元以上20万元以下的罚款；情节严重的，处以虚假出资或者未出资金额5%以上15%以下的罚款；对直接负责的主管人员和其他直接责任人员处以1万元以上10万元以下的罚款；第253条规定，公司的发起人、股东在公司成立后，抽逃其出资的，由公司登记机关责令改正，处以所抽逃出资金额5%以上15%以下的罚款；对直接负责的主管人员和其他直接责任人员处以3万元以上30万元以下的罚款。

根据上述规定，股东虚假出资或抽逃出资的，公司登记机关应责令改正，并同时处以罚款。

五、未履行出资义务股东的刑事责任

《刑法》第158条规定，虚假注册资本罪，是指申请公司登记使用虚假证明文件或者采取其他欺诈手段虚报注册资本，欺骗公司登记主管部门，取得公司登记，虚报注册资本数额巨大、后果严重或者有其他严重情节的，处3年以下有期徒刑或者拘役，并处或者单处虚报注册资本金额1%以上5%以下罚金。单位犯前款罪的，对单位判处罚金，并对其直接负责的主管人员和其他直接责任人员，处3年以下有期徒刑或者拘役。

《刑法》第159条规定，虚假出资、抽逃出资罪，是指公司发起人、股东违反公司法的规定未交付货币、实物或者未转移财产权，虚假出资，或者在公司成立后又抽逃其出资，数额巨大、后果严重或者有其他严重情节的，处5年以下有期徒刑或者拘役，并处或者单处虚假出资金额或者抽逃出资金额2%以上10%以下罚金。单位犯前款罪的，对单位判处罚金，并对其直接负责的主管人员和其他直接责任人员，处5年以下有期徒刑或者拘役。

2013年公司资本制度改革，公司注册资本实行认缴制，为与此对应，根据2014年4月24日第十二届全国人民代表大会常务委员会第八次会议通过的《全国人大常委会关于〈中华人民共和国刑法〉第一百五十八条、第一百五十九条的解释》规定，《刑法》第158条和第159条仅适用于依法实行注册资本实缴登记制的公司。实行注册资本实缴登记制的公司，一般由法律、行政法规规定，主要涉及金融行业，如银行、证券公司、保险公司、基金公司、融资担保公司及小额贷款公司等。

第五章

新增资本认购纠纷

公司成立后，现股东或外部投资者因经营、投资等需要可能会向公司增加投资。公司增资过程中产生的纠纷涉及新增资本认购纠纷与公司增资纠纷两个案由。新增资本认购纠纷是指有限责任公司新增资本认购、股份有限公司发行新股产生的纠纷。[1] 公司增资纠纷是指公司在增加注册资本过程中因增资行为引起的民事纠纷。[2]

新增资本认购纠纷与公司增资纠纷都发生在增资过程中，实务中难以区分。关于二者的区别，有观点认为，新增资本认购纠纷主要是发生在新出资人与公司之间以及原股东与公司之间的纠纷，而公司增资纠纷主要是公司在增加资本过程中因增资行为而引起的民事纠纷。[3] 但是，公司增资纠纷也可能发生在新出资人与公司之间，例如，实务中经常出现的，新出资人要求解除与公司签订的增资合同、返回投资款纠纷，该类纠纷是新增资本认购纠纷还是增资纠纷存在争议。而且对何谓增资行为也缺乏明确的界定，从字面理解，新增资本的认购行为也应是增资行为的一种，由此导致这两个案由经常发生混用。如(2019)最高法民申1738号案，原告诉讼请求为判令解除增资协议并返回投资款，法院将该案认定为公司增资纠纷，但在(2020)最高法民终223号案中，法院

〔1〕 参见杨万明主编、最高人民法院研究室编著：《最高人民法院新民事案件案由规定理解与适用》，人民法院出版社2021年版，第743页。

〔2〕 参见杨万明主编、最高人民法院研究室编著：《最高人民法院新民事案件案由规定理解与适用》，人民法院出版社2021年版，第780页。

〔3〕 参见杨万明主编、最高人民法院研究室编著：《最高人民法院新民事案件案由规定理解与适用》，人民法院出版社2021年版，第783页。

认为,《增资扩股协议》是华橡公司成立后,股东海胶公司、华阳投资公司协议增加华橡公司注册资本的约定,现海胶公司因华阳投资公司未按《增资扩股协议》履行义务,要求确认《增资扩股协议》已经解除,并请求判令华阳投资公司、华阳致远公司、华橡公司返还其已经注入华橡公司的资产等,其请求实际是对新增资本认购的不予认可,原审认定该案属于新增资本认购纠纷的范畴,并无不当。

上述两个最高人民法院案例针对增资合同解除及返回投资款的诉讼请求,适用的案由并不相同。《民事诉讼法司法解释》第 22 条规定,公司增资纠纷由公司住所地人民法院管辖。但是,新增资本认购纠纷适用一般管辖,因此,区分增资过程中产生的纠纷是新增资本认购纠纷还是增资纠纷具有实务意义。

公司拟增资的,一般包括如下阶段:公司股东会作出增资决议、公司与外部投资者或现股东达成增资合意以及增资合意履行三个阶段。在不同阶段应适用不同案由。

1. 公司股东会作出增资决议阶段

公司拟增资的,由董事会提出增资方案,股东会根据《公司法》及公司章程的规定进行表决,形成公司增资决议。如对增资决议有异议,认为决议存在不成立、无效或可撤销的情形,虽公司决议是公司增资行为一部分,实务中适用的案由为公司决议纠纷。

2. 公司增资认购阶段

公司股东会作出增资决议,公司基于此决议与公司股东、外部投资者讨论是否认购以及如何认购,即增资合意的磋商和签订。此阶段形成的争议,属于新增资本认购纠纷。新增资本认购纠纷中“认购”字样表明仅是在新增资本的认购时产生了争议,并不涉及后续增资合意的履行或解除。基于此,新增资本认购纠纷进一步分为两种类型:一是股东或外部投资者是否与公司建立了新增资本认购关系;二是公司与外部投资者建立的新增资本认购关系是否侵害了现股东的新增资本优先认缴权。《最高人民法院新民事案件案由规定理解与适用》认为,处理新增资本认购纠纷的法律依据主要是《公司法》第 34 条与第 178 条。[1] 该两

---

〔1〕 参见杨万明主编、最高人民法院研究室编著:《最高人民法院新民事案件案由规定理解与适用》,人民法院出版社 2021 年版,第 743 页。

条规定了股东的优先认缴权,因此处理新增资本认购纠纷主要是规制侵犯股东优先认缴权的行为。

3. 公司增资履行或终止(提前解除)阶段

增资合意一旦达成,认购行为即完成,后续因增资合意的履行或终止产生的纠纷应属于公司增资纠纷,而非新增资本认购纠纷,如(2017)最高法民申1412号案,法院认为,新增资本认购纠纷规范的是公司新增资本时除股东出资纠纷之外的相关纠纷,由于该案仅涉及各方增资义务的履行,原判决认定的案由(作者注:新增资本认购纠纷)确有不妥。

此外,新增资本认购纠纷与股东出资纠纷也易发生混淆。股东出资纠纷针对的是股东违反出资义务的情形,包括公司设立时的出资义务以及新增资本认购完成后,对新增资本的出资义务;而新增资本认购纠纷规范的是公司设立后,对增加的注册资本进行认购产生的纠纷,如(2020)最高法民终223号案,法院认为,股东出资纠纷处理的是股东违法出资行为,而新增资本认购纠纷是有限责任公司新增资本认购、股份有限公司发行新股认购产生的纠纷。

第一节　新增资本认购纠纷诉讼指引

一、诉讼主体

(一)原告

1. 主张与公司存在新增资本认购关系的现股东或外部投资者

新增资本认购纠纷的关键词为“新增”与“认购”,如现股东或外部投资者主张与公司存在新增资本认购关系,应为适格原告。

2. 其他股东

除主张与公司存在新增资本认购关系的现股东之外,如其他股东认为公司新增资本认购损害了其新增资本优先购买权,可作为原告提起诉讼。

（二）被告

1. 公司

现股东或外部投资者向公司增资，接受增资的主体为公司，同时公司应完成相应的股东变更登记手续，确认增资由股东或外部投资者完成，如公司否认双方存在新增资本认购关系，公司为适格主体。

2. 股东

公司增资会稀释现股东的股权比例，如股东向公司增资侵犯了其他股东的优先认缴权或滥用股东权利，造成其他股东利益受损，该股东为适格被告。

（三）第三人

公司纠纷涉及股东、外部投资者、债权人等，因新增资本认购产生纠纷，为查明案件事实，法院可依职权或当事人申请追加相应主体为第三人。

二、管辖

《民事诉讼法司法解释》第 22 条规定，公司增资纠纷由公司住所地法院管辖。新增资本认购纠纷发生在增资过程中，但与公司增资纠纷不同，应按民事案件管辖的一般原则确定管辖地，即由被告住所地或合同履行地法院管辖，如（2020）青民辖终 22 号案，经法院审查认为，该案定性为新增资本认购纠纷，新增资本认购纠纷应按合同纠纷确定管辖，根据《民事诉讼法》第 24 条“因合同纠纷提起的诉讼，由被告住所地或者合同履行地人民法院管辖”及第 22 条第 3 款“同一诉讼的几个被告住所地、经常居住地在两个以上人民法院辖区的，各该人民法院都有管辖权”的规定，该案中格尔木滨海光热装备制造有限公司住所地在格尔木市，故海西州中级人民法院对此案有管辖权。

三、诉讼请求

新增资本认购纠纷与增资纠纷的界限并非泾渭分明，实务中经常混用，法院对此并未详加考虑。经作者检索最高人民法院和高级人民法院发布的案例，虽认定案由为新增资本认购纠纷，多数案件的诉讼请求却为确认解除增资合同,要求股东或公司履行回购义务,并承担资金利息损失等。根据作者上述论述,此类诉讼请求涉及增资认购完成后的增资合同履行问题,认定为增资合同纠纷更为恰当。

前已述及,新增资本认购纠纷可进一步分为两种类型:一是股东或外部投资者是否与公司建立了新增资本认购关系;二是公司与外部投资者建立的新增资本认购关系,是否侵犯了现股东的新增资本优先认缴权。就第一种类型而言,诉讼请求一般为确认与公司存在新增资本认购关系,确认增资后股东或外部投资者享有的股权比例,要求公司完成股东变更登记等,此诉讼请求涉及股东资格纠纷、公司变更登记纠纷等;至于损害股东新增资本优先认缴权的行为,通常是以股东会决议或增资合同形式出现的,适用公司决议纠纷或合同纠纷案由,如(2018)粤03民终18609号案,案由为新增资本认购纠纷,原告的诉讼请求包括:(1)确认增资行为无效;(2)确认被告不具备公司的股东资格;(3)确认第三方与被告之间关于公司股权转让的行为无效;(4)判令第三方与被告将公司的工商登记信息恢复原状等。上述诉讼请求涉及多个案由。

基于上文所述,新增资本认购纠纷虽为独立的案由,但与增资纠纷、股东资格确认纠纷、公司决议纠纷甚至合同纠纷存在混用,作者认为,既然新增资本认购纠纷适用的法律依据是《公司法》第227条,为准确适用该案由,法律应明确如诉求涉及侵害新增资本认缴权的,则案由为新增资本认购纠纷。

四、诉讼时效与除斥期间

现股东或外部投资者主张与公司存在新增资本认购关系,是为确认自身享有新增资本对应的股权,属于身份确认,不适用诉讼时效。

股东主张其优先认缴权被侵害的,一般认为,现股东只要行使优先认缴权认购新增资本,即与公司建立新增资本的认购关系,无须公司同意,故优先认缴权属于形成权,不适用诉讼时效,但法律应设定权利行使的合理期限,《公司法》并未对优先认缴权的行使期限作出规定。

有观点认为,优先认缴权的行使期限可参考《最高人民法院关于适用〈中华人民共和国公司法〉若干问题的规定(四)》(以下简称《公司法司法解释四》)第21条第1款关于优先购买权行使期限的规定,即股东自知道或者应当知道行使优先认缴权的同等条件之日起 30 日内没有主张，或者自股权变更登记之日起超过 1 年没有主张的，优先认缴权丧失，如(2020)浙 01 民终 1577 号案，法院认为，该案中，钟某君作为利济堂公司的原有股东，在利济堂公司作出增资决议时，确实依法享有优先认缴出资的权利。但结合《公司法司法解释四》第 19 条、第 21 条关于有限责任公司股东优先购买权的规定，钟某君在知晓案涉股东会决议的内容、知道利济堂公司的新增资本由全体新股东而非原股东认购后，在 30 日内并未提出按照同等条件认购新增股权，而是与利济堂公司的新增股东协商转让原有的股权事宜，足以表明钟某君并无行使优先购买权的意愿。因此，在利济堂公司的新股东已部分履行新增资本出资义务后，钟某君在不主张行使优先认购权的情况下仅主张案涉股东会决议无效，法院不予支持。

也有观点认为，为维护交易安全和稳定经济秩序，股东应在合理期限内行使新增资本认缴权，避免长时间不行使导致相应的法律关系处于不稳定状态，如(2010)民提字第 48 号案(《最高人民法院公报》2011 年第 3 期)，法院认为，股东优先认缴公司新增资本的权利属形成权，虽然现行法律没有明确规定该项权利的行使期限，但为维护交易安全和稳定经济秩序，该权利应当在一定合理期间内行使，并且由于这一权利的行使属于典型的商事行为，对于合理期间的认定应当比通常的民事行为更加严格。该案红日公司和蒋某在科创公司 2003 年 12 月 16 日召开股东会时已经知道其优先认缴权受到侵害且作出了要求行使优先认缴权的意思表示，但并未及时采取诉讼等方式积极主张权利。在此后科创公司召开股东会、决议通过陈某高将部分股权赠与固生公司提案时，红日公司和蒋某参加了会议且未表示反对。红日公司和蒋某在股权变动近两年后又提起诉讼，争议的股权价值已经发生了较大变化，此时允许其行使优先认缴出资的权利将导致已趋稳定的法律关系遭到破坏，并极易产生显失公平的后果，故四川省绵阳市中级人民法院(2006)绵民初字第 2 号民事判决认定红日公司和蒋某主张优先认缴权的合理期间已过并无不妥。故法院对红日公司和蒋某行使对科创公司新增资本优先认缴权的请求不予支持。

作者认为，优先认缴权虽是股东固有权利，但股东知悉公司增资方案后，既不表态放弃优先认缴权，也不行使权利，在外部投资者完成增资、公司发展势头良好时，又以优先认缴权遭到损害为由请求行使优先认缴权的，会对已经形成的稳定法律关系造成冲击，因此，股东的优先认缴权应在合理期限内行使，至于何为合理期限，可参考《公司法司法解释四》第 19 条股东优先购买权的规定。

第二节　新增资本认购纠纷实务操作

一、与公司存在新增资本认购关系的认定

（一）股东会作出增资决议

《公司法》第 59 条规定，公司增资由股东会作出决议。公司增资不仅增加公司注册资本，如现有股东不是同比例增资或公司引进了外部投资者，会使现有股东拥有的表决权发生重大变化，因此，《公司法》规定，公司增资应由股东会作出决议，并需要 2/3 以上表决权的股东通过。

（二）达成合意

现股东或外部投资者主张与公司建立了新增资本认购关系的，应有明确的意思表示且双方达成了合意，否则新增资本认购关系不成立，如广西壮族自治区高级人民法院 2020 年 7 月发布的《关于审理公司纠纷案件若干问题的裁判指引》第 25 条规定，公司完成增资扩股的必备前提是相关当事人之间存在增资合意的事实：一是公司或者股东具有增资意愿以及接纳或认可新股东身份的意思；二是投资人具有投资入股或认购股份的意思。只有当事人之间的表意、行为或相关事件能够体现出这两方面的表意事实，才算具备了公司增资的必备前提；反之，即使当事人与公司之间存在支付相关款项、交付转移财产、变更名册或工商登记等行为，若没有以明示或默示等方式体现这两项表意事实，则不应当认定当事人的新股东资格。

如（2018）最高法民终 628 号案，关于桓仁农商行与东海二号之间是否存在新增资本认购关系的问题。法院认为，合同的成立需要当事人真实意思表示，具备要约和承诺阶段，对合同主要条款达成一致。确认桓仁农商行与东海二号

之间是否建立了新增资本认购合同关系，需首先确认双方当事人是否具有建立新增资本认购合同的真实意思表示和订立合同的民事法律行为。东海二号在无证据证明其与筹建工作小组进行了有关新增资本认购方面磋商和洽谈的情况下，主张双方构成新增资本认购法律关系，没有事实依据。

二、侵犯新增资本优先认缴权的认定

《公司法》第 227 条第 1 款规定："有限责任公司增加资本时，股东在同等条件下有权优先按照实缴的出资比例认缴出资。但是，全体股东约定不按照出资比例优先认缴出资的除外。"优先认缴权作为一项法定权利，除上述第 227 条的寥寥数语外，关于优先认缴权的行使期限，"优先"的认定，股东放弃优先认缴权的、其他股东对放弃部分是否享有优先认缴权以及优先认缴权是否可以转让等，《公司法》及其司法解释均无规定。经作者检索，学者著述甚少涉及优先认缴权，以优先认缴权为论述对象的主要为各大高校研究生的毕业论文。

（一）优先认缴权的概念、制度价值

优先认缴权是指公司新增资本认购时，现股东享有的优先于外部投资者认缴新增资本的权利。公司增加注册资本，包括两种形式：一种由现股东增资，另一种为引入外部投资者向公司增资。第一种形式不涉及现股东优先认缴权问题。外部投资者向公司增资的，为避免稀释现股东的股权比例，影响其经济利益（利润分红）与管理利益（表决权），同时为维护有限责任公司的人合性，应赋予现股东优先认缴权。因此，优先认缴权的制度价值在于维持股东发行新股前基于股东资格享有的比例地位（包括中派生出来的自益权价值与共益权价值），例如美国、德国和日本学者通常将确认股东新股优先认购权的法律根据诉诸于股东比例性利益的维护功能。[1] 与股东优先购买权重在保护公司的人合属性不同，公司法赋予股东优先认缴权的根本目的并不在于排除外来投资者，而是为股东维持其股权比例利益提供平等保护机会，以保证其参与公司经营管理、

[1] 参见刘俊海：《股份有限公司股东权的保护》，法律出版社 2004 年版，第 236 ~237 页。

决策以及享受分红等权益的比例利益不会因公司增资而受到影响与调整。[1]优先认缴权虽发挥着保持有限公司人合性的作用，但更多承载着保障现股东经济利益和管理利益的功能。

（二）优先认缴权的适用范围

《公司法》第227条第1款明确规定了有限责任公司股东的优先认缴权，属于法定权利，但可以通过约定排除适用。《公司法》第227条第2款明确股份有限公司股东不享有优先认缴权，公司章程另有规定或者股东会决议赋予股东优先认购权的除外。

根据上述规定，有限责任公司股东的优先认缴权属于法定权利，而股份公司股东对新增资本是否享有优先认缴的权利取决于股东约定。两种类型公司区别规定的原因在于，有限责任公司股东间具有人合性，为维持已确定的比例利益，以强制性规范形式确认有限公司股东优先认缴权，而股份有限公司基于其资合性的组织形式与管理模式，《公司法》并未对其增资扩股行为设定优先认购权的强制性规范，股份有限公司的增资扩股行为系其内部经营决策合意的结果，在不违反相关强制性法律法规的前提下，公司具体的增资方式、增资对象、增资数额、增资价款等均由其股东会进行决议并遵照执行。[2]

（三）新增资本优先认缴权的行使

1. 按实缴的出资比例行使

优先认缴权按实际出资比例认缴，《公司法》如此规定，与利润分配规则类似，是为鼓励股东实际履行出资义务。对于出资不实或抽逃出资的股东，因未完成出资义务，对相应部分股份不享有优先认缴权。因此，计算股东优先认缴份额时，应按股东实际缴纳出资金额占总实际出资金额的比例计算，例如，公司

---

〔1〕 参见徐进初：《股东优先认缴权问题实务研究》，载微信公众号“大成知径”2022年4月8日，https://mp.weixin.qq.com/s?src=11&timestamp=1676174519&ver=4345&signature=UgdWGbO3pGKidbEw1yVzxzQtuNDfJ7hdv6EyZLF459bHH11yOp5u4m3I4Blh7TIi71X9D-MziiSYItdX63dqdXKrfeMANb4Xjos64bPSs9OnOaQiCpq5UPYWiGA*qvnR&new=1。

〔2〕 参见云南省昆明市中级人民法院民事判决书，（2015）昆民五终字第32号。

注册资本1000万元，股东甲认缴出资500万元，实际出资100万元，股东乙认缴出资500万元，实际出资300万元，那么股东乙可以享受的新增资本优先认缴份额为其实际缴纳的300万元除以公司总实际缴纳金额400万元，即优先认缴份额为75%。

如股东约定不按照实缴出资比例行使优先认缴权，根据《公司法》第227条第1款的规定，应由全体股东达成一致意见，避免未实际出资的控股股东利用资本多数决作出有利于自身的决议，损害已实缴出资的小股东利益。

2."同等条件"下行使

股东优先于外部投资者享有的新增资本认缴权应在"同等条件"下行使，属于《公司法》应有之义。《公司法》并未对优先认缴权行使的"同等条件"作出规定。股东认缴新增资本，属于购买行为，股东支付新增资本对价，公司向股东增发股份，在行为表现上与股权转让时的优先购买相似，因此作者认为可参考《公司法》第84条第2款的规定，在判断"同等条件"时，可考虑认缴价格、数量、支付方式及期限等因素。

3.优先认缴权的行使期限

股东知悉公司增资方案后，应及时、明确告知公司是否行使优先认缴权。对于优先认缴权的行使期限，《公司法》并未规定。资金于公司，如人体之血液，不合理的优先认缴权行使期限会耽误公司融资进程，导致公司丧失融资机会，最终损害公司利益，因此，优先认缴权的行使期限不宜过长，可参考适用《公司法司法解释四》第19条股东优先购买权的规定，即有限责任公司的股东在30日的期限内行使优先认缴权。境外各国或地区规定优先认缴权的行使期限一般在14日至30日。[1]

4.优先认缴权的放弃

股东放弃优先认缴权的，对于放弃增资的份额，其他股东是否可以优先认缴，《公司法》并未规定。

如其他股东可以优先认缴该股东放弃的份额，则放弃行权股东的持股比例降低，表决权降低，其他股东持股比例上升，改变了股东各方原股权比例，打破

〔1〕　参见李梦华：《有限责任公司股东的优先认缴权》，苏州大学2021年硕士学位论文。

了已有平衡;如其他股东仅能优先认缴其实缴出资对应的份额,对于放弃增资的份额,可以由外部投资者认购,则会破坏公司人合性。

对此问题,有观点认为,人合性是公司独有特征,如股东对其他股东放弃的份额无优先认缴的权利,需要放弃股东的同意,则相当于允许放弃股东肆意破坏公司的人合性,而且在股东愿意且有能力认缴全部新增资本的情况下,股东对放弃份额享有优先认缴权兼顾了公司发展和股东个人利益,无外部投资者进入的必要,如(2006)津高民二终字第0076号案,法院认为,有限责任公司以股东成员间的互相信任为组建和发展基础,很大程度上应当给予股东决定同谁合作的自由。如果任由外部人员向公司增资,原股东的比例地位下降,并且外部投资者的"入侵"会破坏公司人合性,因此只有当原股东均不能认缴的情况下,才可以由公司外部第三人认缴。如果原股东已经能够完全满足公司的增资需求,就没有引入外人的必要性和合理性。认定原股东对其他股东不能认缴或放弃认缴的增资份额享有先缴权,是充分尊重公司法立法本意和基本精神的。

实务观点倾向认为,股东对其他股东放弃优先认缴的份额无优先认购的权利。根据《公司法》第227条的规定,股东按实际出资比例优先认缴。法律已明确股东优先认缴范围,如股东对其他股东放弃的份额行使优先认缴权,则会导致优先认缴比例与实际出资比例不符,不符合《公司法》的规定。此外,《公司法》释义认为:"原股东对公司新增资本享有优先认缴权不存在任何疑义,但优先范围仅限于其在该次增资之前实际缴纳的出资比例,在此之外无优先权利之说。"[1]如(2009)民二终字第3号案,法院认为,捷安公司对其他股东放弃的份额没有优先认购权。理由是:首先,优先权对其相对人权利影响甚巨,必须基于法律明确规定才能享有。根据我国《公司法》(作者注:2005年《公司法》)第35条的规定,有限责任公司新增资本时,股东有权优先按照其实缴的出资比例认缴出资。但是,对当部分股东欲将其认缴的出资份额让与外来投资者时,其他股东是否享有同等条件下的优先认购权的问题,《公司法》未作规定。2004年修订的《公司法》第33条规定:"……公司新增资本时,股东可以优先认缴出资……"而2005年《公司法》第35条将该条修改为"……公司新增资本时,股东

[1] 法律出版社法规中心编:《中华人民共和国公司法注释本》,法律出版社2019年版,第50页。

有权优先按照其实缴的出资比例认缴出资……”对股东优先认缴出资的范围作了限定，由此可以推知，2005 年《公司法》对股东行使增资优先认购权范围进行了压缩，并未明确规定股东对其他股东放弃的认缴出资比例有优先认缴的权利。其次，公司股权转让与增资扩股不同，股权转让往往是被动的股东更替，与公司的战略性发展无实质联系，故要更加突出保护有限责任公司的人合性；而增资扩股、引入新的投资者，往往是为了公司的发展，当公司发展与公司人合性发生冲突时，则应当突出保护公司的发展机会，此时若基于保护公司的人合性而赋予某一股东优先认购权，该优先权行使的结果可能会削弱其他股东特别是控股股东对公司的控制力，导致其他股东因担心控制力减弱而不再谋求增资扩股，从而阻碍公司的发展壮大。因此，不能援引 2005 年《公司法》第 72 条关于股权转让的规定之精神来解释《公司法》第 35 条规定。最后，黔峰公司股东会在决议增资扩股时，已经按照 2005 年《公司法》第 35 条关于“……公司新增资本时，股东有权优先按照实缴的出资比例认缴出资……”的规定，根据捷安公司的意思，在股东会决议中明确其可以按其实缴出资比例认购 180 万股出资，且捷安公司已按比例缴交了认股出资，故该股东会决议没有侵害捷安公司依法应享有的优先认购权。因此，黔峰公司股东会以多数决通过的增资扩股及引入战略投资者的决议有效，捷安公司对其他股东放弃的新增出资份额没有优先认购权，捷安公司所提确认其对黔峰公司其他股东放弃的 1820 万股出资份额享有优先认购权的诉讼请求不能成立，予以驳回。

5. 优先认缴权的转让

优先认缴权是否可以转让，《公司法》并未规定。股东转让其优先认缴权，首先意味着其放弃认缴新增份额，前已述及，股东对其他股东放弃认缴的份额不享有优先认缴权，则股东有权决定是由其他股东认缴放弃的份额，还是由外部投资者认缴；其次在“同等条件”下，股东决定由外部投资者认缴新增份额，无论是否已取得对价，均发生了转让的效果。

首先，优先认缴权既然属于权利，股东作为权利人，自然有权进行处置，包括对外转让。虽外部投资者认缴新增资本改变了原股权结构，破坏了有限公司人合性，但人合性仅是有限公司的特征，非法定权利，以此否认股东的权利处分行为并不适宜。其次，优先认缴权的制度价值在于维持股东比例利益，保障公司人合性并非主要目的，股东将其优先认缴权转让给其他股东，该受让对象可以理解为其认可的交易对象，在行使表决权上，与其持有同一立场的可能性较高，也是变相维持了比例利益。最后，股东转让其优先认缴权，其经济利益与管理利益均受到影响，其可谓最大的受害者，在保障公司正常融资的情况下，权益受影响最大的主体通过转让获得补偿，降低损失，属于合理行为。

（四）侵犯优先认缴权的行为效力

1. 股东会增资决议行为效力

涉及优先认缴权的股东会决议效力问题时，首先需确认公司决议不存在可撤销、不成立或无效的情形，如存在上述情形，股东可主张适用公司决议纠纷案由。例如，涉及公司增资的股东会的召开均未通知股东，属于可撤销情形，以决议可撤销作为请求依据更为妥当，如（2018）陕民终196号案，法院认为，2015年7月15日，雁锦公司将原注册资本从100万元增加到3000万元，依据雁锦公司公司章程的规定，公司增资应由股东会作出决议，史某作为公司股东，对公司增资事宜不知情，雁锦公司侵犯了史某作为股东的优先认缴权和知情权，法院认定该增资行为无效。该案中，未通知股东参加会议，属于决议不成立情形，法院以侵犯股东优先认缴权认定决议无效有些牵强，可认定决议不成立，同样足以维护原告权益。（作者注：《公司法》修改前，对于未通知股东参加股东会形成的决议，通常认为属于不成立决议）

在股东会决议依法成立和不存在无效情形的情况下，股东要求行使优先认缴权，但股东会却忽略其诉求，决议由外部投资者增资，股东以优先认缴权受到侵害为由请求确认股东会决议无效的，如何处理？

有观点认为，优先认缴权属于形成权，股东按其实际出资比例认缴新增资本是法定的、固有的权利，目的在于保护股东比例利益，维持股东对公司的比例控制权和法律地位。因此，根据《公司法》第25条第1款的规定，公司股东会、董事会的决议内容违反法律、行政法规的无效，侵犯优先认缴权的股东会决议无效。如（2021）浙05民终1046号案，法院认为，性质上，2018年《公司法》第

34 条[1]关于新增资本优先认缴权的规定，不仅是对股东权益的保护规定，也是关于公司运行和决策的组织法规定，公司内部运行及股东权利行使都应以此为边界，违反则无效。照山公司于 2019 年 11 月 21 日作出的《浙江照山硅质耐火材料有限公司股东会决议》剥夺了陆某方对新增资本的优先认缴权，违反了《公司法》第 34 条[2]的规定。因此，该股东会决议中有关实质上剥夺陆某方对新增资本行使优先认缴权的内容无效。

实务中，也有不同观点，如（2019）京民申 6018 号案，一审法院认为，2018 年《公司法》第 22 条[3]第 1 款规定，公司股东会或者股东大会、董事会的决议内容违反法律、行政法规的无效。对于“决议内容违反法律、行政法规”的含义，应理解为只有决议内容违反了效力性强制性规定的，才属于无效。具体到该案，《公司法》第 34 条[4]关于股东享有增资优先认缴权的规定是否属于效力性强制性规定？可依据形式识别和实质识别两个方法对此作出回答。首先，就形式识别方法而言，可根据立法所用语言对法条进行识别，判断标准在于是否允许公司的参与各方另行约定。对于典型的任意性规定，立法者会以一些标示性语言来表明其性质，比如“可以”“由公司章程规定”“依照公司章程的规定”“全体股东约定的除外”等，对于此类规定，当事人可以作出不同于法律规定的事务安排，当事人的自由意志可以优先于立法者的意志。根据上述标准对《公司法》第 34 条[5]进行识别，可以看出该条属于任意性规定而非强制性规定。其次，就实质识别方法而言，可根据违反规定是否损害国家利益或社会公共利益对法条进行识别。法律、行政法规虽未规定违反某规定将导致法律行为无效，但违反该规定如使法律行为继续有效将损害国家利益或社会公共利益的，应当认定该规定系效力性强制性规定。徐某与公司之间关于此次股东会决议效力的争议属于公司内部的纠纷，是私主体之间民事利益的调整关系，认定第三项决议内容有效，究其根本，受到影响的也只是股东个人的利益，不涉及国家利益或社会

[1] 2023 年《公司法》第 227 条。
[2] 2023 年《公司法》第 227 条。
[3] 2023 年《公司法》第 25 条。
[4] 2023 年《公司法》第 227 条。
[5] 2023 年《公司法》第 227 条。

公共利益。因此,《公司法》第 34 条[1]不属于效力性强制性规定。再进一步而言,从利益衡量的视角,该项决议内容亦不宜认定为无效。维护商事活动安全原则系公司诉讼案件审理的原则之一。无效是对法律行为最为严厉的否定性评价,股东会决议的效力关系到公司、股东、债权人等多方主体的利益,若将所有违反法律规定的决议效力一概认定为无效,将会使市场交易主体丧失对交易安全的信任,影响市场交易的效率,不但不能实现立法的目的,反而可能会损害更多主体的利益,造成新的、更大的不公平。况且,决议的讨论、形成及执行必然要耗费一定的社会资源,否定决议的效力,意味着此前投入的系列资源的浪费,亦会对多方主体产生影响。对于违法行为,法律赋予了相关主体在法定期间内的撤销权、损失赔偿等若干救济途径,并非仅有效力否定一种举措。相关股东完全能够通过其他法定途径,对其受损权利予以救济。基于平衡维护交易稳定、节约社会资源和股东权利救济等多项利益之间的冲突,实现社会效益最大化的考量,亦不应否定此项决议的效力。该案二审北京市高级人民法院认为,对于《公司法》第 22 条第 1 款中"决议内容违反法律、行政法规的无效",应理解为决议内容违反了法律、行政法规的效力性强制性规定的,才可以认定无效,而《公司法》第 34 条无论从形式上还是从实质上都无法认定属于效力性强制性规定,违反该条的决议不能一律认定无效,认定决议效力还应当结合决议的正当性、各主体间的利益衡量等方面综合判断。具体到该案,在北京立马水泥有限公司面临着较大的环保压力,急需资金解决公司发展面临的系列问题,其增资具有正当性,不存在部分股东滥用资本多数决故意稀释小股东持股比例的情形。涉案决议第三项中章某认缴的增资金额虽侵害了徐某享有的增资优先认缴权,但因该条并非效力性强制性规定,考虑公司增资目的的正当性以及徐某可以行使其他权利进行救济,为维护交易安全、节约社会资源、防止产生更大的不公正,原审认定涉案协议有效并无不当。

作者认为,优先认缴权与优先购买权相似,《公司法司法解释四》关于侵犯优先购买权如何处理的规定,可以作为参考。根据《公司法司法解释四》第 21 条第 2 款和第 3 款:"前款规定的其他股东仅提出确认股权转让合同及股权变

---

[1] 2023 年《公司法》第 227 条。

动效力等请求，未同时主张按照同等条件购买转让股权的，人民法院不予支持……”基于此，如现股东请求确认增资决议无效，并同时主张行使优先认缴权的，应由现股东完成增资；如现股东仅主张增资决议无效，但不主张行使优先认缴权的，如增资合理，不宜仅考虑现股东的优先认缴权，而忽视公司发展和其他股东利益，此时应认定决议有效，如（2021）粤民申3236号案，法院认为，虽然《公司法》第34条规定股东在公司增资时有优先认缴权，但海顺公司从未向深水远洋公司提出过优先认缴的要求，相反，海顺公司在诉讼中确认其诉讼请求就是要求确认增资整体无效，其不同意行使优先认缴权。因此，海顺公司未行使优先认缴权主要系自身原因，而且少数股东通过拒绝认缴部分增资的方式阻止公司增资于法无据，故二审判决认定涉案股东会决议未侵犯海顺公司的优先认缴权并无不当，由水产公司认缴2000万元增资的决议内容合法有效。

需要注意的是，法院需甄别股东不行使优先认缴权的原因，如控股股东通过控制董事会形成不合理增资方案，例如大额增资，但公司实际并不需要如此多的资金，意图使现股东知难而退，不行使优先认缴权，进而得到决议有效的认定，法院对此应予以查明。

2. 增资合同效力

外部投资者与公司签订了增资合同，如增资合同侵犯了股东优先认缴权，其效力如何，实务中有不同观点。

有观点认为，股东优先认缴权属于法定权利，建立在侵犯股东优先认缴权基础上的增资合同应属于无效合同，如（2018）粤06民终4818号案，法院认为，《公司法》赋予原有股东优先按照实缴出资比例认缴出资，以保护原有股东的比例利益，维持原有股东对公司的比例控制权。股东通过按实缴出资比例认缴出资，能够避免因公司增资而丧失其对公司的影响力，维持其在公司中的法律地位。故在确认股东会决议和公司对外签订认购协议关系的过程中，不能将认购协议的效力强加于股东，不能适用表见代理或越权原则。在擅自增资扩股（包括无股东会决议、超出股东会决议范围、剥夺其他股东优先认购权等）的情形下，应当考虑到对瑕疵协议的纠正和弥补，否则认购合同应当是无效的。

也有观点认为，增资决议属于内部决策事项，处于公司内部意思的形成过程，增资决议效力不应影响外部增资合同效力。外部投资者与公司就增资事宜签订了增资合同，说明双方意思表示一致，增资合同不违反法律、行政法规的，增资合同应属于有效合同，如(2019)苏02民终5号案，法院认为，睿泰公司、博发公司作为增资的主体，已就增资事宜达成了一致意见，并签订了《增资协议》，系双方真实的意思表示，不存在原《合同法》第52条规定的法定无效情形，该协议合法有效。蒋某发、王某、钱某华三股东虽未就博发公司增资作出股东会决议，但这仅系《增资协议》能否履行、能否办理增资的问题，与协议效力无涉。

作者认为，增资决议与增资合同属于不同的法律行为，增资合同是否有效并不以增资决议有效为前提，如增资决议有效，公司与外部投资者签订的增资合同效力还需满足其他有效条件，即使增资决议被认定无效，也并不意味着增资合同无效，而是仅导致公司与外部投资者签订的增资合同无法履行；此外，参考《公司法司法解释四》第21条第3款："股东以外的股权受让人，因股东行使优先购买权而不能实现合同目的的，可以依法请求转让股东承担相应民事责任。"根据该款规定，法院并未否认侵犯股东优先购买权的股权转让合同的效力，允许股权受让人以合同目的无法实现为由解除合同，并要求转让股东承担相应民事责任。《九民会议纪要》第9条对此也进行了详细的论述，审判实践中，部分人民法院对《公司法司法解释四》第21条规定的理解存在偏差，往往以保护其他股东的优先购买权为由认定股权转让合同无效。准确理解该条规定，既要注意保护其他股东的优先购买权，也要注意保护股东以外的股权受让人的合法权益，正确认定有限责任公司的股东与股东以外的股权受让人订立的股权转让合同的效力。一方面，其他股东依法享有优先购买权，在其主张按照股权转让合同约定的同等条件购买股权的情况下，应当支持其诉讼请求，除非出现该条第1款规定的情形。另一方面，为保护股东以外的股权受让人的合法权益，股权转让合同如无其他影响合同效力的事由，应当认定有效。其他股东行使优先购买权的，虽然股东以外的股权受让人关于继续履行股权转让合同的请求不能得到支持，但不影响其依约请求转让股东承担相应的违约责任。基于上述规定，侵犯股东优先认缴权的增资合同有效，是否可以履行取决于受到侵害的股东是否行使优先认缴权。

3. 法律后果

《公司法》第28条第1款规定，公司股东会、董事会决议被人民法院宣告无效、撤销或者确认不成立的,公司应当向公司登记机关申请撤销根据该决议已办理的登记。

根据上述规定,如公司增资决议因侵犯股东优先认缴权被宣告无效,股东有权请求撤销增资之工商变更登记,恢复其持股比例。但是,公司对外增资,一经公示,便产生了公信力,如撤销增资,会降低公司偿债能力,不利于保护外部债权人利益。

第六章

股东知情权纠纷

股东知情权是股东对公司财务状况、经营信息及其他信息了解和掌握的权利。股东依法享有资产收益、参与重大决策和选择管理者等权利,上述权利的行使依赖于股东对公司经营信息、财务状况及其他信息的知晓,倘若股东无权了解公司情况,权利行使与保护就无从谈起。同时,股东承担了投资风险,其有权获得公司经营、财务等方面的信息以判断公司运营是否符合预期,管理层是否尽责,并决定是否采取维权措施或“用脚投票”退出公司。

因此,股东知情权是股东行使其他权利的前提,是基础性权利,为依法保障股东知情权,2020 年《民事案件案由规定》确定了三级案由“267. 股东知情权纠纷”。《最高人民法院新民事案件案由规定理解与适用》将其释义为“股东知情权纠纷,是指股东因其知情权受到侵害而产生了纠纷”[1]。实务中,股东提起知情权之诉的目的往往不限于信息本身,而是在获得必要信息后采取进一步的法律行为,如对管理层提起诉讼、请求分配盈余等。[2]

依股东获取公司信息方式不同,股东知情权分为公司依法或依公司章程主动向股东披露、股东行使质询权和知情权三个层面。第一个层面为消极层面的知情权,股东被动获取公司信息,如上市公司的信息披露;第二个层面和第三个层面为积极层面的知情权,股东通过参加股东会,对董事、监事与高级管理人员

---

〔1〕 参见杨万明主编、最高人民法院教研室编著:《最高人民法院新民事案件案由规定理解与适用》,人民法院出版社 2021 年版,第 745 页。

〔2〕 参见李建伟:《股东知情权研究》,法律出版社 2018 年版,第 1 ~ 2 页。

进行质询，获取公司信息，或者通过诉讼方式获取公司信息。[1] 本章主要论述积极层面的知情权。

第一节　股东知情权纠纷诉讼指引

一、诉讼主体

（一）原告

1. 股东

《公司法司法解释四》第7条第1款规定，股东依据《公司法》第33条[2]、第97条[3]或者公司的规定，起诉请求查阅或者复制公司特定文件材料的，人民法院应当依法予以受理。

根据上述规定，股东知情权诉讼的适格原告是公司现股东。原告在起诉时应举证证明其具有股东资格，可提供股东名册、公司登记机关的登记信息或其他足以证明股东资格的文件。如（2019）苏民终1604号案，法院认为，金源集团作为本案原告，主张其是设立华夏公司的股东之一，其应当提供符合上述法律规定的经公证认证的证明材料，以证明其在华夏公司2003年设立时就已经成立并存续至今。而金源集团提供的现有证据仅能证明其在2018年7月25日成立于美国内华达州。金源集团二审提供用以证明其从美国加利福尼亚州搬迁至内华达州后进行注册登记的文件未经公证认证，不符合法定要求，也未能以替代方式进行核验；其提供的有关保证翻译能力的公证件仅是案外人宣称的内容；以上证据均不能证明金源集团关于2018年7月25日在美国内华达州成立的金源集团就是1997年2月10日在美国加利福尼亚州成立的金源集团的主张。故该案中，金源集团未能证明其具有华夏公司股东身份，系与该案有直接

〔1〕 参见李建伟：《股东知情权的层级结构及其展开——以八个国家、地区的立法比较研究为背景》，载《暨南学报（哲学社会科学版）》2012年第8期。

〔2〕 2024年《公司法》第57条。

〔3〕 2024年《公司法》第110条。

利害关系的法人，其在法院指定期限内未能提供足以证明其符合原告主体资格要求的相关证明材料，法院依法驳回金源集团起诉。

诉讼过程中，如原告丧失股东资格，如何处理？有观点认为，一旦失去股东身份也就没有了就知情权作出判决的必要性和实效性，即没有诉的利益，法院应当驳回起诉，[1]《公司法司法解释四》（征求意见稿）第13条第2款曾规定，公司提供证据证明原告起诉时或者在诉讼中已经不具有股东身份的，应当驳回起诉。该规定未被最终采纳，说明司法观点存在不一致。作者认为，丧失了股东资格不代表必然没有诉的利益，在股东资格丧失之前，股东利益受到侵害的，其可以行使知情权查明事实，为进一步维权做准备，《公司法司法解释四》第7条第2款赋予已转让股权的原股东提起股东知情权诉讼，说明《公司法》并不认可丧失了股东资格就没有诉的利益，原告在诉讼过程中丧失股东资格的，可比照已转让股权的原股东的规定处理，原告提供初步证据证明其权益受到伤害的，法院应继续审理。

2. 已转让股权的原股东

《公司法司法解释四》第7条第2款规定，公司有证据证明前款规定的原告在起诉时不具有公司股东资格的，人民法院应当驳回起诉，但原告有初步证据证明在持股期间其合法权益受到损害，请求依法查阅或者复制其持股期间的公司特定文件材料的除外。

股东行使知情权，可知晓公司的经营和财务状况，掌握公司商业秘密，因此，股东知情权诉讼的原告原则上应是公司现任股东，仅在有限条件下将原告范围扩展至原股东。根据《公司法司法解释四》第7条第2款的规定，如原股东有初步证据证明，在持股期间其合法权益受到损害，例如，持股期间，公司向其他股东分配了利润，但未向原股东进行利润分配，或者公司隐瞒了公司真实经营情况，导致原股东获取了错误的信息，转让了股权，原股东可作为适格原告诉请法院要求公司提供特定文件材料。如（2022）京01民终40号案，法院认为，

---

〔1〕 参见陈克：《股东行使知情权的法律保障》，载微信公众号“审判研究”，https://mp.weixin.qq.com/s?__biz=MzA4MjIzOTIzMg==&mid=2649960417&idx=1&sn=69daf1fc33e4a9ea94f53af0a6da9fca&chksm=878f458eb0f8cc9859e9422f00b38e29a06b660e21c1853e8992223bbb57f8330ca148961834&scene=21#wechat_redirect，最后访问日期：2022年6月19日。

知情权是股东的固有权利，知情权行使受阻时，股东有司法救济的权利。一般情况下，股东身份丧失，其知情权随之丧失，不再享有相应诉权，但是，如果原股东有初步证据证明其持股期间合法权益受到侵害，仍然可以行使知情权。具体到该案中，首先，刘某的主张与其身份相匹配。中教在线公司成立于2015年10月27日，刘某系公司原始股东，直至2019年3月14日以股权转让的形式退出公司。现刘某主张就2015年10月27日至2019年3月14日之公司决议、财务会计报告等材料进行查阅、复制，该期间与之持有股权期间相一致。其次，刘某主张行使该期间股东知情权的原因在于，以高某为主导的经营团队存在损害刘某合法权益的行为。对此，二审法院注意到：(1)中教在线公司之原始股东为高某、刘某、赵某莉，2019年3月14日，上述3人均将个人持有的股权转让给深观科技公司，而2019年3月21日深观科技公司工商登记显示高某为新增股东并担任经理职务。(2)刘某主张，其向公司共计投入400万元，但因高某告知公司经营亏损，因此以股权转让的形式退出公司，仅收回300万元。(3)刘某提交审计报告，主张中教在线公司存在财务不规范、支出不合规等问题。上述三点说明，案涉纠纷发生的根源在公司内部股东之间，虽然案涉股权已经转让交易，但作为原股东的刘某认为其股权价值或公司彼时经营状态受到高某的隐瞒、误导，导致其转让股权、合法权益受到侵害。在此情形下，刘某提交的审计报告、部分公司对账单据，足以证明其主张的合理性以及权益受到损害的可能性，故一审法院支持了其行使股东知情权的诉求。

3. 瑕疵出资股东

瑕疵出资并不影响股东资格。当事人与公司达成认缴出资的合意即取得股东资格，出资是其应承担的后续义务。瑕疵出资的股东对公司承担继续补足出资的义务，但被公司除去股东资格之前仍是公司股东，有权提起股东知情权之诉。如《北京市高级人民法院关于审理公司纠纷案件若干问题的指导意见》(2008年)第14条规定，股东知情权案件中，被告公司以原告股东出资瑕疵为由抗辩的，人民法院不予支持。又如，《上海市高级人民法院2005年上海法院民商事审判问答(之四)——关于审理股东请求对公司行使知情权纠纷若干问题的问答》认为，股东对公司未履行出资义务，或者未足额履行出资义务，或者在公司成立后又抽逃资金的，应当按照《公司法》的规定履行相应的义务。然而知情权是股东权的一项重要权利。股东虽然存在出资瑕疵，但在其未丧失公司股东身份之前，仍可按照《公司法》或章程的规定行使相应的股东权利，除非章程或股东与公司之间另有约定，否则一般不能以股东出资存在瑕疵为由否定其应享有的知情权。

4. 实际出资人

实际出资人并不具有股东资格，其依据与名义股东签订的代持合同主张权益，无权直接提起股东知情权之诉。名义股东具有股东资格，可直接行使股东知情权，如《北京市高级人民法院关于审理公司纠纷案件若干问题的指导意见》(2008 年)第 16 条规定，公司的实际出资人在其股东身份未显名化之前，不具备股东知情权诉讼的原告主体资格，其已诉至法院的，应裁定驳回起诉。又如(2017)豫民申 1770 号案，法院认为，张某政虽然在许昌天健公司设立时实际出资并持有股权证，但因许昌天健公司股东名册所记载的股东名单不包括张某政，故张某政的身份应为实际出资人。《公司法司法解释三》第 24 条第 3 款规定，"实际出资人未经公司其他股东半数以上同意，请求公司变更股东、发放出资证明书、记载于股东名册、记载于公司章程并办理公司登记机关登记的，人民法院不予支持"。股东知情权依法由公司的股东享有，张某政作为实际出资人，在未经许昌天健公司其他股东半数以上同意的情况下，不能作为许昌天健公司的股东享有股东知情权，生效判决驳回张某政的诉讼请求的做法并无不当。张某政与罗某宾之间系自然人之间的委托合同关系，生效判决已赋予张某政向罗某宾另行主张知情权的权利。

名义股东行使股东知情权后，获得的公司财务与经营信息，属于公司商业秘密，能否转交给实际出资人，要依据具体情况确定，如公司不认可实际出资人的存在，名义股东与实际出资人之间的约定无法排除股东保密义务的适用，名义股东无权向实际出资人直接转交所获取的公司内部信息，但经公司其他股东半数以上同意的，可直接转交与查阅与复制结果，如《广西壮族自治区高级人民法院民二庭关于审理公司纠纷案件若干问题的裁判指引》(2020 年)第 30 条第 5 款规定，实际出资人不具备股东资格，表面上无权依据《公司法》第 33 条(作者注：现《公司法》第 57 条)直接向公司主张查阅权与复制权；同理，行使了知情权的名义股东也不得直接将获取的公司内部信息转达给实际出资人。但至少在以下两种情况中，名义股东可向实际出资人转交查阅与复制结果：一是公司或其他股东多数同意的情况下，即公司形成法人意志，同意向特定第三人披露相关公司信息；二是隐名出资的投资模式已经为全体股东所知晓或认可，甚至实际出资人一直以登记股东的名义实际参与着公司经营管理。

5. 间接持股的股东

《公司法司法解释四》第 7 条将股东知情权之诉的原告限定于公司现任股东，及限定条件下的公司原股东，间接持有公司股权的股东能否穿透母公司直接对子公司行使股东知情权，《公司法》修改前未作规定。

经济繁荣及法律技术的发展推动了多层公司架构设置，诸多公司仅是壳公司，无具体实际经营业务，股东有穿透壳公司对实际经营公司行使知情权的迫切需求，但因知情权穿透与传统的法人人格独立原则相冲突，法院原则上不认可股东可穿透母公司直接对子公司行使知情权，如（2020）京 02 民终 11685 号案，二审法院认为，关于九重云中心行使股东知情权是否应及于九次方公司的子公司以及九重云中心要求对九次方公司子公司行使股东知情权的诉讼请求，法律法规对股东能否对子公司行使股东知情权并无明确规定，九次方公司章程中对于股东能否对子公司行使股东知情权亦无明确约定。九次方公司所参股、控股的子公司是独立法人，即使其是全资子公司、控股子公司，子公司的法人地位仍然独立。现九重云中心提交的证据不足以证明存在给予其穿透行使股东知情权的必要，故对九重云中心的该项诉讼请求，一审法院不予支持。

为解决股东现实需求，切实保障股东知情权的实现，实务中，法院对于投资性集团公司股东知情权的穿透有积极性的尝试，如（2017）苏执监 648 号案，法院认为，鉴于投资性控股公司情形之下，股东的实际利益在子公司而非母公司，郭某林作为财务报表使用者，有权知晓金浦集团在其子公司中的权益对企业财务状况、经营成果及现金流量的影响，金浦集团也有义务向郭某林披露这方面信息。尤其是对于投资性控股公司而言，其成员企业的经营管理状况对于控股公司的股东具有重大利益，成员企业的账簿记录对母公司股东而言尤其重要。因此，郭某林通知函中要求查阅金浦集团投资及再投资企业的财务状况。如果仅将其知情权局限于金浦集团或其合并报表层面而不延伸至形成该合并报表的基础会计资料，郭某林仍然无法判断公司编制的合并报表是否客观真实，也必然导致其诉讼目的从根本上无法实现,也不符合双方在诉讼中达成的调解协议初衷。虽该案中存在双方调解的背景,但法院关于投资性集团公司中股东知情权穿透必要性的描述符合客观实际,也与域外立法关于对从属公司适用股东知情权穿透的规定一致,具有合理性。

法院对公司股东知情权穿透行使的另一积极性尝试是股东为有限合伙企业的情况下。有法院认为,股东为有限合伙企业的,不仅要适用《公司法》及其司法解释,还应适用《合伙企业法》。《合伙企业法》第 68 条第 2 款规定:"有限合伙人的下列行为,不视为执行合伙事务:……(七)执行事务合伙人怠于行使权利时,督促其行使权利或者为了该企业的利益以自己的名义提起诉讼……"该条赋予有限合伙人在执行事务合伙人怠于行使权利时,有限合伙人为了企业的利益以自己的名义提起派生诉讼的权利,包括有限合伙人以自己的名义直接对合伙企业投资的公司行使知情权,如(2019)沪 02 民终 9725 号案,法院认为,该案的争议焦点在于,杜某兴等有限合伙人能否以自己的名义提起该案股东知情权诉讼,即其原告主体是否适格。杜某兴等有限合伙人在提起该案诉讼前曾致函星衡合伙企业及执行事务合伙人要求其以股东身份了解星珏公司的相关财务情况,并查阅、复制相关材料,行使相关的知情权。星衡合伙企业及执行事务合伙人虽以未收悉为由进行抗辩,但杜某兴等作为有限合伙人在已知范围内尽到了督促义务,星衡合伙企业也未在该案诉讼中知悉有限合伙人的要求后表示愿意行使股东知情权。因此,在执行事务合伙人怠于行使权利的情况下,有限合伙人以自己名义提起知情权诉讼既未违反上述法律规定,也有利于合伙企业权利的行使及利益的保护。鉴于实务中存在对穿透行使股东知情权的迫切需求,为统一审判实践,《公司法》第 57 条第 5 款规定:"股东要求查阅、复制公司全资子公司相关材料的,适用前四款的规定。"该款为股东穿透行使股东知情权提供了法律依据,但穿透行使股东知情权的对象限于全资子公司,不包括控股或参股子公司。

6. 公司监事(会)

《公司法》第 79 条规定,监事可以列席董事会会议,并对董事会决议事项提出质询或者建议。监事会、不设监事会的公司的监事发现公司经营情况异常,可以进行调查;必要时,可以聘请会计师事务所等协助其工作,费用由公司承担。

根据上述规定，监事（会）对公司经营情况也享有知情权，但监事（会）属于公司内部机构，监事对公司经营情况的调查是行使监督监察权的表现，与股东知情权在权利性质上并不相同。监事（会）提起监察权诉讼，希望获得公司经营信息的，应以公司名义提起诉讼，非以公司监事（会）名义。如《上海市高级人民法院2005年上海法院民商事审判问答（之四）——关于审理股东请求对公司行使知情权纠纷若干问题的问答》认为，监事会或监事履行相关职权属于公司内部治理的范畴，该权利的行使与否并不涉及其民事权益，且《公司法》并未对监事会或监事行使权利受阻规定相应的司法救济程序，因此，监事会或监事以其知情权受到侵害为由提起的诉讼，不具有可诉性，人民法院不予受理；已经受理的，应当裁定驳回起诉。如果不设监事会的公司监事同时具备公司股东身份，法院应当向其释明，若其同意以股东身份提起股东知情权纠纷诉讼，法院可准许其变更诉讼请求。

又如（2017）鄂民申1489号案，法院认为，《公司法》第54条（作者注：现《公司法》第79条）规定，“监事可以列席董事会会议，并对董事会决议事项提出质询或者建议。监事会、不设监事会的公司的监事发现公司经营情况异常，可以进行调查；必要时，可以聘请会计师事务所等协助其工作，费用由公司承担”。尽管公司监事可以行使《公司法》规定的上述职权，但该法仅在第53条（作者注：现《公司法》第78条）第6项规定了诉权，即针对公司董事、监事、高级管理人员执行公司职务时违反法律、行政法规或者公司章程的规定，给公司造成损失的情况，法律并未赋予监事以诉讼方式监查公司财务的权利。此外，监事（会）与作为公司权力机关的股东会，作为公司执行机关和代表机关的董事会（不设董事会的执行董事）共同构成公司治理的基本机构，监事（会）行使监督职权实际是维护公司利益的公司行为，即使赋予监事（会）相关诉权，也应由监事（会）以公司名义行使，而不应以监事（会）个体名义行使。

（二）被告

股东要求查阅或复制的特定文件材料，包括公司章程、会议决议及会计账簿等均属于公司财产，因此，公司是股东知情权的唯一适格被告。

公司与其关联公司存在人格混同的情形时，股东请求对存在混同的公司行使知情权存在诸多法律上的障碍，首先，行使知情权的股东不一定是其他公司股东，主体不适格；其次，允许股东对公司的关联公司行使知情权，突破了法人人格独立基本原则，应有明确的法律依据。现行《公司法》仅规定相互混同的公司连带对公司债权人承担责任，并未规定股东知情权范围可扩展至相互混同的公司。如(2019)京03民终6181号案，陈某清上诉主张，润丰公司及其子公司、孙公司财务并表管理，存在严重混同，公司财产丧失企业独立性，因此陈某清有权穿越行使股东知情权至润丰公司之子公司、孙公司。法院认为，该案中陈某清提出其查阅润丰公司子公司、孙公司账簿存在特殊性，主要表现在：润丰公司实为投资公司，具体经营公司均为其子公司、孙公司；润丰公司是家族企业，情况特殊。对此法院认为，首先，投资控股型公司系《公司法》认可的公司经营模式。在公司运营过程中，由投资型控股公司设立若干子公司，再由子公司设立由其控股的子公司，从事相关行业具体经营业务，是企业组织架构的常见形式。未有规范性法律文件规定投资控股型公司的股东行权能够及于该公司投资的具体企业。其次，有限责任公司基于其人合性，在创立之初即建立在较强的人身信任关系基础上，包括该案润丰公司股东间的血缘、亲属关系，该等关系在有限责任公司中不为鲜见，亦未具有特殊性。因此，陈某清主张的基于该案特殊性而有权行使对润丰公司子公司、孙公司查阅、复制权的理由不成立，法院不予支持。

因此，作者认为，股东认为公司与其关联公司存在混同，损害了其利益的，其仅能对持股公司的全资子公司行使股东知情权（见《公司法》第57条第5款），获取公司文件与财务资料后，抽丝剥茧，发现其他公司损害本公司利益的，可提起股东代表诉讼等维护本公司权益，并间接维护自身利益。

（三）第三人

《公司法》及其司法解释并未规定股东知情权诉讼必须列第三人，法院、原告股东或被告公司可根据案件需要通知第三人参加诉讼或申请第三人参加诉讼，以查明案件事实。

二、管辖

《民事诉讼法司法解释》第22条规定，因股东名册记载、请求变更公司登记、股东知情权、公司决议、公司合并、公司分立、公司减资、公司增资等纠纷提起的诉讼，依照《民事诉讼法》第27条规定确定管辖。《民事诉讼法》第27条规定，因公司设立、确认股东资格、分配利润、解散等纠纷提起的诉讼，由公司住所地人民法院管辖。

根据上述规定，股东知情权纠纷由公司住所地人民法院管辖。公司住所地是指公司的主要办事机构所在地，主要办事机构所在地不能确定的，公司的注册地或者登记地为住所地。

三、诉讼请求

股东行使知情权，是为了查阅或复制公司特定文件资料，包括公司章程、股东会会议记录、股东名册、董事会会议决议、监事会会议决议和财务会计报告等，因此，股东的诉讼请求一般为请求法院判令被告公司向原告股东提供某个时间范围内的某项文件资料。

为保障查阅或复制权的顺利实施，股东可请求法院明确具体的时间和地点，如股东未在诉讼请求中明确，根据《公司法司法解释四》第10条第1款“人民法院审理股东请求查阅或者复制公司特定文件材料的案件，对原告诉讼请求予以支持的，应当在判决中明确查阅或者复制公司特定文件材料的时间、地点和特定文件材料的名录”的规定，由法院在判决书中明确，保障法院判决的可执行。

公司决议文件与会计账簿涉及法律与财税等方面的专业知识，股东如不具备这方面的专业知识，即使公司提供了股东要求查阅的资料，因专业知识的缺乏，股东知情权行使效果也大打折扣，因此，《公司法》第57条第3款与第4款规定：“股东查阅前款规定的材料，可以委托会计师事务所、律师事务所等中介机构进行。股东及其委托的会计师事务所、律师事务所等中介机构查阅、复制有关材料，应当遵守有关保护国家秘密、商业秘密、个人隐私、个人信息等法律、行政法规的规定。”为避免后期执行过程中产生争议，股东可同时提出该项诉讼请求，明确股东有权聘请会计师、律师辅助查阅相关资料。与《公司法司法解释四》第10条第2款相比，《公司法》第57条第3款与第4款规定股东委托会计师事务所、律师事务所等中介机构查阅相关资料的，不再需要股东在现场。

如(2021)粤03民终16708号案，股东一审诉讼请求：(1)判令绘锦恒公司向李某岸提供自2017年11月27日以来的公司章程(包括章程修正案)、股东会会议记录、董事会会议决议、监事会会议决议和财务会计报告(包括资产负债表、损益表、现金流量表、财务情况说明书、利润分配表)；(2)判令绘锦恒公司向李某岸提供自2017年11月27日以来的会计账簿(包括总账、明细账、日记账和其他辅助性账簿)和会计凭证(包括原始凭证和记账凭证)供李某岸查阅、复制；(3)判令李某岸在行使查阅、复制第1、2项诉讼请求相关资料时，可委托律师、注册会计师予以协助；(4)上述材料由李某岸在绘锦恒公司正常营业时间内查阅、复制，查阅、复制地点在绘锦恒公司办公区域内，查阅、复制期限为30个工作日；(5)绘锦恒公司承担该案诉讼费用以及李某岸聘请会计师所产生的费用。

四、诉讼时效

股东知情权是否适用诉讼时效制度，实务中有不同观点。有观点认为，股东知情权为民事权利，在未有法律明确规定不适用诉讼时效规定的情况下，就应适用诉讼时效，诉讼时效应从股东知道其知情权受到侵害之日起算，如公司拒绝查阅之日。如(2018)京03民终13594号案，法院认为，诉讼时效自当事人知道或者应当知道其权利被侵害之日起计算，2018年3月14日李某向易成公司邮寄了查阅申请后，易成公司未配合提供相关材料供李某查阅，此时李某知道其股东知情权受到侵害，提起该案诉讼，故其诉讼请求并未超过诉讼时效。

也有观点认为，股东知情权是一种持续性的非一次性的权利，且是基于股东身份而享有的固有权利，不具有财产利益内容，并非债权，故不应适用诉讼时效规定。即只要具有股东身份，就依法享有知情权，股东可以随时主张。作者赞同后一种观点，股东知情权是股东的基础性权利、法定权利，如适用诉讼时效制度，股东提出请求后3年未行使，即丧失了该权利，股东无权对其投资的公司再行使知情权，显然不合理。股东知情权是公司持续经营期间基于需要可随时行使的权利，即使出现股东提出知情权请求被公司拒绝的情况，如股东认为暂时不行使权利不受实质影响，则股东有权此后再次提起，不得以此认定股东就丧失了知情权。如（2019）沪 02 民终 1660 号案，法院认为，法律并未规定所有的诉讼请求均适用诉讼时效制度，如上述法条明确规定的物权请求权、特殊的债权请求权等即不适用诉讼时效制度。股东知情权系股东基于其股东资格所享有的一种法定权利，具有明显的身份属性，原则上只要股东身份存续，股东知情权并不因此归于消灭或受制于时效。故中山汽车公司关于薛某诉讼请求已过诉讼时效的上诉理由，法院不予支持。

第二节　股东知情权行使的实务操作

一、股东知情权的范围与行使方式

（一）有限责任公司股东知情权范围与知情权行使方式

《公司法》第 57 条规定："股东有权查阅、复制公司章程、股东名册、股东会会议记录、董事会会议决议、监事会会议决议和财务会计报告。股东可以要求查阅公司会计账簿、会计凭证。股东要求查阅公司会计账簿、会计凭证的，应当向公司提出书面请求，说明目的。公司有合理根据认为股东查阅会计账簿、会计凭证有不正当目的，可能损害公司合法利益的，可以拒绝提供查阅，并应当自股东提出书面请求之日起十五日内书面答复股东并说明理由。公司拒绝提供查阅的，股东可以向人民法院提起诉讼。股东查阅前款规定的材料，可以委托会计师事务所、律师事务所等中介机构进行。股东及其委托的会计师事务所、律师事务所等中介机构查阅、复制有关材料，应当遵守有关保护国家秘密、商业秘密、个人隐私、个人信息等法律、行政法规的规定。股东要求查阅、复制公司全资子公司相关材料的，适用前四款的规定。"

根据上述法律规定，有限责任公司股东知情权的范围与行使方式存在以下特点。

1. 对于公司章程、股东名册、股东会会议记录、董事会会议决议、监事会会议决议和财务会计报告，股东不仅有权查阅，还可要求复制，且行使该权利时不负有目的说明义务，即有限责任公司股东请求查阅和复制上述范围的文件档案材料不受任何限制，公司应无条件向股东公开。

2. 有限责任公司股东可以要求查阅公司会计账簿、会计凭证，但存在一定限制。首先，股东仅可以查阅，不可以复制；其次，股东应履行前置程序，书面说明查阅会计账簿、会计凭证的目的，同时公司有权以股东查阅会计账簿、会计凭证具有“不正当目的”，可能损害公司合法利益为由进行抗辩，拒绝股东查阅会计账簿、会计凭证。

3. 股东有权委托会计师事务所、律师事务所等中介机构查阅会计账簿、会计凭证，但股东及其委托的会计师事务所、律师事务所等中介机构查阅、复制有关材料，应当遵守有关保护国家秘密、商业秘密、个人隐私、个人信息等法律、行政法规的规定。

（二）股份公司股东知情权范围与知情权行使方式

《公司法》第110条规定：“股东有权查阅、复制公司章程、股东名册、股东会会议记录、董事会会议决议、监事会会议决议、财务会计报告，对公司的经营提出建议或者质询。连续一百八十日以上单独或者合计持有公司百分之三以上股份的股东查阅公司的会计账簿、会计凭证的，适用本法第五十七条第二款、第三款、第四款的规定。公司章程对前款规定的持股比例有较低规定的，从其规定。股东要求查阅、复制公司全资子公司相关资料的，适用前两款的规定。上市公司股东查阅、复制相关材料的，应当遵守《中华人民共和国证券法》等法律、行政法规的规定。”

根据上述规定，股份公司股东有权要求查阅会计账簿、会计凭证，考虑到上市公司股东人数较多，以及涉及公共利益，《公司法》限定仅连续180日以上单独或者合计持有公司3%以上股份的股东有权查阅公司的会计账簿、会计凭证，但公司章程可对股东单独或合计持股比例作出低于3%的规定，不得作出高于3%的例外规定。

（三）《公司法》及其司法解释未提及的文件查阅

1. 董事会会议记录、监事会会议记录

根据《公司法》规定，董事会、监事会应当对所议事项的决定作出会议记录，出席会议的董事、监事应当在会议记录上签名。《公司法》仅规定股东有权查阅股东会会议记录，未规定股东可查阅董事会会议记录、监事会会议记录。

董事会是公司经营管理机构，执行股东会决议，其会议记录涉及公司经营重大决策等商业秘密。监事会有权检查公司财务以及对公司董事、高级管理人员进行监督，监事会会议记录可能包含对公司内部“丑闻”的记载，涉及公司保密信息。因此，股东查阅董事会会议记录、监事会会议记录可比照查阅会计账簿、会计凭证的要求，有正当理由才可以查阅，公司也可用股东存在“不正当目的”进行抗辩，但不应禁止股东查阅董事会会议记录、监事会会议记录。首先，董事会会议记录、监事会会议记录属于公司掌握的信息或文件的一部分，属于股东知情权的对象；其次，《公司法司法解释四》第 7 条第 1 款使用的是“特定文件资料”表述，可以理解为包含董事会会议记录及监事会会议记录，《公司法司法解释四》起草人亦认为，“对于董事会会议记录及监事会会议记录，一般也是被限制为有正当理由才可以查阅”〔1〕。

但实务中存在不予支持的案例，如（2016）苏民终 618 号案，法院认为，董事会会议记录并不属于股东知情权的范围。《公司法》第 33 条第 1 款（作者注：现《公司法》第 57 条第 1 款）规定：“股东有权查阅、复制公司章程、股东会会议记录、董事会会议决议、监事会会议决议和财务会计报告。”根据上述法律规定，董事会会议记录并不属于股东有权查阅、复制的公司资料，因此，海亚公司关于其有权查阅、复制精艺公司董事会会议记录的主张没有法律依据，法院不予支持。

2. 特定交易合同、客户名单等

对于《公司法》及其司法解释未提及的文件资料，法院的处理较为消极，一般以没有法律依据和公司章程规定为由，拒绝股东查阅。如（2021）浙 02 民终

〔1〕 参见杜万华主编、最高人民法院民事审判第二庭编著：《最高人民法院公司法司法解释（四）理解与适用》，人民法院出版社 2017 年版，第 176 页。

4248号案，法院认为，股份有限公司股东享有并行使对公司的知情权，依法应受《公司法》第97条（作者注：现《公司法》第110条）及相关司法解释规定的调整。中融公司作为亚锦公司的股东，其有权行使查阅公司章程、股东大会会议记录、董事会会议决议、监事会会议决议、财务会计报告（含会计报表、会计报表附注和财务情况说明书）的权利。但中融公司提出因亚锦公司股价浮动损害其股东利益，要求扩大股东知情权范围并查阅亚锦公司高管杜某磊涉嫌犯罪的刑事裁判文书、与杜某磊案件有关的《委托协议》、银行业务回单、增值税发票等证据材料以及亚锦公司的财务会计账簿，缺乏事实和法律依据，法院不予支持。

作者认为，首先，特定交易合同如属于原始凭证，股东可通过查阅会计凭证获得。对于不属于原始凭证的特定交易合同、客户名单等，因股东知情权是股东法定权利，是其行使其他股东权利的基础，不应禁止股东查阅或复制某些资料。其次，《公司法》认可股东有权查阅会计凭证，会计凭证完整、系统反映了公司经营情况，几乎包含了公司绝大部分商业秘密，如法院允许查阅公司会计凭证，则交易合同或客户名单等同样应该可以查阅。最后，如担心可能损害公司利益，法律可对股东查阅包含商业秘密的文件资料作出合理限制，如股东应说明具体的查阅目的，同时公司有权进行抗辩。

（四）查阅公司特定资料包括允许摘抄

股东行使知情权，面对海量的文件资料与公司账簿，如不允许股东摘抄，除非股东或其聘请的律师、会计师有过目不忘的本领，否则无法得到有效信息并统筹分析，获取公司完整信息，因此，查阅资料时允许进行摘抄符合客观实际和立法本意，如（2020）最高法执监97号案，法院认为，第一，摘抄是股东行使知情权、查阅会计账簿的辅助手段。公司会计账簿一般包括大量、专业的数据信息，在股东不能充分理解专业数据信息的情况下，不能认为仅股东自行查阅会计账簿就实现了知情权。对此，《公司法》第57条第3款规定，股东查阅前款规定的材料，可以委托会计师事务所、律师事务所等中介机构进行。该规定明确了股东行使知情权可以由具有专业能力的人员进行辅助，其目的就是帮助股东了解公司信息。同理，进行摘抄也是辅助股东查阅公司文件材料、了解公司信息的方法。不管是聘请专业人员，还是进行摘抄，都是辅助股东实现其知情权的手段。第二,一般情况下,摘抄不等同于复制。词意上理解,“摘抄”与“摘录”意思相近,均可理解为“选取一部分内容抄录下来”,“复制”可理解为“依照原件制作成同样的”。可见,摘录、摘抄与复制的含义不同,不能产生“制作成同样的”效果,不能认为摘抄本质上属于复制。股东对会计账簿进行摘抄,不违反《公司法》规定,倍爱康公司关于“摘抄”本质上属于“复制”的主张,不能成立。第三,法律和司法解释已明确规定股东负有保守公司秘密的义务,以及公司因此利益受损时的救济途径。如倍爱康公司认为东峰公司在行使股东知情权过程中泄露了公司商业秘密导致公司合法利益受到损害,可依法进行救济。

(五)股东有权对成为股东前的公司资料行使股东知情权

公司成立和经营一段时间后,某主体成为该公司股东的,是否有权对其成为股东之前的公司信息行使知情权,实务中存在争议。公司通常认为,某主体成为股东之前的经营情况与该主体无关,其愿意成为公司股东,已表达出对公司现状的认可,其仅有权查阅成为股东之后的文件资料。但实务倾向认为,在法律未作出例外规定的情况下,基于公司经营具有连续性,为了保障股东获得完整的公司信息,股东有权查阅之前的文件和信息,如(2020)沪 01 民终 10168 号案,法院认为,基于公司经营具有连续性的现实,为保障股东获得完整的公司信息,股东有权查阅其加入公司之前的公司经营、决策和管理等的相关资料。因此,尽管品加公司并非原始股东,但不影响其要求查阅其加入一篮公司之前一篮公司的有关资料。

(六)股东知情权范围以文件名称区分不合理

《公司法》将公司股东会会议记录与董事会会议决议等作为无条件公开范围,股东可随时请求查阅。股东会作为公司重大事项的决策机关,董事会作为决策的执行机关,其决策和执行事项可能涉及公司经营秘密,但《公司法》规定仅以文件名称,而非以股东请求查阅内容与商业秘密的紧密性程度对查阅范围进行区分,具有不合理性。

股东行使知情权后对知晓的商业秘密具有保密义务,但商业秘密一旦泄露,公司往往难以举证证明泄露的主体以及因此遭受的损失,即使获得赔偿也是微不足道，因此，关键在于源头控制，如股东申请查阅的内容涉及公司商业秘密，公司有权基于股东请求查阅的内容，要求股东说明查阅目的，并提出合理抗辩，而非仅以文件名称判断是否需要股东说明查阅目的。

二、股东知情权不得被实质性剥夺

《公司法司法解释四》第9条规定，公司章程、股东之间的协议等实质性剥夺股东依据《公司法》第33条、第97条（作者注：现《公司法》第57条、第110条）规定查阅或者复制公司文件材料的权利，公司以此为由拒绝股东查阅或者复制的，人民法院不予支持。

根据上述规定，公司章程、股东之间的协议或股东会决议等实质性剥夺股东知情权的公司意思无效。各地高级人民法院对实质性剥夺股东知情权的公司意思亦不认可，如《山东省高级人民法院关于审理公司纠纷案件若干问题的意见（试行）》（2007年）第65条规定，公司章程关于股东不得查阅公司文件的规定无效；《广西壮族自治区高级人民法院民二庭关于审理公司纠纷案件若干问题的裁判指引》（2020年）第7条中规定，公司章程不应排除股东固有权利，具体体现在股东知情权不得排除。

现代公司基本理念是公司（股东）自治，股东有权通过公司章程等对股东权利作出相应的限制，如公司章程约定股东可放弃优先购买权、约定不按出资比例行使表决权等，但《公司法》及其司法解释却禁止实质性剥夺股东知情权，理由有二：一是股东知情权属于法定权利，具有固有权属性，《公司法》第57条、第110条规定属于法律强制性规范；二是股东知情权制度目的是对中小股东进行保护，中小股东在公司章程和股东协议制定过程中处于弱势地位，如果在法定知情权问题上允许股东通过讨价还价方式对权利内容予以限制，必将产生难以预计的机会主义和道德风险。《公司法》关于股东知情权的法律规定，必须是"为避免产生严重的不公平后果或为满足社会要求而对私法自治予以限制的规范"[1]。

---

〔1〕 参见杜万华主编、最高人民法院民事审判第二庭编著：《最高人民法院公司法司法解释（四）理解与适用》，人民法院出版社2017年版，第217页。

何谓实质性剥夺股东知情权？“实质性”隐含的意思维度在于，法律并不排斥限制股东知情权的公司意思，关键是限制的程度要有一个界分。[1] 股东知情权的行使包括知情权主体、查阅对象和权利行使方式（查阅或复制）、查阅时间及地点等方面。如果仅是对查阅地点、查阅时间等事项进行细化约定，只要不构成对股东知情权的实质性损害，未造成股东客观上无法行使知情权，应属于合理限制；但是，如果限制知情权主体，例如规定持股一定期限才可以行使知情权，或限制查阅对象，例如股东无权查阅会计账簿等，客观上实质性地损害了股东知情权，应认定为“实质性剥夺”。鉴于“实质性剥夺”的表述抽象且原则，法官可以结合个案的具体情节比如原告股东受到压制的严重程度、行权的必要性、行使范围是否符合比例原则、公司限制意思的目的正当性、公司与股东的既往历史等情节作出相应的判断。[2]

股东知情权是《公司法》赋予股东最低限度的权利，《公司法》及其司法解释并不限制公司章程或股东协议对股东知情权进行扩张，如扩大知情权的查阅范围，例如查阅子公司会计账簿、特定交易合同等，甚至诸多投资协议中约定公司定期向股东主动提供季度财务账簿等，只要股东达成一致意见，属于公司自治的范围，约定有效，如（2014）沪高民二（商）申字第S158号案，法院认为，公司章程是股东自愿达成的公司自治规则，只要不违反法律禁止性规定，对公司及股东均有约束力。该案中，和丰公司章程对股东行使知情权的范围作了明确约定，该约定系和丰公司股东的真实意思，应予以尊重。CROWN公司依据和丰公司章程查阅相关子公司资料，并未损害子公司的独立法人地位，应予准许。

三、有限公司会计账簿、会计凭证的查阅

《公司法》第57条第2款规定，股东可以要求查阅公司会计账簿、会计凭证。股东要求查阅公司会计账簿、会计凭证的，应当向公司提出书面请求，说明目的。公司有合理根据认为股东查阅会计账簿、会计凭证有不正当目的，可能

---

〔1〕 参见李建伟：《“实质性剥夺”股东知情权的公司意思效力研究——〈公司法解释四〉第9条的法教义学分析及展开》，载《中外法学》2018年第5期。

〔2〕 参见李建伟：《“实质性剥夺”股东知情权的公司意思效力研究——〈公司法解释四〉第9条的法教义学分析及展开》，载《中外法学》2018年第5期。

损害公司合法利益的，可以拒绝提供查阅，并应当自股东提出书面请求之日起15日内书面答复股东并说明理由。公司拒绝提供查阅的，股东可以向人民法院提起诉讼。

因会计账簿、会计凭证涉及公司商业秘密，根据上述规定，有限公司股东请求查阅公司会计账簿、会计凭证存在一定的限制。结合《公司法司法解释四》第8条的规定，有限公司股东请求查阅会计账簿、会计凭证的限制体现在以下几个方面内容上。

（一）有限公司股东应先履行前置程序

股东请求查阅公司账簿、会计凭证，应向公司提出书面请求，说明目的，如公司同意，股东与公司可协商确定查阅范围、时间与地点等，股东知情权得以实现；如公司拒绝，股东才可诉诸法院。《公司法》鼓励公司与股东尽可能通过内部协商解决纷争，股东穷尽公司内部救济是股东提起知情权诉讼的前提，未履行前置程序的，法院将驳回起诉。例如，《北京市高级人民法院关于审理公司纠纷案件若干问题的指导意见》（2008年）第13条规定，有限责任公司股东未履行《公司法》第34条第2款（作者注：现第57条第2款）规定的公司内部救济程序，直接向人民法院起诉要求形式会计账簿查阅权的，人民法院不予受理。又如（2019）最高法民申4231号案，法院认为，谢某主张奔马公司未在其住所地经营，实际经营状况不明，双方发生多起矛盾纠纷已不可调和，多次庭审中奔马公司的法定代表人拒不出庭应诉，谢某无法实现其股东知情权。首先，根据《公司法》的有关规定，谢某在提起查阅公司会计账簿的知情权诉讼之前，需要先向公司提出书面要求并说明目的，公司有合理理由认为股东查阅会计账簿有不当目的，可能损害公司合法利益的，可以拒绝提供查阅，在股东向公司提交书面申请遭到公司拒绝提供查阅后，股东才可以寻求司法救济，即谢某向法院主张股东知情权需履行向奔马公司提出书面请求并说明查阅目的等前置程序。其次，谢某在原审中提交的调查笔录只能证明法院基于民间借贷纠纷案件审理需要所作的调查，未能体现谢某因行使股东知情权以书面形式向奔马公司提出过申请，原审以谢某未能提供证据证明其已履行股东知情权的前置程序为由驳回其诉讼请求并无不当。

股东未履行前置程序即提起股东知情权之诉，能否在诉讼过程中补救瑕疵？有观点认为，允许诉讼过程中补救瑕疵符合效率原则，避免增加当事人诉累；也有观点认为，穷尽公司内部救济是司法介入的前提，《公司法》对查阅会计的前置程序作出了明确规定，应严格执行。作者赞同后一种观点，如可以在诉讼中补救前置程序，相当于架空前置程序制度，使公司自力救济无适用余地，因此，对股东履行前置程序应严格把握。

（二）有限公司股东应说明目的

股东请求查阅会计账簿、会计凭证，应说明目的。毫无疑问，股东说明的目的应是正当目的，但“正当目的”是对行为人主观状态的描述，《公司法》及其司法解释未对此进行明晰的界定。实务中，股东对目的的说明非常宽泛，力争查阅公司所有资料，以取得对自身有利的证据。例如，为全面了解公司经营、财务状况，为参与公司决策或为维护股东合法权益等宽泛理由均可作为正当事由，股东无须对查阅目的进行特别的解释和说明，更不需要提供证据印证，股东说明了查阅目的，法院即推定股东的查阅目的正当。因此，股东关于查阅目的的说明更多具有形式上的意义，举证责任由提出抗辩的公司承担，如（2021）湘民申 184 号，法院认为，该案中，郭某某、李某某作为通达公司的股东向通达公司书面申请查阅该公司自开业之日至 2020 年 5 月 20 日的公司章程等资料，并说明了查阅公司会计账簿的目的，而通达公司未提交充分证据证明郭某某、李某某滥用知情权损害公司利益或者申请查阅会计账簿有不正当目的，可能损害公司合法利益，通达公司应承担举证不能的不利后果。

股东查阅会计账簿、会计凭证的目的过于宽泛，缺乏具体性，会导致知情权的滥用，干扰公司正常经营，例如，为了解某次关联交易损害公司利益的情况，却以了解公司经营情况与财务状况为由，请求查阅公司设立以来的会计账簿。李建伟教授认为：“股东说明目的并非不受任何约束，应符合‘具体性’标准。目的的具体性要求使得前置程序有了实质性意义，借此筛除不说明具体目的的股东，契合立法目的。从制度成本的视角看，股东在前置程序中向公司提出的书面请求如具体说明查阅目的，也方便公司做出准确判断，如获公司认可，自然不生纠纷；反之，公司一般会选择警惕性的抗拒立场，纠纷遂起。即使进入诉讼程序，由于股东查阅目的决定相应的查阅范围，缺乏具体目的对于法院查明股东目的之正当性、确定合理的查阅范围亦不利，如法院认为查阅对象超出说明的目的，可以限缩其查阅范围；如公司证明股东查阅对象与目的无关，法院将不支持股东诉请。"[1]又如，《北京市高级人民法院关于审理公司纠纷案件若干问题的指导意见》（2008年）第18条规定，有限责任公司的股东就查阅公司会计账簿提起诉讼的，应当说明查阅会计账簿的具体目的、所查阅的内容与该目的具有何种直接关系。再如，《山东省高级人民法院关于审理公司纠纷案件若干问题的意见（试行）》（2007年）第63条规定，有限责任公司股东起诉要求查阅公司会计账簿的，应具备以下条件，否则人民法院不予受理：（1）股东向公司提出书面查阅请求，公司拒绝提供查阅或在收到书面请求之日起15日内未作答复；（2）有明确具体的查阅事项。

为平衡公司利益和股东利益，如股东查阅目的过于宽泛，公司或法院可要求股东明确具体目的，说明查阅的资料与具体目的的直接关联性，并以此判断提供查阅资料的范围，既保证股东知情权，又防止公司秘密或重要敏感信息泄露，如（2021）沪02民终2926号案，股东张某某请求查阅1998年7月22日（公司设立之日）至2020年6月8日公司的历年财务会计报告、会计账簿、所有财务原始凭证、记账凭证。一审法院基本支持了股东张某某的诉求。二审法院询问张某某要求查看仲兴公司会计凭证的原因，张某某表示：之前张某某是参与公司经营管理的，2012年怀孕后，对公司经营以及财务、会计均不再参与管理。嗣后，张某某于2018年发现，2013年股东李某某擅自将仲兴公司持有的上海鑫兆房产发展有限公司55%的股权低价转让给了实际由李某某一人控制的上海兴磊投资有限公司，并完成股权变更登记。该次交易未征求张某某意见，张某某对此持有异议，向李某某提出了查阅相关财务账簿的要求，但是李某某也都予以拒绝了，所以就产生了此次诉讼。二审法院认为，对于可行使知情权的会计凭证的时间范围，应当综合考量案情予以合理界定，以确保股东知情权的行使对公司经营秩序产生的影响合乎适当比例。张某某要求查阅仲兴公司1998

[1] 李建伟：《股东查阅会计账簿的"不正当目的"抗辩研究——〈公司法〉第33条第2款的法教义学分析》，载《当代法学》2021年第1期。

年7月成立至2020年6月8日的全部会计凭证，但张某某所提出合理怀疑的交易发生于2013年，且其自认在2012年以前实际参与仲兴公司的经营管理，其系在2012年怀孕后才退出公司的经营管理活动，故二审法院参照《公司法》第33条第2款（作者注：现行《公司法》第57条第2款）的规定，酌定准许张某某查阅仲兴公司2012年1月1日至2020年6月8日的会计凭证。至于1998年7月22日至2011年12月31日之前的会计凭证，与张某某的行权事由之间缺乏必要的关联性，超出其股东知情权的合理必要范围，法院对此不予支持。

（三）公司有权以股东具有“不正当目的”，可能损害公司合法利益为由进行抗辩，拒绝股东查阅会计账簿、会计凭证

除正向角度要求股东说明查阅目的外，《公司法》从反向角度对股东查阅会计账簿、会计凭证请求权进行了限制，规定公司有权以股东具有“不正当目的”，可能损害公司合法利益为由进行抗辩。“不正当目的”同样是对行为人主观状态的描述，无法作为裁决的客观依据。为明确裁判标准，《公司法司法解释四》第8条以客观行为推定行为人主观目的，列举了“实质性竞争关系”“经济间谍”“经济间谍前科”三种行为并设置了兜底条款，作为判断股东是否具有“不正当目的”的行为标准。

根据《公司法司法解释四》第8条的规定，公司有证据证明股东存在下列情形之一的，法院应当认定股东有“不正当目的”。

1. 股东自营或者为他人经营与公司主营业务有实质性竞争关系的业务，但公司章程另有规定或者全体股东另有约定的除外

本项规定了“实质性竞争关系”情形。实证研究表明，该情形是公司抗辩股东请求查阅会计账簿最常见的事由。[1]

从主体上看，“实质性竞争关系”情形的行为主体是公司现任股东。股东是自然人的，行为主体包括股东的配偶等近亲属，如（2012）一中民终字第2247号案，法院认为，当股东的近亲属经营与股东所在公司同类的业务，且主营产品均

---

〔1〕 参见伍坚、胡文丰：《“正当目的”视角下股东查阅权的法律适用与司法续造——基于205份裁判文书的分析》，载《吉林工商学院学报》2019年第3期。

由股东设计，存在市场竞争关系时，股东要求查阅公司会计账簿，可以认定构成《公司法》第33条第2款（作者注：现行《公司法》第57条第2款）规定的“有不正当目的，可能损害公司合法利益”的情形。股东是法人的，行为主体包括其子公司或关联公司，如（2016）京03民终3220号案，法院认为，美赛达公司在出资设立车联公司之后，又出资设立前海公司，占股比例均为35%。根据四方《合作协议书》的约定，车联公司的设立目的系为美赛达公司研发、生产和采购车载设备、互联网产品等，此范围与前海公司的经营范围高度重合，有理由相信两公司在业务上存在竞争关系，美赛达公司设立前海公司存在占领车联公司开发、销售市场、损害车联公司合法利益的可能。

从行为上看，股东实施了自营或者为他人经营的行为。股东自营，是指股东通过投资等行为拥有竞争经营主体的权益，且无须达到实际控制的程度；股东为他人经营，是指股东担任竞争经营主体的法定代表人、董事、监事、高级管理人员或核心员工，一般员工不在此列。

从内容上看，股东自营或者为他人经营的业务与公司主营业务有实质性竞争关系。公司主营业务，是指公司经常性的、主要经营活动，可根据公司营业执照载明的经营范围、公司主营产品或主要服务以及财务数据等方面综合确定，不能仅凭营业执照范围认定公司主营业务。实质性竞争关系，是指股东和公司之间存在利益冲突，[1]股东自营或者为他人经营的业务，与公司主营业务相同或类似，构成竞争或替代关系，则应视为存在利益冲突。实证研究表明，法院主要从“具体性”和“现实性”两方面把握实质性标准。“具体性”是从一个更微观的视角观察竞争业务，要求公司提出更为具体的证据证明竞业关系之存在，不可泛泛而谈。“现实性”则要求股东与公司之间的利益冲突现实存在。[2] 如（2020）京民终717号案，法院认为，泛金公司系盈之美公司工商登记的股东，依法享有股东知情权。该案中，盈之美公司二审中提交相关证据主张泛金公司法定代表人孙某琴的配偶纪某系养加加公司股东，养加加公司与盈之美公司主营

〔1〕参见杜万华主编、最高人民法院民事审判第二庭编著：《最高人民法院公司法司法解释（四）理解与适用》，人民法院出版社2017年版，第186页。

〔2〕参见李建伟：《竞业股东查阅会计账簿的目的限制研究——〈公司法司法解释（四）〉第8条第1项的法教义学分析》，载《北方法学》2020年第5期。

业务有实质性竞争关系业务，纪某与泛金公司法定代表人孙某琴系夫妻关系，应属于股东自营或者为他人经营与公司主营业务有实质性竞争关系业务的情形。对此法院认为，上述司法解释规定的“股东自营或者为他人经营与公司主营业务有实质性竞争关系业务”中所谓的实质性竞争关系，是指股东和公司之间存在利益冲突。所谓自营，是指股东自身所经营的业务，为他人经营是指为其他第三方经营业务。该案中，首先，盈之美公司的股东泛金公司与养加加公司系不同主体，且泛金公司亦非养加加公司的股东；其次，泛金公司作为独立的民事主体依法享有独立的意思，纪某与泛金公司亦不存在直接关联关系；最后，根据在案证据，尽管养加加公司与盈之美公司在经营范围上存在一定程度的重合，但盈之美公司未举证证明两公司存在重合的经营范围系各自利润的主要来源即主营业务。鉴于盈之美公司已停产，养加加公司亦已于 2011 年被吊销营业执照，故仅依据上述两公司营业执照中经营范围的部分重合这一事实并不能证明养加加公司与盈之美公司之间必然存在实质性的同业竞争关系。现盈之美公司并未举证证明泛金公司自营或者为其他第三方经营与盈之美公司有实质性竞争关系的业务，法院对其该项上诉主张不予支持。

就结果而言，股东自营或者为他人经营的业务与公司主营业务有实质性竞争关系，可能损害公司合法权益。《公司法司法解释四》第 8 条第 1 款规定“实质性竞争关系”情形时，虽未直接写明“可能损害公司合法权益”，但依照体系解释，公司需证明“实质性竞争关系”的存在可能会损害公司合法利益。可能损害不代表必然损害，公司举证证据存在可能性即可，如(2020)京民终 184 号案，法院认为，“可能损害公司合法利益”，意味着损害后果并未发生，只是存在较大可能性的一种常识判断，一审法院关于“长信公司现有证据不能证明莱克斯坦公司已经实施了在中国市场上公开销售催化剂的行为”的表述，以实际损害行为的发生论述损害公司合法利益的“可能”性的做法不妥，二审法院予以纠正。

2. 股东为了向他人通报有关信息查阅公司会计账簿、会计凭证，可能损害公司合法利益的

本项规定了“经济间谍”情形。有关信息是指公司会计账簿、会计凭证所包含的信息，包括商业秘密等。他人是指公司的竞争者。如股东行使知情权是为了将公司商业秘密等信息通报给公司竞争者，可能会损害公司的合法利益，此

种情况下，应对股东知情权作出限制。如(2021)闽民申3491号案，陈某霞是兴北方公司股东，法院认为，根据《公司法司法解释四》第8条的规定，股东为了向他人通报有关信息查阅公司会计账簿，可能损害公司合法利益的，人民法院应当认定股东有《公司法》第33条第2款(作者注：现《公司法》第57条第2款)规定的"不正当目的"。关于该条规定在该案中的适用，首先，根据工商登记公示信息，美迪科公司的经营范围与兴北方公司重叠。其次，根据陈某霞在二审庭审中的自认，陈某霞的配偶在美迪科公司任职。最后，陈某霞未按二审法院传唤到庭接受询问，以致其配偶在美迪科公司的具体职务、职责范围等相关事实无法查明。综上，原判决认定陈某霞查阅公司会计账簿有损害公司合法权益的可能性，并无不当。

3. 股东在向公司提出查阅请求之日前的3年内，曾通过查阅公司会计账簿、会计凭证，向他人通报有关信息损害公司合法利益的

本项规定了"经济间谍前科"情形。该项实际上设定了一项法律推定，体现了对股东不诚信行为的惩罚，公司有理由认为不诚信股东在一定期限内有很大可能再次实施这种行为，难以认定其具有正当目的。[1] 反对设定该项的理由认为，不能因为之前的行为推定3年内的行为目的均不正当，不符合逻辑。

4. 股东有不正当目的的其他情形

为防止疏漏，本项作为兜底条款，规制股东具有不正当目的的其他情形。就体系解释而言，本项规定的其他情形与前述三项应存在实质相似性，结果上均可能损害公司合法利益，例如，股东行使知情权过于频繁，可能对公司合法经营造成损害，可认定存在"其他不正当目的"。[2]

四、不当行使知情权的赔偿责任

《公司法司法解释四》第11条规定，股东行使知情权后泄露公司商业秘密导致公司合法利益受到损害，公司请求该股东赔偿相关损失的，人民法院应当

---

〔1〕 参见杜万华主编、最高人民法院民事审判第二庭编著：《最高人民法院公司法司法解释(四)理解与适用》，人民法院出版社2017年版，第188页。

〔2〕 参见杜万华主编、最高人民法院民事审判第二庭编著：《最高人民法院公司法司法解释(四)理解与适用》，人民法院出版社2017年版，第189页。

予以支持。根据本规定第 10 条辅助股东查阅公司文件材料的会计师、律师等泄露公司商业秘密导致公司合法利益受到损害，公司请求其赔偿相关损失的，人民法院应当予以支持。

根据上述规定，股东或辅助股东查阅公司文件材料的中介机构执业人员对其获悉的商业秘密负有保密义务，如擅自泄露，构成商业秘密侵权行为，应赔偿公司由此产生的损失。根据《反不正当竞争法》的相关规定，公司可参考如下标准确定损失：按照其因被侵权所受到的实际损失确定；实际损失难以计算的，按照侵权人因侵权所获得的利益确定。恶意实施侵犯商业秘密行为，情节严重的，可以在按照上述方法确定数额的 1 倍以上 5 倍以下确定赔偿数额。赔偿数额还应当包括经营者为制止侵权行为所支付的合理开支。权利人因被侵权所受到的实际损失、侵权人因侵权所获得的利益难以确定的，由人民法院根据侵权行为的情节判决给予权利人 500 万元以下的赔偿。

需要注意的是，辅助股东查阅公司文件材料的会计师、律师与股东之间并不构成代理关系或劳务关系，双方是彼此独立的合作关系，如中介机构泄露公司商业秘密，应自行承担责任。如认定股东与中介机构构成代理或劳务关系，则中介机构作为受托人或劳务提供者产生的法律后果应由股东承担，中介机构无须对外承担责任，仅需在股东承担责任后，由股东向其追偿，这与《公司法司法解释四》第 11 条的规定不符。会计师、律师等作为专业人员，本身对其执业获悉的商业秘密依法负有保密义务，如其擅自泄露，违反了《律师法》《注册会计师法》的规定，属于其自身的违法造成的侵权，应自行独立承担民事赔偿责任。

五、董事、高级管理人员导致股东无法行使知情权的赔偿责任

《公司法司法解释四》第 12 条规定，公司董事、高级管理人员等未依法履行职责，导致公司未依法制作或者保存《公司法》第 33 条、第 97 条（作者注：现《公司法》第 57 条、第 110 条）规定的公司文件材料，给股东造成损失，股东依法请求负有相应责任的公司董事、高级管理人员承担民事赔偿责任的，人民法院应当予以支持。

董事、高级管理人员作为公司执行和管理机构，应按照《公司法》《会计法》等规定，依法制作和保存公司会议资料和财务资料等。如董事、高级管理人员

未履行上述法定义务，造成股东损失，应直接向股东承担赔偿责任，即股东直接提起诉讼。但股东无法行使知情权的损失是什么以及范围如何确定，尚需法律进一步明确，或实务案例予以解答。

《公司法司法解释四》第12条将民事赔偿作为股东无法行使知情权的唯一救济方式，带来的问题一是股东行使知情权通常并不是为了寻求赔偿，而在于获悉公司的经营和财务状况，并作为行使其他股东权利的基础，如公司无法提供材料供股东查阅，例如，公司特定材料灭失或未依法设置特定材料，股东只能请求民事赔偿，鉴于损失难以举证，股东知情权相当于被变相剥夺；二是诱导公司做出趋利避害的行为，如公司民事赔偿金额低于股东知情权行使带来的麻烦，公司或控股股东会采取各种有意或无意行为导致公司特定资料灭失或根本不予制作，形成负面循环。

基于上述理由，作者认为《公司法》及其司法解释应规定由公司首先采取各种补救措施重建公司特定资料，如确实无法重建，股东可以起诉公司赔偿损失，如《公司法司法解释四》（2016年征求意见稿）第18条曾规定，公司未依法或者公司章程规定建立相关档案材料、公司建立的相关档案材料虚假或者丢失，股东起诉请求公司依法或者公司章程之规定重新建立并提供给股东查阅的，人民法院应当受理。公司具备依法或者公司章程之规定建立相关档案材料条件的，人民法院应裁定公司在一定期限内建立相关的档案材料，并在公司住所地或者双方另行协商确定的地点提供给股东查阅；公司不具备依法或者公司章程之规定建立相关档案材料条件，股东主张公司相关人员承担民事赔偿责任的，应另行提起诉讼。

也有学者认为，应按照公司是否具备重建会计账簿的条件而作不同处理。如具备，应当裁定公司重建会计账簿，以使胜诉判决具备执行内容；如不具备，应赋予并支持股东的审计请求权，委托审计机构重建会计账簿以供股东查阅。无论公司是否具备重建条件，因公司缺失会计账簿造成股东损失的，股东都有权请求公司管理者承担损害赔偿责任。[1]

---

〔1〕 参见李建伟：《公司无法提供会计账簿的股东知情权实现》，载《重庆理工大学学报（社会科学）》2022年第3期。

综上所述,无论是《公司法司法解释四》(2016 年征求意见稿)还是学者的观点,都体现了继续履行应作为优先选择,在继续履行存在障碍时才转换为民事赔偿,而非将民事赔偿作为唯一选择。

六、有限公司与股份公司股东质询权

《公司法》第 110 条规定,股东有权对公司的经营提出建议或者质询;第 187 条规定,股东会要求董事、监事、高级管理人员列席会议的,董事、监事、高级管理人员应当列席并接受股东的质询。

根据上述规定,股东有权对公司经营提出质询,要求董事、监事、高级管理人员对股东提出的问题作出即时答复或书面答复。股东质询权属于股东积极获取公司经营和财务信息的一种方式,属于广义上的股东知情权。但因缺乏具体的操作标准,股东质询权目前仅停留在理论层面,尚无法落实。

公司或董事、监事、高级管理人员拒绝答复的,股东是否有权以质询权受到侵害为由诉请法院解决?实务中的案例均认为,质询内容属于公司内部事务,股东质询的对象是公司内部的董事、监事、高级管理人员,而非公司,公司没有书面答复股东质询的法定义务。[1] 作者认为,董事、监事、高级管理人员接受质询属于职务行为,如其不答复,应以公司为被告,而非以董事、监事、高级管理人员为被告。股东取得法院胜诉判决后,公司应安排董事、监事、高级管理人员答复股东质询。

---

〔1〕 参见山东省德州市中级人民法院民事判决书,(2019)鲁 14 民终 3036 号;广东省东莞市中级人民法院民事判决书,(2019)粤 19 民终 12298 号;福建省龙岩市中级人民法院民事判决书,(2020)闽 08 民终 156 号;广东省深圳市中级人民法院民事判决书,(2019)粤 03 民终 276 号;广东省江门市中级人民法院民事判决书,(2021)粤 07 民终 1682 号。

第七章

请求公司收购股份纠纷

股东设立公司具有一定预期，例如公司盈利时，可以分取利润；公司营业期限届满时，公司应进行结业清算，向股东分配剩余财产，如股东合理预期无法实现，相当于股东之间最初设立公司的合意基础发生了实质性变化，此时应赋予异议股东退出公司、请求公司回购其股权/股份的权利。异议股东股份回购请求权，又称异议评估权、股份评估回购请求权，是指当股东会基于多数表决，就有关公司重大事项作出决议时，持异议的少数股东要求对其所持股份的价值进行评估并由公司以公平价格予以购买的权利。[1] 因异议股东请求公司回购其股份适用的案由为请求公司收购股份纠纷。

异议股东股份回购请求权制度源于美国，是为平衡控股股东和小股东利益而创设的制度。现代公司作决策注重效率，采用“资本多数决”规则，控股股东意见经遵守一定的程式转化为公司意志，异议股东的意见被淹没或吸收。特别是，公司决策涉及重大事项时，意味着公司经营风险增加或重大经营调整，为保护异议股东（小股东）利益，异议股东应被赋予特殊的法定权利，即有权要求公司回购自己的股份。

公司回购股份会造成公司资本变相减少，违反了资本维持原则，因此我国对异议股东的股份回购请求权实行“原则禁止，例外许可”的做法，异议股东股份回购请求权限于《公司法》规定的情形。实证研究表明，因异议股东起诉门槛高、控股股东易于规避《公司法》的规定以及法律规定缺乏操作性等原因，此类

---

〔1〕 参见杨万明主编、最高人民法院教研室编著：《最高人民法院新民事案件案由规定理解与适用》，人民法院出版社2021年版，第748页。

纠纷案件数量总量不大。[1]

异议股东股份回购请求权分为两种情形：一种情形是股东基于《公司法》第89条、第161条、第162条和第219条的规定要求公司回购其股权或股份，属于法定权利，即异议股东股份回购请求权；另一种情形是股东基于公司章程或与公司之间的协议请求公司回购，属于约定权利。

第一节　请求公司收购股份纠纷诉讼指引

一、诉讼主体

（一）原告

1. 异议股东

请求公司收购股份纠纷的适格原告首先应具有股东身份，其次股东还应参加股东会并对股东会重大事项决议投反对票。股东参加股东会并投反对票的事实可通过记载于股东会会议记录等方式证明。

异议股东提起请求公司收购股份纠纷诉讼，没有持股数量和持股期限的限制。有观点认为，持有1/10表决权的股东可自行召集股东会，因此，持有公司不足1/10表决权的股东才有权请求公司按照合理价格回购其股权。[2] 该观点没有法律依据，持有1/10以上表决权的股东并不必然是控股股东，其虽可以提议召开临时股东会，但意见未必被采纳，没有决定权，因此无论股东持股数量多少，只要符合《公司法》第89条、第161条、第162条和第219条的规定，即有权请求公司回购其股份。

2. 没有表决权的股东

《公司法》第65条规定，股东会会议由股东按照出资比例行使表决权；但是，公司章程另有规定的除外。因此，公司可通过公司章程的设计实现部分股

---

〔1〕 参见江苏省常州市中级人民法院课题组、张宏伟等：《现行法律框架内异议股东股份收购请求权的行使》，载《法律适用》2015年第5期。

〔2〕 参见郑远民、赵冰：《异议股东股份回购请求权的程序问题研究》，载《时代法学》2019年第1期。

东没有表决权的结果。对于没有表决权的股东,是否有权要求公司回购其股份,《公司法》并未规定。境外立法存在两种立法例,美国、加拿大等国家或地区否认无表决权之股东的股份回购请求权;相反,韩国公司法以及我国台湾地区“公司法”承认无表决权股东的回购请求权。[1] 作者认为,首先,根据《公司法》第 89 条、第 161 条、第 162 条和第 219 条的规定,股东有权请求公司回购其股份或股权,并未排除无表决权的股东请求公司回购的权利;其次,股东参加股东会并投“反对票”,仅是形式,实质意义是为将反对意见表达给公司,无表决权的股东同样要承担公司重大经营决策带来的风险,在其加入的公司经营决策不再符合起初的投资目的时,应赋予无表决权的股东请求公司回购其股份的权利。

3. 实际出资人

实际出资人并不具有股东身份,其仅依据与名义股东之间的委托合同享有合同权益,无权参加股东会、参与表决并投出“反对票”。因此,实际出资人并不是请求公司收购股份纠纷诉讼的适格原告。

4. 瑕疵出资股东

根据《公司法司法解释三》第 16 条的规定,公司可根据公司章程或者股东会决议对瑕疵出资股东的利润分配请求权、新股优先认购权、剩余财产分配请求权等股东权利作出合理限制。该条并未将异议股东股份回购请求权作为合理限制的对象。

作者认为,瑕疵出资虽不影响股东资格,瑕疵出资股东仍有权参加股东会,但是,无权请求公司回购其股权。首先,异议股东请求公司回购,是退出公司的一种途径,在其未完成法定出资义务之前,不应允许其退出公司;其次,既然是瑕疵出资,说明其出资并不到位,相应股权也是存在瑕疵的,公司回购的股权应是完整、合法的权利;最后,因瑕疵股东未完成出资,公司自然也无法退回其投资。如(2016)最高法民终 699 -4 号案,法院认为,山东省青岛市中级人民法院已认定杨某虚假出资 2349 万元,对于该部分股份,厚德公司股东会可以限制杨某在补足出资之前行使回购权。又如(2020)鲁民终 2461 号案,法院认为,股东及时、足额的出资是其法定义务。因而,股权作为股东向目标公司出资而获取

---

〔1〕 参见李海龙、邹松生:《论异议股东回购请求权行使规则》,载《西南政法大学学报》2007 年第 2 期。

的对价，当然受到股东出资状况的影响，在股东抽逃出资的情形下，股权中与之相关的权利亦应当受到限制。该案中，上文已述，黄某存在抽逃出资的行为，且并未补足出资款，故黄某应当承担相应责任，与其股权相对应的相关权利的行使也应受到相应限制。因此，黄某关于要求永道公司收购其股权的权利应当受到限制，其在该案中的诉讼请求不应得到支持。

（二）被告

公司是此类案件的唯一适格被告。公司股东会对重大事项作出决议，决议一旦生效，属于公司意志，股东对公司股东会决议提出异议，实际是对公司决策提出异议，应依法向公司提出回购请求。控股股东以资本多数决控制了公司决策，但控股股东与公司是不同的法律主体，不能混淆，异议股东不得以控股股东为被告提起诉讼，要求控股股东回购其股份。

（三）第三人

1. 投赞成票的股东

异议股东、其他股东与公司是不同法律主体，异议股东要求公司回购其股权，其他股东与异议股东诉求相同的，可作为原告另行起诉。其他股东，特别是控股股东，与异议股东诉求不同，其对公司决议投赞成票，与案件处理结果有法律上的利害关系的，可作为第三人参加诉讼。

2. 债权人

异议股东请求公司回购其股权，实质为公司退回股东的投资，会减少公司资本，给债权人债权的实现带来风险。为防止异议股东与公司恶意串通，通过异议股东股份回购请求权制度变相减少公司资产，优于债权人收回投资，公司债权人可申请作为第三人参加诉讼，法院亦可根据案件审理情况，如发现存在损坏公司债权人利益的情况，可通知债权人参加诉讼。

二、管辖

《民事诉讼法司法解释》第 22 条规定，因股东名册记载、请求变更公司登记、股东知情权、公司决议、公司合并、公司分立、公司减资、公司增资等纠纷提起的诉讼，依照《民事诉讼法》第 27 条规定确定管辖。《民事诉讼法》第 27 条规定，因公司设立、确认股东资格、分配利润、解散等纠纷提起的诉讼，由公司住所地人民法院管辖。

根据上述规定，请求公司收购股份纠纷非公司类案件专属管辖，应按一般诉讼管辖原则确定管辖。根据《民事诉讼法》第 22 条的规定，对法人或者其他组织提起的民事诉讼，由被告住所地人民法院管辖。

三、诉讼请求

异议股东请求公司回购其股权或股份，诉讼请求中如何明确回购价格是关键。异议股东有充分证据支持其主张价格合理的，可直接在诉讼请求中列明请求回购的价格；回购价格无法确定的，异议股东可请求公司按合理价格回购，并要求公司承担产生的评估费等费用，如（2018）黔民初 10 号案，原告诉讼请求：（1）依法判决钢绳公司按照合理的价格回购华融公司持有钢绳公司的 16.75% 的股权；（2）依法判决钢绳公司承担该案的诉讼费、评估费、鉴定费等相关费用。

关于异议股东应请求公司回购的是全部份额还是部分份额，存在争议。有观点认为，异议股东股份回购请求权属于股东权利，股东如何行使权利，由股东自行决定，包括请求回购的比例。作者认为，股东对公司经营重大事项提出异议，主张其起初投资公司的期望落空，继续投资公司已不符合其投资目的，异议股东应以请求公司回购其全部份额表达其诉求，如部分回购、部分份额继续保留在公司，异议股东一面反对公司作出重大决策，一面继续留在公司，享受高风险带来的收益，二者相互矛盾，因此，异议股东请求回购的应是其享有的全部份额，而非部分份额。

四、除斥期间

《公司法》第 89 条和第 161 条第 2 款均规定，自股东会会议决议通过之日起 60 日内，股东与公司不能达成股权/股份收购协议的，股东可以自股东会会议决议通过之日起 90 日内向人民法院提起诉讼。

根据上述规定，股东应自股东会会议决议通过之日起 60 日内与公司协商回购。但是，并不必然要满 60 日，如在任何 60 日内任何时间达不成一致，股东即可向法院提起诉讼。

异议股东股份回购请求权虽名为请求权，但根据该项权利的性质，应属于形成权。史尚宽先生认为，形成权是指依权利者一方之意思表示，使得权利发生、变更、消灭或产生其他法律上效果之权也。符合《公司法》第 89 条和第 161 条规定的前提下，异议股东发出请求回购的意思表示即可，并不需要公司同意的意思表示。形成权的行使适用除斥期间的规定，因此，该 90 日属于除斥期间，是股东行使股份回购请求权的不变期限，不因任何事由而中止、中断或者延长。故《最高人民法院关于适用〈中华人民共和国公司法〉若干问题的规定（一）》（以下简称《公司法司法解释一》）第 3 条规定，原告以公司法第 74 条第 2 款（作者注：现《公司法》第 89 条第 2 款）规定事由，向人民法院提起诉讼时，超过公司法规定期限的，人民法院不予受理。

需要指出的是，该 90 日自股东会决议作出之日起算，如公司为了规避异议股东要求回购，故意不通知异议股东参加股东会，导致异议股东并不知悉股东会决议的存在，90 日期限一旦届满，异议股东无法再行使股份回购请求权，异议股东的权益无法保护。因此，作者认为，这种情况下，故意不通知异议股东形成的股东会决议虽属于可撤销决议，但应参照《公司法》第 26 条第 2 款的规定，该 90 日应自未被通知参加股东会会议的股东知道或者应当知道股东会决议作出之日起算。

第二节　异议股东股份回购请求权的行使

一、异议股东股份回购请求权行使的前置程序

《公司法》第 89 条规定：有下列情形之一的，对股东会该项决议投反对票的股东可以请求公司按照合理的价格收购其股权：（1）公司连续 5 年不向股东分配利润，而公司该 5 年连续盈利，并且符合本法规定的分配利润条件；（2）公司合并、分立、转让主要财产；（3）公司章程规定的营业期限届满或者章程规定的其他解散事由出现，股东会通过决议修改章程使公司存续。自股东会决议作出

之日起60日内，股东与公司不能达成股权收购协议的，股东可以自股东会决议作出之日起90日内向人民法院提起诉讼。公司的控股股东滥用股东权利，严重损害公司或者其他股东利益的，其他股东有权请求公司按照合理的价格收购其股权。公司依照本条第1款、第3款规定的情形收购的本公司股权，应当在6个月内依法转让或者注销。

《公司法》第161条规定：有下列情形之一的，对股东会该项决议投反对票的股东可以请求公司按照合理的价格收购其股份，公开发行股份的公司除外：(1)公司连续5年不向股东分配利润，而公司该5年连续盈利，并且符合本法规定的分配利润条件；(2)公司转让主要财产；(3)公司章程规定的营业期限届满或者章程规定的其他解散事由出现，股东会通过决议修改章程使公司存续。自股东会决议作出之日起60日内，股东与公司不能达成股份收购协议的，股东可以自股东会决议作出之日起90日内向人民法院提起诉讼。公司依照本条第1款规定收购的本公司股份，应当在6个月内依法转让或者注销。《公司法》第162条规定："公司不得收购本公司股份。但是，有下列情形之一的除外：……(四)股东因对股东会作出的公司合并、分立决议持异议，要求公司收购其股份……"

根据上述规定，异议股东请求公司回购其股权/股份，应履行两个前置程序：一是异议股东参加股东会并对相关决议投反对票；二是异议股东与公司协商回购程序。

(一)异议股东参加股东会并对相关决议投反对票

公司召开股东会应通知全体股东。股东会提前通知的时间应符合《公司法》和公司章程的规定，通知的内容包括议案名称和议案的具体内容。股东知悉议案内容，对议案事项有异议的，如符合《公司法》规定的回购情形，应按时参加股东会，对相关决议投反对票，并要求将异议内容计入股东会会议记录。

法律的规定清晰、明确，但实务纷繁复杂，对以下几种情形如何适用法律，实务中存在争议。

1. 公司未召开股东会。股东会分为定期会议与临时会议。定期会议依照公司章程的规定按时召开，临时会议由代表1/10以上表决权的股东，1/3以上的董事、监事会或者不设监事会的公司的监事提议召开。如公司章程未规定定期会议的召开时间,或股东持有的表决权低于10%,股东无权召集临时股东会,如其他股东或董事、监事不召集,公司股东会无法召开,异议股东便无法行使股份回购请求权。

因此,有观点认为,如股东持有表决权低于10%,只要满足公司连续5年盈利,但不向公司分配利润的条件,股东即有权要求公司回购其股份,如《山东省高级人民法院关于审理公司纠纷案件若干问题的意见(试行)》(2007年)第81条规定,具有《公司法》第75条第1款第1项(作者注:现《公司法》第89条第1款第1项)之情形,如果公司连续5年未召开股东会对分配利润进行决议,持有公司不足1/10表决权的股东可以请求公司按照合理的价格收购其股权。又如(2014)济商终字第57号案,法院认为,李某滨作为持股仅4.33%即不足1/10的小股东,在公司其他股东不提议召开临时股东会,公司又不按照法律的规定及公司章程召开股东会的情况下,其无权提议召开临时股东会,亦没有机会在股东会上对公司分红问题提出异议,但其在本案诉讼前,已以书面函件的形式向公司表达了自己对分红及退股问题的意愿。原审法院依据东方公司自认的2011年其公司净资产价值3933万元来计算李某滨的股权收购价格,不违背法律规定,且双方当事人对该收购数额均未提起上诉,法院予以确认。东方公司连续5年盈利且连续5年未分配利润,亦未召开股东会对分配利润问题进行决议,李某滨作为持有公司不足1/10表决权的小股东,可以要求公司回购其股权。

作者认为,《公司法》未对持有不同表决权的股东作出了区分,按文义解释,股东出席股东会,并明确表达反对意见,是适用异议股东股权回购的前提。公司未召开股东会,股东只能通过行使股东知情权、股东直接诉讼或代表诉讼等途径维护自身合法权益,不能随意改变法律适用。

股东持有表决权超过10%的,其有权提议召开临时股东会,未提议召开临时股东会,直接请求公司回购的,法院应驳回其诉讼请求,如(2017)苏04民终910号案,法院认为,异议股东股份购买请求权行使的前提条件是《公司法》第74条(作者注:现《公司法》第89条)规定的法定事由业已经股东会决议通过。虽然,现实中不可避免会存在公司未依据《公司法》及公司章程的规定召开股东会进而作出相关决定，变相剥夺股东对重大事项的表决权，损害其合法权益的行为，但《公司法》第39条（作者注：现《公司法》第62条）亦赋予代表1/10以上表决权的股东提议召开临时会议的权利，且公司应当予以召开。该案中，李某骏持有创联公司30%的股权，如其所述，在其事后获悉公司未定期召开股东会会议却间接转让公司主要财产、连续5年盈利而未向其分配利润等事由后，自身不积极提出异议，且亦不主动寻求召开临时股东会会议，未用尽法律赋予其的救济权利，而径行向公司提出股权回购之诉，属于法律上的“懒惰之人”，应视为其请求权行使的前提条件不具备。

2. 公司召开了股东会，但议案内容不涉及《公司法》规定的事项。公司董事会作为股东会会议召集人，应提前准备股东会审议的议题并提交股东会审议。如董事会未将《公司法》第89条和第161条规定的事项作为议题提交审议，股东无法满足“对股东会该项决议投反对票”的要求。

因此，利润分配事项首先要作为会议议题。《公司法》第115条规定，单独或者合计持有公司1%以上股份的股东，可以提出临时提案，董事会应当将临时提案提交股东会审议，但《公司法》并未规定有限责任公司股东在何种情况下享有提案权。如参考适用《公司法》第115条的规定，有限责任公司股东持有1%以上表决权的，可将利润分配事项作为议题讨论和表决，异议股东才有机会满足《公司法》第89条规定的“对股东会该项决议投反对票”的条件。

对于持有1%以下表决权的股东，因无提案的权利，只能对董事会提前准备的议题进行表决。鉴于控股股东对董事会的控制，持有1%以下表决权的股东基本上无法实现该前置条件。存在的矛盾是，异议股东股份回购请求权是为保护小股东创设的制度，持有10%以下表决权的股东无法召集股东会，持有1%以下表决权的股东无法提出临时提案，造成持股比例越低，权益越难实现的窘境。

3. 公司召开了股东会，但未通知异议股东。公司故意不通知异议股东形成的决议应属于可撤销决议，但60日除斥期间应自未被通知参加股东会会议的股东知道或者应当知道股东会决议作出之日起算。另外，按最高人民法院的司法裁判观点，股东非因其自身原因未参加股东会，自身并不存在过错，如对《公司法》第89条和第161条规定的决议事项有异议，有权请求公司回购其股权/

股份，如（2014）民申字第 2154 号案（2016 年第 1 期公报案例），法院认为，2010 年 3 月 5 日，长江置业公司形成股东会决议，明确由沈某、钟某光、袁某晖 3 位股东共同主持工作，确认全部财务收支、经营活动和开支、对外经济行为必须通过申报并经全体股东共同联合批签才可执行，对重大资产转让要求以股东会决议批准方式执行。但是，根据长江置业公司与袁某晖的往来函件，在实行联合审批办公制度之后，长江置业公司对案涉二期资产进行了销售，该资产的转让从定价到转让，均未取得股东袁某晖的同意，也未通知其参加股东会。根据《公司法》第 74 条之规定，对股东会决议转让公司主要财产投反对票的股东有权请求公司以合理价格回购其股权。该案从形式上看，袁某晖未参加股东会，未通过投反对票的方式表达对股东会决议的异议。但是，《公司法》第 74 条的立法精神在于保护异议股东的合法权益，对投反对票作出规定意在要求异议股东将反对意见向其他股东明示。该案中袁某晖未被通知参加股东会，无从了解股东会决议，并针对股东会决议投反对票，况且，袁某晖在 2010 年 8 月 19 日申请召开临时股东会时，明确表示反对二期资产转让，要求立即停止转让上述资产，长江置业公司驳回了袁某晖的申请，并继续对二期资产进行转让的做法，已经侵犯了袁某晖的股东权益。因此，二审法院依照《公司法》第 74 条之规定，认定袁某晖有权请求长江置业公司以公平价格收购其股权，并无不当。

根据《公司法》第 89 条和第 161 条的规定，股东对公司重大决策提出异议必须通过在股东会上投反对票的形式，公司为避免回购自然会极力规避，比如长期不召开股东会或虽召开股东会，但不将重大决策作为议题进行表决，导致异议股东无法满足前置程序。

请求公司回购股权/股份是为保护小股东权益创设的制度，为切实落实该制度，法律应扩大股东表达异议的形式，不应限于在股东会上投反对票的形式，如涉及《公司法》第 89 条、第 161 条和第 162 条规定的事项，法律应赋予异议股东通过书面通知等形式表达反对意见，如（2014）民申字第 2154 号案（2016 年第 1 期公报案例）说理部分阐述的内容："《公司法》第七十四条的立法精神在于保护异议股东的合法权益，之所以对投反对票作出规定，意在要求异议股东将反对意见向其他股东明示。"

（二）异议股东与公司协商回购程序

根据《公司法》规定，异议股东应自股东会决议作出之日起60日内，与公司协商回购，确定合理价格，协商不成的，自股东会决议作出之日起90日内，异议股东可至法院起诉。

《公司法》虽规定了协商回购程序，但对具体如何操作缺乏指引，例如，何方先报价，为避免提前亮出底牌，股东或公司通常都不愿意先报价，除非法律规定了先报价的主体；收到报价后多久时间内回复；什么情况下视为协商不成等。如果没有具体的操作指引，协商回购程序缺乏指导意义，异议股东只能象征性地协商，以满足起诉要求或直接等60日满后提出诉讼。

实务中存在争议的是，异议股东与公司协商回购是必经程序，还是《公司法》的倡导性规定，仅鼓励公司内部自力救济，未经协商，异议股东亦可直接至法院起诉？对此，实务中存在不同观点。有观点认为，决议形成之后的60日内，异议股东应当首先在公司内部寻求救济，只有寻求了公司内部救济途径无果后，才由司法对此进行干预，这也是司法对商事主体意思自治的尊重，如《上海市高级人民法院关于审理涉及公司诉讼案件若干问题的处理意见（二）》（2003年）第3部分第3条第3款明确规定：异议股东应自股东会决议之日起60日内，与公司就收购股份进行协商；逾期协商不成的，异议股东才可向人民法院提起诉讼。也有观点认为，法律要求异议股东与公司协商，目的在于确定回购价格等事项，协商程序并不是小股东的义务，异议股东回购请求权是小股东的法定权利，如（2021）沪02民终2457号案，法院认为，股权回购权利义务关系系法定设立，非双方意定设立。而股东与公司就股权收购进行协商，目的在于确定收购的合理价格，此属于双方契约自由而非异议股东的法定义务。若司法强制要求股东须与公司协商后，方可至法院诉讼，无疑构成对当事人合同自由的干涉以及对异议股东行使法定权利的阻碍，因此，与公司协商收购不是至法院诉请收购股权/股份的必要前置程序。作者认为，《公司法》对协商回购进行了明确规定，为避免后期诉讼风险，建议异议股东履行协商回购程序，并将之作为履行前置程序的证据向法院提交。

二、异议股东股份回购请求权的适用情形

股东设立公司时,通常会确定公司的主营业务,期望公司业务发展良好,取得利润,在投资目标实现后,会关闭公司退出经营。这是股东设立公司的合理预期,也是小股东同意与大股东共同设立的合意基础。如果后期公司盈利了不分红、转让了公司主要财产、改变了公司主营业务,甚至在公司经营期限到期后不进行结业清算继续经营,如不符合股东预期,异议股东有权要求公司回购其股份或股权。根据《公司法》第 89 条、第 161 条、第 162 条和第 219 条的规定,异议股东股份回购请求权的适用情形包括以下几种。

(一)公司连续 5 年不向股东分配利润,而该公司 5 年连续盈利,并且符合本法规定的分配利润条件

公司是否盈利的问题,股东可通过行使股东知情权,要求公司提供财务报告或请求法院调取公司纳税情况等途径查明。

不向股东分配利润,是指股东会未就利润分配作出决议或决议不分配利润,侵犯的是股东抽象利润分配请求权。股东向公司投入资本换取公司的股权,对公司享有利润分配请求权。股东的利润分配请求权具体又分为抽象利润分配请求权与具体利润分配请求权两个层面。公司虽产生利润,公司权力机构未形成利润分配的有效决议,股东的利润分配请求权即为抽象利润分配请求权或为利润分配的期待权;公司经营产生了利润且公司权力机构形成了利润分配的有效决议,股东的利润分配请求权则为具体利润分配请求权,股东与公司之间形成明确的债权债务关系,股东可向公司主张利润分配但无权要求公司回购其股份。

股东保护其抽象利润分配请求权存在两个途径:如存在滥用股东权利导致公司不分配利润的情形,股东可根据《公司法司法解释四》第 15 条规定诉诸法院,强制公司分配利润;另外,在符合《公司法》第 89 条和第 161 条规定的前提下,股东有权要求公司回购其股权/股份。因此,异议股东股份回购请求权适用于股东的抽象利润分配请求权。

公司连续 5 年盈利,是指不间断的、持续的 5 年。实务中,公司连续 5 年盈

利，为避免股东要求公司回购股份，公司在第5年时召开股东会作出利润分配的决议，仅象征性地分配部分利润，以达到规避《公司法》第89条和第161条适用的目的。分配多少利润属于公司内部经营管理事项，法院无法介入公司内部管理，严格按回购请求权的适用情形判断，股东无权请求公司回购其股权，但是，控股股东构成滥用表决权的，根据《公司法》第89条第3款“公司的控股股东滥用股东权利，严重损害公司或者其他股东利益的，其他股东有权请求公司按照合理的价格收购其股权”的规定，异议股东有权请求公司回购其股权。

符合本法规定的分配利润条件，是指符合《公司法》第210条的规定，即公司弥补亏损和提取公积金后仍有剩余的税后利润可供分配，如（2017）最高法民申2154号案，法院认为，周某涛等11人以鸿源公司自2009年起至2014年连续5年盈利却不分配利润为由主张公司回购股份，根据上述法律规定，应当符合如下条件：（1）公司连续5年不向股东分配利润；（2）该5年公司连续盈利；（3）符合《公司法》规定的分配利润条件，即公司在弥补亏损和提取公积金后所余税后利润依照《公司法》第34条（作者注：现《公司法》第210条第4款）的规定分配。该案中，税务机关出具的鸿源公司的纳税证明、完税证明和鸿源公司的纳税申报材料体现鸿源公司在2012年、2013年度没有产生企业所得税；周某涛等11人虽主张鸿源公司2012年度、2013年存在税后利润，但其提供的关于鸿源公司对外投资、经营规模的证据并不足以证明鸿源公司在2013年度存在税后利润。周某涛等11人主张相关税务机关的材料系鸿源公司虚假申报得出，但并未就此提供充分证据。因此，综合现有证据，原审判决关于鸿源公司不存在连续5年盈利的事实认定证据较为充分，现亦无充分证据证明认定事实的主要证据系伪造，周某涛等11人以鸿源公司连续5年盈利却不分配利润为由诉请鸿源公司回购股权的条件不成立。

（二）公司合并、分立的

公司合并可以采取吸收合并或者新设合并。一个公司吸收其他公司为吸收合并，被吸收的公司解散。两个以上公司合并设立一个新的公司为新设合并，合并各方解散。公司合并时，合并各方的债权、债务应当由合并后存续的公司或者新设的公司承继。

公司分立可以采取存续分立和解散分立两种形式。存续分立，是指一个公司分离成两个以上公司，本公司继续存在，并设立一个以上新的公司。解散分立，是指一个公司分解为两个以上公司，本公司解散并设立两个以上新的公司。公司分立前的债务由分立后的公司承担连带责任。

公司股东会决议公司采取合并或分立的，公司组织形态、资产构成以及债务承担均会发生重大变化，这种情况下，应赋予异议股东请求公司回购其股权的权利。需要注意的是，股份公司发生合并、分立时，股东是依据《公司法》第162 条第 4 项的规定请求股份公司回购，因此，股份公司股东请求公司回购的情形规定于《公司法》第 161 条和第 162 条两个条文之中。由此产生一个问题，《公司法》第 161 条规定了股份公司股东请求公司回购需履行前置程序，但第 162 条未规定股份公司发生分立、合并时，股东请求公司回购应履行前置程序，存在法律漏洞。作者认为，股份公司发生分立、合并时，股东请求公司回购，与其他回购情形不存在实质性差别，虽规定于两个条文，但均应首先考虑内部救济，由公司和异议股东协商解决，然后才至法院起诉，因此股份公司发生分立、合并时，股东请求公司回购的，应履行《公司法》第 161 条规定的前置程序。

（三）公司转让主要财产的

根据《公司法》规定，转让公司主要财产非股东会权限范围内的事项，公司可不召开股东会，由董事会决议出售资产，则不存在股东会决议，异议股东无法投反对票，无法履行前置程序。

如公司股东会将转让公司财产纳入股东会讨论，则需判断公司转让的财产是否构成“公司主要财产”。对“公司主要财产”的认定，可以从“量”和“质”两个方面考量。[1] 从“量”上，可以参照适用《公司法》第 135 条的规定，上市公司出售资产超过公司资产总额 30% 的，属于重大资产出售，因此，有限责任公司转让资产超过公司资产总额 30% 的，属于转让公司主要财产；从“质”上，转让的资产应是公司核心经营资产，转让该财产的行为实质影响了公司设立目的及公

---

〔1〕 参见乔宝杰、王兵：《论有限责任公司异议股东股份回购请求权之情势》，载《法律适用》2011 年第 10 期。

司后续经营，如（2018）鄂民申1907号案，法院认为，转让主要财产的认定，应以转让该财产后所导致的公司结构与运营情况为标准，即转让财产的行为是否实质影响了公司设立目的及公司存续，是否会影响公司的正常经营和盈利，从而导致公司发生根本性变化，而不是单纯以该财产占公司资产总额的比例计算。结合该案，伍恒公司是一家房地产开发公司，对开发的房屋进行销售是公司的正常营业活动。伍恒公司于2016年6月22日召开股东会讨论的债务化解方案，实质是通过有计划的房屋销售来偿还公司债务。从该决议的形式和目的来看，是通过公司的主营业务收入来清偿债务，与公司的设立目的并不相悖。另外，异议股东股份回购请求权的制度设计，旨在公司结构发生重大变化时赋予异议股东在获得合理的补偿后退出结构业已发生重大变化的公司的权利。经查明，涉案股东会决议至今并未执行，伍恒公司的资产并未发生重大变化。又如（2018）黔民初10号案，法院认为，钢绳公司2012年6月19日召开2012年第一次临时股东会，会议审议了关于向贵绳股份公司出售资产的议案，该议案拟出售资产为其生产经营所需的机器设备、车辆及电子设备等，这些固定资产的出售将直接影响公司章程所确定的相关金属制品的生产和销售业务，而且拟出售资产价值占公司净资产比重较高，应当认定该议案所确定的交易标的物属于公司的主要财产。

（四）公司章程规定的营业期限届满或者章程规定的其他解散事由出现，股东会会议通过决议修改章程使公司存续的

公司章程规定的营业期限届满或者章程规定的其他解散事由出现，公司应成立清算组开始清算公司，清偿债务后的剩余资产按股东出资比例或股东约定分配，公司法人人格注销，股东获得最终的投资收益或亏损。股东会决议通过决议修改公司章程使公司存续的，股东无法收回投资，继续承担公司经营风险，与异议股东设立公司时预期的公司经营期限不同，应赋予异议股东请求回购公司股份的权利。

（五）公司的控股股东滥用股东权利

关于控股股东滥用股东权利时异议股东的法律救济，根据法律规定，主要

涉及两个方面：一是请求法院确认滥用股东权利的行为无效，如《最高人民法院关于适用〈中华人民共和国民法典〉总则编若干问题的解释》第 3 条规定，构成滥用民事权利的，人民法院应当认定该滥用行为不发生相应的法律效力。法院确认滥用股东权利的行为无效后，应恢复原状，以此实现对异议股东的救济。但是，控股股东该次滥用股东权利行为被法院认定无效后，无法阻止控股股东之后再次实施滥用股东权利的行为，异议股东请求法院确认控股股东滥用股东权利行为无效的救济仅治标不治本；二是赔偿异议股东的损失，根据《公司法》第 21 条第 2 款的规定，公司股东滥用股东权利给公司或者其他股东造成损失的，应当承担赔偿责任。异议股东请求控股股东赔偿损失，应举证证明受到损失的具体金额，实务中，异议股东通常无法完成有效举证，证明遭受损失的具体金额。基于控股股东滥用股东权利时，异议股东无法获得有效地救济，本次《公司法》修订增加了第 89 条第 3 款的规定："公司的控股股东滥用股东权利，严重损害公司或者其他股东利益的，其他股东有权请求公司按照合理的价格收购其股权。"根据该款规定，控股股东滥用股东权利时，异议股东有权请求公司回购其股权，"用脚投票"，彻底地退出公司经营。

需要注意的是，控股股东滥用股东权利时，异议股东请求公司回购仅适用于有限责任公司，《公司法》第 161 条未规定股份公司股东亦有权请求回购。作者认为，封闭的股份公司与有限责任公司不存在实质性差别，同样存在控股股东滥用股东权利的情况，《公司法》作出区别规定不合理，亦赋予此情形下股份公司异议股东的股份回购请求权。

（六）公司简易合并

《公司法》第 219 条第 1 款规定："公司与其持股百分之九十以上的公司合并，被合并的公司不需经股东会决议，但应当通知其他股东，其他股东有权请求公司按照合理的价格收购其股权或者股份。"根据该款规定，公司简易合并时，异议股东有权请求公司回购其股份或股权。

三、回购价格的确定

异议股东请求公司回购其股份，属于股权转让行为。异议股东是转让方，公司是受让方,公司应向异议股东支付取得股权的对价。《公司法》第 89 条规定,股东有权请求公司按照合理的价格回购其股权。股东请求退出公司,自然期望自身利益最大化,股权回购价格越高越好,但是,公司作为收购方,支付的对价过高,会损害公司、其他股东和公司债权人的利益。因此,《公司法》规定回购对价应为合理价格,体现了对各方利益的平衡。何为“合理价格”,《公司法》并未规定,也未明确“合理价格”的确定方式,一旦诉诸法院,双方无法达成一致的,由法院确定回购价格。

回购价格的确定,首先,应尊重当事人之间的约定,公司章程对回购价格有约定的,应优先适用,如(2016)最高法民终 34 号案,法院认为,在股东之间对股权回购有明确约定的情况下,《公司法》第 74 条(作者注:现《公司法》第 89 条)有关股东请求公司以合理的价格收购其股权的规定,并非能够完全脱离原出资协议的约定而另行确定。对于股权退出方式及价格,是三方股东根据自愿原则自由商定的,对当事人具有法律约束力。

其次,“合理价格”应为市场公允价格。市场公允价格是指按市场交易确定的价格。有限责任公司的股权交易并不存在统一适用的公开市场,因此,只能参考近期的交易价格作为参考,如公司近期其他股东对外股权转让的价格、公司近期融资价格等,如(2021)苏民申 1140 号案,法院认为,2019 年 6 月底至 7 月初,该 28 名与张某惠同期持股的通博公司股东向大股东吴某博转让了所持有的通博公司的股权,标的股权对应 1999 年 12 月出资额 1 万元对应 100 万元的税后价格确定(相当于税后每 1 万元注册资本权益的价格为 13.3 万元左右、税前每 1 万元注册资本权益的价格为 16.7 万元左右),其中 26 份股权转让协议经公证签订,款项也部分予以支付。该 28 份《股权转让协议》的签订和履行并无任何争议,其时间节点与本案争议发生时间处于同一时期,具有可参考性。28 名股东中唐某南曾任固锝公司财务总监,杨某平曾任固锝公司总经理,蒋某航曾任固锝公司财务处经理,其余多人为固锝公司的工厂厂长、部门经理,基于其长期工作经历和身处岗位,该 28 人完全对于通博公司、固锝公司的生产经营情况有真实了解,对交易的股权价值能够作出合理判断,故该 28 份《股权转让协议》约定的转让价格能够体现为通博公司当时股权的市场公允交易价格。

再次,股权评估或公司财务审计非确定“合理价格”的唯一途径,亦非必要程序。如根据案件情况，已有足以认定市场公允价格的参考依据时，则无须再通过委托第三方进行评估或审计来确定回购价格，如(2017)浙民再89号案，法院认为，一、二审法院确定股权收购价格为海力生公司主张的股东出资额的2.5倍，是否属于《公司法》第74条规定的“合理的价格”。从现有证据及查明的事实看，一、二审法院认定股权收购的合理价格为出资额的2.5倍，有相应依据。(1)赵某跃主张的通过第三方财务审计和资产评估来确定股权收购价，并非判断“合理的价格”的唯一途径。诚如二审法院所言，若根据案件具体情况已足以认定市场公允价格，则无须通过委托第三方进行评估来确定股权收购价格。认定合理价格的关键，仍在于法院在审查全案事实之基础上，就市场公允价格作恰当的司法判断。(2)按一般理解，公司收购异议股东股份的合理价格，应当是指按公司净资产计算出的股权价值。在公司财务会计制度规范的情况下，企业资产负债表中的所有者权益能够反映出公司真实的净资产，故即使如赵某跃主张的当时2007年版公司章程对股权收购价未作约定，以年末所有者权益为据计算股权收购价也并无不妥。鉴于海力生公司2014年度财务报告已通过审计，而赵某跃既没有提供直接充分的证据推翻该财务报告结果，也没有在原审中提交重新启动鉴定的书面申请，因此，一、二审法院采信该财务报告作为定价依据并无不当。(3)目前海力生公司已有21名自然人股东和191名持股会会员接受该价格转让了股权，也在一定程度上印证了出资额2.5倍的价格可反映出海力生公司在市场交易中的真实股价。

最后，人民法院通过其他途径不能确定“合理价格”，股东请求以评估方式确定回购价格的，人民法院应予支持，如《山东省高级人民法院关于审理公司纠纷案件若干问题的意见(试行)》(2007年)第83条规定，股东依照《公司法》第75条(作者注:《公司法》第89条)之规定要求公司收购股权，但就股权收购价格不能协商一致，股东主张以评估方式确定股权收购价格，人民法院应予支持。

法院通过评估方式确定“合理价格”，需关注以下三个问题。

1. 评估基准日。评估基准日会影响评估结果，法院首先应引导异议股东和公司协商确定评估基准日，协商不成的，由法院根据个案情况确定。法院可参考的日期包括股东会召开日、股东会决议作出日、异议股东请求收购之日或公司明确不同意收购价格之日。异议股东股份回购请求权属于形成权，为统一司法实践，应以异议股东作出请求回购的意思表示并送达公司之日作为基准日。

2. 评估方法。评估方法有多种，例如净资产价值法、公允价值法、投资收益价值法等。公司净资产是扣除负债以后的公司实有资产，能够合理反映公司截至某个时点的资产状况，异议股东持股比例乘以公司净资产，即可得出异议股东的持股价值，这种方法易于理解和接受，实务中，多数法院采用净资产价值法进评估。但是，净资产收益法未将公司估值、未来发展等纳入考虑，未能体现公司的真实价值，例如，部分创业公司处于研发阶段，年年亏损，公司净资产非常低，但公司处于风口行业，投资人认可公司的经营模式，按净资产收益法评估对异议股东是不公平的。因此，作者建议，股权回购的价格首先应采用公允价值评估法，在公允价格通过各种途径无法确定情况下，再适用净资产评估法。

3. 评估费用承担。异议股东请求公司回购属于法定权利，双方就回购价格达不成一致，法院安排评估的，应由公司承担评估费用，非异议股东承担，也非投赞成票的其他股东承担，因为不同意回购属于公司的意志和决策，如（2022）京01民终3484号案，法院认为，民族旅行社是对一审法院关于评估、审计费用的负担不服提出上诉，认为评估、审计费用的发生是基于首旅公司为国有独资企业，其所持股权具有特殊性，需履行相应的评估程序，故应由首旅公司负担上述费用。对此法院认为，民族旅行社经营期限届满，首旅公司不同意修改公司章程使其存续，恒兴基业公司作为大股东通过资本多数决方式决议延长民族旅行社经营期限。在此情况下，首旅公司作为异议股东有权要求民族旅行社回购其股权。因恒兴基业公司以持股比例优势作出股东会决议延长民族旅行社经营期限，且民族旅行社拒绝回购首旅公司股权，首旅公司提起本案诉讼。一审法院是在确认首旅公司诉讼请求具有事实和法律依据的情况下，就股权回购价值依法进行评估、审计。评估、审计费用的发生原因系民族旅行社延长经营期限且拒绝履行回购义务，故应由民族旅行社赔偿因此给首旅公司造成的损失。

四、公司回购股份的处置

根据《公司法》第89条及第161条的规定，公司回购的本公司股权/股份，应当在6个月内依法转让或者注销。

五、公司债权人利益保护

异议股东请求公司回购其股份，实质上是公司向股东返还出资，造成公司资本变相减少，危及债权人债权的实现。因此，《公司法》规定异议股东股份回购请求权仅限于法定的几种情形。除此之外，如异议股东行使股份回购请求权符合《公司法》的规定，应基于回购股份的处置，给予债权人不同的救济措施。

前文提及，回购的股份应当在6个月内依法转让或注销。如依法转让，公司资本不变，仅是股东变更，不会对债权人债权的实现产生风险。如依法注销，则面临需要履行减资程序的问题。《公司法》规定，公司减资的，债权人有权请求公司提前清偿债务或提供相应担保。但《公司法》对异议股东行使股份回购请求权情形下的减资，如何落实债权人保护并无规定。回购在前，公司已经支付了对价，减资在回购后的6个月内完成，事后发现公司资不抵债，因回购交易已完成，债权人无法获得清偿。为了防止异议股东与公司恶意串通，通过回购制度规避减资程序，造成股东优先于债权人收回投资的不合理局面，我国《公司法》应有类似的规定，即如发生回购，公司应告知债权人，并为债权实现提供相应的担保或提前清偿；回购后，公司资产不足以清偿到期债务，公司不得向股东支付回购款。

第三节　股份约定回购

《公司法》第89条和第161条赋予异议股东股份回购请求权，该权利是法定权利，是股东固有权，不得以公司章程或股东会决议剥夺或者限制。

既然异议股东股份回购请求权属于法定权利，《公司法》第89条和第161条规定了适用情形，如股东与公司之间约定满足一定条件下由公司回购股东股权，该约定是否有效，是否违反了《公司法》的强制性规定？《公司法》及相应司法解释并未回答，但司法实践给出了肯定答案。

一、股东与公司通过公司章程约定回购

有限责任公司具有人合性，股东合意设立公司，除筹集资金外，更希望利用股东的其他资源、优势，使其在公司各司其职，共同努力经营，发展壮大公司，或者公司为长期绑定优质员工，实施了股权激励，员工通过控股股东无偿转让或低价增资等方式取得了公司股权。股东一旦离职，不再继续为公司作出贡献，公司通常认为公司后期发展与离职股东已无关联，会在公司章程作出“人走股留”的约定，该等约定是否有效，是否违反了《公司法》的禁止性规定，是否违反了资本维持原则，是否构成抽逃出资？宋某军诉西安市大华餐饮有限公司（以下简称大华公司）股东资格确认纠纷案（最高人民法院96号指导案例），对上述问题进行了回应，法院认为，本案的焦点问题如下：(1)大华公司的公司章程中关于“人走股留”的规定，是否违反了《公司法》的禁止性规定，该章程是否有效；(2)大华公司回购宋某军股权是否违反《公司法》的相关规定，大华公司是否构成抽逃出资。

针对第一个焦点问题，首先，大华公司章程第14条规定，公司股权不向公司以外的任何团体和个人出售、转让。公司改制1年后，经董事会批准后可以公司内部赠与、转让和继承。持股人死亡或退休经董事会批准后方可继承、转让或由企业收购，持股人若辞职、调离或被辞退、解除劳动合同，人走股留，所持股份由企业收购。依照《公司法》第25条第2款（作者注：现《公司法》第46条第2款）“股东应当在公司章程上签名、盖章”的规定，有限责任公司章程系公司设立时全体股东一致同意并对公司及全体股东产生约束力的规则性文件，宋某军在公司章程上签名的行为，应视为其对前述规定的认可和同意，该章程对大华公司及宋某军均产生约束力。其次，基于有限责任公司封闭性和人合性的特点，由公司章程对公司股东转让股权作出某些限制性规定，系公司自治的体现。在该案中，大华公司进行企业改制时，宋某军之所以成为大华公司的股东，是因为宋某军与大华公司具有劳动合同关系，如果宋某军与大华公司没有建立劳动关系，宋某军则没有成为大华公司股东的可能性。同理，大华公司章程将与公司具有劳动合同关系作为取得股东身份的依据继而作出“人走股留”的规定，符合有限责任公司封闭性和人合性的特点，亦系公司自治原则的体现，不违反《公

司法》的禁止性规定。最后，大华公司章程第 14 条关于股权转让的规定，属于对股东转让股权的限制性规定而非禁止性规定，宋某军依法转让股权的权利没有为公司章程所禁止，大华公司章程不存在侵害宋某军股权转让权利的情形。综上，该案一、二审法院均认定大华公司章程不违反《公司法》的禁止性规定，应为有效的结论正确，宋某军的这一再审申请理由不能成立。

针对第二个焦点问题，《公司法》第 74 条（作者注：现《公司法》第 89 条，下同）所规定的异议股东股份回购请求权具有法定的行使条件，即只有在"公司连续五年不向股东分配利润，而公司该五年连续盈利，并且符合本法规定的分配利润条件的；公司合并、分立、转让主要财产的；公司章程规定的营业期限届满或者章程规定的其他解散事由出现，股东会会议通过决议修改章程使公司存续的"三种情形下，异议股东有权要求公司回购其股权，对应的是公司应当履行回购异议股东股权的法定义务。而该案属于大华公司是否有权基于公司章程的约定及与宋某军的合意而回购宋某军股权，对应的是大华公司是否具有回购宋某军股权的权利，二者性质不同，《公司法》第 74 条不能适用于本案。在该案中，宋某军于 2006 年 6 月 3 日向大华公司提出解除劳动合同申请并于同日手书《退股申请》，提出"本人要求全额退股，年终盈利与亏损与我无关"，该《退股申请》应视为其真实意思表示。大华公司于 2006 年 8 月 28 日退还其全额股金款 2 万元，并于 2007 年 1 月 8 日召开股东大会审议通过了宋某军等 3 位股东的退股申请，大华公司基于宋某军的退股申请，依照公司章程的规定回购宋某军的股权，程序并无不当。另外，《公司法》所规定的抽逃出资专指公司股东抽逃其对于公司出资的行为，公司不能构成抽逃出资的主体，宋某军的这一再审申请理由不能成立。综上，最高人民法院裁定驳回再审申请人宋某军的再审申请。

作者认为，最高人民法院 96 号指导案例认定公司章程关于公司回购离职股东股权的约定合法有效，不违反公司法禁止性规定，不构成抽逃出资，对实务案件具有指导性作用，增强了公司自治，但该指导性案例有其特殊性，实务中适用应注意：(1)大华公司与股东宋某军就退股达成了合意，先是宋某军提出退股申请，然后大华公司以退还其全额股金款 2 万元的行为，表示对宋某军退股行为的认可；(2)大华公司与股东宋某军就退股价格 2 万元达成了合意，避免了双方对回购价格的争议；(3)宋某军签署了公司章程。如宋某军未签署公司章程，该公司章程约定是否对其有效，存在争议。

二、股东与公司通过协议约定回购

股东与公司通过协议约定回购，一般发生在“对赌协议”中。“对赌协议”又称估值调整协议，是指投资方与目标公司在达成股权性融资协议时，约定由目标公司根据公司将来的经营情况调整投资方的投资条件或给予投资者补偿的协议，估值调整手段主要包含股权回购、金钱补偿等。[1]

从订立“对赌协议”的主体来看，“对赌协议”主要分为投资方与目标公司的股东或者实际控制人的“对赌”，投资方与目标公司的“对赌”，投资人与目标公司的股东、实际控制人和目标公司同时“对赌”等形式。其中，投资方与目标公司的股东或者实际控制人的“对赌”，如不存在法律、行政法规规定的无效事由，应认定为有效并实际履行，实务中并不存在争议。

争议较大的是投资方与目标公司的“对赌”，投资方与目标公司签订的协议约定：目标公司从投资方融资，投资方成为目标公司的股东，当目标公司在约定期限内未实现双方预设的目标时，由目标公司按照事先约定的方式回购投资方的股权或者向投资方承担金钱补偿义务。与目标公司“对赌”的协议效力从不被司法机构认可到被认可，并最终在《九民会议纪要》中对此作出了明确规定。

“对赌协议”第一案[苏州工业园区海富投资有限公司与甘肃世恒有色资源再利用有限公司、香港迪亚有限公司、陆某增资纠纷案（以下简称海富案），最高人民法院（2012）民提字第 11 号]中，法院认为，投资方与目标公司本身之间的补偿条款如果使投资方可以取得相对固定的收益，则该收益会脱离目标公司的经营业绩，直接或间接地损害公司利益和公司债权人利益，依据《公司法》第 20 条的规定，应认定该补偿条款无效。

江苏省高级人民法院在“华工案”[江苏华工创业投资有限公司与扬州锻压机床股份有限公司、潘某虎等请求公司收购股份纠纷案（以下简称华工案），江苏省高级人民法院（2019）苏民再 62 号]明确区分了“对赌协议”的效力与履行。法院认为，首先，我国《公司法》并不禁止有限责任公司回购本公司股份，有

[1] 参见最高人民法院民事裁定书，（2020）最高法民申 2957 号。

限责任公司回购本公司股份不当然违反我国《公司法》的强制性规定。有限责任公司在履行法定程序后回购本公司股份不会损害公司股东及债权人利益，亦不会构成对公司资本维持原则的违反。因此，投资方与目标公司对赌的约定合法有效。其次，对赌协议具备履行可能性，目标公司履行法定减资程序，支付股份回购款项，并不违反《公司法》的强制性规定，亦不会损害公司股东及债权人的利益。投资方基于公司股东的身份，应当遵守《公司法》的强制性规定，依法定程序履行减资手续后退出，不能违法抽逃出资。因此，目标公司和投资方通过减资可完成回购款的支付。

《九民会议纪要》认可"华工案"的裁判思路，对与目标公司"对赌"区分协议效力和履行两个方面。《九民会议纪要》第 5 条规定："投资方与目标公司订立的'对赌协议'在不存在法定无效事由的情况下，目标公司仅以存在股权回购或者金钱补偿约定为由，主张'对赌协议'无效的，人民法院不予支持，但投资方主张实际履行的，人民法院应当审查是否符合公司法关于'股东不得抽逃出资'及股份回购的强制性规定，判决是否支持其诉讼请求。投资方请求目标公司回购股权的，人民法院应当依据《公司法》第 35 条关于'股东不得抽逃出资'或者第 142 条关于股份回购的强制性规定进行审查。经审查，目标公司未完成减资程序的，人民法院应当驳回其诉讼请求。投资方请求目标公司承担金钱补偿义务的，人民法院应当依据《公司法》第 35 条关于'股东不得抽逃出资'和第 166 条关于利润分配的强制性规定进行审查。经审查，目标公司没有利润或者虽有利润但不足以补偿投资方的，人民法院应当驳回或者部分支持其诉讼请求。今后目标公司有利润时，投资方还可以依据该事实另行提起诉讼。"

第八章

股权转让纠纷

受资本维持原则限制，股东不得随意抽回投资，转让股权是股东退出公司的重要途径。股权作为一项独立的民事权利，可自由转让是其重要特征。股东转让股权时，交易发生在转让方与受让方之间，但公司负有完成股东名册及股东变更登记的义务，受让方是外部第三方时，有限责任公司人合性受到威胁，需在股权自由转让与维护有限公司人合性之间保持平衡，由此导致公司股权转让的复杂性。实证研究表明，股权转让纠纷案件数量一直高居各类公司诉讼案件榜首，占“与公司有关的纠纷”的比例高达42%。[1] 为妥善解决因股权转让产生的各类纠纷，2020年《民事案件案由规定》确定了三级案由“269. 股权转让纠纷”。《最高人民法院新民事案件案由规定理解与适用》将其释义为：“股权转让纠纷是指股东之间、股东与受让股东之间进行股权转让而产生的纠纷。”[2]

因股权转让合同是引起股权变动最主要的方式，本章主要论述因股权转让合同生效和履行产生的股权转让纠纷。

---

〔1〕参见李建伟：《公司认可生效主义股权变动模式——以股权变动中的公司意思为中心》，载《法律科学（西北政法大学学报）》2021年第3期。

〔2〕杨万明主编、最高人民法院研究室编著：《最高人民法院新民事案件案由规定理解与适用》，人民法院出版社2021年版，第750页。

第一节　股权转让纠纷诉讼指引

一、诉讼主体

（一）原告

1. 股权转让合同守约方

股权转让合同具有相对性，合同双方就股权转让合同的成立、生效、履行与解除产生争议的，守约方是股权转让纠纷的适格原告。

2. 其他股东

股东对外转让股权时，为保障有限公司股东间的人合性及相互信任关系，其他股东享有优先购买权。其他股东优先购买权受到侵害的，其有权作为原告提起诉讼。

3. 实际出资人

《公司法司法解释三》第 25 条第 1 款规定："名义股东将登记于其名下的股权转让、质押或者以其他方式处分，实际出资人以其对于股权享有实际权利为由，请求认定处分股权行为无效的，人民法院可以参照民法典第三百一十一条的规定处理。"实际出资人不是公司股东，其基于与名义股东之间的约定对公司享有投资权益，名义股东擅自转让代持股权，实际出资人有权作为原告提起诉讼，请求确认股权转让行为无效。

（二）被告

1. 股权转让合同的违约方

股权转让合同生效后，一方不履行合同约定，守约方提起诉讼的，违约方即成为股权转让纠纷的适格被告。

2. 侵犯其他股东优先购买权的转让股东

其他股东行使优先购买权的前提是公司股东对外转让了公司股权，其他股东维护自身权益的方式通常是请求确认转让股东签订的股权转让合同无效，并主张行使优先购买权。

3. 名义股东

名义股东擅自转让代持的股权，实际出资人请求确认股权转让合同无效的，名义股东应作为被告。

(三)第三人

《公司法》及其司法解释未明确规定股权转让合同纠纷案件中的第三人。公司通常并不是股权转让合同的一方，但转让方应将股权转让情况书面通知公司，公司在股权转让过程中负有完成股东名册及股东变更登记义务，为便于股权转让合同的履行，可在起诉时将公司列为股权转让纠纷的第三人。

同时，《公司法》第84条第3款规定："公司章程对股权转让另有规定的，从其规定。"公司章程是公司治理的宪章，对公司、公司股东及公司董事、监事及高级管理人员具有约束力，转让股东违反公司章程的规定对外转让股权，公司有权基于公司章程规定进行抗辩，不予办理股东名册及股东变更登记。

二、管辖

《公司法》未对股权转让合同纠纷管辖作出特别规定。股权转让合同是合同类型的一种，因此，股权转让纠纷应适用《民事诉讼法》及其司法解释关于合同纠纷管辖的规定，如(2019)最高法民辖终18号案，法院认为，该案系股权转让纠纷，依据《民事诉讼法》第24条关于"因合同纠纷提起的诉讼，由被告住所地或者合同履行地人民法院管辖"的规定，该案应由被告住所地或者合同履行地人民法院管辖。

《民事诉讼法》第24条规定："因合同纠纷提起的诉讼，由被告住所地或者合同履行地人民法院管辖。"因此，股权转让合同纠纷由被告住所地或者合同履行地人民法院管辖。

关于被告住所地，根据《民事诉讼法司法解释》第3条规定："公民的住所地是指公民的户籍所在地，法人或者其他组织的住所地是指法人或者其他组织的主要办事机构所在地。法人或者其他组织的主要办事机构所在地不能确定的，法人或者其他组织的注册地或者登记地为住所地。"

关于合同履行地，根据《民事诉讼法司法解释》第 18 条规定："合同约定履行地点的，以约定的履行地点为合同履行地。合同对履行地点没有约定或者约定不明确，争议标的为给付货币的，接收货币一方所在地为合同履行地；交付不动产的，不动产所在地为合同履行地；其他标的，履行义务一方所在地为合同履行地。即时结清的合同，交易行为地为合同履行地。合同没有实际履行，当事人双方住所地都不在合同约定的履行地的，由被告住所地人民法院管辖。"根据该条规定，股权转让合同的合同履行地按如下方式确定：(1)有约定从约定，约定的合同管辖地优先适用。(2)股权转让双方没有约定时，应以争议标的确认管辖地。例如，请求支付股权转让款的，应以接收货币一方所在地，即转让方所在地为股权转让合同纠纷管辖地；需要注意的是，根据杨某平与宁夏申银特钢股份有限公司、黄某股权转让纠纷案（最高人民法院第六巡回法庭 2019 年度参考案例 6 号）的裁判要旨，"接收货币的一方"应当指合同一方，即合同的权利义务主体，而不是任何其他依据合同主张权利的非合同当事人。非合同当事人作为原告依据合同提起请求给付货币的诉讼时，不应以其所在地作为合同履行地确定地域管辖。(3)股权转让合同没有实际履行的，且股权转让双方住所地都不在合同约定的履行地的，由被告住所地人民法院管辖。

三、诉讼请求

如股权转让合同有效，原告的诉讼请求一般为请求对方履行合同约定义务，如请求支付股权转让款，请求配合完成股东名册及股东变更登记；合同履行过程中，一方存在违约，另一方有权请求对方承担违约责任或请求解除股权转让合同。

如原告认为股权转让合同存在无效或可撤销情形，诉讼请求一般为请求确认合同无效或撤销，恢复原状并赔偿损失等。

四、诉讼时效

股权转让合同是双务有偿合同。对于转让方而言，其核心利益在于收取股权转让款，转让方对受让方享有债权请求权，适用诉讼时效制度，诉讼时效自履行期限届满之日起计算。对于受让方而言，其核心利益在于请求公司完成股东名册及股东变更登记，根据《公司法》第86条的规定，股东转让股权的，应当书面通知公司，请求公司变更股东名册及办理股东变更登记；根据《公司法》第32条和第34条的规定，股东姓名或名称属于公司登记事项，发生变更的，公司应办理变更登记，因此，完成变更登记是公司法定义务，不适用诉讼时效制度，受让方有权随时要求公司完成变更登记。

如原告提起股权转让合同无效之诉，合同无效之诉属于确认之诉且合同无效存在违法性，不因时间流逝改变无效合同的法律性质，因此，请求确认股权转让合同无效不适用诉讼时效制度。如原告请求撤销股权转让合同，应在知道或者应当知道撤销事由之日起1年内、重大误解的当事人自知道或者应当知道撤销事由之日起90日内、受胁迫，自胁迫行为终止之日起1年内，或者在民事法律行为发生之日起5年内行使撤销权。

第二节　股权转让纠纷实务操作

一、股权转让与其他相关概念的区别

真实的股权转让法律关系中，转让方通过出让其持有的公司股权获得对价，受让方支付对价成为公司股东。受让方成为公司股东后，基于其向公司的投资行为享受公司利润，承担公司经营风险。

但随着商事交易的日益复杂，出现了大量披着股权转让的外衣，但实际为股权让与担保或借款法律关系。为正确适用股权转让相关法律规定，有必要对股权转让法律行为与其他法律行为进行区分。

（一）股权让与担保与股权转让的区分

《九民会议纪要》第71条规定："债务人或者第三人与债权人订立合同，约定将财产形式上转让至债权人名下，债务人到期清偿债务，债权人将该财产返还给债务人或第三人，债务人到期没有清偿债务，债权人可以对财产拍卖、变卖、折价偿还债权的，人民法院应当认定合同有效。合同如果约定债务人到期

没有清偿债务，财产归债权人所有的，人民法院应当认定该部分约定无效，但不影响合同其他部分的效力。当事人根据上述合同约定，已经完成财产权利变动的公示方式转让至债权人名下，债务人到期没有清偿债务，债权人请求确认财产归其所有的，人民法院不予支持，但债权人请求参照法律关于担保物权的规定对财产拍卖、变卖、折价优先偿还其债权的，人民法院依法予以支持。债务人因到期没有清偿债务，请求对该财产拍卖、变卖、折价偿还所欠债权人合同项下债务的，人民法院亦应依法予以支持。”本条对让与担保的定义、效力及债权人对让与担保财产享有优先受偿权进行了规定。

参考《九民会议纪要》关于让与担保的规定，股权让与担保是指债务人或者第三人与债权人订立合同，约定将股权形式上转让至债权人名下，债务人到期清偿债务的，债权人将该股权返还给债务人或第三人；债务人到期没有清偿债务的，债权人可以对股权拍卖、变卖、折价偿还债权。

股权让与担保与股权转让的区别体现在：股权转让行为只有一个意思表示（股权转让），转让方转让其持有的股权，受让方成为公司股东；而股权让与担保包括虚假或表面的意思表示（股权转让）与真实的意思表示（债权担保）两个意思表示，股权让与担保的目的是为债权人提供担保，股权转让只是股权让与担保设立的手段和途径。[1]

股权让与担保在实务适用时主要涉及四个问题。

1. 股权让与担保的合同效力

有观点认为，为实现股权让与担保实施的股权转让属于虚假意思表示，且股权让与担保违反了物权法定原则，应属于无效法律行为。也有观点认为，股权让与担保是一种担保方式，融合了借款关系和股权转让关系，不能将两者孤立地看待，应当综合考量。股权转让的意图是对债权的实现提供担保，这种意图没有违反我国法律的强制性规定，因此是有效的。[2] 作者赞同后一种观点。

《民法典》第 146 条规定：“行为人与相对人以虚假的意思表示实施的民事法律行为无效。以虚假的意思表示隐藏的民事法律行为的效力，依照有关法律

〔1〕 参见葛伟军：《股权让与担保的内外关系与权利界分》，载《财经法学》2020 年第 6 期。
〔2〕 参见葛伟军：《股权让与担保的内外关系与权利界分》，载《财经法学》2020 年第 6 期。

规定处理。”根据该条规定，股权让与担保中隐藏的担保民事法律行为效力，依照有关法律规定处理。《民法典》第388条规定，担保合同包括抵押合同、质押合同和其他具有担保功能的合同。该条规定为股权让与担保的合法性提供了基础。因此，无论是《九民会议纪要》第71条的规定，还是结合《民法典》第146条和第388条规定，股权让与担保合同均是有效合同，如（2018）最高法民终119号案，修水巨通上诉主张，《股权转让协议》名为转让实为担保，各方当事人具有通谋的虚伪意思表示，应为无效。法院认为，对让与担保效力的质疑，多集中在违反物权法定原则、虚伪意思表示和回避流质契约条款之上。《民法总则》第146条（作者注：现《民法典》第146条）则规定，“行为人与相对人以虚假的意思表示实施的民事法律行为无效。以虚假的意思表示隐藏的民事法律行为的效力，依照有关法律规定处理”。根据该条规定，如当事人之间存在通谋的虚假意思表示，基于该虚假意思表示实施的民事法律行为应为无效。由此，让与担保是否无效的关键在于，当事人是否具有通谋的虚假意思表示。对此，实践中多有误解，认为让与担保中，债务人将标的物权利转移给债权人，仅仅属于外观形式，其真实意思是在于设定担保，故存在双方通谋而为虚假的转移权利的意思表示，应为无效。但事实上，在让与担保中，债务人为担保其债务将担保物的权利转移给债权人，使债权人在不超过担保目的的范围内取得担保物的权利，是出于真正的效果意思而作出的意思表示。尽管其中存在法律手段超越经济目的的问题，但与前述禁止性规定中以虚假的意思表示隐藏其他法律行为的做法，明显不同，不应因此而无效。

2. 担保权人是债权人还是公司股东

担保权人（受让方）形式上受让了债务人（转让方）的股权，担保权人是否取得了股东资格，存在争议。有观点认为，股权转让完成后，担保权人具有公司股东的权利外观，有权依据股东名册向公司主张权利，实证研究表明，相当多的案例中，担保权人会影响股东会决议的通过。[1] 作者认为，既然股权转让的意思表示是形式的，法律行为的基础是意思表示，无论是转让方还是受让方都没

〔1〕 参见刘国栋：《民法典背景下股权让与担保案件裁判路径的反思与再造——基于全国187份裁判文书的调查和分析》，载《北京理工大学学报（社会科学版）》2021年第6期。

有股权转让的意思表示，故受让方未取得股东资格。最高人民法院在对《九民会议纪要》第 71 条的释义时亦表明，受让方并未取得股权，也没有取得股东地位，仅能在债务到期时就股权的变价优先受偿。[1] 如（2015）民申字第 3620 号案，法院认为，通过转让标的物的所有权来担保债权实现的方式属于非典型担保中的让与担保，王某维可以依约主张担保权，但并未取得股权。

但是，鉴于股东身份信息需进行外部公示，应保护外部第三人对公示信息的信赖利益。因此，在内部关系上，包括债务人（转让方）、担保权人（受让方）与其他股东等，应根据内部真实意思表示认定担保权人享有的是债权，而非股权；在外部关系上，包括公司债权人等，应保护外部第三人的信赖利益，以登记信息推定担保权人是公司股东。例如，债务人（转让方）存在瑕疵出资行为，担保权人形式上受让股权后，公司债权人有权基于登记的股东信息要求担保权人履行出资义务，担保权人以不是公司真实股东为由抗辩的，法院不予支持，担保权人因此遭受损失的，可以向债务人追偿。

3. 回避设置流质条款

流质条款，是指债权人在债务履行期限届满前，不得与担保人约定债务人不履行债务时担保物归债权人所有，以避免债权人乘债务人之急迫而滥用其优势地位，通过压低担保物价值的方式获取暴利。[2] 为避免违反法律禁止性规定，股权让与担保合同应回避设置流质条款，如（2018）最高法民终 119 号案，法院认为，让与担保有归属清算型和处分清算型两种实现方式，前者指让与担保权人将标的物予以公正估价，标的物估价如果超过担保债权数额，超过部分的价额应交还给让与担保设定人，标的物所有权由让与担保权人取得；后者指让与担保权人将标的物予以拍卖、变卖，以卖得价金清偿债务，如有余额则返还给债务人，具体采取何种实现方式，可由当事人依意思表示一致选择。《股权转让协议》第 2.2.2 条、第 2.3.3 条、第 3.1.1 条、第 3.2.2 条约定，若修水巨通未依约清偿债务、解除条件未满足，稀土公司有权选择实际受让全部或部分目标股

---

〔1〕 参见刘国栋：《民法典背景下股权让与担保案件裁判路径的反思与再造——基于全国 187 份裁判文书的调查和分析》，载《北京理工大学学报（社会科学版）》2021 年第 6 期。

〔2〕 参见庄家园：《“买卖型担保”与流押条款的效力——〈民间借贷规定〉第 24 条的解读》，载《清华法学》2016 年第 3 期。

权,并指定具备相应资质的资产评估机构对目标股权价值进行评估,从而确定股权转让价款,在比较股权转让价款和稀土公司代偿债务金额的基础上,双方本着多退少补的原则支付差额。上述约定表明,案涉让与担保的实现方式即为归属清算型。根据该案已查明事实,借款合同履行期间届满后,修水巨通无力偿还债务,稀土公司已代偿本金及利息总金额为918,444,444.43元。《股权转让协议》解除条件未满足,稀土公司在有权并已实际决定受让全部目标股权并依约指定资产评估机构出具《评估报告》、对股权价值进行了评估的基础上,能够取得江西巨通48%的股权。

4. 股权让与担保的担保权人具有优先受偿权

《民法典》就担保物权规定了抵押、质押和留置,未明确规定股权让与担保。但是,《民法典》第388条规定,担保合同包括抵押合同、质押合同和其他具有担保功能的合同。因此,股权让与担保可以理解为“其他具有担保功能的合同”,债权人应享有优先受偿权,如(2019)最高法民终133号案(《最高人民法院公报》2020年第1期),法院认为,债权人、债务人的真实意思是以向债权人转让翠宏山公司股权的形式为债权实现提供担保,“显现的”是转让股权,“隐藏的”是为借款提供担保而非股权转让,均为让与担保既有法律特征的有机组成部分,均是债权人、债务人的真实意思,该意思表示不存在不真实或不一致的瑕疵,也未违反法律、行政法规的效力性强制性规定。在股权质押中,质权人可就已办理出质登记的股权优先受偿。举轻以明重,在已将作为担保财产的股权变更登记到担保权人名下的股权让与担保中,担保权人形式上已经是作为担保标的物的股份的持有者,其就作为担保的股权享有优先受偿的权利,更应受到保护,原则上具有对抗第三人的物权效力,这也正是股权让与担保的核心价值所在。

(二)股权转让与“明股实债”借款的区分

“明股实债”或“名股实债”并非内涵明确的法律术语,是指债权人以持有公司股权方式进入公司,并以原股东或实际控制人回购的方式退出公司,回购金额一般为原出资金额加固定收益。

股权转让中,受让方是从转让方处取得公司股权,目的是取得公司股权并参与公司经营管理。而“明股实债”中，债权人通常是以增资方式取得公司股权，融资主体是公司，约定借款期限届满后，由原股东或实际控制人按固定金额回购，偿债主体是原股东或实际控制人。债权人并不参与公司经营管理，或为保障债权实现非常有限的介入公司治理，债权人收益与公司经营业绩无关，其目的在于获取固定回报。如(2019)最高法民终1532号案，法院认为，签订增资协议的目的是通过向目标公司融通资金而收取相对固定的投资收益，与一般意义上为获取具有或然性的长期股权收益而实施的增资入股行为并不相同，虽然出借人经工商登记变更为公司股东，但未有证据证明其实际参与公司经营管理，双方实际上属于名股实债的关系，案涉款项属于借款性质。

需要注意的是，“明股实债”中，债权人登记为公司股东，对其他外部主体形成权利外观，应保护第三人的信赖利益，因此，“明股实债”情形下，应按“内外有别”的方式处理，如(2018)最高法民终785号案，法院认为，“名股实债”的交易模式下，投资方持有股份及工商变更登记会对其他债权人(尤其普通债权人)形成权利外观，故应区别内部关系和外部关系分别处理。对外应遵循外观主义，保护第三人的信赖利益，尤其在目标公司破产或解散的情况下，应优先保护其他债权人的合法利益；对内则应采用实质重于形式原则，探究当事人之间的真实意思表示。

二、股权转让合同的效力

(一)股权转让合同自成立时生效

《民法典》第502条第1款与第2款规定：“依法成立的合同，自成立时生效，但是法律另有规定或者当事人另有约定的除外。依照法律、行政法规的规定，合同应当办理批准等手续的，依照其规定。未办理批准等手续影响合同生效的，不影响合同中履行报批等义务条款以及相关条款的效力。应当办理申请批准等手续的当事人未履行义务的，对方可以请求其承担违反该义务的责任。”股权转让合同虽是无名合同，但也是合同的一种类型，因此，股权转让合同自依法成立时生效，除非法律、行政法规规定需办理批准手续。

实务中，股权转让合同需办理批准手续才生效的，主要包括三种情形。

1. 国有股权转让

国有股权转让具有特殊性，已在司法实践中形成共识。为防止国有资产流失，一般认为国有股权转让应取得相关部门批准。但是，随着国有资本在社会各行业的渗入，对于国有公司持股较少的参股公司或多层级持股的参股公司，涉及国有股权转让时，是否都要取得批准呢？

《企业国有资产交易监督管理办法》第3条规定，企业产权转让，是指履行出资人职责的机构、国有及国有控股企业、国有实际控制企业转让其对企业各种形式出资所形成权益的行为；第4条规定，国有及国有控股企业、国有实际控制企业包括：(1)政府部门、机构、事业单位出资设立的国有独资企业（公司），以及上述单位、企业直接或间接合计持股为100%的国有全资企业；(2)本条第1款所列单位、企业单独或共同出资，合计拥有产（股）权比例超过50%，且其中之一为最大股东的企业；(3)本条第1款、第2款所列企业对外出资，拥有股权比例超过50%的各级子企业；(4)政府部门、机构、事业单位、单一国有及国有控股企业直接或间接持股比例未超过50%，但为第一大股东，并且通过股东协议、公司章程、董事会决议或者其他协议安排能够对其实际支配的企业。因此，根据上述规定，国有股权转让需取得批准的情形包括履行出资人职责的机构、国有及国有控股企业、国有实际控制企业转让公司股权。

《企业国有资产法》第53条规定："国有资产转让由履行出资人职责的机构决定。履行出资人职责的机构决定转让全部国有资产的，或者转让部分国有资产致使国家对该企业不再具有控股地位的，应当报请本级人民政府批准。"因此，国有股东转让股权的，应取得相应部门的批准，未批准的，并不导致股权转让合同无效，只是使股权转让合同成立但未生效，如(2019)最高法民再48号案，法院查明，海捷公司的股东为深捷公司和李某，其中深捷公司持有海捷公司95%的股份。深捷公司的股东为外企集团和王某，其中外企集团持有深捷公司70%的股份。外企集团是国有独资公司。法院认为，深捷公司是国有独资公司外企集团投资设立的重要子企业，其转让海捷公司95%股权将令国家对海捷公司不再拥有控股地位，故该转让股权的事项属于深捷公司的重大事项，应报有关国有资产监督管理机构批准并进行资产评估。《合同法》第44条（作者注：现《民法典》第502条）第1款规定，依法成立的合同，自成立时生效。第2款规定，法律、行政法规规定应当办理批准、登记手续生效的，依照其规定。《最高人民法院关于适用〈中华人民共和国合同法〉若干问题的解释（一）》第 9 条规定，依照《合同法》第 44 条第 2 款的规定，法律、行政法规规定合同应当办理批准手续，或者办理批准、登记手续才生效，在一审法庭辩论终结前当事人仍未办理批准手续的，或者仍未办理批准、登记手续的，人民法院应当认定该合同未生效。因深捷公司在一审法庭辩论终结前仍未办理相关批准手续，依照上述规定，涉案《股权转让协议》依法未生效。杨某福、赵某伍分别请求深捷公司继续履行股权转让相关事宜，于法无据。杨某福、赵某伍若因与深捷公司《股权转让协议》未生效而受损失，亦可另寻法律途径解决。

签订国有股权转让合同后，虽未生效，但合同中履行报批等义务条款具有约束力，负有完成报批义务的当事人未履行报批义务，造成股权转让合同不生效的，构成缔约过失，需向对方当事人承担缔约过失责任，赔偿损失范围包括直接损失（如资金利息损失）以及可得利益损失（如丧失的交易机会）等，如（2016）最高法民终 802 号案（《最高人民法院公报》2017 年第 12 期），法院裁判认为：（1）合同约定生效要件为报批允准，承担报批义务方不履行报批义务的，应当承担缔约过失责任；（2）缔约过失人获得利益以善意相对人丧失交易机会为代价，善意相对人要求缔约过失人赔偿的，人民法院应予支持；（3）除直接损失外，缔约过失人对善意相对人的交易机会损失等间接损失应予赔偿。间接损失数额应考虑缔约过失人过错程度及获得利益情况、善意相对人成本支出及预期利益等，综合衡量确定。

2. 外商投资企业股权转让

《最高人民法院关于审理外商投资企业纠纷案件若干问题的规定（一）》第 1 条规定："当事人在外商投资企业设立、变更等过程中订立的合同，依法律、行政法规的规定应当经外商投资企业审批机关批准后才生效的，自批准之日起生效；未经批准的，人民法院应当认定该合同未生效。当事人请求确认该合同无效的，人民法院不予支持。前款所述合同因未经批准而被认定未生效的，不影响合同中当事人履行报批义务条款及因该报批义务而设定的相关条款的效力。"根据该条规定，外商投资企业因股权转让发生的变更，应依据法律、行政法规的规定办理批准手续，否则股权转让合同未生效。

3. 金融机构股权转让

银行、非银行金融机构、保险公司、期货公司及证券公司等金融机构发生5%以上股权变动的，股权转让应报主管部门批准，如《商业银行法》第28条规定："任何单位和个人购买商业银行股份总额百分之五以上的，应当事先经国务院银行业监督管理机构批准。"《期货交易管理条例》第19条规定，新增持有5%以上股权的股东或者控股股东发生变化，应当经国务院期货监督管理机构批准。如(2016)最高法民终802号案(《最高人民法院公报》2017年第12期)，法院认为，《商业银行法》第28条规定，任何单位和个人购买商业银行股份总额5%以上的，应当事先经过国务院银行业监督管理机构批准。涉案《股份转让合同书》的转让标的为鞍山财政局持有的鞍山银行9.9986%即22,500万股股权，系金融企业国有资产，转让股份总额已经超过鞍山银行股份总额的5%。依据上述规定，该合同应经有批准权的政府及金融行业监督管理部门批准方产生法律效力。由此，该案的《股份转让合同书》虽已经成立，但因未经有权机关批准，应认定其效力为未生效。

（二）股权转让合同的无效与可撤销

1. 一般规定

股权转让合同是民事法律行为，因此，《民法典》第一编第六章第三节"民事法律行为的效力"以及第三编第一分编第三章"合同的效力"关于民事法律行为及合同效力的一般规定对股权转让合同适用。例如，《民法典》第154条规定："行为人与相对人恶意串通，损害他人合法权益的民事法律行为无效。"根据该条规定，如名义股东与相对人签订股权转让合同，但相对人明知名义股东是为他人代持，该股权转让合同侵犯了实际出资人的合法权益，该股权转让合同应认定无效；《民法典》第148条规定："一方以欺诈手段，使对方在违背真实意思的情况下实施的民事法律行为，受欺诈方有权请求人民法院或者仲裁机构予以撤销。"根据该条规定，如转让股东隐瞒公司真实经营情况，虚构业绩欺诈受让方，受让方有权请求法院或仲裁机构撤销股权转让合同。

2. 特殊情形

《企业国有资产法》第54条第2款规定："除按照国家规定可以直接协议转

让的以外，国有资产转让应当在依法设立的产权交易场所公开进行。转让方应当如实披露有关信息，征集受让方；征集产生的受让方为两个以上的，转让应当采用公开竞价的交易方式。”根据该款规定，国有股权转让原则上应当在依法设立的产权交易场所公开进行，采用公开竞价的方式交易，违反该规定的股权转让合同无效，如（2009）沪高民二（商）终字第 22 号案（2010 年第 4 期公报案例），法院认为，讼争股权的性质为国有法人股，其无疑是属于企业国有资产的范畴。根据国务院国资委、财政部制定实施的《企业国有产权转让管理暂行办法》的规定，企业国有产权转让应当在依法设立的产权交易机构中公开进行，企业国有产权转让可以采取拍卖、招投标、协议转让等方式进行。根据上海市政府制定实施的《上海市产权交易市场管理办法》的规定，上海市所辖国有产权的交易应当在产权交易市场进行，根据产权交易标的的具体情况采取拍卖、招标或竞价方式确定受让方和受让价格。上述两个规范性文件虽然不是行政法规，但均系依据国务院的授权针对《企业国有资产监督管理暂行条例》的实施所制定的细则办法。而且，规定企业国有产权转让应当进场交易的目的在于通过严格规范的程序保证交易的公开、公平、公正，最大限度地防止国有资产流失，避免国家利益、社会公共利益受损。因此，《企业国有产权转让管理暂行办法》《上海市产权交易市场管理办法》的上述规定符合上位法的精神，不违背上位法的具体规定，应当在企业国有资产转让过程中贯彻实施。由于上海水务公司在接受自来水公司委托转让讼争股权时，未依照国家的上述规定处置，擅自委托金槌拍卖公司拍卖，并在拍卖后与巴菲特公司订立股权转让协议，其行为不具合法性。对自来水公司要求确认《光大银行法人股股权转让协议》无效的反诉请求，法院应予以支持。

国有股权转让时，应对拟转让的股权进行评估，并作为交易底价，如国有股权转让未进行评估，股权转让合同的效力如何，实务中存在不同观点。有观点认为，为防止低价转让国有资产，应认定未经评估的股权转让合同无效；也有观点认为，国有资产评估是管理性规范，未进行评估的不影响国有股权转让合同效力，作者赞成后一种观点，如（2013）民申字第 2119 号案，法院认为，有关国有资产评估的强制性规定是效力性的还是管理性的，需要通过综合分析来确定。首先，有关强制性规定约束的应当是国有资产占有单位。《国有资产评估管理办法》第3条规定：国有资产占有单位转让资产的，应当进行资产评估。可见，进行资产评估是国有资产占有单位的义务，而不是受让方的义务。违反国有资产评估规定的责任应当由国有资产占有单位及其责任人员承担。如果认定合同无效，则受让方在无义务的情况下也承担了法律后果。其次，有关强制性规定没有对合同行为本身进行规制，没有规定当事人不得就未经评估的国有资产订立转让合同，更没有规定未经评估的转让合同无效。最后，未经评估而转让国有资产不必然导致国家利益或者社会公共利益受损害。规定国有资产转让须经评估，目的是防止恶意低价转让国有资产，以保护国有资产。但是，未经评估，不一定为低价出让，也可能实际转让价格高于实际价值。资产未经评估转让的，国有资产管理机构有权责令国有资产占有单位改正，依法追认转让行为。由于无效的合同自始没有法律效力，无法追认，在某些情形下，反倒对国有资产保护不利。如果认定有关规定是效力性规定，进而一概认定转让合同无效，当事人（包括受让方在资产贬值后）就可能据此恶意抗辩，违背诚实信用原则，进而危及交易安全和交易秩序。因此，从法律条文的文义和立法宗旨来看，都应认定关于国有资产转让须经评估的强制性规定是管理性的，而非效力性的。如果出现国有资产占有单位与他人恶意串通，故意压低资产转让价格的情形，则可按照《合同法》第52条（作者注：现《民法典》第154条）的规定，以恶意串通，损害国家利益为由认定合同无效，这同样能达到保护国有资产的目的。

（三）公司章程规定对股权转让合同效力的影响

1. 对股权转让另有规定的理解

《公司法》第84条第3款规定："公司章程对股权转让另有规定的，从其规定。"有观点认为，《公司法》第84条是就股权转让的程序限制作出了规定，采用体系解释的方法，"股权转让另有规定"应理解为对股权转让的程序性事项"另有规定"，如延长或缩短是否行使优先购买权的答复期，而非对股东处分权"另有规定"。[1] 但是，实践中普遍地将《公司法》第84条第3款规定的"股权转让另有规定"理解为公司章程可对股权转让的程序及处分作出"另有规定"，例如

---

〔1〕 参见钱玉林：《公司章程对股权转让限制的效力》，载《法学》2012年第10期。

最高人民法院 96 号指导案例中的做法,即将“另有规定”理解为对公司股东股权处分权作出限制。

2. 公司章程的分类

公司章程包括初始章程及嗣后章程。初始章程是在公司设立时制定的,随着公司发展,法律允许对公司章程进行修改。依照《公司法》第 45 条和第 94 条的规定,有限责任公司或股份公司设立时,公司章程由股东或发起人共同制定,即初始章程的通过需全体股东或发起人一致同意;依照《公司法》第 66 条和第 116 条的规定,修改公司章程须经代表 2/3 以上表决权的股东或须经出席股东会会议的股东所持表决权的 2/3 以上通过,即嗣后章程的通过按资本多数决方式确定。

因通过方式不同,初始章程与嗣后章程存在实质性差别。初始章程由全体股东或发起人一致同意通过,具有合同性质,同时公司章程又是公司治理的规范依据,初始章程就股权转让程序及处分的合理限制对共同制定初始章程的股东或发起人具有约束力;而嗣后章程通过采用资本多数决原则,小股东反对意见必然会被具有 2/3 以上表决权股东意见所吸收,为防止大股东滥用表决权,通过修改公司章程限制小股东的股权处分权,嗣后章程仅能对股权转让的程序性事项作出“另有规定”,除非公司章程经全体股东一致同意修改。

3. 公司章程对股权转让的限制

股权是股东私有财产,应当可以自由转让,无法转让的股权,不是真正意义上的财产,但为保障有限公司人合性,《公司法》可对股权转让进行限制。除法律上限制外,基于《公司法》第 84 条第 3 款的规定,公司章程也可对股东处分股权作出相应限制,主要包括两类。

(1)强制股东转让股权,受让对象为公司或第三方。例如最高人民法院 96 号指导案例,法院查明,大华公司公司章程第 3 章第 14 条载明“公司股权不向公司以外的任何团体和个人出售、转让……持股人若辞职、调离或被辞退、解除劳动合同的,人走股留,所持股份由企业收购……”2006 年 6 月 3 日,宋某军向公司提出解除劳动合同,并申请退出其所持有的公司的 2 万元股份。2006 年 8 月 28 日,经大华公司法定代表人赵某锁同意,宋某军领到退出股金款 2 万元整。法院裁判要点认为,初始章程对股权转让进行限制,明确约定公司回购条款，只要不违反《公司法》等法律强制性规定，可认定为有效。

需要注意的是，首先，强制股东转让股权，属于介入股东财产处分权，如以公司章程作为强制转让的依据，公司章程应为初始章程或全体股东一致同意修改的嗣后章程。最高人民法院96号指导案例中适用的章程即为初始章程。其次，强制股权转让的价格应提前约定，如价格不确定，股权转让合同缺乏核心条款，如无法通过其他方式确定，法院不宜直接作出判决，最高人民法院96号指导案例的特殊性在于双方就股权转让价款2万元已达成了一致意见。

（2）禁止或变相禁止股权转让。例如，公司章程规定股东不得转让其持有的公司股权，或者在持股30年以后才可以转让，或者股东转让股权应经全体股东或全体董事一致同意。公司章程的上述规定，禁止或变相禁止了股权转让，侵犯了股东的财产权，无论是初始章程还是嗣后章程的规定，对股东都不具有约束力。公司章程对股权转让的限制应限于合理范围，至于股权转让限制是否合理，应由法院结合具体案件确定。2016年4月12日，最高人民法院发布的《公司法司法解释四》（征求意见稿）第29条规定："有限责任公司章程条款过度限制股东转让股权，导致股权实质上不能转让，股东请求确认该条款无效的，应予支持。"该征求意见稿虽最终未获通过，但足以说明最高人民法院对待限制股权转让条款的态度，过度限制股权转让，导致股权实质上不能转让的，该公司章程相应条款无效。

4. 公司章程规定对股权转让合同效力的影响

公司章程可对股东转让公司股权进行合理限制，该规定对转让股东具有约束力。转让股东违反公司章程规定，擅自转让股权的，受让方对此并不知晓，法律也未规定受让方应查询公司章程以查明是否存在股权转让的限制规定，此时股权转让合同是否有效？作者认为，公司章程对股权转让的限制不影响合同效力，股权转让合同是否有效应以法律、行政法规的规定进行判断，公司章程是公司的治理规范，不得作为合同效力判定依据，如（2017）京03民终2997号案（全国法院系统2017年度优秀案例），法院认为，公司章程是公司股东或发起人通过共同意思表示形成的公司宪章，是以维护公司利益为核心的内部规定，虽然公司章程可以在不违背法律规定范围内约定更严格的条件，但公司的章程属于公司内部的一种自治约定，并不等同于法律、行政法规的强制性规定。怀兴饭庄2000年2月1日在章程中明确规定了“董事长、董事在任职期间不得转让股权”，该规定限制了董事长、董事在任职期间内的转让股权行为。但这种规定并非效力性强制规定，身为董事长或董事的股东在任期内转让股权的，并未违法法律、行政法规的强制性规定，因此即使公司章程对此有更为严格的规定的，也不应当然认定股权转让合同无效。

5. 公司基于公司章程规定享有抗辩权

《公司法》第86条第1款规定：“股东转让股权的，应当书面通知公司，请求变更股东名册；需要办理变更登记的，并请求公司向公司登记机关办理变更登记。公司拒绝或者在合理期限内不予答复的，转让人、受让人可以依法向人民法院提起诉讼。”因此，股权转让时，公司负责办理股东名册及股东变更登记。公司章程是公司治理的宪章，转让股东违反公司章程规定转让股权的，公司有权依据公司章程的规定对受让方不予办理股东名册及股东变更登记。受让方因公司基于公司章程的抗辩权，无法办理股东名册及股东变更登记的，有权向出让方主张违约责任。

（四）侵犯股东优先购买权的股权转让合同效力

对于侵犯股东优先购买权的股权转让合同效力问题，实务中一直存在争议。持无效说的观点认为，转让方与受让方恶意串通，损害了其他股东的优先购买权，应认定股权转让合同无效。持效力待定说的观点认为，在其他股东未放弃优先购买权的情况下，股东擅自对外转让股权，其签订的股权转让合同效力待定，其他股东有权请求法院撤销合同。

为解决实务中争议，《公司法司法解释四》第21条规定：“有限责任公司的股东向股东以外的人转让股权，未就其股权转让事项征求其他股东意见，或者以欺诈、恶意串通等手段，损害其他股东优先购买权，其他股东主张按照同等条件购买该转让股权的，人民法院应当予以支持，但其他股东自知道或者应当知道行使优先购买权的同等条件之日起三十日内没有主张，或者自股权变更登记之日起超过一年的除外。前款规定的其他股东仅提出确认股权转让合同及股权变动效力等请求，未同时主张按照同等条件购买转让股权的，人民法院不予支持，但其他股东非因自身原因导致无法行使优先购买权，请求损害赔偿的除外。股东以外的股权受让人,因股东行使优先购买权而不能实现合同目的的,可以依法请求转让股东承担相应民事责任。”根据该条规定,其他股东的优先购买权应优先予以保障,只要其他股东主张优先购买权,法院应当予以支持,由此导致股权转让合同无法履行的,受让方可以请求转让股东承担相应民事责任。

但《公司法司法解释四》第21条还是未对股权转让合同的效力作出明确认定,甚至《公司法司法解释四》出台后,关于侵犯优先购买权的股权转让合同效力问题仍存在争议,为进一步明确法律适用,《九民会议纪要》第9条规定:“审判实践中,部分人民法院对公司法司法解释(四)第21条规定的理解存在偏差,往往以保护其他股东的优先购买权为由认定股权转让合同无效。准确理解该条规定,既要注意保护其他股东的优先购买权,也要注意保护股东以外的股权受让人的合法权益,正确认定有限责任公司的股东与股东以外的股权受让人订立的股权转让合同的效力。一方面,其他股东依法享有优先购买权,在其主张按照股权转让合同约定的同等条件购买股权的情况下,应当支持其诉讼请求,除非出现该条第1款规定的情形。另一方面,为保护股东以外的股权受让人的合法权益,股权转让合同如无其他影响合同效力的事由,应当认定有效。其他股东行使优先购买权的,虽然股东以外的股权受让人关于继续履行股权转让合同的请求不能得到支持,但不影响其依约请求转让股东承担相应的违约责任。”根据该条的规定,侵犯优先购买权的股权转让合同有效,只是在其他股东主张行使优先购买权时,转让股东与受让方之间的股权转让合同无法履行,受让方有权解除合同,并要求转让股东承担违约责任。

(五)股东瑕疵出资对股权转让合同效力的影响

一方取得股东资格是基于其认缴了公司出资或实际出资,特别是我国实行注册资本认缴制改革后,股东取得股东资格在前,完成出资义务在后,出资瑕疵不影响当事人取得股东资格的有效性,因此,股东出资瑕疵不影响股权转让合同效力。如《江西省高级人民法院关于审理公司纠纷案件若干问题的指导意见》(2008年)、《山东省高级人民法院关于审理公司纠纷案件若干问题的意见(试行)》(2007年)及《上海市高级人民法院关于审理涉及公司诉讼案件若干问题的处理意见(二)》等地方法院早已明确规定股东出资瑕疵不影响股权转让合同效力。

瑕疵出资股东转让其持有的股权，如果受让方对瑕疵出资的事实知道或者应当知道，股权转让合同有效，同时根据《公司法》第 88 条第 2 款的规定，受让方与转让方就补足出资承担连带责任，受让方承担责任后，有权向瑕疵出资股东追偿；如果转让方隐瞒了自己瑕疵出资的事实，受让方也不知情，股权转让合同同样有效，受让方有权以受到欺诈为由请求人民法院或者仲裁机构撤销股权转让合同。如（2012）苏商终字第 0118 号案，法院认为，股权的取得不以出资为绝对要件。股东未出资或出资不实等情形并不影响股权的设立与享有，瑕疵股权仍具有可转让性，瑕疵股权转让合同并不当然无效。如转让方与受让方在签订股权转让协议时隐瞒出资瑕疵的事实，受让方由于不知道出资瑕疵的事实而受让股份，受让方亦有权以欺诈为由请求变更或撤销协议。

（六）配偶单方转让公司股权的股权转让合同效力

有观点认为，根据《民法典》第 1062 条的规定，夫妻在婚姻关系存续期间所得的生产、经营、投资的收益为夫妻的共同财产，归夫妻共同所有，因此股权是夫妻共同财产，夫妻一方擅自转让其名下的股权，构成无权处分行为，股权转让合同效力待定，如转让人与受让人恶意串通，损害夫妻另一方权益，股权转让合同无效。作者认为，夫妻一方单方为转让其名下的股权签订的股权转让合同原则上有效，除非存在恶意串通，损害第三方利益的情形。首先，《民法典》施行后，原《合同法》第 51 条规定的“无处分权的人处分他人财产，经权利人追认或者无处分权的人订立合同后取得处分权的，该合同有效”不再适用，无权处分行为不再影响合同效力，仅涉及合同的能否履行问题，即使夫妻一方构成无权处分行为，也不影响股权转让合同效力。特别是按商事外观主义，股权登记于一方名下，受让方可基于市场监督管理部门的股东登记信息认定转让方有权转让。其次，《公司法》第 84 条规定，股东可自由对内转让，对外转让时需保障其他股东的优先购买权，《公司法》及《最高人民法院关于适用〈中华人民共和国民法典〉婚姻家庭编的解释（一）》并未规定股东对外转让需要征求配偶的意见。再次，股权是股东基于股东资格而享有的在公司中的各项权利，包括参与公司管理以及取得收益等权利，公司依据股东名册或与公司存在直接认缴出资关系来认定股东资格，股东配偶并不在股东名册上，也未与公司存在直接的认缴出资关系，并不是公司股东。如果认定股东配偶也是股东，公司召开股东会是否还要通知股东配偶参加？最后，股权兼具人身和财产属性，股东资格仅限于公司股东所有，股权对应的财产性价值属于夫妻共同财产，对外处置股权时形成的财产归夫妻共同所有。

如最高人民法院第二巡回法庭2020年第3次法官会议纪要讨论的问题："在婚姻关系存续期间，以夫妻共同财产认缴有限责任公司出资但登记在夫妻一方名下的股权，登记方未经另一方同意擅自将股权转让给第三人，是否属于无权处分？"有权处分说认为，股权是股东基于其股东资格而享有的复合性权利。在婚姻关系存续期间以夫妻共同财产出资取得但登记在夫或者妻一方名下的有限责任公司股权，仅得由登记方行使，而非夫妻共同共有，故登记方对于该股权的处分系有权处分。如无与第三人恶意串通损害另一方利益等导致合同无效的情形，登记方应按合同约定协助办理股权变动手续，但基于该股权而取得的收益属于夫妻共同财产。无权处分说认为，婚姻关系存续期间，以夫妻共同财产出资而取得的有限责任公司股权，即使登记在夫或者妻一方名下，亦为夫妻共同共有；夫妻对共同所有的财产，有平等的处理权，故登记方未经配偶方同意擅自向第三人转让股权，属无权处分。因登记方不具有处分权，在配偶方不同意转让股权的情形下，作为受让方的第三人不能取得该股权，仅可主张转让方承担违约责任。法官会议纪要还认为，股权是股东基于其股东身份和地位而在公司中享有的权利，包含资产收益权、参与重大决策和选择管理者等权利，兼具财产权与人身权属性。根据《公司法》规定，取得完整无瑕疵的股东资格和股东权利，应同时符合向公司出资或认缴出资这一实质要件和被记载于公司股东名册等相关材料这一形式要件。换言之，出资并非取得有限责任公司股权的充分条件，不能仅因出资款来源于夫妻共同财产而认定该股权为夫妻共同共有。当股权登记于夫妻一方名下时该股权的各项具体权能应由股东本人独立行使，股东有权单独处分该股权。如无恶意串通损害另一方利益等导致合同无效的情形，登记为股东的一方应按合同约定履行股权转让义务，但根据原《婚姻法》及其司法解释的相关规定，因转让该股权而取得的收益属于夫妻共同财产。

三、股权转让合同的转让标的

转让方转让其持有的股权给受让方,受让方取得股权并支付相应对价,因此,股权转让合同的标的是股权。《民法典》第125条规定:"民事主体依法享有股权和其他投资性权利。"因此,股权是一项独立的民事权利。

股权是股东权益的简称,根据《公司法》第4条的规定,公司股东对公司依法享有资产收益、参与重大决策和选择管理者等权利,具体包括公司利润分配请求权、剩余财产分配请求权、股东会召集权、表决权、提案权、股东知情权、优先购买权及股东代位诉权等。

股权的上述各项权能能否单独转让,例如股东将其股权中的利润分配请求权转让给其他第三方,但仍保留其他权能,还是必须整体全部转让,实务中存在不同观点。李建伟老师认为,股权的实质是基于股东身份而对公司享有的一种综合性权利。股权作为权利束,上述各项权利并非权能(不同于所有权的占有、使用、收益与处分权能),股权的转让即是股东身份的转让,股东权利内容中的各项权利不能分开转让,在实践操作上也无法实现。陈克老师认为,股权的各项权能可以单独转让,股东可以将其享有的利润分配请求权转让给其他第三方,实务中存在的一致行动协议实质上也可以理解为表决权的单独转让。刘俊海老师认为,股东有时仅将自己所持股权中的一项或多项权能(如分红权、表决权)转让给他人,为拓展当事人的意思空间,在不违反强制性规定、公序良俗与诚实信用原则的前提下,此种转让行为的效力原则上应受到尊重。[1]

作者认为,股权的部分权能可以单独转让。股权是综合性权利,具有人身和财产属性,涉及股东身份的权能无法单独转让,否则会造成股东身份的分裂;涉及股东财产权益的权能可单独转让,如分红权、剩余财产分配请求权等,但该权能的转让仅在转让方和受让方之间具有约束力,因转让方的股东身份未转移给受让方,转让方名称仍记载于公司股东名册,公司仅向在册股东履行义务,受让方无权基于其单独受让的分红权向公司主张权益,其仅能基于转让合同约定

---

〔1〕 参见刘俊海:《论有限责任公司股权转让合同的效力》,载《暨南学报(哲学社会科学版)》2012年第12期。

向转让方主张合同权益。

四、股权转让合同的履行

股权转让合同是双务合同，转让方与受让方应按股权转让合同的约定履行。对于受让方而言，其取得完整、对外公示的股权，需要公司介入，由公司完成股东名册及股东变更登记。但是，公司通常并不是股权转让合同的一方，甚至公司对股权转让的情况并不知悉，因为股东对外转让股权是通知其他股东，征求其他股东是否行使优先购买权的意见，通知股东与通知公司并不是一个概念，公司与股东是不同的法律主体。

为确保公司知晓股权转让的情况，并以法律形式赋予公司完成变更的义务，根据《公司法》第86条第1款的规定，股东转让其股权的，应当书面通知公司，请求办理股东名册及股东变更登记，公司拒不办理的，转让方和受让方可向法院提起诉讼。

为了兼顾股权之自愿转让和公司封闭性的双重价值，公司应当审查公司章程与股权转让的一致性和适当性。一致性审查，即判断股权转让是否符合公司章程的规定，如果股权转让与公司章程规定不一致，公司有权予以拒绝。适当性审查，是指股权转让虽符合公司章程的规定，但可能招致公司遭受较大风险时，公司可以予以拒绝。[1] 作者认为，股东书面通知公司其转让股权后，公司按照公司章程对股权转让合同进行一致性审查是必要的，前已述及，公司章程可对股权转让进行合理限制，司法实践是认可的，公司章程对转让股东和公司具有约束力，如股东转让其股权违反了公司章程的规定，公司有权提出抗辩并拒绝办理股东名册及股东变更登记。

五、股权转让合同的解除和终止

股权转让合同是合同的一种类型，当然受《民法典》第三编第一分编第七章“合同的权利义务终止”中关于合同解除条款的约束，因此只要符合法定解除或约定解除情形，股权转让合同当事人即可解除合同。

---

〔1〕 参见叶林：《公司在股权转让中的法律地位》，载《当代法学》2013年第2期。

然而近年来，因股权作为交易标的的特殊性，股权价值随着公司经营状况不断变化，如解除合同，返还的股权与转让时的股权在价值上可能存在显著区别，以及股权转让合同的履行涉及公司内外部主体，具有团体性特征等，法院倾向于不轻易解除股权转让合同，具体体现在以下几个方面。

首先，根据最高人民法院67号指导案例的裁判要点，分期付款买卖中出卖人在买受人未支付到期价款的金额达到合同全部价款的1/5时即可解除合同的规定，不适用股权转让合同。股权转让合同非《民法典》第三编第二分编“典型合同”规定的有名合同，但其是典型的双务有偿合同，根据《民法典》第646条规定：“法律对其他有偿合同有规定的，依照其规定；没有规定的，参照适用买卖合同的有关规定。”因此，股权转让合同可参照适用买卖合同的有关规定适用。《民法典》第634条规定：“分期付款的买受人未支付到期价款的数额达到全部价款的五分之一，经催告后在合理期限内仍未支付到期价款的，出卖人可以请求买受人支付全部价款或者解除合同。出卖人解除合同的，可以向买受人请求支付该标的物的使用费。”根据该条规定，股权转让合同可参照适用该条规定，但最高人民法院通过指导案例的形式排出了《民法典》第634条规定对股权转让合同的适用。

最高人民法院67号指导案例中法院给出的裁判理由包括三点。(1)股权转让分期付款合同，与一般以消费为目的的分期付款买卖合同有较大区别：一是汤某龙受让股权是为参与公司经营管理并获取经济利益，并非满足生活消费；二是周某海作为有限责任公司的股权出让人，基于其所持股权一直存在于目标公司中的特点，其因分期回收股权转让款而承担的风险与一般以消费为目的的分期付款买卖中出卖人收回价款的风险并不同等；三是双方解除股权转让合同，也不存在向受让方要求支付标的物使用费的情况。(2)周某海签订案涉《股权转让资金分期付款协议》的合同目的能够得以实现。周某海所持有的6.35%股权已经变更登记至汤某龙名下。根据汤某龙履行股权转让款的情况，除第2笔股权转让款150万元逾期支付两个月，其余3笔股权转让款均按约支付，周某海认为汤某龙逾期付款构成违约要求解除合同，退回了汤某龙所付710万元，不影响汤某龙按约支付剩余3笔股权转让款的事实的成立，且该案一、二审审理过程中，汤某龙明确表示愿意履行付款义务。(3)从维护交易安全的角度，一项有限责任公司的股权交易，关涉诸多方面，如其他股东对受让方汤某龙的接受和信任（过半数同意股权转让），已记载到股东名册和在工商部门登记股权，社会成本和影响已经倾注其中。该案中，汤某龙受让股权后已实际参与公司经营管理、股权也已过户登记到其名下，如果不是汤某龙有根本违约行为，动辄撤销合同可能对公司经营管理的稳定产生不利影响。

其次，上述67号指导案例裁判要点为分期付款交易中出卖人的解除权不适用于股权转让合同，法院给出的裁判理由却将法定解除情形之外的因素纳入了考量，之后这些裁判理由会被其他法院引申发挥，适用于不涉及分期付款交易的股权转让合同解除争议案件，并形成诸多股权转让合同不宜解除的理由。

实证研究表明，法院认为股权转让合同不宜解除的裁判理由大致包括：第一，股权具有特殊性，涉及多方利益，股权转让不同于一般的买卖合同。股权转让合同的签订与履行不仅直接影响合同当事人的利益，而且还会影响目标公司的员工、债权人及其他相关第三人的利益。第二，股权已经变更登记，应维护公司登记的外观公示效力。为维护公司登记的外观公示效力及公司对内的稳定性，不予解除股权转让合同并无不当。第三，受让股东已经实际参与公司经营管理，解除股权转让合同不利于维护公司的稳定性。第四，受让股权后，公司财产结构、债权债务发生了巨大变化，从维护交易安全的角度考虑，股权转让合同不宜解除，以避免公司产生新的利益冲突和纠纷。事实上，上述各项考量因素无非前文67号指导案例裁判理由的具体逻辑展开，在实质意义上并没有跳出该项裁判理由的旨意，本质上仍属于实证法之外的司法政策的范畴。[1] 如（2017）最高法民终919号案，法院认为，股权作为一种具有独立内涵的包括财产权等多种权利在内的综合性的新型权利，具有不同于普通商品的性质。因此，与普通商品买卖合同不同，股权转让合同的签订与履行不仅直接影响转让双方的切身利益，而且还会波及合同外的利益相关者，包括公司、债权人、劳动者及其他相关第三人的切身利益。因为，股权转让合同一旦履行，不仅在转让双方间发生对价的对待给付，买方亦有可能参与公司经营管理，改变公司经营理念、经营方针和经营航线，甚至从根本上颠覆公司原有经营与财务状况，股权

〔1〕 参见钱玉林：《解除股权转让合同的司法克制与问题讨论》，载《法学杂志》2020年第6期。

转让合同如若随意解除，必然影响双方及公司相关者的利益，并且与公司章程相冲突。综上，与 2015 年 11 月 19 日案涉股权过户时相比，锐鸿公司持有的海港城公司股权的价值及股权结构均已发生较大变化，故案涉股权客观上已经无法返还。

基于上述分析，对股权转让合同解除限制的理由主要是对前文 67 号指导案例裁判理由的展开，法院在判定股权转让合同是否应解除时不以法律的刚性规定作为裁判理由，而以仁者见仁、智者见智的司法政策作为考量因素，导致法院自由裁量权范围过大，不利于司法裁判统一。

作者认为，《民法典》第 566 条第 1 款规定："合同解除后，尚未履行的，终止履行；已经履行的，根据履行情况和合同性质，当事人可以请求恢复原状或者采取其他补救措施，并有权请求赔偿损失。"根据该条规定，合同解除后的救济包括恢复原状或采取其他补救措施，并赔偿损失。如股权转让合同已履行，公司已变更股东名册并进行股东变更登记，受让方已参与公司经营管理，公司价值已发生变化，恢复原状可能不利于实现司法公平，法院可认定股权转让合同解除，但不支持恢复原状，仍由受让股东取得股东资格，而采取赔偿损失等方式维护守约方利益，这样既实现了股权转让合同解除符合法律规定，也将司法政策纳入了考量范围，如（2016）鄂民再 154 号案，法院归纳的该案争议焦点为：案涉《股权转让协议书》解除后，对龚某要求恢复原状、返还股权的请求应否予以支持。法院认为，首先，对于股权转让合同而言，合同解除后的恢复原状主要是出让人返还股权转让款，受让人返还股权，返还股权相应地还需办理股权变更登记。返还转让款因只涉及金钱故较为简单，但是股权的返还则不同，因为股权不仅包含财产利益，还包含非财产性利益。股东通过享有股权获得股东身份，不仅可以获得股利，还可以参与公司的经营管理，取得其他的权利和利益。若在合同解除前股权已经发生了变动，或者还未办理股权变更登记但受让股东已实际获取股权并参与了公司的经营，对于在此期间受让股东得到的股利等其他权利和利益的处理会较为复杂。因此，股权转让合同解除后的恢复原状，尤其是股权的恢复原状远比一般的合同恢复原状问题复杂，仅根据《合同法》第 97 条（作者注：现《民法典》第 566 条第 1 款）的规定实难处理。其次，股权转让合同解除后恢复原状意味着公司股东和股权的重新变动，尤其是对于已经部分履行的合同,若是受让人在解除前已经实际控制股权并参与了公司的管理和经营,此时恢复原状对于公司来说无异于股权的又一次转让和经营管理权的又一次更迭。在商事合同中,往往牵涉较多利益关联方,一宗交易的解除会对与其相关的多宗交易产生连锁影响。上述变化不仅影响合同当事人的权利义务关系,还会对公司、股东、案外第三人的权利义务产生重大影响。因此,在考量股权转让合同应否解除及恢复原状时需要考虑公司的状况,顾及公司的稳定性和人合性特征,而不是仅仅符合《合同法》(作者注:现《民法典》合同编)的解除条件即可解除,即使合同解除后也并非必须恢复原状。最后,作为股权转让合同的标的,股权的性质决定其以财产权为基本内容,但还包含有公司内部事务管理权等非财产权等内容,能否恢复原状取决于合同履行情况,根据合同的履行部分对整个合同义务的影响,如果当事人的利益不是必须通过恢复原状才能得到保护,则不一定采用恢复原状的做法。不应当仅从表面的形式,而应当综合合同性质、合同的履行情况、当事人的主观意图等案件的整体情况,在通过其他的方式进行补救更适宜的情况下,就不应当轻易地判决恢复原状。自案涉股权办理变更登记之日起至韩某实际控制公司的期间,社会成本和社会影响已倾注其中,本案纠纷涉及公司的稳定性和相关交易的稳定性,为避免公司内部出现新的不平衡、产生新的利益冲突和纠纷,为维护社会经济秩序,保护合法的交易安全,为维护公司稳定,在涉案60%股权变更登记及交接手续已经履行的情况下,宜维持韩某的股东地位,不宜判决返还股权。对于2011年1月11日双方已经办理了变更登记手续的60%股权,龚某要求恢复原状、返还股权的诉讼请求、原审法院不予支持并无不当。

六、股权转让合同受让方股东资格的取得

股权转让合同是引发股权变动的原因之一,属于股权的继受取得。股权转让合同签订和履行过程中,受让方何时取得股东资格,《公司法》并未明确规定,由此导致实务中争议不断。对于受让方何时取得股东资格的问题,可参见本书第一章第二节中“继受取得情形下股东资格的认定”的相关论述。

第三节　股东优先购买权的行使

股权转让分为对外转让和对内转让两种情况。股权对内可自由转让。对外转让时,为维系股东间的人合性及相互信任关系,《公司法》进行了相应的制度设置。

2018 年《公司法》第 71 条作了两项规定:一是赋予其他股东同意权。股东向股东以外的人转让股权,应当经其他股东过半数同意。二是赋予其他股东优先购买权。经股东同意转让的股权,在同等条件下,其他股东有优先购买权。但是,2018 年《公司法》设置的限制股权对外转让的双层模式属于重复赋权,赋予其他股东优先购买权本身包含了赋予其他股东同意权,其他股东放弃优先购买权意味着同意转让,反之为不同意转让。无论其他股东是否同意转让,其之后均可以再主张行使优先购买权,同意转让股东与反对转让股东的最终汇集点均在优先购买权的行使上,由此也导致实务中法院倾向于简化 2018 年《公司法》设计的程序和步骤,将先征求其他股东同意、后由其他股东行使优先购买权的模式,简化为由其他股东直接表示行使优先购买权。[1]

为此,为简化转让流程,鼓励交易,现《公司法》第 84 条第 2 款规定:“股东向股东以外的人转让股权的,应当将股权转让的数量、价格、支付方式和期限等事项书面通知其他股东,其他股东在同等条件下有优先购买权……”该款将股东对外股权转让的程序限制由同意权加优先购买权的双层模式变更为优先购买权的单层模式。

一、优先购买权的性质

优先购买权也称为先买权,指“法律赋予特定的民事主体享有的可以优先

---

〔1〕 参见王军:《实践重塑规制:有限公司股权转让限制规范检讨》,载《中国政法大学学报》2017 年第 6 期。

于他人购买某些特定财产的权利"[1]。关于优先购买权的性质,主要有两种观点:第一种观点认为,优先购买权是请求权,在同等条件下,受让方有权请求出让方向其转让股权。第二种观点认为,优先购买权属形成权,当优先购买权人主张行使该权利时,无须转让方承诺,便自动在二者之间达成合意,股权转让合同成立并生效。[2] 李建伟老师认为,上述两种观点均存在缺陷,请求权说构成强制缔约,形成权说导致双方直接成立合同关系。

优先购买权的立法目的在于维护有限公司的人合性,而非对股权转让自由作出限制,更不是为了保障其他股东取得转让方的股权。股东有转让股权的自由,也有不继续转让股权的自由,因此,其他股东享有的优先购买权不同于民法中其他类型的优先购买权,转让股东可以反悔,不因其他股东行使了优先购买权就必须继续转让其股权,如《公司法司法解释四》第20条明确规定:"有限责任公司的转让股东,在其他股东主张优先购买后又不同意转让股权的,对其他股东优先购买的主张,人民法院不予支持,但公司章程另有规定或者全体股东另有约定的除外。其他股东主张转让股东赔偿其损失合理的,人民法院应当予以支持。"根据该条规定,转让股东有权随时放弃转让,不受制于其他股东的同意,但是,其他股东为了行使优先购买权做了相应准备,如对外借款等,由此产生的合理损失,应由转让股东承担。

二、优先购买权的行使

(一)优先购买权的适用范围

优先购买权制度在于保障股东间人合性及相互信任关系。一般认为,有限责任公司具有人合性特征,股份公司具有资合性特征,因此,优先购买权规定于《公司法》第四章"有限责任公司的股权转让"第84条,优先购买权仅适用有限责任公司发生股权对外转让的情形。

---

〔1〕 赵旭东、衣小慧:《股东优先购买权中转让股东"反悔权"的证成与构建》,载《国家检察官学院学报》2021年第2期。

〔2〕 参见赵旭东、衣小慧:《股东优先购买权中转让股东"反悔权"的证成与构建》,载《国家检察官学院学报》2021年第2期。

(二)优先购买权的行使前提

《公司法》第84条第2款规定,股东向股东以外的人转让股权的,应当将股权转让的数量、价格、支付方式和期限等事项书面通知其他股东,其他股东在同等条件下有优先购买权。因此,优先购买权的行使前提是股东对外有偿转让了本公司股权。

1. 股东内部转让时,其他股东不享有优先购买权

有限责任公司股东之间具有信任基础,股东间内部转让,未引入外部第三方,股东之间的人合性未受到威胁,无适用优先购买权的余地,因此,股东内部转让时,其他股东不享有优先购买权。

实务中,股东对外转让时,为规避其他股东行使优先购买权,转让股东与外部第三人合谋以高价转让部分股权,其他股东认为转让单价过高,不行使优先购买权,外部第三人成为公司股东后,转让股东利用股东内部转让,其他股东不享有优先购买权的特点,将剩余股权再转让给第三人。作者认为,转让股东与第三人以恶意串通方式损害其他股东优先购买权的,应保障其他股东的优先购买权。但是《公司法司法解释四》第21条第2款规定,其他股东仅提出股权转让行为无效,但未同时主张行使优先购买权的,为保障股权的自由流通,不宜否定转让股东与外部第三人之间股权转让行为的效力。

2. 无偿变动公司股权时,其他股东不享有优先购买权

股东对外转让股权,属于有偿行为,如此才有可能对"同等条件"进行比较,如公司股权变动是无偿的,比如继承或赠与等情形,其他股东不享有优先购买权。

《公司法司法解释四》第16条规定:"有限责任公司的自然人股东因继承发生变化时,其他股东主张依据公司法第七十一条第三款规定行使优先购买权的,人民法院不予支持,但公司章程另有规定或者全体股东另有约定的除外。"根据该条规定,股东资格继承时,原则上排出优先购买权的适用,但亦可作出另外规定。

全体股东另有约定,说明是全体股东身前一致同意,属于全体股东协议,对全体股东具有约束力。公司章程作出另外规定的,需注意两点:一是公司章程

作出该规定的形成时间。公司章程应形成在股东死亡之前。股东死亡之前，无论初始章程还是嗣后章程，就股东继承时的优先购买权行使作出另外规定，不会造成股东利益的实质性影响，即使按资本多数决通过章程修正案，也表明对股东资格继承的不同规定已有较为深厚的公司内部民意基础，应认定有效。二是公司章程作出的另外规定是否平等对待所有股东，如另外规定系针对部分股东作出的限制，违反了股东平等原则，应认定无效。[1]

股权赠与时，赠与人向受赠人赠与公司股权，通常带有情感因素，而且受赠人系无偿取得，无法对“同等条件”作出比较，因此，股权赠与时，其他股东不享有优先购买权。但是，实务中，转让股东为了规避其他股东行使优先购买权，在形式上采用赠与，实际上却为有偿转让。因转让行为发生在转让方与受让方之间，转让股东是否收取了对价，其他股东无从知晓。因此，作者认为，如其他股东就股权赠与提出合理怀疑，赠与人应就其向受赠人赠与公司股权提出合理解释和举证，否则不应排除其他股东的优先购买权。

3. 非公司层面发生股权转让，其他股东不享有优先购买权

优先购买权制度是为了维护本公司股东间的人合性，如股权交易并不发生在公司层面，而是公司股东的股东发生了股权转让，其他股东是否享有优先购买权，《公司法》并未规定。

有代表性的案例是2011年的“上海外滩地王案”。该案基本情况如下：为共同开发上海外滩某幅土地，复星公司、绿城合升公司和证大五道口公司投资设立一项目公司，即海之门公司。绿城公司持有绿城合升公司100%股权，证大公司持有证大五道口公司100%股权。复星公司、绿城合升公司和证大五道口公司三方特约，非经他方书面同意，任何一方不得转让其对海之门公司所持股权。在征求复星公司同意而未有回应的情况下，SOHO中国另辟蹊径，通过直接收购绿城合升公司、证大五道口公司的方法，间接取得了海之门公司的股权。后复星公司以其优先购买权受有侵害为由，提起诉讼。2013年4月24日，上海市第一中级人民法院以《合同法》第52条第3项（作者注：现《民法典》第146

〔1〕参见杜万华主编、最高人民法院民事审判第二庭编著：《最高人民法院公司法司法解释（四）理解与适用》，人民法院出版社2017年版，第357页。

条)为判决依据认为,系争交易属"以合法形式掩盖非法目的",应为无效。[1]该案二审以调解方式结案。

该案例中,在海之门公司层面,绿城合升公司、证大五道口公司并未向SOHO中国转让其持有的海之门公司股权,因此,按《公司法》规定,复星公司并不享有优先购买权,但一审法院以"以合法形式掩盖非法目的",认定SOHO中国收购行为无效,无论在理论界还是实务界都存在争议。作者认为,《公司法》未规定优先购买权可以穿透适用,因此在非公司层面发生的股权转让,其他股东不应享有优先购买权。

(三)优先购买权的行使主体

根据《公司法》第84条第2款的规定,其他股东在同等条件下有优先购买权。因此,优先购买权的主体限于公司其他股东。

存在的问题是,其他股东无力购买时,转让股东有权继续对外转让,导致其他股东并不了解的第三人加入公司,公司人合性受损。基于这种情况,《公司法》应规定股东优先购买权的主体包括其他股东或其他股东指定的第三方,如此既可以维护公司人合性,新加入第三人是股东认可的主体,也保障了转让自由。在法律未作规定的情况下,公司章程可就优先购买权的行使主体作出"另有规定"。

(四)优先购买权的通知

根据《公司法》第84条第2款的规定,其他股东应自接到股东请求其他股东行使优先购买权的书面通知之日起30日内未答复,是否行使优先购买权。

2018年《公司法》第71条规定,股东对外转让股权时,需完成通知两次。第一次是转让股东告知其他股东自己拟对外转让股权,并征求其他股东就股权

---

[1] 参见楼秋然:《优先购买权、法律规避与独立法律意义——以"上海外滩地王案"为分析视角》,载微信公众号"商法界"2018年6月9日,https://mp.weixin.qq.com/s?src=11&timestamp=1687087319&ver=4598&signature=0jZ7vlsZc1SdntLdt8boZIf-80QOjeFFiL1hofRDTvKWdMONxzGbl58cLx3Hnei3zDzaXinnc4mSxJVtsNNfFnyrKmk7ppfCl-Xe-bahu92gPk-LYuGp24JLXVjzjs4i&new=1。

转让的意见;第二次是在转让股东与第三方确定交易条件后,告知其他股东交易条件,并征求其他股东是否行使优先购买权的意见。因存在重复赋权等问题,现《公司法》仅规定了一次通知,即转让股东应以书面形式通知其他股东,通知内容应是股权转让的同等条件,包括转让数量、价格、支付方式和期限等,并征求其他股东是否行使优先购买权的意见。

《公司法》第 84 条第 2 款规定的通知形式限于书面,其他通知形式效力如何,存在疑问。《公司法司法解释四》第 17 条第 2 款规定"以书面或者其他能够确认收悉的合理方式"通知的均可,《公司法》修订后,《公司法司法解释四》第 17 条第 2 款尚未修改,其他通知方式是否能够得到法院认可,尚需司法实践明确。

(五)优先购买权行使时"同等条件"的理解

优先购买权的行使应基于"同等条件",只有其他股东购买转让股权的条件等于或优于外部第三人提出的条件,其他股东才可以行使优先购买权。因实践中对"同等条件"的理解不同,造成转让股东与第三方设定特殊但无实质价值的交易条件,以此排除其他股东的优先购买权;同时也存在其他股东滥用"同等条件",排除转让股东与第三人之间特殊的交易基础,造成转让股东无法正常对外转让,权利受到实质损害的情形。因此,有必要明确"同等条件"的具体内容,合理平衡股东间以及股东与外部受让方间的合法利益。[1]

《公司法》第 84 条第 2 款规定了判断同等条件时应考量的因素。《公司法司法解释四》第 18 条规定:"人民法院在判断是否符合公司法第七十一条第三款及本规定所称的'同等条件'时,应当考虑转让股权的数量、价格、支付方式及期限等因素。"上述规定列举了股权转让的数量、价格、支付方式及期限共 4 项作为判定"同等条件"的考量因素,并以"等"字作为法院判定其他因素的依据。

股权转让数量是股权转让合同的核心条款。股东依据持股比例行使表决权,持股数量越多,参与公司决策的话语权越大,股权价值越高。因此,不同比

〔1〕 参见杜万华主编、最高人民法院民事审判第二庭编著:《最高人民法院公司法司法解释(四)理解与适用》,人民法院出版社 2017 年版,第 416 页。

例股权对应不同的股权价值。对于转让方而言,整体出售股权可实现价值最大化,从这个角度而言,其他股东的优先购买权不得部分行使,即要求转让股东向其出售部分股权,其余部分再向第三方出售,第三方基于受让股权数量的变化,可能放弃购买,由此导致转让股东实质利益受损,变相限制了转让股东的财产处置行为。

转让股东对外转让股权的核心目的在于取得股权转让款,因此股权转让的价格、支付方式及期限对转让股东至关重要,是转让股东的核心利益,应作为判定"同等条件"的考量因素。

除《公司法司法解释四》第 18 条明确列举的 4 项考量因素外,因商事交易的复杂性,转让股东与第三方之间交易可能存在其他交易条件,这些交易条件是否纳入"同等条件"的考量,作者认为应考虑以下几点:(1)从转让股东的核心利益出发,转让股东出售股权是为了经济利益,如转让股东从其他股东取得的股权转让对价不低于外部第三人,应保障其他股东的优先购买权,至于第三人身份、是否与转让股东存在亲属关系、经营规模以及商业名誉等,如与转让对价的取得无关,不应作为"同等条件";(2)对于"同等条件"的衡量应当关注相关义务是否会实质性影响转让股东的利益。[1]

(六)优先购买权的行使期限

转让股东与第三人确定交易条件,并告知其他股东后,其他股东如迟迟不行使优先购买权,会导致转让股东无法与第三人正常进行交易。为保障转让股东对转让效率的合理期待利益,应限定其他股东优先购买权的行使期限,逾期行使的,其他股东不再享有优先购买权。

根据《公司法》第 84 条第 2 款的规定,其他股东自接到书面通知之日起 30 日内行使,否则视为放弃优先购买权。《公司法》第 84 条第 3 款规定:"公司章程对股权转让另有规定的,从其规定。"优先购买权的行使期限属于商业判断,首先应交由股东间自行决定。如公司章程对优先购买权的行使期限作出规定,

---

〔1〕 参见杜万华主编、最高人民法院民事审判第二庭编著:《最高人民法院公司法司法解释(四)理解与适用》,人民法院出版社 2017 年版,第 399 页。

应优先适用，但不得低于法律规定的最低30天时限。

该30日自其他股东收到转让股东书面通知之日起算，不适用中断、中止或延长。转让股东的书面通知应包含与第三方达成的交易条件，其他股东知晓转让股东与第三方的交易条件，是其决定是否行使优先购买权的前提，如转让股东的书面通知未包含交易条件或交易条件不完整，构成无效通知，不得作为优先购买权行使期限的起算起点。

其他股东行使优先购买权，应向转让股东作出优先购买意思表示，如语焉不详地答复"不放弃优先购买权"，但拒绝或拖延告知是否要求优先购买，应视为放弃行使优先购买权。[1] 因此，《公司法司法解释四》第19条规定：有限责任公司的股东主张优先购买转让股权的，应当在收到通知后，在公司章程规定的行使期间内提出购买请求。"购买请求"即是要求行使优先购买权的明确意思表示。

（七）优先购买权在特殊情形下的适用

优先购买权的适用前提是公司股东对外转让股权，但在强制执行程序、股权拍卖及在产权交易所转让国有股权时，优先购买权是否适用以及如何行使，存在争议。因此，《公司法》及其司法解释作出了相应规定。

在强制执行程序中，《公司法》第85条规定："人民法院依照法律规定的强制执行程序转让股东的股权时，应当通知公司及全体股东，其他股东在同等条件下有优先购买权。其他股东自人民法院通知之日起满二十日不行使优先购买权的，视为放弃优先购买权。"

在股权拍卖或在产权交易所转让国有股权时，《公司法司法解释四》第22条规定："通过拍卖向股东以外的人转让有限责任公司股权的，适用公司法第七十一条第二款、第三款或者第七十二条规定的'书面通知''通知''同等条件'时，根据相关法律、司法解释确定。在依法设立的产权交易场所转让有限责任公司国有股权的，适用公司法第七十一条第二款、第三款或者第七十二条规定

〔1〕 参见杜万华主编、最高人民法院民事审判第二庭编著：《最高人民法院公司法司法解释（四）理解与适用》，人民法院出版社2017年版，第431页。

的‘书面通知’‘通知’‘同等条件’时,可以参照产权交易场所的交易规则。”根据该条规定,股东通过拍卖对外转让股权以及在依法设立的产权交易场所转让国有股权的,其他股东均享有优先购买权。

第九章

公司决议纠纷

公司作为法人组织，不具有自然人那样的生理机能，能够自主表达意思，公司必须通过其组织机构表达思维和实施行为。公司法定组织机构包括股东会、董事会（董事）、监事会（监事）或审计委员会以及法定代表人，其中股东会是意思形成机构、董事会（董事）是实施和执行机构、监事会（监事）或审计委员会是监督机构。上述公司组织机构治理公司主要是通过各种“会议”作出决议。

“会议”是团体法律行为，对利害关系方具有法律约束力，因此“会议”的程序或内容需符合法律规定或公司章程，否则，利害关系方有权提起诉讼。为依法保障利害关系方诉权，2020 年《民事案件案由规定》确定了三级案由“270. 公司决议纠纷”，并进一步细分为两个四级案由：公司决议效力确认纠纷与公司决议撤销纠纷。《最高人民法院新民事案件案由规定理解与适用》将其释义为：“公司决议纠纷，是指公司股东会或者股东会、董事会决议的内容违反法律、行政法规的，股东会或者股东会、董事会的会议召集程序、表决方式违反法律、行政法规或者公司章程的，或者决议内容违反公司章程的，股东向人民法院提起诉讼，要求确认股东会或者股东会、董事会决议的效力或者撤销股东会或股东会、董事会决议引发的纠纷。”[1]

公司决议属于民事法律行为，[2]民事法律行为分为可撤销、不成立与无效

〔1〕 参见杨万明主编、最高人民法院研究室编著：《最高人民法院新民事案件案由规定理解与适用》（下册），人民法院出版社 2021 年版，第 752 页。

〔2〕 《民法典》第 134 条第 2 款规定，法人、非法人组织依照法律或者章程规定的议事方式和表决程序作出决议的，该决议行为成立。

三类。与此对应，公司决议也分为无效决议、不成立决议与可撤销决议三类。无效决议及不成立决议，均涉及决议效力问题，属于公司决议效力确认纠纷范畴，可撤销决议属于公司决议撤销纠纷范畴。

需要注意的是，公司决议纠纷的对象是股东会决议与董事会决议，并不包括监事会决议。监事会是公司法定组织结构，参与公司的监督，《公司法》第 78 条规定了监事会（监事）权限，如监事会决议存在瑕疵，可以参照董事会决议的处理，赋予相应主体请求撤销监事会决议或确认监事会决议无效或不存在。

第一节　公司决议纠纷诉讼指引

一、诉讼主体

（一）原告

1. 决议无效之诉及不成立之诉的原告

《公司法》第 25 条规定，公司股东会、董事会的决议内容违反法律、行政法规的无效。《公司法司法解释四》第 1 条规定，公司股东、董事、监事等请求确认股东会、董事会决议无效或者不成立的，人民法院应当依法予以受理。

根据上述规定，《公司法》并未限定决议无效之诉的原告，后《公司法司法解释四》基于公司理论发展和司法实务，将决议无效之诉及不成立之诉的原告限定于“公司股东、董事、监事等”。因此，公司股东、董事与监事是适格原告。但“等”指哪些主体，《公司法司法解释四》并未进行明确。按李建伟教授的观点，“等”可分为两个角度理解，“等内”和“等外”。“等内”是指与前述列举的公司股东、董事、监事属于同一性质的人员，公司高级管理人员与公司股东、董事、监事均属于公司内部人士，应为适格原告。“等外”是指与公司股东、董事、监事不属于同一性质人员，是公司外部人士，主要包括公司员工与债权人。

《公司法司法解释四》起草过程中，曾建议将高级管理人员、职工和债权人作为适格原告设置在《公司法司法解释四》第1条第2款,[1]但有观点认为,公司决议属于公司经营管理的内部事务,应当严格按照内外有别的原则,仅允许股东、董事、监事就公司决议效力提起确认之诉,以防止对公司正常经营秩序的过度干扰,否则,公司将疲于应付各种决议效力诉讼,而无法专心于公司经营,[2]最终《公司法司法解释四》采取了折中的思路,明确了公司股东、董事与监事三类适格原告,又通过"等"字给司法实践探索留下了空间。[3]

公司高级管理人员、员工与债权人要成为决议无效之诉和不成立之诉的适格原告,应与公司决议具有直接利害关系。何为直接利害关系?《公司法司法解释四》起草过程中,曾建议将直接利害关系界定为,"依据公司法、公司章程的规定或者合同的约定享有参与或者监督公司经营管理的权利",其实质含义在于,公司高级管理人员、员工与债权人的权益直接受到决议的侵害。[4] 如《郑州市中级人民法院公司决议纠纷审判指引》(郑中法〔2020〕103号)第3条规定:"公司股东以外的民事主体起诉请求确认公司决议无效或不成立、申请撤销公司决议的,应立案受理,但是经审查如原告提交证据不能证明公司决议侵害其利益且公司决议具有对外效力的,应当驳回起诉。"又如(2020)沪01民终10299号案,陈某东提起该案诉讼,请求法院判令2015年1月作出的《董事会决议》无效。根据《公司法司法解释四》第1条以及《民事诉讼法》第119条(作者注:现《民事诉讼法》第122条)之规定,因为陈某东不是可口可乐公司股东、董事、监事,陈某东能否作为原告请求确认股东会、董事会决议无效,取决于其是否与股东会、董事会决议有直接利害关系。陈某东认为其为与本案系争董事会决议的利害关系人,主要理由是其之所以与可口可乐公司解除劳动合同,是因为可口可乐公司2015年1月作出的《董事会决议》导致陈某东任职岗位被撤

〔1〕 参见杜万华主编、最高人民法院民事审判第二庭编著:《最高人民法院公司法司法解释(四)理解与适用》,人民法院出版社2017年版,第28页。

〔2〕 参见杜万华主编、最高人民法院民事审判第二庭编著:《最高人民法院公司法司法解释(四)理解与适用》,人民法院出版社2017年版,第51页。

〔3〕 参见杜万华主编、最高人民法院民事审判第二庭编著:《最高人民法院公司法司法解释(四)理解与适用》,人民法院出版社2017年版,第52页。

〔4〕 参见杜万华主编、最高人民法院民事审判第二庭编著:《最高人民法院公司法司法解释(四)理解与适用》,人民法院出版社2017年版,第29页。

销,以至于不能同可口可乐公司恢复劳动关系。在关联案件(2018)沪 01 民终 3991 号生效民事判决中,法院已经判决陈某东、可口可乐公司之间的劳动关系于 2017 年 4 月 20 日终结;可口可乐公司也因违法解除劳动合同而根据法院生效判决向陈某东实际支付了相应的赔偿金、经济补偿金等款项。因此现陈某东与可口可乐公司的董事会决议没有直接利害关系。原审法院裁定驳回起诉,并无不妥。

《公司法司法解释四》第 2 条规定,可撤销之诉的原告在起诉时应具有股东资格,但第 1 条关于决议无效之诉及不成立之诉原告的规定,并未限定于起诉时原告应具有相应的身份,如原告起诉时,已不是公司股东、董事或监事,如何处理?《公司法司法解释四》第 1 条使用公司股东、董事与监事的表述,即表明原告应具有相应身份,如起诉时不具有相应身份,不能称为公司股东、董事与监事等,因此,决议无效之诉及不成立之诉的原告在起诉时应具有股东、董事与监事等身份,否则法院会以主体不适格驳回起诉。但是,决议涉及剥夺股东资格或解除董事、监事职务决议时,原股东、董事或监事有权提起决议无效之诉及不成立之诉,[1] 如(2018)渝 02 民终 457 号案,关于李某营的主体资格问题。中南石油公司上诉主张李某营已因案涉股东会决议的作出而被罢免,失去了中南石油公司董事长及董事的身份。对此,法院经审查认为,李某营正是基于案涉股东会决议的作出侵犯其权利而提起诉讼,只有在案涉股东会决议成立的前提下,李某营才不具备中南石油公司董事长及董事身份,因此,在该案生效民事判决作出前,李某营仍然是中南石油公司的董事长及董事,且至今中南石油公司工商登记的法定代表人仍为李某营。中南石油公司还上诉主张即使李某营因与案涉股东会决议的形成具有诉的利益而成为适格主体,李某营亦仅能就涉及其利害关系的决议内容申请撤销,而不能请求确认整个股东会决议不成立。对此,法院审查认为,《公司法司法解释四》第 1 条的规定针对的是整个股东会决议的内容,李某营请求确认案涉股东会决议全部内容不成立符合法律规定。

---

〔1〕 参见杜万华主编、最高人民法院民事审判第二庭编著:《最高人民法院公司法司法解释(四)理解与适用》,人民法院出版社 2017 年版,第 30 页。

2. 决议撤销之诉的原告

《公司法》第26条第1款规定："公司股东会、董事会的会议召集程序、表决方式违反法律、行政法规或者公司章程，或者决议内容违反公司章程的，股东自决议作出之日起六十日内，可以请求人民法院撤销。但是，股东会、董事会的会议召集程序或者表决方式仅有轻微瑕疵，对决议未产生实质影响的除外。"《公司法司法解释四》第2条规定，依据《民法典》第85条、《公司法》第22条第2款（作者注：现《公司法》第26条第1款）请求撤销股东会或者股东大会、董事会决议的原告，应当在起诉时具有公司股东资格。根据上述法律规定，认定决议撤销之诉的原告需注意以下事项。

（1）决议撤销之诉的原告仅限于公司股东，不包括实际出资人

实际出资人与名义股东之间存在委托投资法律关系，实际出资人要成为公司股东，需经公司其他股东半数以上同意。未履行上述手续之前，实际出资人不是公司股东，无权提起决议撤销之诉，如（2021）京01民终6588号案，法院认为，该案的争议焦点在于谷某忠在提起一审诉讼时是否具备热力公司股东资格。谷某忠上诉称其具有热力公司股东身份，是适格的一审原告。对此法院认为，根据《公司法司法解释四》第2条规定："依据民法典第八十五条、公司法第二十二条第二款请求撤销股东会或者股东大会、董事会决议的原告，应当在起诉时具有公司股东资格。"该案中，根据调查可知，谷某忠不是热力公司的显名股东，且未实际参与公司的经营。谷某忠虽主张其已出资认购1.2万元股份，但其已通过《委托协议书》交由杨某波代其持有股份、登记于股东名册并参与公司决策，应视为其自愿承受由杨某波行使其股权的后果。一审法院在综合考虑了热力公司关于股东的公司章程和工商登记情况、《委托协议书》内容以及谷某忠是否实际参与经营的情况的基础上，认定谷某忠并非该案适格的原告，进而裁定驳回谷某忠的起诉，于法有据，法院予以确认。

但是，实际出资人能够提供证据证明有限责任公司过半数的其他股东知道其实际出资的事实，且对其实际行使股东权利未曾提出异议的，应赋予实际出资人提起决议撤销之诉的权利，上述案例中，法院在论述实际出资人的原告资格时，也将实际出资人是否参与公司经营作为考虑因素。

（2）决议撤销之诉的原告仅限于公司股东，不包括公司董事、监事、高级管理人员或其他主体

公司决议存在瑕疵，不仅关涉股东利益，对董事、监事等其他主体也会产生影响。例如，董事或高级管理人员的解聘决议存在瑕疵，与董事、高级管理人员具有利害关系，但因决议撤销之诉仅涉及程序瑕疵，与决议无效、不成立相比，瑕疵相对轻微，且决议是团体法律行为，为避免其他主体任意提起决议撤销之诉影响公司决策及为保障法律关系稳定，我国《公司法》第26条第1款及《公司法司法解释四》第2条限定决议撤销之诉的原告仅能是公司股东。

（3）原告在提起决议撤销之诉时应具有股东资格

《公司法》第26条第1款的规定旨在矫正公司决议瑕疵，维护正当的公司治理机制，在提起诉讼时已不是公司股东，与公司治理决议瑕疵解决与否已没有利害关系，不应通过决议撤销之诉维护其自身权益，如因决议受到损害，可通过其他方式寻求救济。

股东提起决议撤销之诉后，诉讼过程中转让股权的，法院应如何处理？《公司法司法解释四》（2006年征求意见稿）第2条曾规定，案件受理后原告不再具有公司股东身份的，法院应当驳回起诉。《公司法司法解释四》最终未采纳该规定，说明该规定并不完善。有观点认为，为保障诉讼程序稳定和当事人恒定，根据《民事诉讼法司法解释》第249条第1款规定："在诉讼中，争议的民事权利义务转移的，不影响当事人的诉讼主体资格和诉讼地位……"诉讼过程中，股东转让全部股权的，不影响原告的诉讼主体资格。[1]

（4）提起决议撤销之诉的股东不受持股比例、有无表决权、持股期限、是否出席会议等情况限制

股东请求法院撤销存在瑕疵的决议，是一项法定的、独立的股东权利，不存在持股比例大小、表决权有无以及持股期限长短等限制。[2]

实务中，存在争议的是，如股东出席了股东会，并投了赞成票，之后是否有

---

〔1〕 参见杜万华主编、最高人民法院民事审判第二庭编著：《最高人民法院公司法司法解释（四）理解与适用》，人民法院出版社2017年版，第65页。

〔2〕 参见杜万华主编、最高人民法院民事审判第二庭编著：《最高人民法院公司法司法解释（四）理解与适用》，人民法院出版社2017年版，第60页。

权提起决议撤销之诉？有观点认为，投赞成票的股东另行提起撤销之诉违反了“禁反言”的原则，有悖诚信，具有不合理性，其无权提起决议撤销之诉；也有观点认为，对于会议瑕疵问题，股东并非能够在表决之时即已全部明确知晓，因股东不一定参与公司经营，未必能够在会议之时作出明确判断，不应就其投票情况的差异而对股东诉权作出限制。[1] 作者认为，对决议投了赞成票的股东，仍有权提起决议撤销之诉，但经法院查明，在股东充分知晓瑕疵后仍投了赞成票，应驳回其诉讼请求。

3. 共同原告

公司决议一经形成即推定有效，对相关内部主体产生约束力，并对相关外部主体权益产生影响，为防止原告与被告串通，通过虚假诉讼损害其他主体权益，针对无效之诉、不成立之诉以及决议撤销之诉，《公司法司法解释四》第 3 条第 2 款规定，一审法庭辩论终结前，其他有原告资格的人以相同的诉讼请求申请参加前款规定诉讼的，可以列为共同原告。

（二）被告

《公司法司法解释四》第 3 条第 1 款规定，原告请求确认股东会或者股东大会、董事会决议不成立、无效或者撤销决议的案件，应当列公司为被告。

公司决议虽由股东会或董事会作出，但它们仅是公司内部的组织机构，如自然人之“大脑”，非独立的民事主体，不具备民事诉讼的主体资格，而且决议一旦形成，即脱离参与表决的股东或董事的个人意思，成为团体意志、公司意思，法律结果归属于公司，故公司是公司决议纠纷的唯一适格被告。

（三）第三人

《公司法司法解释四》第 3 条第 1 款规定，对决议涉及的其他利害关系人，可以依法列为第三人。

公司决议对股东、董事、监事、高级管理人员等内部人员具有约束力。同

---

〔1〕 参见杜万华主编、最高人民法院民事审判第二庭编著：《最高人民法院公司法司法解释（四）理解与适用》，人民法院出版社 2017 年版，第 61 页。

时，公司根据决议采取的后续行为也会影响第三人，例如，公司决议同意为他人提供担保，会影响公司债权人利益的实现。因此，实务中，公司决议诉讼的第三人主要包括两类：一是持与原告诉讼请求相反或对原告诉讼请求无所谓的股东、董事等内部人员；二是与公司决议有利害关系的外部人员，如公司债权人、股东会新选举的未就职的董事等。第三人可申请参加诉讼或由人民法院通知其参加诉讼。

二、管辖

《民事诉讼法司法解释》第 22 条规定："因股东名册记载、请求变更公司登记、股东知情权、公司决议、公司合并、公司分立、公司减资、公司增资等纠纷提起的诉讼，依照民事诉讼法第二十七条规定确定管辖。"根据该条规定，公司决议纠纷由公司住所地法院管辖。如（2021）津民辖 10 号案，法院认为，《民事诉讼法》第 26 条（作者注：现《民事诉讼法》第 27 条）规定，因公司设立、确认股东资格、分配利润、解散等纠纷提起的诉讼，由公司住所地人民法院管辖。《民事诉讼法司法解释》第 3 条规定，法人或者其他组织的住所地是指法人或者其他组织的主要办事机构所在地。法人或者其他组织的主要办事机构所在地不能确定的，法人或者其他组织的注册地或者登记地为住所地。该案中，现有证据不能证明天津融进公司的主要办事机构所在地在安徽省巢湖市人民法院辖区，其注册地位于天津市津南区××区，天津市津南区人民法院具有管辖权。天津市津南区人民法院以无管辖权为由将案件移送安徽省巢湖市人民法院的处理欠妥。

公司决议纠纷是否可以提起仲裁？根据《公司法》第 28 条以及《公司法司法解释四》第 5 条的规定，决议无效、不成立或撤销由人民法院决定，因此，公司决议纠纷应由法院裁决，不得提交仲裁结果审理。但也有观点认为，公司决议属于民事法律行为，根据《民法典》第 147 条至第 151 条的规定，法院或仲裁机构均有权对民事法律行为的效力作出认定，因此，如果股东事先在公司章程中约定了仲裁条款或另行达成了仲裁管辖的合意，应允许当事人通过申请仲裁的方式撤销相关公司决议。[1]

三、诉讼请求

（一）诉讼请求

公司决议诉讼，原告的诉讼请求一般为请求法院确认决议无效、不成立或撤销某项决议。如公司基于作出的决议实施了相应的变更行为，原告可以在提起公司决议诉讼的同时，一并请求撤销公司变更行为。

如公司决议造成他人损失，因公司决议是原因行为，原告在提起其他诉讼请求的同时，可以同时提起公司决议相关诉讼，法院应一并审理，如（2020）京民辖终121号案，法院认为，关于阿尔法利公司在该案提出的两项诉讼请求是否可以在一案审理问题。阿尔法利公司以损害股东利益责任纠纷案由提起该案诉讼，认为ATA公司以不合理价格转让全美在线侵害了其作为小股东的权益，故主张ATA公司转让全美在线的董事会决议无效进而要求赔偿。公司决议系当事人诉请赔偿的原因行为，与实体处理结果存在牵连关系，即使当事人不单独提起确认公司决议无效的诉讼请求，而是作为诉讼理由直接主张赔偿损失，法院实体审理中亦需对公司决议或当事人求偿的原因行为进行判断。故该案中，强制将当事人的诉求拆分为两个案件处理并不具有合理性和必要性，一审法院分案处理方式错误，应予以纠正。

原告能否提请法院确认某项决议有效呢？《公司法》及其司法解释对此并未规定，司法实务中的观点不一。有观点认为，决议作出即推定有效，无须司法确认，司法机关不宜介入公司内部事务中，[2]如《北京市高级人民法院关于审理公司纠纷案件若干问题的指导意见》（2008年）第10条规定："股东仅请求确认股东会决议、董事会决议有效的，人民法院裁定不予受理。"又如（2018）闽民终397号案，法院认为，《公司法》及其他法律法规均未规定股东有权提起确认股东会决议有效之诉。《公司法》在此问题上的规定，旨在赋予可能受瑕疵决议

---

〔1〕 参见杜万华主编、最高人民法院民事审判第二庭编著：《最高人民法院公司法司法解释（四）理解与适用》，人民法院出版社2017年版，第118页。

〔2〕 参见俞巍：《股东请求确认股东会决议有效的诉讼不宜受理》，载《法学》2008年第9期。

损害的股东行使法定的股东救济权利，以保护其合法利益。但如果该股东不主动依据《公司法》的上述规定提起诉讼，法院则不应通过国家强制力直接干预公司自治范畴内的事务。该案中，2014 年 10 月 17 日的临时股东会是应丰润公司的提议召开的，丰润公司参会并表决通过了股东会决议。会后，天福公司也已就该股东会决议事项办理了相应的工商变更登记。丰润公司、天福公司对讼争股东会决议的效力并无异议，陈某也未主动诉请确认股东会决议无效。因此，丰润公司在该案中要求确认股东会决议有效，不符合法院受理民事案件的条件且缺乏相应的法律依据。

也有观点认为，原告与确认决议有效之诉之间具有诉的利益，既然可以对瑕疵决议提起诉讼，对有效决议亦可提起确认之诉，以使法律关系处于确定状态，如（2019）黑民再 90 号案，黑龙江省人民检察院抗诉认为，牡丹江市中级人民法院（2017）黑 10 民再 14 号民事判决判决确认印刷总厂第三届第五次临时股东会议决议、第四届第一次董事会决议合法有效属于适用法律错误。该案原告项某元等 6 人请求确认印刷总厂第三届第五次临时股东大会决议及第四届第一次董事会决议有效，而并非法律规定的确认无效或者不成立，其请求不符合法律的相关规定，不属于法院的受案范围。黑龙江省高级人民法院认为，关于该案是否归属人民法院受案范围问题。项某元等 6 人以印刷总厂为被告提起的请求确认公司决议效力纠纷案，其性质属确认之诉。依民事诉讼法原理，确认之诉系指原告要求人民法院确认某一法律关系存在或不存在的诉，其包括确认有关行为有效或者确认有关行为无效的诉。《公司法司法解释四》第 1 条规定，股东、董事、监事有权提起诉讼，请求确认股东大会决议无效或者不成立。对该规定作通常解读，并不能得出人民法院对股东、董事、监事请求确认股东大会决议有效的案件不能受理的结论。该案中，印刷总厂 2015 年 4 月 18 日第三届第五次股东大会及第四届第一次董事会决议作出后，印刷总厂认为上述决议无效，拒绝履行。双方之间对上述决议是否有效存在争议，项某元等 6 人提起诉讼请求确认决议有效，具有诉的利益，原审法院受理与法有据、并无不当。

作者赞成原告有权提起确认决议有效之诉，首先，决议一旦作出，即推定有效，但公司作为民事主体，并非司法机关，公司决议并不具有法律意义上的最终效力，原告可随时提起决议无效或不成立之诉，公司决议形成的法律关系处于不稳定状态;其次,公司决议往往并不会被其他政府部门当然认可,如要得到执行,需由法院判决确认。如《公司法司法解释三》第17条规定了股东资格除名制度,对于未履行出资义务或者抽逃全部出资的股东,公司可以股东会决议解除该股东的资格。股东会作出了解除股东资格的决议,公司凭借该股东会决议至市场监管部门办理公司股东变更登记,市场监管部门往往并不认可股东会解除股东资格的决议,需要提供法院生效判决。如法院不受理确认决议有效之诉,股东资格除名决议的效力始终处于不确定状态,公司无法完成相应的公示登记变更,如(2018)川民申511号案,2016年10月16日《股东会决议》除名了王某玲的股东资格。四川省高级人民法院认为,关于石某金能否提起决议有效之诉的问题。判断原告能否提起确认股东会决议有效之诉的关键在于原告对此是否具有诉的利益。诉的利益是指当事人所提起的诉中应具有的法院对该诉讼请求作出判决的必要性和实效性。就该案而言,原告石某金起诉要求确认2016年10月16日《股东会决议》有效,被告金翔公司及第三人王某玲在该案诉讼中均对决议效力提出异议,原告与被告、第三人之间的主张形成对抗,人民法院有必要对案涉股东会决议是否有效作出认定。且《公司法》和《民事诉讼法》并未将确认股东会决议有效之诉排除在法院的受理范围之外,在金翔公司未能按照股东会决议的内容办理相应的工商变更登记手续、《股东会决议》的履行存在障碍的情形下,石某金的利益无法得到保障,其提起该案诉讼要求确认案涉股东会决议有效具有诉的利益,符合人民法院立案条件,一审法院受理本案并无不当。

如公司一直不召开会议,原告能否提请法院要求公司召开公司会议呢?有观点认为,司法对公司治理的适度介入具有正当性和必要性,承认股东关于会议召集的可诉性,是调整公司内部治理结构失灵、为非控股股东行使共益权创造条件的重要保证。[1] 也有观点认为,公司是否决定召开会议本质上属于公司内部治理问题,司法应当尽量避免干预,《公司法》已经对会议的召开作了比较完善的程序性规定,再允许通过诉讼程序赋予所有股东对股东会的召集权是对

〔1〕 参见最高人民法院民事审判第二庭编著:《〈全国法院民商事审判工作会议纪要〉理解与适用》,人民法院出版社2019年版,第233页。

《公司法》现行规定的突破。[1] 对此,《九民会议纪要》第 29 条作出了明确规定:“公司召开股东(大)会本质上属于公司内部治理范围。股东请求判令公司召开股东(大)会的,人民法院应当告知其按照《公司法》第 40 条或者第 101 条规定的程序自行召开。股东坚持起诉的,人民法院应当裁定不予受理;已经受理的,裁定驳回起诉。”根据上述规定,原告不能请求法院召开股东会,同理,也无法提请法院召开董事会。

(二)诉讼请求的合并

如对同一个公司决议,部分股东或董事认为属于可撤销决议,其他人认为决议不成立,诉讼请求并不相同,法院应如何处理?因诉讼标的是同一的,就同一个决议而言,不应当同时存在有效、撤销、无效及不成立几种情形。为防止同一决议的效力存在不同的裁决结果,应当合并审理,一并查明,确定决议效力。[2]

(三)诉讼请求的释明

原告对瑕疵决议的认识存在错误,本应提起决议撤销之诉的情况下提起了决议不成立或无效之诉,会导致再次起诉时决议撤销之诉的期限届满,无法再提起决议撤销之诉,这种情况下,法院应主动释明,告知原告可变更诉讼请求,然后由法院按变更后的诉讼请求继续审理。

四、公司决议诉讼的行为保全

公司决议作出后,对公司及相应主体具有约束力,公司应按照决议实施。如原告对公司决议有异议,提起了公司决议诉讼,因从立案、法院作出最终判决到执行的周期长,公司决议可能已执行完毕,如《市场主体登记管理条例》第 24 条第 1 款规定:“市场主体变更登记事项,应当自作出变更决议、决定或者法定

---

〔1〕 参见最高人民法院民事审判第二庭编著:《〈全国法院民商事审判工作会议纪要〉理解与适用》,人民法院出版社 2019 年版,第 234 页。

〔2〕 参见杜万华主编、最高人民法院民事审判第二庭编著:《最高人民法院公司法司法解释(四)理解与适用》,人民法院出版社 2017 年版,第 93 页。

变更事项发生之日起30日内向登记机关申请变更登记。”公司变更公司法定代表人自决议作出之日起30日内即可办理完成。

原告提起公司决议诉讼并胜诉后，根据《公司法》第28条第1款的规定，公司应当向公司登记机关申请撤销变更登记。但在撤销之前，相应法律后果已经产生，特别是公司与外部善意第三人之间的法律关系无法撤销，造成不可逆的损害后果，因此，如何快速、高效地阻止决议执行和实施，具有紧迫性。

《民事诉讼法》第103条对行为保全作出了规定，为阻止决议的实施，原告可向法院申请行为保全，如（2020）苏0205民初1904号案，申请人于2020年5月8日向法院申请行为保全，请求禁止无锡溥汇机械科技有限公司法定代表人变更。法院经审查认为，申请符合法律规定，裁定暂停被申请人无锡溥汇机械科技有限公司法定代表人办理工商登记变更。

五、公司决议诉讼的诉讼时效与除权期间

诉讼时效制度对应的是民事请求权，决议不成立及无效之诉是确认之诉，不适用诉讼时效制度。不成立和无效的决议自始没有约束力，原告可在决议作出之后的任何时间提起决议不成立及无效之诉，如（2019）鲁民申1393号案，法院认为，无效的民事行为，从行为开始起就没有法律约束力，即无效的民事行为不因期间的变化而能变为有效的民事行为。该案被申请人叶某孟诉请2007年7月5日股东会决议及章程修正案无效，不适用诉讼时效之规定。

原告请求撤销公司决议的，应自决议作出之日起60日内提出，未被通知参加股东会的股东自知道或者应当知道股东会决议作出之日起60日内提出，或股东自决议作出之日起1年内提出。该期限属于除权期间，超过了该期间，原告无权提起诉讼。法律这样规定的理由在于，可撤销决议属于程序瑕疵，限定起诉期限有利于敦促原告尽快提起诉讼以保持法律关系的稳定。

第二节　公司决议瑕疵事由实务分析

公司决议属于团体性法律行为，其内容和程序必须合法、公正。如决议内

容违反法律、行政法规的强制性规定，则为无效决议。如决议存在程序瑕疵，视程序瑕疵程度不同分为不成立决议、可撤销决议以及轻微瑕疵决议三种类型。《公司法》及其司法解释对公司决议类型采用了“三分法”，即公司决议分为不成立决议、无效决议和可撤销决议三种类型。

一、公司决议无效的事由

（一）《民法典》关于民事法律行为无效的规定

《民法典》与《公司法》是一般法与商事特别法的关系。《民法典》第 134 条将公司决议纳入民事法律行为体系，因此《民法典》关于民事法律行为无效的事由适用于公司决议。

根据《民法典》的规定，民事法律行为无效事由包括：无民事行为能力人实施的民事法律行为无效（第 144 条）；行为人与相对人以虚假的意思表示实施的民事法律行为无效（第 146 条第 1 款）；违反法律、行政法规的强制性规定的民事法律行为无效，但是，该强制性规定不导致该民事法律行为无效的除外；违背公序良俗的民事法律行为无效（第 153 条）；行为人与相对人恶意串通，损害他人合法权益的民事法律行为无效（第 154 条）。

公司决议与常见的合同等民事法律行为存在明显区别，单个股东或董事的意志经过一定的程式，按资本或人数多数决转化为团体意思，形成公司决议。因此，部分股东或董事为无民事行为能力人或以虚假的意思表示实施的民事法律行为或意思表示不真实，如部分股东被伪造了签名，并不必然导致决议的无效，决议是否成立或生效按法律或公司章程规定的资本或人数多数决确定。

违反法律、行政法规的效力性强制性规定、违背公序良俗以及股东或董事恶意串通，损害他人合法权益的公司决议无效，符合民事法律行为效力判断的基本价值准则，实务中应无争议。

（二）《公司法》关于决议无效事由的规定

《公司法》第 25 条规定：“公司股东会、董事会的决议内容违反法律、行政法规的无效。”该条将公司决议无效事由限定于内容瑕疵，并对公司决议无效事由作出了概括性规定，未有明确列举，导致实务中公司决议无效事由的混乱。实证研究表明，当前司法实践中裁判者认定公司决议无效的具体事由有股东意思表示不真实、决议侵权、决议违反公司资本制度、决议成员不具备股东或董事资格等15种之多，在其中部分无效事由的认定中，裁判者对"公司决议内容违法无效规则"作扩大解释的迹象显著。〔1〕

公司决议无效事由增多的原因在于：一方面，《公司法》关于公司决议无效事由的规定过于概括和原则，造成法律适用困难。《公司法》第25条更多反映的是"决议合法者有效、违法者无效"的淳朴认知，而不是建立起一套效力判断标准和体系。〔2〕另一方面，未考虑民事法律行为与公司决议的区别，对公司决议强行适用民事法律行为无效规则，如部分股东意思表示不真实，就推定公司决议无效，未考虑决议的团体性和要式性。此外，在《公司法司法解释四》实施前，将决议不成立事由作为无效事由处理，也是公司无效事由增多的原因之一。

公司决议的作出要遵守程式，涉及内部与外部法律关系，影响面广，更追求公司决议安定性，因此公司决议的无效事由应进行限缩，并进行明确列举。《公司法司法解释四》(2016年征求意见稿)第6条曾将公司决议无效事由类型化，规定了三种情形：股东滥用股东权利通过决议损害公司或者其他股东的利益；决议过度分配利润、进行重大不当关联交易等导致公司债权人的利益受到损害；决议内容违反法律、行政法规强制性规定的其他情形，但因争议大，最终未被采纳。作者结合上述规定以及司法实务观点认为公司决议无效事由应包括以下几种情形。

1. 违反《公司法》第21条与第23条的规定，滥用权利损害公司、股东或债权人利益的公司决议无效

《公司法》第21条与第23条规定，股东不得滥用股东权利、公司法人独立地位和股东有限责任损害公司、其他股东或债权人利益。股东实施了滥用权利行为，违反了《公司法》第21条与第23条的强制性规定，同时侵犯了他人权益，形成的公司决议无效，如(2019)沪02民终8024号案(《最高人民法院公报》

〔1〕 参见吴飞飞：《公司决议无效事由的扩大解释与限缩澄清》，载《社会科学》2022年第1期。
〔2〕 参见叶林：《股东会决议无效的公司法解释》，载《法学研究》2020年第3期。

2021 年第 3 期公报案例），法院认为，有限责任公司章程或股东出资协议确定的公司注册资本出资期限系股东之间达成的合意。除法律规定或存在其他合理性、紧迫性事由需要修改出资期限的情形外，股东会会议作出修改出资期限的决议应经全体股东一致通过。公司股东滥用控股地位，以多数决方式通过修改出资期限决议，损害其他股东期限权益，其他股东请求确认该项决议无效的，人民法院应予支持。

需要注意的是，控股股东利用表决权优势进行表决，并不必然构成公司决议无效事由。公司决议涉及内外部主体，各方利益并不一致，甚至有时候为了维护公司整体利益，不可避免地要限制甚至剥夺股东个体权利，这是由公司的团体固有属性所决定的。[1] 例如，公司决议为第三方提供担保，会增加公司或有债务，控股股东依法行使表决权的行为不应视为滥用权利行为，虽其他股东权益可能受损，但并不影响公司决议效力，如（2019）最高法民终 469 号案（最高人民法院第六巡回法庭 2019 年度参考案例），法院认为，关于案涉股东会决议的效力问题，公司是否增资扩股以及如何增资扩股，是公司自治的范畴，法律没有明确的禁止性规定。根据《公司法》第 37 条（作者注：现《公司法》第 59 条）和第 43 条（作者注：现《公司法》第 66 条）的规定，对公司增加或者减少注册资本作出决议，是股东会的职权，股东会会议作出公司增加或者减少注册资本的决议，必须经代表 2/3 以上表决权的股东通过。凤凰公司章程第 9 条、第 15 条亦作了同样的规定。该案中，郑某泉（占凤凰公司 20% 的股权）于 2017 年 3 月 28 日在《西安商报》发表声明，明确表明不出席 2017 年 3 月 31 日的股东会会议并对增资扩股的议题通过声明发表了意见。凤凰公司于 2017 年 3 月 31 日召开股东会会议，余某明、余某青、余某辉（共占有凤凰公司 80% 的股权）参加了会议并就增资扩股及其具体方式作出了决议。根据《公司法》第 22 条（作者注：现《公司法》第 25 条与第 26 条），公司股东会的决议内容违反法律、行政法规的无效。股东会的会议召集程序、表决方式违反法律、行政法规或者公司章程，或者决议内容违反公司章程的，股东可以自决议作出之日起 60 日内请求人民法院撤销。郑某泉未在 2017 年 6 月 1 日前行使请求人民法院撤销案涉股东会决议

〔1〕 参见吴飞飞：《公司决议无效事由的扩大解释与限缩澄清》，载《社会科学》2022 年第 1 期。

的权利,其撤销权已过60日除斥期间,归于消灭。现郑某泉通过提起该案诉讼对增资扩股方式上的合理性提出异议,主张股东会会议无权决定增资扩股的方式,从而间接否定股东会决议的效力,缺乏法律依据。同时,郑某泉未能提交证据证明案涉股东会会议召集的程序、表决的方式、决议的内容存在违反法律、行政法规的情形或者存在违反公司章程的情形,其主张决议无效亦缺乏事实依据,法院不予支持。

2. 违反《公司法》关于股东会与董事会职权的规定,超越职权范围的公司决议无效

股东会、董事会与监事会是法定机构,其职权范围也属于法定事项,不应相互僭越。股东会、董事会与监事会依法行使各自的职权,相互制衡与监督,如允许超越职权范围行使,股东会可随意行使董事会或监事会职权,相当于完全架空董事会或监事会,导致公司实际只有一个机构,不符合现代公司治理的基本原则。此外,现《公司法》第59条第2款规定,股东会可以授权董事会对发行公司债券作出决议。根据该款规定,如股东会职权每项都可以授权董事会行使,无须《公司法》作出特别规定,明确公司发行债券可以授权董事会行使。因此,作者认为,除公司发行债券事项外,股东会其他职权不得授权董事会行使,只能由股东会自行行使。

《上市公司治理准则》第14条规定,上市公司应当在公司章程中规定股东会对董事会的授权原则,授权内容应当明确具体,股东会不得将法定由股东会行使的职权授予董事会行使。如(2019)粤0402民初2942号案,法院认为,2018年《公司法》第一章第二节规定了公司的组织机构为股东会、董事会、经理、监事会,以上机构为公司的法定组织机构,《公司法》对股东会、董事会、经理、监事会的职权作出了明确规定,该规定属于法律的强制性规定。股东会为公司的权力机构,董事会、经理、监事会为公司的经营管理职能机构。法定职能机构的设立和职权范围是源自法律的规定和法律授权公司章程作出的规定,并不是由股东会授予,职能机构的组成人员由股东会产生并受股东会的监督。《公司法》对公司组织机构之间职权的划分,构成公司组织机构分权制衡的法律框架。股东会的权力源自法律和公司章程的规定,除法律规定的法定职权外,公司可以根据经营管理的需要通过公司章程的规定授予股东会其他职权,即股

东会无权在法律法规和公司章程的规定之外行使权力，股东会不能越权行使法律和公司章程授予董事会等法定职能机构的职权，否则可能构成滥用权力。股东会无权在法律规定和公司章程规定之外设立与法定机构职权相同的机构、职位，职权的重叠会造成公司经营管理职权的冲突、混乱，损害股东利益及其他债权人利益，不允许有凌驾于法定组织机构之外的其他职能机构并存，否则因此而形成的股东会决议将构成规避法律法规、公司章程的规定而无效或者被撤销。

但实务中也有不同观点，如（2017）最高法民申1794号案，法院认为，《公司法》第37条（作者注：现《公司法》第59条）、第46条（作者注：现《公司法》第67条）分别是有关股东会和董事会职权的相关规定，并不属于效力性强制性规定。而且根据《公司法》第4条规定，公司股东依法享有选择管理者的权利，相应地，该管理者的权限也可以由公司股东会自由决定，《公司法》并未禁止有限责任公司股东会自主地将一部分决定公司经营方针和投资计划的权力赋予董事会。

3. 违反《公司法》第210条的规定向股东分配利润决议无效

《公司法》第210条第4款规定，公司弥补亏损和提取公积金后所余的税后利润可用于向股东分配，如公司没有可供分配的利润，股东会作出利润分配的决议，一方面违反了《公司法》强制性规定，也违反了无盈不分和资本维持原则；另一方面损害了公司债权人利益，因此，违反《公司法》第210条的规定向股东分配利润的决议无效，如（2017）鄂民申306号案，法院认为，《公司法》第166条（作者注：现《公司法》第210条）规定系对公司章程及股东会决议关于税后利润分配顺序的强制性规范，即公司税后利润分配应严格按照弥补公司亏损、提取法定公积金、提取任意公积金以及支付红利的顺序进行。而且，公司的法定公积金不足以弥补以前年度亏损的，公司在提取当年的法定公积金之前，应当先用当年利润弥补亏损；其立法目的在于规范公司的可分配的盈余额度，确保公司资产稳定，以维护股东及债权人合法权益。该案中，盛吉立公司2015年4月16日股东会决议未对公司财务状况进行核算的情况下，径行将公司资产分配给部分股东，显然违反了该强制性规定，原审判决认定该股东会决议无效，并无不当。

4. 其他违反法律、行政法规效力性强制性规定的决议无效

如《公司法》第178条第1款对董事、监事、高级管理人员消极资格作出了

规定，第 2 款规定，公司违反前款规定选举、委派董事、监事或者聘任高级管理人员的，该选举、委派或者聘任无效。又如，《公司法》第 76 条对监事会职工代表的比例和选举作出了规定，违反该规定的决议无效，如（2017）沪 02 民终 891 号案（《最高人民法院公报》2019 年第 11 期公报案例），法院认为，有限责任公司监事会中的职工代表监事应具有公司职工的身份。职工代表监事的产生方式应符合《公司法》第 51 条（作者注：现《公司法》第 76 条，下同）规定的职工民主选举产生的程序，并符合该条规定的代表比例。公司股东会作出任命职工代表监事的决议，如果该被任命监事并非公司职工或该被任命监事的产生程序、代表比例违反《公司法》第 51 条规定，该部分决议内容应属无效。

二、公司决议可撤销与不成立的事由

可撤销决议与不成立决议均属于程序瑕疵，只是瑕疵程度不同，不成立决议的瑕疵程度严重到导致决议被认定欠缺基本的成立要件。一项决议属于可撤销决议还是不成立决议，在法律意义上存在不同，不成立决议没有诉讼期限的限制，原告范围也大于可撤销决议。但对于可撤销决议，原告应在决议作出之日 60 日内提起诉讼，且原告仅限于股东。

因此，判断一项决议程序瑕疵属于可撤销事由还是不成立事由，是司法实务中的难点问题，也是涉及原告权益的重大问题。为便于比较和分析，作者将同属于程序瑕疵的不成立决议与可撤销决议一并分析。

（一）《公司法》及《公司法司法解释四》关于决议可撤销与不成立事由的规定

《公司法》第 26 条第 1 款规定，公司股东会、董事会会议的召集程序、表决方式违反法律、行政法规或者公司章程，或者决议内容违反公司章程的，股东自决议作出之日起 60 日内，可以请求人民法院撤销；但是，股东会、董事会会议的召集程序或者表决方式仅有轻微瑕疵，对决议未产生实质影响的除外。

根据上述规定，公司决议可撤销事由包括两类：一是决议内容违反公司章程；二是会议召集程序、表决方式违反法律、行政法规。对于第一类事由，决议内容是否违反了公司章程，较易认定，不在本节中详细论述。对于第二类事由，何为“召集程序、表决方式”,《公司法司法解释四》(2016 年征求意见稿)第 7 条曾规定,“公司法第二十二条第二款所称的‘召集程序’和‘表决方式’,包括股东会或者股东大会、董事会会议的通知、股权登记、提案……计票、表决结果的宣布、决议的形成、会议记录及签署等事项”,因此,召集程序与表决方式主要为会议的程序性事项。

《公司法》第 27 条规定:“有下列情形之一的,公司股东会、董事会的决议不成立:(一)未召开股东会、董事会会议作出决议;(二)股东会、董事会会议未对决议事项进行表决;(三)出席会议的人数或者所持表决权数未达到本法或者公司章程规定的人数或者所持表决权数;(四)同意决议事项的人数或者所持表决权数未达到本法或者公司章程规定的人数或者所持表决权数。”根据该条规定,不成立决议的事由涉及会议召开、会议表决、会议出席及会议表决结果等事项,属于会议程序性事项。

为比较分析,作者从召开会议的流程开始,梳理每个会议环节,就某个环节涉及的瑕疵属于可撤销事由还是不成立事由作出分析。

(二)何时应召开会议

1. 有限责任公司的股东会与董事会的召开时间

《公司法》第 62 条规定,股东会会议分为定期会议和临时会议。定期会议应当依照公司章程的规定按时召开。代表 1/10 以上表决权的股东,1/3 以上的董事,监事会提议召开临时会议的,应当召开临时会议。根据上述规定,有限责任公司定期股东会何时召开由公司章程决定,体现了有限责任公司公司治理的灵活性;临时会议由相应的主体提议召开。

《公司法》第 73 条第 1 款规定:“董事会的议事方式和表决程序,除本法有规定的外,由公司章程规定。”根据该条规定,何时召开董事会由公司章程规定。

2. 股份有限公司的股东会与董事会的召开

《公司法》第 113 条规定,股东会应当每年召开一次年会。有下列情形之一的,应当在两个月内召开临时股东会会议:(1)董事人数不足本法规定人数或者公司章程所定人数的 2/3 时;(2)公司未弥补的亏损达股本总额 1/3 时;(3)单独或者合计持有公司 10% 以上股份的股东请求时;(4)董事会认为必要时;

(5)监事会提议召开时;(6)公司章程规定的其他情形。根据上述规定,股份有限公司作为公众公司,涉及众多的社会投资者,应每年召开一次年会;临时会议在符合特定情形或相应主体提议时召开。

《公司法》第123条规定,董事会每年度至少召开两次会议,每次会议应当于会议召开10日前通知全体董事和监事。代表1/10以上表决权的股东、1/3以上董事或者监事会,可以提议召开临时董事会会议。董事长应当自接到提议后10日内,召集和主持董事会会议。董事会召开临时会议,可以另定召集董事会的通知方式和通知时限。根据上述规定,股份有限公司董事会每年至少召开两次会议,临时会议由相应主体提议时召开。

3. 未按时召开会议的后果

会议召开与否属于公司内部治理范围,司法不应介入。《九民会议纪要》第29条明确规定:"公司召开股东(大)会本质上属于公司内部治理范围。股东请求判令公司召开股东(大)会的,人民法院应当告知其按照《公司法》第40条或者第101条规定的程序自行召开。股东坚持起诉的,人民法院应当裁定不予受理;已经受理的,裁定驳回起诉。"

如公司长期不召开会议,一直无法作出有效决策,会导致公司僵局,符合司法强制解散情形时,股东有权提起公司解散之诉。同时,因董事会或董事是会议召开的首要召集人,如因董事不履行职务造成会议长期无法召开,可能构成对其勤勉义务的违反。

(三)会议议题的确定

会议召开应有明确的讨论内容,即会议议题。会议作出表决,实际是对已经准备好的议题表示接受或反对。因此,哪个主体有权提出会议议题至关重要。有权提出会议议题,至少说明有机会把己方方案提交会议讨论,否则连方案提出的机会都没有。

会议议题一般由召集人准备。对于有限责任公司,除召集人准备的议题外,《公司法》第78条规定,监事会(监事)有权提出临时提案。股东是否有权提出提案,并由董事会提交股东会讨论呢?《公司法》并未规定。作者认为,股东享有参与公司重大决策的权利,在《公司法》未对股东提案权作出限制的情况下

(股份有限公司的股东需单独或者合计持有公司1%以上股份),股东有权在股东会召开前向会议召集人提出临时提案,要求提交股东会会议讨论与表决。

对于股份有限公司,《公司法》第115条的规定,除召集人准备的议题外,单独或者合计持有公司1%以上股份的股东,可以提出临时提案,但临时提案的内容应当属于股东会职权范围,并有明确议题和具体决议事项。

董事会由董事长召集,则会议议题由董事长提出。其他董事作为董事会成员,应有权提出董事会审议的临时提案。

(四)会议召集阶段

召集是会议的起点,无召集无会议,亦无决议。[1] 召集程序是会议召开的准备阶段,其所要解决的是会议由谁召集和如何召集的问题,包括召集决定的作出和发出召集通知这两个阶段。[2] 因此,会议召集阶段包括会议召集人瑕疵与会议通知瑕疵。

1. 会议召集人瑕疵

股东会的召集人,根据《公司法》第63条和第114条的规定,召集权人依次为:董事会(董事)、监事会(监事)、连续90日以上单独或者合计持有公司10%以上股份的股东可以自行召集和主持。董事会的召集人,根据《公司法》第72条和第122条的规定,召集权人依次为:董事长、副董事长、半数以上董事共同推举一名董事召集。

根据上述规定,《公司法》对会议召集人作出了明确规定,会议召集人瑕疵包括以下几个方面。

(1)董事会未依法作出召集股东会的决议或召集股东会所依据的董事会决议被宣告无效或被撤销的

股东会的首要召集人是董事会,而非董事个人或公司法定代表人。除法定召集人外,其他主体召集是违法的,属于严重程序瑕疵,应视为决议不成立。

---

〔1〕 参见李建伟:《公司决议效力瑕疵类型及其救济体系再构建——以股东大会决议可撤销为中心》,载王保树主编:《商事法论集》(第15卷),法律出版社2009年版。

〔2〕 参见李建伟:《公司决议效力瑕疵类型及其救济体系再构建——以股东大会决议可撤销为中心》,载王保树主编:《商事法论集》(第15卷),法律出版社2009年版。

但有观点认为，如公司董事长未经董事会决议，擅自以董事会名义召集股东会，因董事长发出的召集通知具有表见召集权的外观，其他股东无从知道董事会是否作出了召开股东会的决议，因此董事长召集股东会属于可撤销事由，如瑕疵轻微，可适用裁量驳回制度，[1]如(2020)苏01民终916号案，法院认为，艾凌公司章程虽规定临时股东会由董事会召集，但该公司董事会成员为王某东、白某生和应某玲。由于王某东、应某玲对案涉股东会召开不持异议，白某生接到通知后到会并实质性发表了意见，故即便该次股东会未以董事会名义召集，也属于轻微瑕疵。另外，由于案涉股东会决议投赞成票的比例已超过2/3多数，故该案召集程序的瑕疵对决议未产生实质影响。

召集股东会所依据的董事会被宣告无效或被撤销的，其他股东合理信赖召集股东会的董事会决议效力，董事会事后被宣告无效或被撤销，不影响当时表见召集外观，应属于可撤销事由。

(2)无会议召集权人的召集人召集了会议

股东会与董事会的召集人由法律明文规定，并规定了召集顺位。如法定召集权人之外的人召集或违反召集顺位召集会议，属于违法行为。《公司法》严格规定股东会召集顺位的宗旨有二：一是保护少数股东，赋予其冲破控股者对股东会召集权的垄断，二是防止少数股东的权利滥用，二者不可偏废。简言之，无召集权人召集的会议仅为人员集合，不具会议的合法外观，也不具备作出决议的能力或资格，与“会议未实际召开”本无二致，应属于决议不成立事由，[2]如(2021)苏12民终2874号案，法院认为，《公司法》上述规定对公司股东会会议的召集主体及顺位作出了明确规定，对于可提议召开股东会会议的股东资格条件限定为代表1/10以上表决权的股东。港华海洋公司章程对于股东提议召开股东会会议的条件与《公司法》上述规定相同。该案中，港华海洋公司章程第10条规定，股东会会议由股东按照出资比例行使表决权。蔡某正作为持有公司1%表决权的股东，显然不具备股东会会议召集人资格。《民法总则》(作者注：

---

[1] 参见李建伟：《公司决议效力瑕疵类型及其救济体系再构建——以股东大会决议可撤销为中心》，载王保树主编：《商事法论集》第15卷，法律出版社2009年版。

[2] 参见李建伟：《公司诉讼类型化专题24讲(一)：公司大数据实证分析与裁判规则评述》，法律出版社2021年版，第56页。

现《民法典》)第134条第2款规定,“法人、非法人组织依照法律规定或者章程规定的议事方式和表决程序作出的决议,该决议行为成立”。该规定中“依照法律或者章程规定的议事方式和表决程序作出的决议”是“决议”民事法律行为的成立要件。该案中,蔡某正作为持有公司1%表决权的股东,不具备股东会会议召集人资格,无权召集股东会会议,且并无证据证明在此后决议形成过程中蔡某正成为适格召集权人,因而股东会召集程序严重违法,故一审认定港华海洋公司股东会决议不成立,二审法院予以支持。

2. 会议通知瑕疵

会议召开应通知全体股东或董事,同时通知内容应使股东或董事清楚知晓会议召开的时间、地点与会议议题,并给予股东或董事充足的决策时间。会议通知瑕疵主要包括以下几种情形。

(1)未通知全体股东或董事

《公司法》第58条和第111条规定,股东会由全体股东组成。《公司法》第123条规定,每次董事会应当通知全体董事。如会议召集人仅选择性的通知部分股东或董事,根据《公司法》第26条的规定,应属于可撤销事由。

(2)提前通知或公告时间不符合法律或公司章程规定

《公司法》第64条第1款规定,召开股东会会议,应当于会议召开15日前通知全体股东;但是,公司章程另有规定或者全体股东另有约定的除外;第73条第1款规定,董事会的议事方式和表决程序,除本法有规定的外,由公司章程规定;第115条第1款规定,召开股东会会议,应当将会议召开的时间、地点和审议的事项于会议召开20日前通知各股东;临时股东会应当于会议召开15日前通知各股东;第123条第1款规定,董事会每年度至少召开两次会议,每次会议应当于会议召开10日前通知全体董事和监事。

根据上述规定,会议召开应提前通知,给予股东或董事必要的准备时间,通知时间需符合法律或公司章程的规定。一般认为,提前通知时间不符合法律或章程规定属于可撤销事由,如瑕疵轻微,可适用裁量驳回制度,如(2019)京民申1402号案,法院认为,根据华汽公司的章程规定,召开临时股东会应提前15天通知全体股东,而经查《关于召开临时股东会的通知》的快递提前14天到达马某的住处,确实存在瑕疵,但该瑕疵应属轻微瑕疵。根据马某的自述,马某也曾收到华汽公司的电话通知，通知其参加临时股东会，其没有参会的原因是本人没在北京。马某持有的股份为30%，此次临时股东会决议经代表70%表决权的股东思度公司同意，故马某未参会对决议未产生实质影响。华汽公司召开临时股东会修改股东出资时间并经代表2/3以上表决权的股东思度公司同意，且内容上并未违反法律的规定，也未超出股东会的职权。马某关于股东会决议程序存在违法的主张于法无据，不予采信。原两审法院根据查明的事实并结合相应证据所作判决并无不当。

（3）未告知会议地点

会议通知应载明明确的会议地点，如未告知会议地点，股东或董事无法参加会议，类似未通知股东或董事，导致股东或董事无法参与公司决策，应认定为可撤销决议，如（2020）苏0282民初11958号案，法院认为，根据房屋租赁合同、快递退回单、法院调查笔录，案涉股东会召开时，房屋租赁已到期，无锡法阿姆公司已迁移新址，无锡法阿姆公司在临时股东会会议召集通知中仅说明会议地点在无锡法阿姆公司会议室，在宜兴法阿姆公司回函要求明确具体会议地点后无锡法阿姆公司仍未进行明确，具有不合理性。综上，对宜兴法阿姆公司要求确认案涉股东会决议无效的诉讼请求，法院予以支持。作者认为，上述会议地点不明确，导致股东无法参加会议，相当于未通知股东，应属于可撤销决议事由。

（4）未告知会议议题的具体内容

召集通知应列明会议议题，并附上议题说明材料，确保与会人员能够清楚知道议题内容并作出决议。会议议题是股东或董事决定是否参加会议的重要因素。如召集通知中未列明议题或未提供与议题相关基础资料，则会议所作决议属于可撤销决议，如（2018）京0105民初15755号案，法院认为，法律或者公司章程关于“召开股东会应于会议召开十五日前通知全体股东”的规定的意义，除告知股东会议召开的时间、地点等基本信息之外，更为重要的是确保股东提前获知会议议题所需要的信息，以便于提前了解会议内容、做好相应的会议准备，进而形成相关意见，参与会议表决，充分行使股东权利。因此，股东会召集过程中，公司应当将会议议题的相关内容、具体审议事项作为会议通知的一部分按照法律及公司章程规定的时间向股东送达。怡合春天公司于2018年1月

13 日向马某发送会议通知，通知内容中仅告知会议涉及的 6 项审议事项的名称，并未明确告知审议事项的具体内容；其虽于 2018 年 1 月 24 日向马某发送了 6 项审议事项的具体文件，但此时距离股东会召开仅有 5 天时间，在涉及多项议题且内容繁多、复杂的情况下，无法保障股东能够充分行使相应的权利。因此，该次股东会在召集程序方面存在瑕疵。

(5)会议通知方式不符合公司章程

《公司法》并未对会议通知方式作出约定，因此会议召集人可使用书面、口头或电子通讯等方式发出会议通知，如公司章程要求采用书面形式，召集人以口头方式通知属于程序瑕疵。如被通知人均参会，则可能适用瑕疵决议治愈制度。

(五)会议召开阶段

1. 未实际召开会议

召集人依法通知后，会议未按通知所载明的时间与地点召开，没有公司决议的存在。伪造的决议因缺乏集体意思，构成严重程序瑕疵，属于不成立决议。《公司法》第 27 条规定，公司未召开会议的，所作决议不成立。但例外情况是，依据《公司法》第 59 条第 3 款规定，股东以书面形式一致表示同意的，可以不召开股东会会议，直接作出决定，并由全体股东在决定文件上签名或者盖章。

2. 召开了会议，但会议出席人数不符合法律规定或公司章程规定

《公司法》第 66 条规定："股东会的议事方式和表决程序，除本法有规定的外，由公司章程规定。股东会会议作出决议应当经代表过半数表决权的股东通过。股东会会议作出修改公司章程、增加或者减少注册资本的决议，以及公司合并、分立、解散或者变更公司形式的决议，应当经代表三分之二以上表决权的股东通过。"根据该条规定，《公司法》未对有限责任公司股东会的出席人数作出明确规定，但间接规定了特别决议的出席人数要求，普通决议须过半数表决权的股东通过、特别决议须经代表 2/3 以上表决权的股东通过，则出席人数必然要超过这个比例。

《公司法》第 73 条第 2 款规定："董事会会议应当有过半数的董事出席方可举行。董事会作出决议，应当经全体董事的过半数通过。"根据该款规定，董事

会应当有过半数的董事出席方可举行。

《公司法》第116条规定:“股东出席股东会会议,所持每一股份有一表决权,类别股股东除外。公司持有的本公司股份没有表决权。股东会作出决议,应当经出席会议的股东所持表决权过半数通过。股东会作出修改公司章程、增加或者减少注册资本的决议,以及公司合并、分立、解散或者变更公司形式的决议,应当经出席会议的股东所持表决权的三分之二以上通过。”根据该条规定,股东会是按出席会议的股东所持表决权计算,故《公司法》未对股东会出席人员作出要求,理论上,经依法通知后,如仅1%股东出席股东会,也可以作出有效决议。

《公司法》第124条第1款规定:“董事会会议应当有过半数的董事出席方可举行。董事会作出决议,应当经全体董事的过半数通过。”根据该款规定,股份公司的董事会出席人员须过半数。

会议经依法通知或召开后,出席人数符合《公司法》或公司章程的规定,是会议合法有效召开的前提。出席人数低于法定标准或公司章程的规定,所形成的决议不能代表团体意思,属于严重程序瑕疵,构成决议不成立事由。《公司法》第27条将出席会议的人数或者股东所持表决权不符合《公司法》或者公司章程规定形成的决议认定为不成立决议。

如股东或董事出席会议后,中途退席,如何处理?有观点认为,出席会议的股东所代表的股份数额一经达到法定出席股份要求,即使中途有人退席而意欲破坏会议的法定要求,该会议仍然可以继续进行。[1] 也有观点认为,出席后中途退席的,是对表决议案的软抵抗,可以理解为意图以消极方式阻碍议案的通过,法律应予以尊重。[2] 作者认为,会议经依法通知和召开后,股东或董事中途退席的,考虑组织与召开会议的成本,会议应继续正常进行,退席股东或董事的投票权可以在表决结果中体现,未损害其权益,如(2018)鲁民终1270号案,法院认为,经查,佳成公司提前通知了2017年8月10日召开董事会。当日,董事邹某贵、肖某、游某扬均到会。董事会会议上,肖某提议免去邹某贵佳成公司董

〔1〕参见施天涛:《公司法论》(第4版),法律出版社2018年版,第335页。

〔2〕参见李建伟:《公司诉讼类型化专题24讲(一):公司大数据实证分析与裁判规则评述》,法律出版社2021年版,第64页。

事长、法定代表人的职务，邹某贵表示不同意，离开了董事会会议会场。其他董事继续开会，形成董事会决议。佳成公司董事会的召开符合佳成公司章程第17条约定的董事会的议事方式和表决程序，召开董事会会议于会议召开10日前通知全体董事，董事会会议由董事长召集和主持，董事长不能履行职务或者不履行职务的，由副董事长召集和主持，副董事长不能履行职务或者不履行职务的，由半数以上董事共同推举一名董事召集和主持，董事会对所议事项的决定作成会议记录，出席会议的董事应当在会议记录上签名，董事会作出决议，必须经全体董事的过半数通过。符合第18条关于董事长由董事会选举产生的约定。邹某贵离开董事会会场，放弃了相关权利，不影响其他董事继续开会并形成董事会决议。

3. 会议主持人存在瑕疵

根据《公司法》第63条和第114条的规定，股东会由董事会召集的，会议主持人依次为：董事长主持、副董事长主持、由半数以上董事共同推举一名董事主持；由监事会（监事）召集的，监事会（监事）是主持人；由代表1/10以上表决权的股东或连续90日以上单独或者合计持有公司10%以上股份的股东召集的，股东是主持人。

根据《公司法》第72条和第122条的规定，董事会会议主持人依次为：董事长主持、由副董事长主持、由半数以上董事共同推举一名董事召集和主持。

会议作为集体活动，由主持人主持有助于维持会议秩序，提高效率。会议主持人未按照会议流程主持的，会造成会议混乱，影响与会人员参与公正表决，属于程序瑕疵，但不至于导致会议无法正常召开与表决，应属于可撤销事由，如瑕疵轻微，可适用裁量驳回制度。如（2019）京03民终11637号案，法院认为，对于主持人不符合公司章程规定一事，会议主持人的主要职能在于保障股东会有序召开，能够按照会议议程作出决议以及承担应当履行的其他职能，该案中，虽然致生联发公司称卜某岸因身体原因不能担任主持人，但致生联发公司的董事唐某军担任了主持人，其余董事出席会议并未对唐某军担任主持人表示异议，且其已经履行会议主持人的职责，股东会并未因唐某军担任主持人而无法进行或对召开结果产生影响，因此该瑕疵应属轻微瑕疵，且对决议未产生实质影响。

4. 未形成会议记录

《公司法》第64条、第73条、第119条和第124条均明确规定，应当对所议事项的决定作成会议记录，并由与会人员在会议记录上签名。会议记录属于会议的必备文件，具有如下重要意义：其一，记载会议出席人员及所代表的表决权数，证明符合出席定足数；其二，记载会议表决结果，证明待决事项经过表决及表决情况；其三，提供查询、备忘，使参会人员及其他利害关系人能够及时知晓会议情况。[1] 此外，会议记录还是董事免除责任的证明方式。因此，会议记录仅是记载会议过程，证明会议的召开情况，无会议记录的，不涉及程序瑕疵。

（六）会议表决阶段

1. 未对议题进行表决

会议依法召开，议题经与会人员充分讨论后，会议主持人应将议题提交会议表决，参会人员应就议题作出同意、反对或者弃权的意思表示，并由会议主持人按资本多数决或人数多数决进行统计，最终得出决议是否达到多数决比例以及决议是否通过。

如参会人员对议题并未作出任何明确的意思表示，则参会人员对议题的态度是不清楚的，不能随意猜测，应认定为决议不成立。《公司法》第27条规定，会议未对决议事项进行表决的，决议不成立。如（2016）津02民终3229号案，法院认为，公司决议是一种法律行为，其成立需要具备一些形式要件，如有股东会会议召开的事实要件、提交表决及表决符合《公司法》或公司章程要件等。当公司决议不具备形式要件时，决议不成立或未形成有效决议。该案中，2015年6月26日，由贺某召集召开了会议，股东李某奎和李某雄到会，非股东人员也与会，谈话中涉及更换公司法定代表人等内容。但上诉人三明物产公司没有证据证明此次会议对决议事项进行了表决，继而根据表决结果作出了股东会决议。因此，2015年6月26日股东会未形成决议。

---

〔1〕 参见李建伟：《公司诉讼类型化专题24讲（一）：公司大数据实证分析与裁判规则评述》，法律出版社2021年版，第66页。

2. 对通知未列明的议题进行表决

召集人发出的会议通知未有会议议题，会议召开时，主持人要求对通知未列明的议题进行表决的，因与会人员缺乏作出决策的必要准备，但确实收到了会议通知，并参与了会议，该决议应认定属于可撤销决议。如(2017)沪01民终428号案，法院认为，召开股东会议，应当于会议召开15日前通知全体股东。在斯必克公司召开2015年度股东会通知函中，并未列明监事会架构及其成员改选和董事会成员改选两项议程，但是却形成了该两项相关决议，属于会议召集程序存在违法，应予撤销。

但是，股东或董事收到了通知，因其对所表决议题不感兴趣或与其权益无关，股东或董事放弃出席了会议，后会议对通知未列明的议题进行表决，就未通知的议案而言，等同于未通知该股东或董事，所作出的决议应属于可撤销决议。

3. 未达公司法或公司章程规定的通过比例

《公司法》第66条规定，股东会特别决议需经代表2/3以上表决权的股东通过，普通决议需经代表1/2以上表决权的股东通过；第116条规定，股东会特别决议经出席会议的股东所持表决权的2/3以上通过，普通决议需经出席会议的股东所持表决权过半数通过。

《公司法》第73条规定，董事会作出决议，应当经全体董事的过半数通过；第124条规定，董事会会议应当有过半数的董事出席方可举行。董事会作出决议，应当经全体董事的过半数通过。

决议一旦生效，对公司、股东或董事、监事或高级管理人员具有约束力。未达公司法或公司章程规定的通过比例，说明会议按多数决原则进行表决后，未形成集体意思，缺乏集体合意，属于决议不成立。《公司法》第27条规定，会议的表决结果未达到公司法或者公司章程规定的通过比例的，决议不成立。

综上所述，对于会议不同阶段出现的瑕疵情形，会导致公司决议不成立还是可撤销，为便于读者比对，作者制作了可撤销决议与不成立决议对照表(见表9-1)。

表 9－1　可撤销决议与不成立决议对照表

会议阶段	瑕疵类型	具体瑕疵	决议类型	备注
会议召集阶段	会议召集人瑕疵	董事会未依法作出召集股东会的决议,或召集股东会所依据的董事会决议被宣告无效或被撤销	决议不成立	具有表见召集权外观的,属于可撤销决议,可适用裁量驳回制度
		无会议召集权人的召集人召集了会议	决议不成立	
	会议通知瑕疵	未通知全体股东或董事	决议可撤销	
		提前通知时间不符合法律规定或章程规定	决议可撤销	可适用裁量驳回制度
		未告知会议地点	决议可撤销	
		未告知会议议题的具体内容	决议可撤销	可适用裁量驳回制度
		会议通知方式不符合公司章程	决议可撤销	可适用裁量驳回制度
会议召开阶段	未实际召开会议		决议不成立	
	会议出席人数不符合法律规定或公司章程规定		决议不成立	
	会议主持人瑕疵		决议可撤销	可适用裁量驳回制度
	未形成会议记录			
会议表决阶段	未对议题进行表决		决议不成立	
	对通知未列明的议题进行表决		决议可撤销/决议不成立	
	未达公司法或公司章程规定的通过比例		决议不成立	

三、可撤销决议的裁量驳回

召集与召开会议是有成本的，公司决议的召集程序或者表决方式虽存在瑕疵，但不考虑瑕疵的具体情况一律撤销，过于机械，也会导致决议的不稳定。因此，《公司法司法解释四》增加了可撤销决议的裁量驳回制度，赋予法院一定范围内的自由裁量权，法院可根据瑕疵具体情况酌情维持相关决议效力。《公司法》第 26 条对该制度予以确认。

《公司法司法解释四》第 4 条规定："股东请求撤销股东会或者股东大会、董事会决议，符合民法典第八十五条、公司法第二十二条第二款规定的，人民法院应当予以支持，但会议召集程序或者表决方式仅有轻微瑕疵，且对决议未产生实质影响的，人民法院不予支持。"该条前半部分重申了决议存在可撤销事由的，一律可以撤销，但对于实务中存在的召集程序或者表决方式仅有轻微瑕疵，且对决议未产生实质影响的，考虑会议召集的成本及决议安定性，法院可不支持撤销存在轻微瑕疵的决议的诉讼请求。撤销瑕疵决议诉讼由股东提起，裁量驳回制度补充并完善因"瑕疵过度救济"而引发的决议不稳定，有效地平衡了瑕疵救济与决议稳定之间的利益冲突。[1]

适用可撤销决议的裁量驳回制度需满足需符合以下三个要件。

1. 限于会议召集程序或者表决方式存在瑕疵，虽内容违反公司章程的决议属于可撤销范围，但不适用可撤销决议的裁量驳回制度。因此，可撤销决议的裁量驳回制度适用于会议程序事项，不涉及会议内容。

2. 会议召集程序或者表决方式仅存在轻微瑕疵。会议程序瑕疵，如果没有妨碍股东公平地参与多数意思的形成和获知对其作出意思表示所需的必要信息，应当认定为人民法院可以"裁量驳回"的"轻微瑕疵"，[2] 如（2020）鲁民申 5448 号案，法院认为，关于轻微瑕疵的具体情形，《公司法》及有关司法解释未明确规定，但在司法实践中，应以程序瑕疵是否导致各股东能否公平地参与、多

---

〔1〕 参见南玉梅：《公司瑕疵决议诉讼中裁量驳回规则的建构与适用——兼评法释［2017］16 号第 4 条》，载《法学评论》2018 年第 6 期。

〔2〕 参见杜万华主编、最高人民法院民事审判第二庭编著：《最高人民法院公司法司法解释（四）理解与适用》，人民法院出版社 2017 年版，第 116 页。

数意思的形成以及获取对此所需的信息为判定标准。该案中,天建房地产公司、公司监事、大股东联合发出通知,提前15日通知了公司股东,申请人纪某建、张某收到了召开股东会的通知书,并委托代理人参加股东会,行使了表决权,其获取信息、表达意思的渠道畅通。因此,综上分析,原生效判决认定2019年1月25日天建房地产公司股东会在召集程序上虽然存在主持人方面的瑕疵,但并未阻碍股东获得所需信息、行使表决权,应属轻微瑕疵,不影响股东会决议的效力并驳回申请人的诉讼请求,属认定事实清楚,适用法律正确。

如表9－1所示,可适用可撤销决议裁量驳回制度的具体瑕疵事由包括:(1)具有表见召集权外观的董事长担任召集人;(2)提前通知时间不符合法律规定或章程规定;(3)未告知会议议题的具体内容;(4)会议通知方式不符合公司章程;(5)会议主持人瑕疵。上述瑕疵事由涉及会议召集与召开阶段,一般不会导致股东或董事无法获得所需信息并行使表决权,因此,法院从会议召开效率与决议安定性角度倾向认定属于轻微瑕疵。

3. 轻微瑕疵对决议未产生实质影响。该要件以结果为导向,存在被滥用的可能。以未通知小股东参加会议为例,如小股东仅有0.1%股权,未通知小股东参加会议或小股东是否参与表决,对会议决议达到通过比例并无实质影响,以此认定则决议存在瑕疵但有效。如《上市公司章程指引》(2022修订)第170条规定,因意外遗漏未向某有权得到通知的人送出会议通知或者该等人没有收到会议通知,会议及会议作出的决议并不因此无效。作者认为,未通知股东参加股东会,相当于变相剥夺了股东知情权与参与公司管理的权利,虽对决议结果并未产生实质性影响,但就股东权利而言,该情形违反了股权平等原则,不能因股权比例少就丧失了股东的基本权利,股权表决结果以多数决为原则,但应以程序合规合理为前提,因此,作者认为该要件并不合理,应予以删除,轻微瑕疵应仅涉及事实判断,不应涉及是否对决议结果产生实质影响。

四、瑕疵决议的治愈

无效决议因为其内容违反法律、行政法规的强制性规定,法律否定其效力,无法进行事后治愈。不成立决议缺乏法律行为成立的基本要件,也无法治愈。因此,公司决议瑕疵治愈制度主要针对可撤销决议。

（一）起诉期限期满治愈

《公司法》第 26 条规定，对于可撤销决议，股东自决议作出之日起60 日内，未被通知参加股东会的股东自知道或者应当知道股东会决议作出之日起60 日内，或股东应自决议作出之日起 1 年内，可以请求人民法院撤销。期限届满的，股东诉求无法得到法院支持，可撤销决议因起诉期限届满获得治愈。

（二）经全体股东一致同意治愈

会议召集程序、表决方式违反法律、行政法规或者公司章程，或者决议内容违反公司章程，形成的决议存在瑕疵的，基于《公司法》第 59 条第 3 款规定，可撤销决议可以因全体股东一致同意获得治愈。但对于股份有限公司，我国《公司法》尚未有如此规定，考虑决议作出的成本及交易效率，全体股东一致同意放弃对可撤销决议行使撤销权，并未违反法律规定，应予准许。

五、公司决议不成立、无效或撤销的法律后果

《公司法》第 28 条规定："公司股东会、董事会决议被人民法院宣告无效、撤销或者确认不成立的，公司应当向公司登记机关申请撤销根据该决议已办理的变更登记。股东会、董事会决议被人民法院宣告无效、撤销或者确认不成立的，公司根据该决议与善意相对人形成的民事法律关系不受影响。"

《民法典》第 85 条规定，营利法人的权力机构、执行机构作出决议的会议召集程序、表决方式违反法律、行政法规、法人章程，或者决议内容违反法人章程的，营利法人的出资人可以请求人民法院撤销该决议。但是，营利法人依据该决议与善意相对人形成的民事法律关系不受影响。

公司决议可能涉及内部法律关系，如股东分红事项，也可能涉及外部法律关系，如公司根据决议对外提供担保。决议被撤销或被认定为无效或不成立的，应坚持内外有别、保护交易安全与善意相对人合法权益的原则进行处理，就内部法律关系而言，对内部关系具有溯及力，应恢复到决议未执行时的状态。就外部法律关系而言，应区分相对人是否善意，如相对人是善意，相关民事法律关系不受影响。需要注意的是，不受影响不代表有效，公司依据该决议与善意

相对人形成的法律关系效力如何仍要依据具体情况判断，该有效则有效、该无效则无效。

如相对人是恶意，那么公司依据该决议与恶意相对人形成的民事法律关系效力如何呢？按《民法典》第 85 条的理解，是“受影响”，但具体影响如何，《公司法》及其司法解释未作出规定。作者认为，对公司依据该决议与恶意相对人形成的民事法律关系的效力应依据《民法典》关于民事法律行为无效的规定作出独立判断，例如，恶意相对人与公司串通损害了他人合法权益，则应认定相关民事法律关系无效，但如根据《民法典》的规定不存在被认定为无效的情形，则相关民事法律关系仍应有效。

第十章

公司设立纠纷

公司设立，是指发起人依照法律规定的条件和程序，为组建公司并使其取得法人资格而依法完成的一系列法律行为的总称。[1] 公司设立是个过程，因拟设立的公司类型不同，设立周期有长有短，一般认为，有限责任公司设立需要的时间短，以募集方式设立的股份公司所需时间长。通说认为，公司设立自公司章程或设立协议签订之日起，至公司营业执照签发之日止。公司设立期间，拟设立的公司被称为设立中公司，是公司雏形。作为过渡性组织，设立中公司不具有类似自然人的生理机能进而作出决策，因此，发起人或设立时股东是其意思和执行机构。公司设立期间，发起人为使设立中公司转化为公司、确保公司成立，需以自己名义或设立中公司名义依法完成一系列法律行为，由此产生的纠纷为公司设立纠纷，2020 年《民事案件案由规定》确定了三级案由"271. 公司设立纠纷"。

《最高人民法院新民事案件案由规定理解与适用》未对公司设立纠纷作出明确定义，也未对公司设立纠纷与发起人责任纠纷的本质区别作出释明，导致两个案由经常混用。特别是，公司设立纠纷属于《民事诉讼法》第 27 条规定的由公司住所地法院管辖的情形，对两个案由进行区分具有实务意义。就二者的联系而言，发起人是公司设立的发动与执行主体，公司设立期间的所有行为基本都是由发起人实施，无论公司是否成立，均存在发起人需承担责任的情形，由此也导致适用发起人责任纠纷或公司设立纠纷均可的矛盾情形。

〔1〕 参见杨万明主编、最高人民法院研究室编著：《最高人民法院新民事案件案由规定理解与适用》，人民法院出版社 2021 年版，第 754 页。

本章为论述公司设立纠纷，从发起人需承担责任的情形出发，归纳公司设立纠纷的适用范围。因设立中公司与成立后公司具有同一性，发起人为设立公司实施的必要设立行为或为公司利益实施的行为产生的责任，原则上应由成立后公司承担，如《公司法》第44条第1款规定，有限责任公司设立时的股东为设立公司从事的民事活动，其法律后果由公司承受。

公司成立的，发起人需承担责任的情形包括：(1)发起人以自己名义对外签订合同，公司成立的，合同相对人选择发起人履行合同，或发起人为自己利益以设立中公司名义实施的法律行为，均由发起人承担责任；(2)发起人因履行公司设立职责造成他人损害，公司承担赔偿责任后，可向有过错的发起人追偿；(3)公司设立过程中，由于发起人的过错致使公司利益受到损害的，应当对公司承担赔偿责任；(4)公司成立后，发现股东未按照公司章程规定实际缴纳出资或作为设立公司出资的非货币财产的实际价额显著低于公司章程所定价额的，应当由交付该出资的发起人补足其差额，其他发起人承担连带责任；(5)公司成立后，发现发起人未按发起人协议或设立协议履行义务的，发起人应承担违约责任。

公司未成立的，设立公司行为产生的责任由发起人承担，具体情形包括：(1)发起人对设立行为所产生的债务和费用负连带清偿责任。在发起人内部，设立行为所产生的债务和费用按约定比例或出资比例或均等份额分担。部分发起人过错导致公司未成立的，其他发起人主张有过错的发起人承担设立行为所产生的费用和债务的，人民法院应当根据过错情况，确定过错一方的责任范围。(2)发起人对认股人已缴纳的股款，负返还股款并加算银行同期存款利息的连带责任。(3)发起人因履行公司设立职责造成他人损害，公司未成立，受害人请求全体发起人承担连带赔偿责任，无过错的发起人承担赔偿责任后，可向有过错的发起人追偿。(4)公司未成立，发现发起人未按发起人协议或设立协议履行义务的，发起人应承担违约责任。

基于上述论述，结合《最高人民法院新民事案件案由规定理解与适用》的释义，作者认为，公司设立纠纷包括以下五种类型：一是公司成立后，第三人请求确认发起人的行为属于设立公司的行为,进而请求判令由公司承担责任。[1] 二是因发起人协议或设立协议履行或终止产生的纠纷,法院习惯于将其认定为合同纠纷,但其与普通合同存在区别,与公司设立活动相关,具有法律上的特殊性。实证研究表明,因发起人协议或设立协议履行或终止产生的纠纷多数被定性为公司设立纠纷。[2] 三是公司成立后,公司与发起人之间就设立公司的责任负担问题产生的纠纷,[3]如发起人因履行公司设立职责造成他人损害,公司承担责任后向发起人追偿;或由于发起人的过失致使公司利益受到损害的,应当对公司承担赔偿责任;或发起人因设立公司遭受损失,要求公司赔偿。[4] 四是当公司设立失败时,发起人之间就设立公司的责任问题产生争议而形成了诉讼,[5]如发起人内部就设立行为所产生的债务和费用如何分担的问题产生争议。五是发起人之间因未履行发起人协议而应承担违约责任。

第一种情形,由公司承担责任,适用公司设立纠纷不存在争议;第二种情形,发起人或设立人要求履行或解除发起人协议或设立协议的,不涉及发起人责任,或发起人承担责任是附带诉讼请求的,按公司设立纠纷处理更为妥当;第三种、第四种与第五种情形都是发起人之间或发起人与公司之间的内部责任处理,不涉及对外责任,且这三种情形因公司设立行为产生,应定为公司设立纠纷,如(2019)桂民终416号案,法院认为,发起人责任具有特定的适用范围,在公司设立失败的情况下,其主要涉及发起人的“对外”责任:一是对设立行为所产生的债务和费用负连带责任,二是对股份公司在募集设立时的认股人负返还

---

〔1〕 参见杨万明主编、最高人民法院研究室编著:《最高人民法院新民事案件案由规定理解与适用》,人民法院出版社2021年版,第755页。

〔2〕 参见李占英:《公司法实务系列(一)——公司设立纠纷案件法律问题与诉讼操作指南》,载微信公众号“中闻律师事务所”2020年3月30日,https://mp.weixin.qq.com/s?src=11&timestamp=1690975781&ver=4688&signature=hMcJx*YfaA8oJJ5tfjhEsvEkeKBKzRElhBdYaZTG69-3jlxHRzb32k-w3hoRoJ7VL0Hveh7WtD1JV3Iq2uZ7-LncJGZRn5wvOjpdZVavk-YO8tz9LbKZa2cn1q0-aXAG&new=1。

〔3〕 参见杨万明主编、最高人民法院研究室编著:《最高人民法院新民事案件案由规定理解与适用》,人民法院出版社2021年版,第755页。

〔4〕 参见杨万明主编、最高人民法院研究室编著:《最高人民法院新民事案件案由规定理解与适用》,人民法院出版社2021年版,第756页。

〔5〕 参见杨万明主编、最高人民法院研究室编著:《最高人民法院新民事案件案由规定理解与适用》,人民法院出版社2021年版,第755页。

股款及支付利息的连带责任。该案中，钟某伸本身就是发起人，而并非股份公司中的认购人，其与发起人黄某平或其他公司设立参与人之间的纠纷属于公司设立纠纷，故法院将案由纠正为公司设立纠纷。

公司设立纠纷与股东资格确认纠纷的适用范围存在重合，如原告诉讼请求为确认其参与了公司设立，即为请求法院确认其是公司发起人或公司设立时股东，相当于变相确认其具有股东资格。

第一节　公司设立纠纷诉讼指引

一、诉讼主体

（一）原告

1. 债权人

公司设立过程中，发起人实施的行为包括设立行为与交易行为。设立行为是指发起人为完成公司设立的内部筹备行为，如订立发起人协议、制定公司章程以及申请变更登记等；交易行为是指发起人为组建公司或保有商业机会与外部商事主体进行的交易，如签订房屋租赁合同，订购公司生产使用的机器等。发起人为设立公司以自己名义或以设立中公司名义与外部第三人发生契约或侵权关系，债权人要求成立后公司承担责任的，债权人是适格原告。

2. 发起人（设立时股东）

《公司法》第 93 条规定："股份有限公司发起人承担公司筹办事务。发起人应当签订发起人协议，明确各自在公司设立过程中的权利和义务。"第 43 条规定："有限责任公司设立时的股东可以签订设立协议，明确各自在公司设立过程中的权利和义务。"根据上述规定，股份公司发起人应当签订发起人协议，有限责任公司设立时股东可签订设立协议，如此规定的理由在于，一般认为，有限责任公司设立期限较短，故《公司法》未强行要求签订设立协议，但存在事实上合意的公司设立协议。发起人协议或设立协议签订后，其他发起人或设立时股东未履行的，发起人或设立时股东可作为原告提起诉讼。此外，发起人或设立时股东因设立公司遭受损失的，公司成立后，发起人或设立时股东可作为原告要求公司赔偿。

3. 公司

设立中公司与成立后公司具有同一性，以发起人自己名义或设立中公司名义实施的行为后果，在公司成立后，原则上由公司承担，公司可作为原告提起诉讼，请求被告履行合同义务或赔偿公司损失。

4. 认股人

股份公司募集设立情形下，认股人认购除发起人认购部分外的其余部分，根据《公司法》第100条规定："发起人向社会公开募集股份，应当公告招股说明书，并制作认股书。认股书应当载明本法第一百五十四条第二款、第三款所列事项，由认股人填写认购的股份数、金额、住所，并签名或者盖章。认股人应当按照所认购股数足额缴纳股款。"招股说明书会载明认股人的权利义务，因此，认股人有权作为原告提起诉讼。

（二）被告

1. 发起人

发起人承担责任包括对内责任与对外责任。前已论述，公司设立纠纷中发起人承担责任的情形限于内部，包括公司与发起人之间以及发起人之间因公司设立过程中产生的纠纷。如公司与发起人之间就设立公司的责任负担问题产生纠纷或公司设立失败时，发起人之间就设立公司的责任问题产生纠纷，公司或其他发起人有权以发起人为被告提起诉讼。

2. 公司

公司成立后应承担因公司设立行为产生的责任，第三人、发起人或设立时股东可以公司为被告提起诉讼。

3. 债务人

公司设立过程中，除内部设立行为外，发起人以自己名义或设立中公司名义多与外部第三人发生关系，第三人签订合同后不履行或造成公司损失的，公司或发起人有权以债务人作为被告提起诉讼。

4. 认股人

认股人认缴出资后，未按期缴纳出资的，应履行出资义务，并赔偿公司损失，如《公司法司法解释三》第6条规定："股份有限公司的认股人未按期缴纳所认股份的股款，经公司发起人催缴后在合理期间内仍未缴纳，公司发起人对该股份另行募集的，人民法院应当认定该募集行为有效。认股人延期缴纳股款给公司造成损失，公司请求该认股人承担赔偿责任的，人民法院应予支持。"

（三）第三人

《公司法》及其司法解释未规定适用公司设立纠纷案由时，应列何主体为第三人，法院或当事人可基于具体案件情况追加或申请追加第三人。

二、管辖

《民事诉讼法》第27条规定，因公司设立、确认股东资格、分配利润、解散等纠纷提起的诉讼，由公司住所地人民法院管辖。因此，公司设立纠纷由公司住所地法院管辖。公司住所地是指公司的主要办事机构所在地，公司的主要办事机构所在地不能确定的，公司的注册地或者登记地为住所地。

三、诉讼请求

因公司设立纠纷的情形不同，诉讼请求存在差异，如因发起人协议或设立协议履行产生的争议，则诉讼请求包括继续履行或解除合同，赔偿损失等，如（2018）豫民终1058号案，案由为公司设立纠纷，金润新动力公司向一审法院变更起诉请求为：（1）解除金润新动力公司与河南新美景公司签订的《合作意向书》等；（2）判令河南新美景公司赔偿金润新动力公司损失43，025，082元，香港新美景（集团）公司、香港巨鹰巴士公司、泰安担保公司对金润新动力公司上述损失承担连带赔偿责任。

如要求成立后公司承担因公司设立产生的责任，则诉讼请求为请求公司履行相应的义务或赔偿损失。

四、诉讼时效

诉讼时效制度适用于债权请求权。公司设立纠纷的诉讼请求多涉及要求被告赔偿损失或承担相应的费用，故公司设立纠纷应适用诉讼时效制度。

第二节　公司设立纠纷实务操作

一、设立中公司的法律地位

设立中公司是指发起人依据法律，从发起人订立发起人协议时到对公司设立登记完成前尚未取得法人资格之间，所从事的设立行为所呈现的公司雏形。[1] 我国法律并未规定设立中公司制度。根据《民法典》第2条的规定，我国法律主体包括自然人、法人和非法人组织。设立中公司并非自然人或法人，是否可归入非法人组织呢？根据《民法典》第102条和第103条的规定，非法人组织是不具有法人资格但能够依法以自己的名义从事民事活动的组织，包括个人独资企业、合伙企业、不具有法人资格的专业服务机构等，非法人组织应当依照法律的规定进行登记。设立中公司未经依法登记，其也不是非法人组织。

公司法理论认为，设立中公司通过发起人将公司成立需要的人的因素和物的因素聚集在一起，形成了设立中公司这一独立的组织团体，其具有一定的组织成员、意思能力和财产基础，具有有限人格。[2] 就事实而言，设立中的公司也应该具有自己的独立人格，公司不可能在设立登记时突然出现，之前即经历逐渐生成的过程，在此过程中必然会发生一系列法律关系。从法律上赋予设立中的公司独立人格，以设立中的公司的名义签订合同，不仅能够减轻发起人单个责任的负担，而且有利于规范发起人的权利运行。[3] 《公司法司法解释三》第3条规定，发起人可以设立中公司名义对外签订合同，说明司法实践认可设立中公司的有限人格。又如(2019)最高法民申785号案，法院认为，案涉《房屋租赁合同》第1条约定：于某深、于某将位于昆明市滇池路1×××号前院主楼出租给乙方经营使用，乙方租赁房屋用于经营。第10条第4项约定："本租赁房屋

〔1〕 参见郑景元：《设立中公司法律问题研究》，载王保树主编：《商事法论集》第12卷，法律出版社2007年版。

〔2〕 参见郑景元：《设立中公司法律问题研究》，载王保树主编：《商事法论集》第12卷，法律出版社2007年版。

〔3〕 参见许中缘：《论发起人对公司设立中债务的承担》，载《法学》2021年第12期。

用于公司经营使用,因拟成立公司——昆明盛世天泉餐饮娱乐有限公司(名称以最终登记为准)尚未完成登记,现由该拟成立公司股东筹备代表唐某平代拟成立公司签订本合同。”可见,当事人对于以即将成立的盛世天泉公司作为承租人租用案涉房屋的意思表示是明确的。而且,案涉合同尾部“乙方代表”处由唐某平、谢某全、李某红、魏某建4人签字、按手印,而未在“乙方”处签名,这一事实也印证了当事人的上述意思。原审判决据此认定合同是唐某平等4人以设立中的公司签订的,有事实依据。此外,设立中公司虽然不具有法人资格,但其具有一定的财产,能够形成一定的团体意思,并在与设立公司相关的事务范围内具有行为能力,可以自己的名义从事与公司设立相关的行为。唐某平作为拟设立公司的股东及筹备代表,向于某深、于某支付案涉合同约定的房租,应当认定其是代表设立中的公司履行合同义务。

二、设立中公司与发起人和公司的关系

设立中公司具有团体性,系过渡性组织,无法像自然人一样直接作出法律行为。因此,发起人(设立时股东)是设立中公司的意思和执行机构,负责公司设立中的具体事务,如制定公司章程、租赁办公场地及申请公司设立登记等。发起人整体与设立中公司之间的关系,类似于股东会、董事会与公司之间的关系,同时各发起人在履行公司设立职责时应审慎行事,避免因利益冲突或存在过错造成公司损失。

公司设立并非一蹴而就,设立中公司自发起人协议订立时起,发起人通过聚集人、物,形成组织,制定章程等行为,将设立中公司转化为公司,设立中公司与公司之间的关系“如同胎儿在母体中,自有呼吸运动的器官以为生成发展的机能”[1],设立中公司与公司在人员、组织设置、财产基础等方面或是相同或是具有延续性,[2]设立中的公司是拟成立公司的前身,与成立后的公司可以超越人格而实质上归属于一体,在性质上是“同一体”。[3] 因此,设立中公司与公司

〔1〕 张国键:《商事法论》,台北,三民书局1980年版,第214页。

〔2〕 参见郑景元:《设立中公司法律问题研究》,载王保树主编:《商事法论集》第12卷,法律出版社2007年版。

〔3〕 参见许中缘:《论发起人对公司设立中债务的承担》,载《法学》2021年第12期。

为同一体,因设立公司产生的责任在公司成立后,原则上由公司承担。

三、公司设立纠纷的责任承担

(一)公司设立成功

1. 合同责任

《公司法》第 44 条规定:“有限责任公司设立时的股东为设立公司从事的民事活动,其法律后果由公司承受。公司未成立的,其法律后果由公司设立时的股东承受;设立时的股东为二人以上的,享有连带债权,承担连带债务。设立时的股东为设立公司以自己的名义从事民事活动产生的民事责任,第三人有权选择请求公司或者公司设立时的股东承担。设立时的股东因履行公司设立职责造成他人损害的,公司或者无过错的股东承担赔偿责任后,可以向有过错的股东追偿。”《公司法》第 107 条规定,《公司法》第 44 条的规定适用于股份有限公司。根据上述规定,成立后的公司当然继受发起人设立行为。同时,该规定维护了合同的相对性,以合同主体确定责任主体,其理念在于,“既然发起人以自己名义对外缔约,就应当尊重善意第三人对发起人的善意信赖,而不宜苛求善意第三人透过现象看本质,不宜苛求善意第三人直接向设立后的公司(尤其是欠缺清偿能力的公司)主张债权”[1]。

《公司法司法解释三》第 2 条与第 3 条进一步区分发起人以自己名义或以设立中公司名义在责任承担上的不同。根据《公司法司法解释三》第 2 条规定,发起人以自己名义签订的合同,公司成立后,合同相对人具有选择权,既可以选择公司履行合同,也可以选择发起人履行合同;根据第 3 条规定,以设立中公司名义对外签订合同,公司成立后,由公司承担合同责任,前提是发起人对外签订合同是为公司设立之目的或为公司利益,而非为发起人自己利益。如(2016)最高法民再 353 号案,郑某波与窖醇公司签订委托包装合同时,东方喜炮公司正在办理工商注册登记手续,同年 12 月 18 日,东方喜炮公司成立,郑某波任法定代表人。郑某波在公司设立过程中,以自己名义与窖醇公司签订委托包装合同

---

〔1〕 许中缘:《论发起人对公司设立中债务的承担》,载《法学》2021 年第 12 期。

后，东方喜炮公司对其所签合同予以确认并实际履行合同的权利与义务。该案中，签订委托生产合同的是窖醇公司和东方喜炮公司，且东方喜炮公司对之前窖醇公司与郑某波签订的委托包装合同予以认可。东方喜炮公司已实际上对之前郑某波与窖醇公司签订合同的权利义务进行了承继。窖醇公司在已经选择请求东方喜炮公司承担违约责任的情况下，要求郑某波承担连带责任，但其并未提供证据证明郑某波存在滥用公司法人独立地位和股东有限责任损害其利益的情形，因此，对窖醇公司该项上诉请求，二审法院未予支持。

2. 侵权责任

《公司法》第 44 条第 4 款规定："设立时的股东因履行公司设立职责造成他人损害的，公司或者无过错的股东承担赔偿责任后，可以向有过错的股东追偿。"《公司法司法解释三》第 5 条规定："发起人因履行公司设立职责造成他人损害，公司成立后受害人请求公司承担侵权赔偿责任的，人民法院应予支持；公司未成立，受害人请求全体发起人承担连带赔偿责任的，人民法院应予支持。公司或者无过错的发起人承担赔偿责任后，可以向有过错的发起人追偿。"根据上述规定，发起人因设立行为造成他人损失，公司成立的，由公司承担责任，然后公司再向有过错的发起人追偿。

（二）公司设立失败

《公司法》第 44 条第 2 款规定："公司未成立的，其法律后果由公司设立时的股东承受；设立时的股东为二人以上的，享有连带债权，承担连带债务。"《公司法司法解释三》第 4 条第 1 款规定："公司因故未成立，债权人请求全体或者部分发起人对设立公司行为所产生的费用和债务承担连带清偿责任的，人民法院应予支持。"因此，公司设立失败时，公司未成立，因公司设立产生的责任由发起人连带承担，适用发起人责任纠纷，但在发起人内部，对设立公司产生的债务和费用，作者认为应适用公司设立纠纷，由法院根据发起人约定或出资比例或均等份额分担责任，如部分发起人的过错导致公司未成立，其他发起人主张由过错发起人承担设立行为所产生的费用和债务，法院应当根据过错情况，确定过错一方的责任范围。如（2021）陕民申 5032 号案，法院认为，关于为设立公司支出的费用问题，杨某一审提交的证据显示，有票据佐证的支出合计为 268，479

元，扣除搬家费用2700元，二审法院经核算认定刘某迪与杨某设立公司支出的费用为265,779元，并无不当。关于公司不能设立的原因，双方当事人提交的微信聊天记录显示，系因疫情、身体疾病、资金来源等导致公司无法设立，杨某申请再审称因刘某迪的过错导致公司无法设立的依据不足，其主张刘某迪对公司设立不能所造成的后果承担全部责任的理由不能成立。二审判决依据《公司法司法解释三》第4条第2款的规定，认定由刘某迪按约定的占股10%的比例分担设立公司产生的费用26,577.9元，并判令杨某将扣除此费用后的其余投资款173,422.1元退还给刘某迪的做法并无不当。

（三）设立无效

公司设立行为是单方或多方民事法律行为。《民法典》第143条规定："具备下列条件的民事法律行为有效：（一）行为人具有相应的民事行为能力；（二）意思表示真实；（三）不违反法律、行政法规的强制性规定，不违背公序良俗。"如设立公司是为了从事违法活动，比如虚开发票，则该设立行为违反法律强制性规定，应属于无效法律行为。根据《民法典》第157条的规定，民事法律行为无效后，行为人因该行为取得的财产，应当予以返还；不能返还或者没有必要返还的，应当折价补偿。有过错的一方应当赔偿对方由此所受到的损失；各方都有过错的，应当各自承担相应的责任。

《公司法》并未规定公司设立无效制度及其法律后果，仅在第262条规定："利用公司名义从事危害国家安全、社会公共利益的严重违法行为的，吊销营业执照。"吊销营业执照属于纠正违法行为，《公司法》并未提供公司设立无效的民事救济，由此导致实务中法院常以此类情形不属于民事案件受理范围为由驳回起诉，如（2015）苏商外终字第00039号案，法院认为，我国法律对公司设立和公司登记后争议的处理有明确的规定。2013年《公司法》第6条和第198条分别对公司登记及违法取得公司登记的处理作出了具体规定。上述规定表明，对公司登记及违法取得公司登记的处理都只能是登记机关依行政职权作出，当事人如对该行政行为不服，可以依法提起行政诉讼。该案中，成亨公司如认为金厦公司没有依法依章召开董事会及未通过有效董事会决议即设立康厚公司的设立行为无效，应当依法向公司登记机关请求撤销登记。如不服公司登记机关的处理决定,且符合行政诉讼起诉条件,可以依法提起行政诉讼。故康厚公司设立效力争议的处理不属于人民法院受理民事诉讼的范围,成亨公司提起民事诉讼请求判令设立康厚公司的行为无效,没有法律依据。

(四)公司设立过程中资产评估、验资或者验证的机构的责任

《公司法》第257条第2款规定:"承担资产评估、验资或者验证的机构因其出具的评估结果、验资或者验证证明不实,给公司债权人造成损失的,除能够证明自己没有过错的外,在其评估或者证明不实的金额范围内承担赔偿责任。"根据上述规定,公司设立过程中,承担资产评估、验资或者验证的机构提供虚假材料的,应承担行政责任、民事赔偿责任。

第十一章

公司证照返还纠纷

公司证照是对外表征公司意志的介质。[1] 公司证照对外代表着公司的意志，是公司主体资格的证明。[2] 从经济价值角度考虑，公司证照的价值有限，其核心价值在于具有对外表示公司意思的功能。控制公司证照的主体，可以利用公司证照介入公司运营和进行人事任命，因此，公司证照返还引发的纠纷，往往涉及对公司控制权的争夺。公司证照返还纠纷多发生于公司内部，因此，最高人民法院将公司证照返还纠纷纳入与公司有关的纠纷，确定了“272. 公司证照返还纠纷”案由，以处理相关争议，并与普通的损害公司权益的财产返还纠纷案件进行区别。

第一节　公司证照返还纠纷诉讼指引

一、诉讼主体

(一)原告

1. 公司

公司证照是公司的重要财产，如被他人无权占有和控制，公司有权作为原

[1] 参见杨佳丽：《公司证照返还纠纷裁判的实证研究》，吉林大学 2020 年硕士学位论文。

[2] 参见杨万明主编、最高人民法院研究室编著：《最高人民法院新民事案件案由规定理解与适用》，人民法院出版社 2021 年版，第 756 页。

告提起诉讼。《民事诉讼法》第51条第2款规定:法人由其法定代表人进行诉讼。公司法定代表人是代表公司意志的机关之一,对外代表公司作出意思表示是其法定职权,因此,无论是公司作出诉讼中意思表示(包括起诉、应诉、陈述等),还是作出诉讼外意思表示(包括签订合同、进行交易等),一般情况下法定代表人的行为均有代表公司意志的效力。[1] 因此,是否提起诉讼应以有效法定代表人意思为准而非以加盖公司公章的文件为准。

法定代表人同意公司提起诉讼且公司控制公章,公司直接在起诉文件上加盖公章并申请立案;公司未控制公章的,则由法定代表人在起诉文件签字并申请立案。

公司变更了法定代表人,尚未完成变更登记的,新法定代表人有权代表公司提起诉讼,要求他人(包括原登记法定代表人)归还公司证照,原法定代表人提出异议或用控制的公司公章表达异议,法院在审查起诉是否合规时,应以新法定代表人意见为准,如(2014)民四终字第20号案(2014年第8期公报案例),裁判要点认为,公司法定代表人变更应当办理变更登记。对法定代表人变更事项应进行登记,其意义在于向社会公示公司意志代表权的基本状态。工商登记的法定代表人对外具有公示效力,如果涉及公司以外的第三人因公司代表权而产生的外部争议,应以工商登记为准。而对于公司与股东之间因法定代表人任免产生的内部争议,则应以有效的股东会任免决议为准并在公司内部产生法定代表人变更的法律效果。

《公司法》第10条第1款规定:"公司的法定代表人按照公司章程的规定,由代表公司执行公司事务的董事或者经理担任。"如由执行事务的董事担任法定代表人,以有限责任公司股东会权限为例,经代表1/2以上表决权的股东通过即可更换法定代表人;如由经理担任,则经全体董事的过半数通过即可更换法定代表人。法定代表人更换,公司应作出股东会或董事会决议。如公司选出了新法定代表人并以新法定代表人签字的文件提起诉讼,因尚未办理法定代表人变更登记,外观上原法定代表人仍为登记的法定代表人,公司在提起公司证

[1] 参见上海市高级人民法院民事审判第二庭课题组:《公司意志代表权争议的现状与问题解决思路》,载《法律适用》2013年第5期。

照返还纠纷的同时应一并提交法定代表人更换的决议文件，被告及其相关主体有权另行提起公司决议效力诉讼。如（2021）豫民申5821号案，该案涉及的主要争议问题是褚某明能否以法定代表人的身份代表红太阳公司提起诉讼，红太阳公司是否系该案适格原告。原审法院裁定驳回起诉的主要理由是认为红太阳公司登记的法定代表人为褚某钳，并未变更为褚某明，现褚某明以法定代表人的身份代表红太阳公司提起诉讼，并非该案的适格原告。红太阳公司申请再审的主要理由是认为红太阳公司股东会决议已经选举褚某明为公司新法定代表人，该决议合法有效，褚某明作为红太阳公司的法定代表人，有权以公司名义提起公司证照返还之诉；并在原审中提交了公证书及红太阳公司2016年度第一次临时股东会决议等证据以证明公司法定代表人实际上已经由褚某钳变更为褚某明，褚某明是经过股东会新选举的法定代表人。工商登记所记载的公司法定代表人具有公示效力，对外可代表公司。但是该案系公司证照返还纠纷，本质上属于公司内部发生的争议。对于公司内部发生的争议，如果当事人提交证据证明登记情况与实际情况不一致，应当综合分析当事人提交的证据，对涉及公司法定代表人的相关事实进行实质审查，根据实际情况依法认定公司法定表人的身份。该案中，红太阳公司曾于2016年5月21日召开临时股东会，决议将公司营业期限修改为20年，自公司营业执照签发之日起计算；执行2015年6月20日公司临时股东会决议，即将公司法定代表人变更为褚某明。在此情况下，应当对上述股东会决议的效力进行审查，进而认定褚某明是否有权以法定代表人的身份代表红太阳公司提起该案诉讼。原审法院仅以褚某明并非登记的法定代表人为由认定原告不适格，属于适用法律不当。

实务中，有观点认为，清算组是公司证照返还纠纷的原告，作者认为该观点并不准确。《公司法》第234条规定，清算组有权代表公司参与民事诉讼活动。进入清算程序后，公司清算组应当接手并保管公司证照，如果此时无权占有和控制公司证照的主体拒不交还，清算组是以公司名义提起诉讼，原告仍为公司，只是诉讼代表人由法定代表人变为公司清算组，如（2020）苏民终26号案，无锡思尔科技有限公司提起诉讼要求执行董事周某某返还公司公章、法人章、财务章、营业执照正副本以及公司自成立以来的全部财务账册、财务凭证和合同，诉讼代表人管某某，是公司清算组组长。法院认为，思尔公司章程并未对公司证照及相关材料保管人及权限作出规定，在公司已启动清算程序的情况下，为顺利完成公司清算事宜，周某某亦应当将公司印章、证照和财务账册等移交公司并由清算组统一管理使用。

2. 股东

《公司法》第189条规定了股东代表诉讼制度，根据该条规定，董事、高级管理人员或他人侵犯公司合法权益，股东履行前置程序后，公司怠于起诉的，股东有权代表公司以自己名义提起诉讼。公司证照是公司重要财产，非权利人占有公司证照拒不归还给公司，构成对公司合法权益的侵犯，公司应当及时提起诉讼维护自身权益。公司因各种原因不提起诉讼，股东履行前置程序后，公司仍未起诉的，股东有权提起股东代表诉讼，如（2021）川01民终17861号案，法院认为，该案系由公司股东肖某平代表公司提起，性质上属于股东代表诉讼。股东代表诉讼的责任形式不限于赔偿损失，还包括返还财产、停止侵害、消除影响等。公司证照、印章属于具有人格权属性的公司专有财产，他人在无合法依据情况下不得随意占有。该案中，罗某琼持有荃胜印章公司的证照、印章等资料系基于其原法定代表人身份及经理职权，但根据荃胜印章公司2020年4月8日股东会审议通过的《证照印章管理制度》规定"公司证照、印章由公司办公室统一管理，罗某琼于2020年4月15日前办理移交"，以及罗某琼已不再担任荃胜印章公司的法定代表人、执行董事等职务的事实，罗某琼无权继续持有、控制上述资料。荃胜印章公司要求罗某琼移交公司公章、财务专用章、发票专用章和特种行业许可证正副本的请求，于法有据，法院予以支持。

3. 实际出资人

实际出资人并非公司股东。根据《公司法司法解释三》第24条第3款的规定，实际出资人要成为股东，需半数以上股东同意。因此，未完成特定显名程序情况下，实际出资人不是股东的，不得提起股东代表诉讼。

但是，如实际出资人能够提供证据证明其显名已经半数以上股东同意，或按《九民会议纪要》第28条的规定，实际出资人能够提供证据证明有限责任公司过半数的其他股东知道其实际出资的事实，且对其实际行使股东权利未曾提出异议，仅是未完成工商登记，笔者认为，此情况下，实际出资人取得股东资格已符合法律规定，公司证照返还纠纷仅涉及内部纠纷，应允许实际出资人提起诉讼，如（2020）皖民申4333号案，再审申请人认为，公司证照返还纠纷的原告是应当持有公司证照的主体（如公司法定代表人），被告是非法占有公司证照的自然人或者单位。被申请人身份至多是名义股东的实际出资人，并非股东，不能行使股东权利，不具备原告资格，即使具备股东身份，提起公司证照返还纠纷也缺乏法律依据，法院认为，被申请人虽系隐名股东，但其参加了置业公司的经营，实际享受了与正常股东相同的权利义务，现就置业公司内部纠纷提起诉讼，被申请人依法具有该案的主体资格，被申请人的股东资格、身份及各自投资比例已经过置业公司股东会决议所确认，各方对对方的股权比例均无异议。

（二）被告

公司证照是公司财产，应由公司或公司授权主体占有和控制。公司章程或公司相应制度对公司证照的占有和控制主体有特别约定的，按约定处理；未有约定的，推定公司法定代表人有权占有和控制。

任何无权占有和控制公司证照的主体，均可以成为公司证照返还纠纷的被告。因公司证照是公司意志的外观体现，占有和控制公司证照的主体，可以通过印章的使用将自己的意志外化为公司意志，并以此控制公司。因此，公司证照返还纠纷的被告通常为公司内部人员，主要涉及以下几类主体。

1. 原法定代表人

这是实务中最常出现的情况。法定代表人一般由董事或经理担任，属于公司高级管理人员。公司股东会或董事会免除原法定代表人的董事或经理职务后，法定代表人丧失了职务基础，其不再是公司法定代表人，应向公司新法定代表人移交公司证照。原法定代表人不甘心丧失对公司的控制，拒不向新法定代表人移交公司证照，新法定代表人有权以公司名义提起诉讼，要求原法定代表人归还公司证照，立案材料由新法定代表人签字即可。

2. 公司股东

公司证照返还纠纷往往涉及公司控制权的争夺，如股东意欲取得公司控制权，最常用的方式就是抢夺公司证照，借以接管公司运营和人事任命。例如，某知名电商公司股东闯入公司办公区，抢走几十枚公章、财务章，[1]并宣布“依法接管公司”。[2] 公司股东并不直接参与公司管理，其权益主要是通过行使表决权实现，除非有公司授权，其无权直接占有和控制公司证照。公司股东非法抢夺或占有公司证照的，公司有权以股东为被告提起诉讼。

3. 公司董事、监事或高级管理人员

公司董事或高级管理人员负责公司运营，监事负责监督公司运作。作为公司内部人员，公司董事、监事或高级管理人员有占有和控制公司证照的便利。公司董事、监事或高级管理人员在被解除公司职务后，拒不归还公司证照的，公司有权以其为被告提起诉讼。

4. 公司工作人员

公司章程或公司内部依法制定的制度，明确规定具体公司工作人员负责公司证照的保管。在该公司工作人员离职或公司依法变更公司证照的保管主体后，公司工作人员拒不办理交接的，公司有权以该工作人员为被告提起诉讼。

（三）第三人

《公司法》及其司法解释未明确规定公司证照返还纠纷的第三人，法院或当事人有权基于诉讼需要追加或申请追加第三人。例如，如股东提起股东代表诉讼，要求被告返还无权占用的公司证照，可列公司为第三人。

二、管辖

《民事诉讼法司法解释》第22条规定：“因股东名册记载、请求变更公司登记、股东知情权、公司决议、公司合并、公司分立、公司减资、公司增资等纠纷提起的诉讼，依照民事诉讼法第二十七条规定确定管辖。”《民事诉讼法》第27条规定：“因公司设立、确认股东资格、分配利润、解散等纠纷提起的诉讼，由公司住所地人民法院管辖。”根据上述规定，公司证照返还纠纷不属于法律规定的由

---

〔1〕 参见揭书宜：《当当网回应李国庆“夺权”：伙同5人抢走几十枚公章，已报警》，载澎湃新闻网2020年4月26日，https://www.thepaper.cn/newsDetail_forward_7150138。

〔2〕 参见《媒体：李国庆宣布“依法接管当当”》，载澎湃新闻网2020年4月26日，https://www.thepaper.cn/newsDetail_forward_7150093。

公司住所地法院管辖的情形。公司证照属于公司财产，无权占有人占有公司财产，属于侵权行为，应按侵权行为确定管辖。如（2020）浙民辖终261号案，法院认为，根据绿城集团的诉讼请求和起诉主张的事实，该案为公司证照返还纠纷，公司证照返还纠纷系侵权诉讼，根据《民事诉讼法》第28条（作者注：现《民事诉讼法》第29条）规定，因侵权行为提起的诉讼，由侵权行为地或者被告住所地人民法院管辖；又如（2020）沪民辖256号案，因公司设立、确认股东资格、分配利润、解散等纠纷提起的诉讼，由公司住所地人民法院管辖。因股东名册记载、请求变更公司登记、股东知情权、公司决议、公司合并、公司分立、公司减资、公司增资等纠纷提起的诉讼，依据《民事诉讼法》第26条的规定确定管辖。该案系公司证照返还纠纷，不适用上述公司住所地人民法院管辖的规定。该案被告登记注册在上海市奉贤区，上海市奉贤区人民法院对本案具有管辖权。

也有法院认为，公司证照返还纠纷应由公司住所地法院管辖，如《最高人民法院新民事案件案由规定理解与适用》认为，因公司证照返还纠纷提起的诉讼，原则上由公司住所地法院管辖。[1] 如（2022）京民辖终70号案，法院认为，《民事诉讼法司法解释》（2022修正）第22条规定，因股东名册记载、请求变更公司登记、股东知情权、公司决议、公司合并、公司分立、公司减资、公司增资等纠纷提起的诉讼，依照《民事诉讼法》第27条规定确定管辖。该案涉及公司证照返还，系与公司有关的纠纷，应由公司住所地人民法院管辖。

目前司法实践中对公司证照返还纠纷如何确定管辖，并未形成统一意见，各地法院裁判理由均不同，作者认为，公司证照返还纠纷不属于法律规定的由公司住所地法院管辖的特殊情形，应按《民事诉讼法》规定的一般原则确定管辖。

三、诉讼请求

公司证照返还纠纷的诉讼请求为请求非法占有和控制公司证照的主体归还公司证照、赔偿公司损失等。因公司证照范围宽泛，原告起诉时应明确公司

---

〔1〕 参见杨万明主编、最高人民法院研究室编著：《最高人民法院新民事案件案由规定理解与适用》，人民法院出版社2021年版，第757页。

证照的具体内容,如(2023)京01民终5199号案,原告一审诉讼请求为:(1)李某返还蓝海公司所有的营业执照正本、公司公章、财务专用章、合同专用章、法定代表人人名章、发票专用章、网银盾、税控盘、2013年1月至2021年7月的财务账册;(2)李某赔偿因非法持有证照印章给蓝海公司造成的损失9100元;(3)李某承担本案诉讼费用。

需要注意的是,作废的公司证照,公司仍有权请求返还。公司任命新的法定代表人后,根据《公司法》第35条第3款规定:"公司变更法定代表人的,变更登记申请书由变更后的法定代表人签署。"这改变了《公司法》修改前的实务操作,由原法定代表人签署申请变更文件,如原法定代表人拒不配合,则新法定代表人一直无法完成变更登记,只能向法院起诉,请求公司变更登记,因诉讼周期长,新法定代表人完成变更后,公司经营情况可能已发生重大变化。为改变这种状况,按《公司法》第35条第3款规定,新法定代表人可以直接签署变更申请文件,不需要原法定代表人配合。新法定代表人完成登记变更后,公司可以公司证照遗失为由补办新的公司证照。对于作废的公司证照,即使收回也无法使用,但公司证照的价值不局限于其经济价值,更重要的是其可以体现公司意志,作废的公司证照存在被滥用、给公司造成风险的可能。因此,作废的公司证照可以作为请求被返还的标的物。如(2018)粤03民终18672号案,法院认为,徐某明辩称三个一公司已重新办理了营业执照、公章、财务专用章、发票专用章,虽然三个一公司已补办上述营业执照和印章,营业执照设立的目的在于为规范管理商业行为、维护交易安全提供具有确定性的参照,对外产生公司主体资格、行为能力的公示效力,而印章作为公司的名义证明,具有代表公司名义从事法律行为的效力。营业执照和印章对于善意第三人而言,其文件本身即具有明确公司主体资格合法、行为有效的效力,从保护交易安全、保障市场有序管理的角度,即使三个一公司已经领取了新的证照及印章,仍然不改变原文件作为证照的属性,三个一公司仍是原营业执照、公章、财务专用章、发票专用章的合法所有人,仍有权要求徐某明返还。

四、诉讼时效

公司证照返还纠纷是原告请求被告归还原告的财物,涉及的请求权属于物权请求权，不能认为被告占有和控制的时间长，原告就无权取回被非法占用的公司证照，因此公司证照返还纠纷不适用诉讼时效。

五、行为保全措施

《民事诉讼法》第 103 条第 1 款规定："人民法院对于可能因当事人一方的行为或者其他原因，使判决难以执行或者造成当事人其他损害的案件，根据对方当事人的申请，可以裁定对其财产进行保全、责令其作出一定行为或者禁止其作出一定行为；当事人没有提出申请的，人民法院在必要时也可以裁定采取保全措施。"根据该条规定，如原告担心公司证照被滥用，可申请行为保全，如（2020）京 01 民终 174 号案，2019 年 8 月 1 日，原告三地曼矿业公司提出保全申请，要求保全营业执照正副本、人民银行开户许可证、公章、合同专用章、财务专用章、发票专用章、U 盾 2 个及 2009—2015 年财务账册，于 2019 年 8 月 27 日交纳保全费并提供担保。一审法院就保全事宜多次联系胡某明，因其工作原因，三地曼矿业公司及胡某明于 2019 年 10 月 12 日就保全事宜至一审法院进行谈话，法院即当庭查封了营业执照正副本、人民银行开户许可证、公章、合同专用章、财务专用章、发票专用章、U 盾 2 个，并于 2019 年 10 月 12 日出具民事裁定书，裁定查封三地曼矿业公司的营业执照正副本、人民银行开户许可证、公章、合同专用章、财务专用章、发票专用章、U 盾 2 个及 2009—2015 年财务账册。

第二节　公司证照返还纠纷实务操作

一、公司证照的范围

公司证照的范围不仅限于狭义的公司证照，还包括公司印章以及对公司有特殊意义的财产。

公司证照包括采取三证合一的营业执照正本与副本，银行开户许可证等。《市场主体登记管理条例》第 21 条规定："申请人申请市场主体设立登记，登记机关依法予以登记的，签发营业执照。营业执照签发日期为市场主体的成立日期。”因此，营业执照是公司成立，具有法人资格的重要证明。

公司印章包括公章、法定代表人章、财务专用章、发票专用章、合同专用章以及公司为经营刻制的其他印章，如人事专用章等。公司对外签订合同、办理银行业务、发布人事任命以及制定公司经营管理制度等，均需要使用公司印章。不同印章效力范围是不同的，只有在该印章覆盖事项的范围内，公司印章才能代表公司意思，例如人事专用章可用于签订劳动合同，但不得用于签订业务合同。公司印章是公司对外作出意思表示的重要外在形式，在公司控制权争夺中，意欲控制公司的主体首先会通过各种方式控制公司印章。

对公司有特殊意义的财产包括公司财务账册、资质证书、荣誉文件以及产权证书文件等。

二、公司证照的性质

公司证照的性质决定了公司证照返还纠纷的请求权基础。公司证照实质为公司的重要财产，由代表公司的主体占有和控制，未经公司授权，任何股东、董事、高级管理人员或员工均不得侵占。但公司证照又不同于公司普通财产，公司普通财产关注于物的经济价值，而公司证照，不仅其物质形态具有一定的经济价值，更重要的是其可代表公司意志。

公司证照属于公司财产，并具有特殊性，因此，公司证照返还纠纷的请求基础为《公司法》第3条：“公司是企业法人，有独立的法人财产，享有法人财产权……公司的合法权益受法律保护，不受侵犯。”以及《民法典》第235条：“无权占有不动产或者动产的，权利人可以请求返还原物。”案由为公司证照返还纠纷，非侵权纠纷或占有物返还纠纷。

三、公司证照返还纠纷实务指引

（一）起诉主体合法

公司证照属于公司财产，与公司法人资格密切相关，无法转让。他人无权占有和控制公司财产，应由公司、符合股东代表诉讼的股东以及实际出资人（股东身份已取得半数以上其他股东认可）提起诉讼，否则构成主体不适格。如

(2019)粤民申9578号案,法院认为,《民事诉讼法》第119条规定,原告的起诉必须符合4个条件,即原告是与该案有直接利害关系的公民、法人和其他组织;有明确的被告;有具体的诉讼请求、事实和理由;属于人民法院受理民事诉讼的范围和受诉人民法院管辖。该案中,涉案公章属于华灵集团,张某靖未有充分有效证据证明其有权收执和保管公章,据此,张某靖与该案不存在直接的利害关系,其起诉不符合前述法定的起诉条件。

(二)被告持有公司证照

《民法典》第235条规定:"无权占有不动产或者动产的,权利人可以请求返还原物。"《民事诉讼法司法解释》第90条第1款规定:"当事人对自己提出的诉讼请求所依据的事实或者反驳对方诉讼请求所依据的事实,应当提供证据加以证明,但法律另有规定的除外。"根据上述规定,原告作为权利人,请求被告归还无权占有的公司证照,应承担举证责任,具体分为以下两种情形:

一是原告举证证明被告具有特殊身份,如公司法定代表人或分公司负责任人,被告丧失该身份后,法院推定公司证照仍在其控制之下,被告负有返还义务。如(2020)京民申4715号案,法院认为,根据查明的事实,王某延系银海世纪公司的原法定代表人、执行董事、经理,是公司财产的法定管理人。按照银海世纪公司章程规定,王某延直接负责该公司的日常经营管理及相应管理制度的制定,对该公司的日常经营管理和人员选用具有决策权。其他人参与公司管理都应当得到王某延的认可授权,王某延对公司的财产负有监管、追回的权力和责任。在银海世纪公司章程及公司制度中没有明确规定公司印章、证照、财务账簿保管人的情况下,王某延在其担任上述职务期间,应为银海世纪公司印章、证照、财务账簿等物品的保管义务人,视为其持有上述物品。在现有证据不能证明上述物品在其他人手中的情况下,当王某延不再担任银海世纪公司法定代表人、执行董事、经理时,不能仅以其不实际参与经营管理就不承担返还公司印章、证照、财务账簿的义务。又如(2018)粤01民终1765号案,公司印章、证照等是公司人格的象征,公章具有代表公司从事法律行为的效力,证照等对外亦产生确认公司身份及公示公司经营活动的效力,应由公司决定印章、证照的掌管者。作为毅宁亮广州分公司的主管单位,毅宁亮公司当然有权决定毅宁亮广州分公司的印章、证照的掌管者。现毅宁亮公司已依法解除刘某章在毅宁亮广州分公司担任的职务，其已无权作为负责人继续占有该公司的印章及其他证照，故一审法院要求刘某章返还毅宁亮广州分公司的公章、发票专用章、营业执照、税务登记证，并无不当，予以维持。

二是原告要提供充分证据，证明公司证照由被告占有和控制，否则原告承担不利后果，如(2021)京民申3916号案，法院认为，当事人对自己提出的诉讼请求所依据的事实或者反驳对方诉讼请求所依据的事实，应当提供证据加以证明，但法律另有规定的除外。在作出判决前，当事人未能提供证据或者证据不足以证明其事实主张的，由负有举证证明责任的当事人承担不利的后果。该案中，吉地公司要求杨某莉、田某川返还原营业执照正副本、原公章、原财务专用章、原法定代表人人名章、财务账簿、财务凭证、对外签订的合同、员工劳动合同，但提交的现有证据并不足以证明公司证、照、章等由杨某莉、田某川一方单独控制，亦无证据证明杨某莉、田某川直接持有上述诉争物品。因此，一、二审法院未支持吉地公司的诉讼请求，并无不当。

(三)被告持有公司证照没有合法、合理理由

法院已查明公司证照在被告控制之下，但被告提出了合法、合理的理由，请求不予归还。基于司法实践，被告继续占用公司执照的合法、合理理由包括以下几点。

1. 被告基于股东会决议占有和控制公司证照。股东会决议分为两种类型：一是实务中经常出现的，以股东会决议更换担任公司法定代表人的执行董事或经理，选出新法定代表人，然后公司提起诉讼，要求原法定代表人归还公司证照。如(2020)川民申3755号案，法院认为，股东会决议一经作出，在未被撤销或确认无效前，即具有法律效力。该案中，根据二审查明，华灏公司于2019年8月27日再次作出新的股东会决议，罢免了再审申请人张某洁的法定代表人。张某洁不能提交证据证明该股东会决议已被撤销或确认无效，则依该股东会决议的内容其不再为华灏公司的法定代表人，故其应返还所持有的华灏公司相关证照。二是股东会决议直接明确公司证照的保管主体，如(2019)闽民申1148号案，法院认为，氧元素公司2017年7月7日的《股东会决议》表明，公司决议

将2015年10月7日交由黄某宏的氧元素公司钢印回收。黄某宏对该《股东会决议》的通知、表决程序等虽提出异议,但其并未依法诉请撤销该决议或提起该决议无效之诉,故原审法院认定氧元素公司请求黄某宏返还公司印章系执行股东会决议,对此予以支持,并无不当。

有观点认为,股东会是公司权力机构,有权对公司各类事项作出决议,包括公司证照的保管主体,但根据《公司法》第59条的规定,股东会职权并不包括决定公司证照保管事项,如认为股东会职权范围法定,以股东会属于公司权力机构为由,随意增加股东会的权力范围,将导致公司治理结构的紊乱,按此逻辑,股东会有权决定任何事项。因此,作者认为,公司证照如何保管应属于经营层面问题,根据《公司法》第67条的规定,应由董事会决议,而非股东会决议。

2. 被告基于公司章程或依法制定的公司制度,占有和控制公司证照。公司章程是公司治理的“宪章”,对公司、股东、董事、监事及高级管理人员等具有约束力,如公司章程就公司证照保管作出规定的,各方应遵守。根据《公司法》第67条的规定,董事会有权制定公司的基本管理制度。公司证照保管事项属于经营事项,董事会有权就公司证照保管作出规定,股东会不得僭越董事会职权范围。

3. 公司证照返还纠纷常涉及公司控制权之争,如公司在经营过程中各方就公司证照保管达成了一致意见,因某些情况变化,股东意图改变现状,以控制公司法定代表人的便利,提出要求返还公司证照时,法院通常不愿意介入公司治理以及控制权之争,而是在查明事实的基础上,尽量维持现状,尊重已形成的事实。如(2020)豫民申4268号案,法院认为,(1)该案中,孟某生与孟某贵各持孟氏公司50%股权,孟某生为孟氏公司执行董事、法定代表人,孟某贵是公司监事,纠纷发生前孟氏公司的证照、印章长期由孟某贵保管,孟某生对此未提出异议,因此,生效判决认定孟某贵保管公司证照、印章,是孟氏公司二元治理结构的一种制度安排,具有合法性和正当性,该认定并无不当。(2)证照、印章由谁保管,属于公司治理事项的范畴。如改变既有事项,应当由公司的权力机构,即股东会对此作出相关决议。然现有证据并不能证明孟氏公司股东会已作出改变保管人的决议,也未在公司股东之间形成改变保管人的共识,故孟某贵持有行为不属于无权占有,孟某生以孟氏公司名义主张要求孟某贵返还执照、印章缺乏依据。(3)孟氏公司与现股东之间虽表现为两套证照、印章争议,但该情况实质上是公司股东会持续不能作出有效决议所引发的问题,属于公司僵局问题。

如(2020)闽民申3125号案,法院认为,刘某辉、吴某宝各持股50%,且捷锐公司自认吴某宝自2017年12月19日起持有该公司讼争证照等事实,吴某宝持有该公司讼争证照是经公司股东一致同意的。在刘某辉、吴某宝无法达成一致意见的情况下,捷锐公司股东会无法形成有效决议改变刘某辉为公司法定代表人、吴某宝持有该公司讼争证照的现状。原裁定认定该案虽是公司证照返还纠纷,但本质上应是公司控制权之争,且实际也形成公司僵局,原裁定并无不当。捷锐公司的诉讼请求应予驳回。

如(2018)最高法民申2951号案,法院认为,对于公司中谁有权保留印章及证照,我国法律并无明确规定,现实中应当以公司章程相关规定为准。在公司经营中,大量公司印章与证照因日常处理事务方便所需,交由非特定人员保管亦较常见,导致印章及证照返还案件增多。根据公司章程规定,公司印章及证照可由不同人员持有,在公司证照返还之诉中,应当以持有人非法侵占印章及证照为前提。该案中,根据已生效判决认定的事实,张某天为禾山公司的实际出资人,禾山公司实际上长期亦由张某天控制管理并经营,在禾山公司股权争议并未作出最终认定的情况下,张某天作为禾山公司实际出资人控制该公司相关证照并不构成非法侵占。

如(2021)渝民申460号案,法院认为,煌华公司为典型家族企业,由汪某洋和汪某水两兄弟各持有50%股权,虽然二审人民法院认为该案公司证照返还纠纷的本质属于股东间为争夺公司控制权问题,但是结合汪某水、汪某洋之母案外人陈某英出具的《煌华公司印章情况说明》的内容,二审人民法院认为汪某洋持有案涉印章经过了公司事实上的认可,而公司内部长期以来也已经形成了由汪某洋管理印章等的事实状态,进而认定汪某洋有权持有煌华公司的案涉印章,从而驳回煌华公司的诉讼请求,并无不当。

第十二章

发起人责任纠纷

发起人是指为设立公司而签署公司章程、向公司认购出资或股份并履行公司设立职责的人，包括有限责任公司设立时的股东和股份有限公司的发起人。[1] 发起人是公司设立的第一要件。没有发起人，公司在设立中需要的人、财、组织均无法聚集，公司章程无人制定，公司筹备无法开展，公司设立离不开发起人。发起人为完成公司设立，以自己名义或以设立中公司名义对外实施法律行为，最终需发起人对外承担责任的，为发起人责任纠纷，2020 年《民事案件案由规定》确定了三级案由“273. 发起人责任纠纷”。

结合本书第十章关于“公司设立纠纷”的论述，公司设立纠纷主要包括由成立后公司承担责任的情形，以及公司设立的内部主体之间就责任如何分配引发的纠纷；而发起人责任纠纷主要是指公司设立成功或失败时，发起人对外承担责任的情形，如公司成立后，发现作为设立公司出资的非货币财产的实际价额显著低于公司章程所定价额的，发起人连带补足其差额，或公司未成立，发起人对设立行为所产生的债务和费用对外负连带清偿责任等。

---

〔1〕 参见杨万明主编、最高人民法院研究室编著：《最高人民法院新民事案件案由规定理解与适用》，人民法院出版社 2021 年版，第 758 页。

第一节　发起人责任纠纷诉讼指引

一、诉讼主体

（一）原告

1. 债权人

债权人包括公司债权人以及公司未成立时发起人的债权人。发起人用于出资的非货币财产不实，构成瑕疵出资，公司债权人有权要求其他发起人连带补足差额。公司未成立时，发起人因公司设立对外承担债务，或发起人因公司设立行为造成他人损害的，债权人有权提起诉讼。

2. 公司

公司成立后，发现发起人用于出资的非货币财产不实，公司有权要求瑕疵出资股东履行出资义务，其他发起人连带补足差额。

3. 认股人

《公司法》第105条第1款规定："公司设立时应发行的股份未募足，或者发行股份的股款缴足后，发起人在三十日内未召开成立大会的，认股人可以按照所缴股款并加算银行同期存款利息，要求发起人返还。"因此，认股人可作为发起人责任纠纷案由的原告。

（二）被告

无论公司是否成立，发起人作为设立中公司的意思和执行机构，需承担特殊责任。甚至有观点认为，为了防止发起人滥用在公司设立中的优势地位，损害相关当事人的利益，法律应明确规定发起人的信义义务，以便督促发起人忠实诚信、尽职尽责。[1] 发起人责任纠纷本身说明需发起人承担责任，因此，发起人是该案由的适格被告。

〔1〕 参见王菁：《论公司发起人的信义义务》，载《学理论》2018年第7期。

（三）第三人

《公司法》及其司法解释未规定适用公司设立纠纷案由时，应列何主体为第三人，法院或当事人可基于具体案件情况追加或申请追加第三人。

二、管辖

《民事诉讼法》第 27 条规定："因公司设立、确认股东资格、分配利润、解散等纠纷提起的诉讼，由公司住所地人民法院管辖。"《民事诉讼法司法解释》第 22 条规定："因股东名册记载、请求变更公司登记、股东知情权、公司决议、公司合并、公司分立、公司减资、公司增资等纠纷提起的诉讼，依照民事诉讼法第二十七条规定确定管辖。"根据上述规定，严格按文义，发起人责任纠纷不是公司设立，不适用《民事诉讼法》第 27 条的规定，应按一般管辖原则确定，如（2017）川 01 民辖终 546 号案，法院认为，该案系与公司有关的纠纷项下的发起人责任纠纷。该案并非因公司设立、确认股东资格、分配利润、解散以及因股东名册记载、请求变更公司登记等法律明确规定由公司住所地法院管辖的案件。根据《民事诉讼法》第 21 条的规定："对公民提起的民事诉讼，由被告住所地人民法院管辖；被告住所地与经常居住地不一致的，由经常居住地人民法院管辖。对法人或者其他组织提起的民事诉讼，由被告住所地人民法院管辖。同一诉讼的几个被告住所地、经常居住地在两个以上人民法院辖区的，各该人民法院都有管辖权。"因该案原审被告贾某忠住所地位于成都市双流区辖区内，故原审法院对该案具有管辖权。

但是，发起人概念源于公司设立，发起人责任也是在公司设立过程中产生的，都属于公司设立范围。因此，作者认为，如果公司成立，由公司住所地法院管辖更为便捷，如《最高人民法院新民事案件案由规定理解与适用》认为，因发起人责任纠纷提起的诉讼，原则上由公司住所地人民法院管辖；[1] 如果公司未成立，则公司不存在，应由被告住所地或合同履行地法院管辖。如（2021）鲁 01

〔1〕 参见杨万明主编、最高人民法院研究室编著：《最高人民法院新民事案件案由规定理解与适用》，人民法院出版社 2021 年版，第 759 页。

民辖终502号案，法院认为，因发起人责任纠纷提起的诉讼，应以《民事诉讼法》规定的地域管辖的一般原则为基础，并结合《民事诉讼法》第26条（作者注：现《民事诉讼法》第27条）的规定综合考虑确定管辖法院。该案上诉人与被上诉人设立的公司尚未办理登记，无法确定公司住所地，该案不能依据《民事诉讼法》第26条的规定确定管辖法院。因此，该案应按照一般地域管辖规定确定管辖法院。

三、诉讼请求

在本案由下，发起人需承担责任，诉讼请求一般为请求发起人连带承担非货币财产出资不实的责任，或要求发起人偿还债务或赔偿相应的损失。

四、诉讼时效

发起人承担责任的情形包括两类：一是发起人承担的合同责任、侵权责任或股款退还责任等，该类责任属于债权请求权，适用诉讼时效制度；二是发起人承担的资本充实责任，根据《公司法》第50条的规定，发起人未按照公司章程规定实际缴纳出资，或者作为出资的非货币财产的实际价额显著低于所认缴的出资额的，发起人应补足其差额，设立时的其他发起人或股东承担连带责任。该类责任属于发起人的法定义务，不适用诉讼时效。

第二节　发起人责任纠纷实务操作

一、发起人的认定

股份公司设立程序复杂，周期长，故《公司法》对股份公司使用了发起人概念，因有限公司设立便捷，其并未使用发起人概念，而是表述为设立时的股东，如《公司法》第43条规定，有限责任公司设立时的股东可以签订设立协议，而第93条第2款规定，发起人应当签订发起人协议，明确各自在公司设立过程中的权利和义务。

关于发起人认定,存在形式标准、实质标准以及形式与实质结合标准三种方式。形式标准认为,只要在公司设立时的公司章程上签字即为公司发起人,至于是否参与公司筹备在所不问;实质标准认为,只有参与公司筹备的主体才是公司发起人;形式与实质结合标准认为,只有在公司章程上签字,并参与公司筹备的主体,才应被认定为发起人。

《公司法》第 93 条第 1 款规定:"股份有限公司发起人承担公司筹办事务。"根据该条规定,我国立法采用的是实质标准。但是,《公司法司法解释三》第 1 条规定:"为设立公司而签署公司章程、向公司认购出资或者股份并履行公司设立职责的人,应当认定为公司的发起人,包括有限责任公司设立时的股东。"发起人的认定应同时符合三个标准:一是签署公司章程;二是向公司认购出资或者股份;三是履行公司设立职责。《公司法司法解释三》采用的是形式与实质结合标准,要求更为严格。有观点认为,如此苛刻的条件限定,也将引发投资者机会主义行为——故意回避其中的若干条件就可能不被认定为发起人,这无疑给司法实践带来不必要的麻烦。[1] 同时,《公司法司法解释三》第 1 条也明确,有限公司设立时的股东即为有限公司发起人。

二、发起人的法律地位

设立中公司是过渡性组织,不具有完整的权利能力,公司设立是由发起人实施的。发起人的行为为何在公司成立后由公司承担,在公司设立失败时由发起人承担,这就涉及发起人的法律地位问题。理论上有多种观点,有当然继承说、代理说、设立中机关说、二元说等。作者赞同二元说的观点,该观点认为,发起人作为个体而言,发起人之间的关系是商事合伙关系,因此,在公司设立失败时,发起人对外承担连带清偿责任;发起人作为整体而言,是设立中公司的意思和执行机构,设立中公司与公司属于同一体,发起人因履行公司设立职责产生的责任在公司成立后由公司承担。[2]

---

〔1〕 参见周游:《公司发起人范围界定难题及其破解》,载《中国政法大学学报》2022 年第 5 期。
〔2〕 参见郑景元:《设立中公司法律问题研究》,载《商事法论集》2007 年第 1 期。

三、发起人协议与公司章程的关系

公司设立始于发起人协议签订，终于公司营业执照签发之日。发起人协议是为了明确公司设立过程中发起人或设立时股东的权利义务。公司章程是公司治理的纲领性文件，对公司、股东、董事、监事、高级管理人员具有约束力。

发起人协议与公司章程存在以下区别：一是公司章程是公司设立的必备文件，发起人申请公司设立时必须提交公司章程，而发起人协议仅是股份公司发起人必须签署的文件，《公司法》未强制要求有限公司设立时股东签署设立协议；二是《公司法》第46条对公司章程应当载明的事项作出明确规定，但未对发起人协议内容作出明确要求；三是公司章程对公司、股东、董事、监事、高级管理人员具有约束力，而发起人协议基于合同相对性，仅约束发起人或设立时的股东；四是公司章程分为初始章程和嗣后章程，初始章程由全体股东一致通过，嗣后章程的修改，如公司章程未作出例外规定，由具有2/3以上表决权的股东通过，而发起人协议的签署和修改应取得全体发起人同意。

在实务中存在的问题是，公司成立后，发起人协议是否终止？有观点认为，从发起人协议效力的期间来看，设立协议调整的是公司设立过程中的法律关系和法律行为，因而它的效力期间是从设立行为开始到设立过程终止，公司的成立即意味着协议的终止；而公司章程的效力及于公司成立后整个的存续过程，直至公司终止。[1] 作者认为，《民法典》及《公司法》未规定发起人协议在公司成立时终止，民事法律行为的解除或终止应以法律规定为依据，而且发起人协议不仅可以对公司设立过程中的权利义务作出安排，也可以对公司成立后发起人作为股东享有的权利作出规定，该规定与公司设立无关，单纯以公司设立完成为由终止发起人协议既不符合法律规定，也不合理。因此，发起人协议涉及公司设立的内容，因已履行完毕，该部分内容终止；发起人协议涉及的其他部分，特别是公司设立后发起人作为股东享有的权利义务约定应继续有效。

对于在公司治理中产生的争议，如发起人协议有规定，但公司章程未规定，是否可适用发起人协议？或发起人协议与公司章程的规定相互冲突，如何适

---

〔1〕 参见最高人民法院民事审判第一庭编：《民事审判实务问答》，法律出版社2021年版。

用？前文已述及，发起人协议在公司成立后继续有效，在没有被修改、变更、解除的情况下，其效力并不自然终止或被公司章程的效力所取代。因此，作者认为，首先发起人协议与公司章程的适用对象不同，股东外的其他主体并非发起人协议的签署主体，因此发起人协议对其没有约束力，应以公司章程为准；对于既签署了发起人协议又签署了公司章程的股东，法院应结合具体事项进行认定，对于公司治理事项，如董监高产生及职责、会议的召开等，倾向于认定以公司章程为准；而对于股东内部争议，尤其是出资方式、出资期限等出资问题，法院则倾向于认定以发起人协议为准。[1] 此外，如发起人协议或公司章程对二者发生冲突时如何适用进行了约定，应尊重当事人的意思自治，如（2021）豫01民终8685号案，法院认为，《合作协议》是聚汽涞公司发起人宋某群、郭某田为设立公司而签订的设立协议，双方在该协议中明确约定禁止郭某田与公司有同业竞争行为，否则公司股东会有权将其除名，除名后郭某田应零对价将其股权转让给宋某群，该约定系郭某田、宋某群的真实意思表示，不违反法律、行政法规的强制性规定，合法有效。而之后制定的聚汽涞公司章程实际上亦是股东郭某田、宋某群之间达成的合意，属于合同约定，其内容中虽未再载有上述除名条款，但结合《合作协议》约定的“本协议与后续成立的新公司和持股平台公司的章程不一致的，以本协议为准”的内容，应认定相关除名条款对各缔约股东依然具有规范和约束的效力。

四、发起人责任纠纷的责任承担

（一）公司成立

1. 合同责任

（1）以发起人自己的名义

《公司法》第44条第3款规定：“设立时的股东为设立公司以自己的名义从事活动而产生的民事责任，第三人有权请求公司或者公司设立时的股东承担。”

[1] 参见刘明、覃智林：《发起人协议与公司章程冲突的处理》，载微信公众号“安理律师”2023年7月17日，https://mp.weixin.qq.com/s?src=11&timestamp=1708416859&ver=5091&signature=bRSVR29VjYzB7txVFRZhyUd0r7Db7QDr-z7NREVxWRL3fE2fJu5t2YwSBiXIQMlYdgK*UkblQB2IpMI3kv1hYWK8zvQIGd8apwzEECtOgpg5iWF9VUnDO7ojfm68ZJ1F&new=1。

《公司法司法解释三》第2条规定:发起人为设立公司以自己名义对外签订合同,合同相对人请求该发起人承担合同责任的,人民法院应予支持;公司成立后合同相对人请求公司承担合同责任的,人民法院应予支持。发起人为设立公司以自己名义对外签订合同,基于合同相对性,合同相对人有权请求该发起人承担责任。

(2)发起人以设立中公司名义对外签订合同,但是为自己利益

《公司法司法解释三》第3条规定:"发起人以设立中公司名义对外签订合同,公司成立后合同相对人请求公司承担合同责任的,人民法院应予支持。公司成立后有证据证明发起人利用设立中公司的名义为自己的利益与相对人签订合同,公司以此为由主张不承担合同责任的,人民法院应予支持,但相对人为善意的除外。"根据该条规定,发起人虽以设立中公司名义对外签订合同,但为自己利益的,除相对人为善意外应由发起人承担责任。

2. 资本充实责任

设立时股东出资包括货币出资与非货币出资。《公司法》第50条规定:"有限责任公司设立时,股东未按照公司章程规定实际缴纳出资,或者实际出资的非货币财产的实际价额显著低于所认缴的出资额的,设立时的其他股东与该股东在出资不足的范围内承担连带责任。"第99条规定:"发起人不按照其认购的股份缴纳股款,或者作为出资的非货币财产的实际价额显著低于所认购的股份的,其他发起人与该发起人在出资不足的范围内承担连带责任。"根据上述规定,无论是货币出资还是非货币出资,有限责任公司设立时的股东或股份公司发起人均应承担资本充实责任。对于货币出资瑕疵的资本充实责任,要求公司设立时的股东或发起人慎重选择合作伙伴,否则不仅自身要完成出资,还要替自己选择的合作伙伴承担出资义务,存在"一日为发起人,终身承担补齐出资"的风险。对于非货币出资瑕疵的资本充实责任,设立时的股东或发起人共同筹备公司,非货币财产的实际价额显著低于所认缴的出资额通常是取得了设立时股东一致认可,设立时的股东或发起人之间相互配合,导致公司出资不实,属于共同侵权行为。法律规定设立时股东承担连带责任,可以警示设立时股东不得配合造假,并敦促设立时股东相互监督,足额履行非货币财产出资,避免后期承担责任。

（二）公司设立失败

1. 合同责任

《公司法》第 44 条第 2 款规定："公司未成立的，其法律后果由公司设立时的股东承受；设立时的股东为二人以上的，享有连带债权，承担连带债务。"《公司法司法解释三》第 4 条第 1 款规定："公司因故未成立，债权人请求全体或者部分发起人对设立公司行为所产生的费用和债务承担连带清偿责任的，人民法院应予支持。"根据上述规定，公司未成立的，因公司行为所产生的费用和债务由发起人连带承担责任。

需要注意的是，如发起人以自己名义签订合同，公司未成立的，根据《公司法司法解释三》第 2 条，基于合同相对性，且公司并未成立，合同相对人只能找该签字的发起人承担责任，该发起人承担责任后，有权请求其他发起人承担，但如发起人是以全体发起人名义或以设立中名义签订合同，公司未成立的，相对人有权请求全体发起人承担责任。如（2013）民提字第 212 号案，法院认为，如发起人以自己名义为设立公司对外签订合同，公司因故未成立的，只有全体发起人共同明示或默示认可合同，才由全体发起人承担连带责任。但是，如发起人以设立中名义签订合同，合同相对人知道是与设立中公司发生交易，公司未成立的，合同相对人有权请求全部发起人承担连带责任。又如，（2018）晋民申 810 号案，法院认为，再审被申请人吴某心和申请人薛某安签订的《股份合同书》，虽然在案有同一天签订的投资总额和分别投资额不同的两份合同，但均表明了二人共同出资设立公司的意向，且事后也发生了设立公司的准备行为。后二人欲设立之公司未能依法成立，但在设立公司的过程中，被申请人吴某心以拟设立公司名义对外订立的合同，二者应承担连带责任。

2. 侵权责任

《公司法》第 44 条第 4 款规定："设立时的股东因履行公司设立职责造成他人损害的，公司或者无过错的股东承担赔偿责任后，可以向有过错的股东追偿。"《公司法司法解释五》第 5 条规定："发起人因履行公司设立职责造成他人损害，公司成立后受害人请求公司承担侵权赔偿责任的，人民法院应予支持；公司未成立，受害人请求全体发起人承担连带赔偿责任的，人民法院应予支持。

公司或者无过错的发起人承担赔偿责任后，可以向有过错的发起人追偿。”根据上述规定，发起人因公司设立造成他人损害，公司未成立的，由发起人连带承担赔偿责任。

3. 返还股款并加算银行同期存款利息的责任

在募集设立情形下，发起人负责公司筹备，认股人应按发起人的要求缴纳股款。《公司法》第105条第1款规定：“公司设立时应发行的股份未募足，或者发行股份的股款缴足后，发起人在三十日内未召开成立大会的，认股人可以按照所缴股款并加算银行同期存款利息，要求发起人返还。”

除募集设立情形外，还包括发起人代收了其他发起人出资款，公司不能成立时，收款的发起人应负责返还等情形。

第十三章

盈余分配纠纷

公司作为社团法人，营利性是其核心特征，公司应将可供分配利润分配给股东。《公司法》第 4 条第 2 款规定，公司股东对公司依法享有资产收益、参与重大决策和选择管理者等权利。实务中，公司存在可供分配的利润，但却以各种理由拒绝分配，由此产生的争议，为盈余分配纠纷。为依法保障股东诉权，2020 年《民事案件案由规定》确定了三级案由“274. 公司盈余分配纠纷”。

盈余分配请求权基于股东资格与身份，是股东的固有权利，分为抽象盈余分配请求权与具体盈余分配请求权两个层面。[1] 如果公司经营没有产生利润，则“无盈不分”或虽产生利润，但公司权力机构未形成利润分配的有效决议，即为抽象盈余分配请求权或为盈余分配的期待权；如果公司经营产生了利润且公司权力机构形成利润分配的有效决议，则为具体盈余分配请求权，股东与公司之间形成明确的债权债务关系，股东可向公司主张利润分配。实务中，如公司无可供分配的利润或未形成利润分配的有效决议，股东的盈余分配请求一般无法得到支持。

公司利润分配需权力机构作出决议，是公司自治原则的重要体现。公司一旦设立，即为法律拟制的独立主体“法人”，具有独立的决策机构（股东会）和执行机构（董事会或董事），公司因经营活动取得利润，是否分配以及如何分配利润是商业判断，属于公司内部事务，应由公司自行决定。

---

〔1〕 参见李建伟、茅院生：《有限公司强制分配股利之诉的法理基础》，载《当代法学》2010 年第 2 期。

但公司自治不代表可恣意而为，根据《公司法》第210条[1]的规定，首先，公司当年税后利润应当在提取法定公积金、弥补亏损之后向股东分配，防止股东以利润分配形式抽逃公司资金，损害公司与债权人利益；其次，如果股东滥用股东权利，公司自治已名存实亡，沦为控股股东或董事等高级管理人员攫取私人利益的工具时，例如公司长期盈利不分红，但董事等高级管理人员领取高薪或公司向关联方以不合理价格采购服务转移利润，司法应予以救济，如《公司法司法解释四》第15条[2]规定。但鉴于利润分配属于商业判断，司法并不擅长，因此司法介入应秉持谨慎干预的原则。[3]

综上所述，公司盈余分配纠纷的审理应在公司自治与司法谨慎介入、股东权益保护与债权人利益保护中取得平衡。

第一节　盈余分配纠纷诉讼指引

一、诉讼主体

（一）原告

1. 股东

《公司法》第4条第2款规定，公司股东对公司依法享有资产收益的权利；《公司法》第210条第4款规定，有限公司股东按照实缴的出资比例分配利润，

---

[1] 参见《公司法》第210条规定："公司分配当年税后利润时，应当提取利润的百分之十列入公司法定公积金。公司法定公积金累计额为公司注册资本的百分之五十以上的，可以不再提取。公司的法定公积金不足以弥补以前年度亏损的，在依照前款规定提取法定公积金之前，应当先用当年利润弥补亏损。公司从税后利润中提取法定公积金后，经股东会决议，还可以从税后利润中提取任意公积金。公司弥补亏损和提取公积金后所余税后利润，有限责任公司按照股东实缴的出资比例分配利润，全体股东约定不按照出资比例分配利润的除外；股份有限公司按照股东所持有的股份比例分配利润，公司章程另有规定的除外。公司持有的本公司股份不得分配利润。"

[2] 参见《公司法司法解释四》第15条规定："股东未提交载明具体分配方案的股东会或者股东大会决议，请求公司分配利润的，人民法院应当驳回其诉讼请求，但违反法律规定滥用股东权利导致公司不分配利润，给其他股东造成损失的除外。"

[3] 参见龚博：《治理视域下上市公司股利分配法律制度研究》，载《法学评论》2019年第2期。

股份有限公司按照股东所持有的股份比例分配利润。因此,原告起诉公司盈余分配应具有股东身份,但没有持股数量与时间上的限制。在一审法庭辩论终结前,其他股东基于同一分配方案请求分配利润并申请参加诉讼的,应当被列为共同原告。[1]

在案件审理过程中,原告丧失股东身份的,法院将驳回其诉讼请求,如(2014)浙温商终字第347号案,法院认定,公司盈余分配请求权系股东基于其股东资格和地位所固有的一项权利,股东一旦丧失了股东身份,即丧失公司盈余分配请求权。林某木等13位被上诉人已经丧失海狮公司的股东身份,故其同时丧失公司盈余分配请求权,其要求海狮公司补发利润分配款没有事实与法律依据,法院不予支持。

2. 实际出资人

实际出资人是相对于名义股东而言,是指未体现于工商注册登记文件,也未载于公司章程或股东名册的主体。基于各种原因,实际出资人不愿意显名,并同意其权益由名义股东代持,该代持仅限实际出资人与名义股东之间的约定,不具有对外公示效力,故实际出资人无权直接向公司主张盈余分配。如直接主张,实际出资人需先确认公司股东身份。在实务中,实际出资人向法院起诉时,通常会同时提起股东资格确认之诉与利润分配给付之诉。

实际出资人与名义股东之间就投资收益归属发生争议的,根据《公司法司法解释三》第24条的规定,实际出资人与名义股东因投资权益的归属发生争议,实际出资人以其实际履行了出资义务为由向名义股东主张权利的,人民法院应予支持,因此,实际出资人可按司法解释的规定主张权利。

如果公司与其他股东认可实际出资人的存在,且实际出资人一直行使股东权利,那么实际出资人可直接向公司主张盈余分配,如(2010)浙商外终字第81号案,法院认为,罗某华为摩尔公司隐名股东,并一直从摩尔公司受领红利,摩尔公司2007年之前已向罗某华支付62.8万元人民币分红,故罗某华诉请摩尔公司支付2007年其应得红利,应予支持。又如,(2015)民申字第2488号案,最

---

[1] 参见《公司法司法解释四》第13条规定:"股东请求公司分配利润案件,应当列公司为被告。一审法庭辩论终结前,其他股东基于同一分配方案请求分配利润并申请参加诉讼的,应当列为共同原告。"

高人民法院认为，根据原审查明的事实，郑某宏为金良公司隐名投资人，享有与投资份额相对应的投资权益及利润分配，且郑某泉、肖某华以及金良公司财务人员以结算、收支明细表的方式对此予以确认，郑某贤再审申请认为金良公司亏损无利润可分配，依据不足，广东省高级人民法院不予支持并无不当。

3. 股权已经转让的前股东

请求分配公司利润是基于股东资格与身份，股权转让后，前股东即不具有股东身份，无权提起请求。但对于股权转让前公司累计未分配的利润，前股东是否有权主张呢？前股东通常认为未分配利润是在其持股期间的权益增值，其作为股东有权享有，而公司或其他股东则抗辩公司尚未决定分红，未分配利润仍属于公司财产，前股东无权主张。

前股东是否可以请求分配累计利润的关键在于，股权转让前，公司是否已形成有效的分配决议。如公司已经作出有效的利润分配决议，前股东的盈余分配请求权已经从抽象权利变为具体权利，前股东是具体权利的所有权人，前股东与公司之间存在债权债务关系，其可根据有效决议向公司主张分配，但如股权转让前，未有有效决议，前股东无权主张，累计未分配的利润由股权受让方享有。

山东省高级人民法院于2006年12月26日出台的《山东省高级人民法院关于审理公司纠纷案件若干问题的意见(试行)》第71条规定："股权转让前，公司股东会、股东大会已经形成利润分配决议的，转让人在转让股权后有权向公司要求给付相应利润。转让人因股权转让丧失股权后，股东会、股东大会就转让前的公司利润形成分配决议，转让人要求公司给付相应利润的，人民法院不予支持。转让人或受让人不得以其相互之间的约定对抗公司。"如(2017)苏0591民初6079号案，法院认为，苏州银行股东大会于2017年3月24日作出2016年度股权分红的相关决议，内容为每10股派1元(税前)，分配对象对2017年3月3日登记在册的股东。涉案股权权属于2017年2月28日、3月1日由第三人星河公司、陈某林转移至原告蒋某星，第三人同时丧失苏州银行股东资格及基于股东资格请求苏州银行分配红利，并于红利分配方案通过后，请求苏州银行给付红利的权利。根据苏州银行2016年度股利分配的对象为2017年3月3日登记在册的股东且原告于该日期前已取得股东资格的事实，原告蒋某星有权要求苏州银行给付涉案红利。

当然,股权转让时,转让方与受让方在确定转让对价时,作为商业交易主体,通常会对公司资产、负债与公司经营预期等情况完整审查,转让对价一般包含了未分配的利润,并在股权转让合同中作出约定,此时转让方可根据股权转让合同的约定向受让方主张权益。需要注意的是,如转让方与受让方约定公司账面的未分配利润归转让方所有,转让方要成功取得未分配利润,仍需公司按《公司法》的规定作出有效分配决议,不得仅以股权转让合同的约定向公司主张利润分配。

4. 瑕疵出资股东

瑕疵出资不影响股东资格的认定,因此,瑕疵出资股东是公司盈余分配纠纷案件的适格主体。但享有股东权利的前提是承担义务,股东构成瑕疵出资,若未完成出资义务,则权利应受到限制,根据《公司法司法解释三》第 16 条的规定,股东未履行或者未全面履行出资义务或者抽逃出资,公司可根据公司章程或者股东会决议对其盈余分配请求权作出相应的合理限制。如公司章程未作出规定或未形成股东会决议,则可根据《公司法》第 210 条第 4 款的规定,有限责任公司按实缴出资比例分配利润,股份有限公司按股东所持有的股份比例分配利润。如(2013)鄂民监三再字第 3 号案,法院认为,关于桂某是否享有富业公司的股东知情权、盈余分配权的问题。股东享有和行使权利的基础和前提是承担股东义务,违反出资义务,其股东权利就必然受到相应限制,就不应当享有股东的相应权利,这是民法中权利与义务统一、利益与风险一致原则的具体体现。因此,桂某虽具有股东身份,但在其未能向富业公司足额补缴出资并向其他足额出资股东承担违约责任的情况下,暂不能行使各项股东权利。

(二)被告

1. 公司

公司经营产生可供分配利润,累计的未分配利润属于公司财产,股东只能请求公司分配利润,故《公司法司法解释四》第 13 条第 1 款规定,股东请求公司分配利润案件,应当列公司为被告。

2. 股东、实际控制人、董事、监事、高级管理人员

股东、董事、监事、高级管理人员对股东无分红的义务，但如果公司股东滥用股东权利，或公司控股股东、实际控制人、董事、监事、高级管理人员利用关联关系损害公司利益，或公司董事、监事、高级管理人员违反法律、行政法规或者公司章程的规定给公司造成损失，以至于公司利润不足以向股东支付时，利益受损的股东可将滥用股东权利的公司股东、控股股东、实际控制人、董事、监事、高级管理人员列为公司的共同被告，要求其在公司给付不能的范围内承担赔偿责任。如《公司法》第211条规定："公司违反本法规定向股东分配利润的，股东应当将违反规定分配的利润退还公司；给公司造成损失的，股东及负有责任的董事、监事、高级管理人员应当承担赔偿责任。"

将股东、实际控制人、董事、监事、高级管理人员作为被告，虽并非基于同一诉讼标的，但如果标的均由于利润分配纠纷产生，具有牵连关系，为提高诉讼效率，一并解决争议，可将股东、实际控制人、董事、监事、高级管理人员列为共同被告。[1] 如(2016)最高法民终528号案，法院认为，盈余分配是用公司的利润进行给付，公司本身是给付义务的主体，若公司的应分配资金因被部分股东变相分配利润、隐瞒或转移公司利润而不足以实现现实支付时，不仅直接损害了公司的利益，也损害到其他股东的利益，利益受损的股东可直接依据《公司法》第20条第2款(作者注：现《公司法》第21条)的规定向滥用股东权利的公司股东主张赔偿责任，或依据《公司法》第21条(作者注：现《公司法》第22条)的规定向利用其关联关系损害公司利益的控股股东、实际控制人、董事、监事、高级管理人员主张赔偿责任，或依据《公司法》第149条(作者注：现《公司法》第188条)的规定向违反法律、行政法规或者公司章程的规定给公司造成损失的董事、监事、高级管理人员主张赔偿责任。

(三)第三人

不同意分配利润的股东是否可以作为第三人，法律并未规定。此前公布的

[1] 参见杜万华主编、最高人民法院民事审判第二庭编著：《最高人民法院公司法司法解释(四)理解与适用》，人民法院出版社2017年版，第283页。

《公司法司法解释四》(征求意见稿)第21条,曾将不同意分配公司利润的股东列为第三人。[1] 同意将上述人员作为第三人的观点认为,公司向股东分配利润,显然会对其他股东利益有影响,故为保护其他股东合法权益,应允许其他股东以第三人身份参加诉讼;[2]也有观点认为,利润分配决议一旦作出后,同意利润分配的股东与不同意利润分配的股东之间就不存在直接的利害关系,不同意利润分配的股东可对利润分配决议提起可撤销或无效之诉。[3] 作者认为,鉴于《公司法司法解释四》最终稿未将不同意分配利润的股东作为第三人,说明实务中对此安排存在争议,而且不同意利润分配的股东有其他救济权利的途径,如可对股东会决议提出无效、不成立或撤销之诉,足以保障其权益。

二、管辖

《民事诉讼法》第27条规定:"因公司设立、确认股东资格、分配利润、解散等纠纷提起的诉讼,由公司住所地人民法院管辖。"因此,因股东资格确认纠纷而提起的诉讼应该以公司住所地法院为管辖法院。

公司住所地的认定,根据《民事诉讼法司法解释》第3条的规定:"法人或者其他组织的住所地是指法人或者其他组织的主要办事机构所在地。法人或者其他组织的主要办事机构所在地不能确定的,法人或者其他组织的注册地或者登记地为住所地。"

三、诉讼请求

(一)利润分配金额及利息

盈余分配纠纷的诉讼请求一般为要求公司支付具体的利润金额及相应利息。如股东行使抽象利润分配请求权,股东诉讼请求的金额通常是暂计,若其

---

〔1〕 参见《公司法司法解释四》(征求意见稿)第21条规定,"原告请求分配公司利润纠纷案件,应当列公司为被告。他人以相同理由请求参加诉讼的,应当列为共同原告;公司其他股东不同意分配利润的,可以第三人身份参加诉讼"。

〔2〕 参见杜万华主编、最高人民法院民事审判第二庭编著:《最高人民法院公司法司法解释(四)理解与适用》,人民法院出版社2017年版,第282页。

〔3〕 参见徐强胜编著:《最高人民法院公司法司法解释精释精解》,中国法制出版社2019年版,第510页。

注明以司法审计为准，则应视为诉讼请求明确、具体。如（2011）民四终字第13号案，法院认为，仲圣控股在起诉状第2项中有关利润分配的诉讼请求虽然提出“暂计100,000,000元人民币”，但在括号后又明确“具体数额以司法审计结果为准”，因此，该项诉讼请求应认为属于明确、具体的诉讼请求。上诉人鲁能集团有关被上诉人的诉讼请求不明确、不具体的主张依法不能成立。

至于利息如何计算，分为两种情况，如公司已经作出了利润分配决议，股东与公司之间形成债权债务关系，公司未按照决议规定的日期或未在合理期限内分配，则可按从该时点计算资金利息损失；如未作出决议，法院按《公司法司法解释四》第15条的规定强制分配，在法院判决生效前，不计付利息。如（2016）最高法民终528号案，法院认为，有盈余分配决议的，在公司股东会或股东大会作出决议时，公司与股东之间即形成债权债务关系，若未按照决议及时给付则应计付利息，而司法干预的强制盈余分配则不然，在盈余分配判决未生效之前，公司不负有法定给付义务，故不应计付利息。

（二）能否同时提起股东资格确认之诉、股东知情权之诉

在盈余分配纠纷案件中，股东资格是股东请求盈余分配的前提，股东知情权是行使利润分配权的保障，是否可以一并提起，实践中法院观点不一。如（2013）民二终字第19号案，股东同时提起了股东身份的确认之诉与请求公司盈余分配的给付之诉，法院予以合并审理；又如，（2011）民四终字第13号案，法院认为，股东知情权、公司盈余分配权以及变更法定代表人行为的效力均系基于股东权提起的，不应将其视为不同性质的法律关系，可合并审理。作者认为，如原告与被告均适格，不违反法律规定，事实上存在牵连关系，则合并审理有利于法院查明案件完整事实，减少当事人的诉累，节约司法资源。

四、诉讼时效

《民法典》第188条规定，向人民法院请求保护民事权利的诉讼时效期间为3年。法律另有规定的，依照其规定。诉讼时效期间自权利人知道或者应当知道权利受到损害以及义务人之日起计算。

对于具体盈余分配请求，公司作出盈余分配的股东会决议之后，公司与股

东之间的盈余分配请求权属于债权请求权，应受诉讼时效的约束。如(2011)津高民四终字第0171号案，法院认为，该案系公司盈余分配请求权纠纷，依法适用诉讼时效的规定。该诉讼时效应从加拿大汇英公司知道或者应当知道其权利被侵害之日起开始计算。加拿大汇英公司应从知道股权被转让时才知其作为股东所享有的股利分配权受到侵害，故该案诉讼时效的起算点应为加拿大汇英公司知其股权被转让之时。根据股权转让纠纷一案生效判决确认的事实，该时间点为2005年1月20日。加拿大汇英公司于2007年1月19日以天津汇汇英公司为被告、以金华公司为第三人首次提起该案诉讼，并未超过诉讼时效期间，故对天津汇英公司、金华公司抗辩加拿大汇英公司的起诉已超过诉讼时效，不予支持。

对于《公司法司法解释四》第15条规定的违反法律规定滥用股东权利不分配利润，由司法强制分配的情形，属于损害其他股东利益的情形，构成侵权，同样适用诉讼时效，以敦促其他股东积极主张权利。

第二节　盈余分配纠纷实务操作

公司经营产生的当年税后利润，在弥补之前亏损和依法提取法定公积金后，如有剩余利润的，经股东会决议，在股东之间分配。违反法律规定，在公司弥补亏损和提取法定公积金之前向股东分配利润的，股东应将违反规定分配的利润退还公司;《公司法司法解释四》第14条规定，股东提交载明具体分配方案的股东会或者股东大会的有效决议，请求公司分配利润，公司拒绝分配利润且其关于无法执行决议的抗辩理由不成立的，人民法院应当判决公司按照决议载明的具体分配方案向股东分配利润。

根据上述规定，股东行使具体利润分配请求权有三个条件：实质条件，即公司有可供分配的剩余利润；形式条件，即利润分配方案应经股东会决议；公司拒绝执行利润分配决议的抗辩理由不成立。

一、股东行使利润分配请求权的实质条件

股东行使利润分配请求权的实质条件是公司存在可供分配的利润。为了贯彻公司资本维持原则和保护公司债权人,股东分红的对象应是公司经营期间的利润,不应是股东投入的资本,否则构成抽逃出资,法律应予以禁止。如果公司没有可供分配的利润,股东请求公司分配利润不会得到支持,如(2018)苏0505民初4458号案,法院认为,公司进行盈余分配,前提是必须要有可供分配的利润。该案中,原、被告均确认,旭运公司是亏损的没有利润,签订案涉分配表时没有提存公司累计的亏损、法定公积金等。故可以认定,在签订案涉分配表时,旭运公司并无可分配的利润,两原告要求按照案涉分配表取得分红款的诉讼请求于法无据,法院不予支持。

关于是否存在可供分配的剩余利润,根据《公司法》第208条第1款规定,公司应当在每一会计年度终了时编制财务会计报告,并依法经会计师事务所审计。因此,可供分配的剩余利润数额应以合法有效的会计报告为依据。如股东无法获取会计报告,可通过行使股东知情权知悉公司的盈利状况。

二、股东行使利润分配请求权的形式条件

股东行使利润分配请求权的形式条件是公司作出了载明具体利润分配方案的股东会决议。虽公司存在可分配利润,但公司管理层与股东基于商业判断,未作出利润分配的决议或决议不分配的,基于公司自治原则,股东不能直接向法院起诉要求司法干预,强制公司分配利润。故《公司法司法解释四》第15条前半款规定,股东未提交载明具体分配方案的股东会或者股东大会决议,请求公司分配利润的,人民法院应当驳回其诉讼请求。股东起诉公司分配利润的,应首先提供证据证明公司已经作出具体利润分配决议。如(2021)最高法民再23号案(《最高人民法院公报》2023年第1期),法院裁判摘要认为,股东要求公司分配利润的必要条件是提交载明具体分配方案的股东会决议。具体的利润分配方案应当包括待分配利润数额、分配政策、分配范围以及分配时间等具体分配事项内容。判断利润分配方案是否具体,关键在于综合现有信息能否确定主张分配的权利人根据方案能够得到的具体利润数额。如公司股东会决

议确定了待分配利润总额、分配时间，结合公司章程中关于股东按照出资比例分取红利的分配政策之约定，能够确定股东根据方案应当得到的具体利润数额的，该股东会决议载明的利润分配方案应当认为是具体的。载明具体分配方案的股东会决议一经作出，抽象性的利润分配请求权即转化为具体性的利润分配请求权，股东的成员权转化为独立于股东权利的普通债权。股东转让股权时，抽象性的利润分配请求权随之转让，而具体性的利润分配请求权除合同中有明确约定外并不随股权转让而转让。当分配利润时间届至而公司未分配时，权利人可以直接请求公司按照决议载明的具体分配方案给付利润。

又如，(2015)民四终字第 4 号案，法院认为，有限责任公司是否分配利润以及分配多少利润属公司股东会决策权范畴。股东虽基于投资关系取得利润分配的期待权，但能否转化为具体的盈余分配请求权，取决于公司是否盈利以及股东会是否依法作出分配利润的决议等多项条件。故在股东会作出决议之前，股东并不享有具体的盈余分配请求权，继而不具有相应的诉权，股东直接向人民法院起诉请求判令公司向股东分配利润缺乏法律依据。

再如，(2014)苏商再提字第 0049 号案，法院认为，公司盈余分配属公司自主决策事项，与其他经营决策一样，都属于公司或股东基于自身的知识与经验做出的商业判断，人民法院应当谨慎介入属于公司意思自治范畴的盈余分配事宜，对公司盈余分配不能无约束地干预。基于前述的司法谨慎干预原则，人民法院在审理公司盈余分配权纠纷时，一般仅支持具体盈余分配请求权，其前提条件是只有在公司董事会、股东会已形成盈余分配决议，而公司拒不执行该决议，致使股东依据该决议所享有的盈余分配请求权遭到侵害时，股东方可提起盈余分配请求权诉讼，否则股东无权径行提起盈余分配权诉讼。该案中，关于宏昇公司是否分配公司利润以及如何分配公司利润的决策权，已在宏昇公司章程第 13 条和第 18 条作了明确规定：股东会具有审议批准公司的利润分配方案和弥补亏损方案的职权；公司执行董事具有制定公司的利润分配方案和弥补亏损方案的职权。而到目前为止，沈某达并未举证证明宏昇公司董事会、股东会就公司利润分配事宜形成过任何决议，在此情形下，人民法院不宜代替公司董事会、股东会决定公司的盈余分配，故沈某达向人民法院提起诉讼，要求宏昇公司进行盈余分配，缺乏事实和法律依据，法院不予支持。

利润分配的形式条件在实践中应灵活掌握,不应仅局限于书面的股东会决议,如股东虽无法提供具体的股东会决议,但有其他证据足以证明公司已经实施了利润分配,盈余分配请求权已经从应然转为实然,基于股东平等原则,股东有权请求公司利润分配。如(2015)苏商终字第00272号案,法院认为,徐某主张牧羊集团已经进行公司盈余分配,其提供了本人的应纳税所得额、应纳税额明细表及税收完税证明,法院亦从扬州市地方税务局调取了牧羊集团作为扣缴义务人于2013年8月14日申报个税的记录,前述证据均显示牧羊集团的股东徐某收入7,870,426.2元,税金1,574,085.24元,税种为"利息、股息、红利"。个人所得税系以个人取得的各项应税所得为征税对象所征收的税种,其前提是"取得",即已经实际产生应纳税收入,现徐某因"利息、股息、红利"缴纳个人所得税1,574,085.24元,应当已经取得应税"利息、股息、红利"7,870,426.2元,徐某所称牧羊集团已经进行公司盈余分配的主张成立。对于有限责任公司,根据《公司法》第37条第2款(作者注:现《公司法》第59条第2款)规定,对分配利润事项股东以书面形式一致表示同意的,可以不召开股东会会议,直接作出决定,并由全体股东在决定文件上签名或盖章。

如股东会已经作出利润分配的决议,股东会是否可以撤销该决议?《公司法司法解释四》(征求意见稿)中曾规定股东会、股东大会决议的分配方案合法有效,但公司主张目前不具备实施分配方案条件的,应当召开股东会或者股东大会重新决议。公司股东会或者股东大会重新决议不予分配利润的,人民法院应当判决驳回原告股东的诉讼请求。但此规定最终未被采纳。作者认为,如股东会决议的分配方案合法有效,按学界通说,股东与公司之间即形成了明确的债权债务关系,盈余分配请求权由抽象转变为普通债权,应适用民法上债的规定,不应再受公司决议的影响。[1] 股东对公司享有一笔债权,公司是债务人,如允许公司股东会决议撤销,相当于债务人单方自行免除了自身的债务,显然不合适,当然如果全体股东一致同意放弃利润分配,属于债权人放弃自身权益,符合法律规定。

---

〔1〕 参见杜万华主编、最高人民法院民事审判第二庭编著:《最高人民法院公司法司法解释(四)理解与适用》,人民法院出版社2017年版,第309页。

如股东会已作出利润分配的决议，分配应在多长时限内完成？《公司法》第212条规定：“股东会作出分配利润的决议的，董事会应当在股东会决议作出之日起六个月内进行分配。”

三、公司拒绝执行利润分配决议的抗辩理由不成立

公司拒绝执行利润分配决议的抗辩理由不成立是从反面对股东盈余分配请求权的实质条件与形式条件进行规定。实践中，实质条件与形式条件可能存在冲突，如公司虽作出了利润分配决议，但在股东请求公司利润分配时，公司却抗辩其实际处于亏损状态，或者公司虽作出了股东会决议，但决议后被撤销或被认定为无效或不成立。此时，法律应允许公司对不符合实质条件或形式条件的股东利润分配请求提出抗辩，如公司抗辩成立，股东分配利润的请求应予以驳回或进行相应调整。

（一）公司处于亏损状态，无可供分配的剩余利润

股东提交了载明具体分配方案的股东会决议，应视为初步完成了举证责任，但股东为了多分配利润，尽早收回投资，可能会虚构利润。此时，即使利润分配满足了形式条件，但公司抗辩公司处于亏损状态，并申请法院司法审计，如经审计属实或公司完成举证责任，证明公司没有利润的，可认定公司抗辩理由成立。

（二）公司利润分配决议未按《公司法》第210条的规定弥补亏损与提取法定公积金

1. 弥补亏损与提取法定公积金，是公司分配税后利润前的法定义务，人民法院应主动查明公司分配利润前是否已经弥补亏损与提取公积金，如原审法院未查明的，上级人民法院可以撤销原审判决。如（2019）最高法民再88号案，法院认为，公司应当在提取当年法定公积金、弥补亏损之后向股东分配税后利润。换言之，公司盈余分配决议的内容应当反映当年法定公积金提取、弥补亏损的内容。执行公司盈余分配方案也应当具备已经提取当年法定公积金、弥补亏损的条件。原判决未查明上述事实，即认定中强公司应按照案涉《股东协议》《会议纪要》向严某针、杨某辉分配公司盈余，存有不当。

2. 弥补亏损与提取法定公积金，属于《公司法》规定的程序性规范，如利润分配方案未弥补亏损与提取法定公积金的，人民法院可依职权调整。如(2016)苏01民终3920号案，南京市中级人民法院认为，公司可分配利润不同于净利润，公司分配当年税后利润时，应当提取利润的10%列入公司法定公积金，公司从税后利润中提取法定公积金后，经股东会或者股东大会决议，还可以从税后利润中提取任意公积金。在金宁公司股东会未对提取任意公积金作出决议的情况下，案涉金宁公司可分配利润应为净利润提取10%列入法定公积金后的剩余部分，金额为1,169,939.66元，一审法院对于该可分配利润认定错误，南京市中级人民法院予以纠正。根据案涉协议书约定，杨某统可分得利润为350,981.9元。二审宣判后，当事人申请了再审，江苏省高级人民法院确认南京市中级人民法院有权依法留存法定公积金，调整利润分配方案载明的利润分配金额。[1]

(三)股东会决议不成立、无效或被撤销

若股东会决议不成立与无效，则股东请求利润分配的形式欠缺，法院应认定公司抗辩理由成立。因决议无效或不成立，是违反了法律、行政法规或事实上不存在的行为，简言之，是违法行为或虚假行为，故人民法院应依职权主动审查决议是否存在不成立或无效的情形。如决议存在瑕疵，属于可撤销情形，股东在法定期限内另案提出撤销之诉，且法院支持，则股东请求利润分配的形式条件无法满足，应认定公司抗辩理由成立；如股东未在法定期限内提起撤销之诉，则存在瑕疵的股东会决议有效，股东请求利润分配具备形式条件。

第三节　股东利润分配请求权的其他救济方式

一、未作股东会决议情况下的司法强制分配

《公司法司法解释四》施行前，在没有股东会决议的情况下，司法一般不介

[1] 参见杨某统与南京金宁公司盈余分配纠纷案，江苏省高级人民法院民事裁定书，(2017)苏民申259号。

入股东与公司之间的利润分配争议，核心理由是，利润分配属于商业判断，基于公司自治，应由公司自行决定，由此导致非控股股东的抽象盈余分配请求权几乎无法实现。但真实的情况是公司长期盈利，控股股东或实际控制人利用资本多数决规则优势，不召开股东会或即使召开股东会，也拒绝作出利润分配的方案，同时控股股东或实际控制人或公司管理层以牺牲其他股东的资产收益权为代价，通过关联交易、高薪或长期无偿占用公司资金的形式，变相取得公司利润，在此种情况下，如果司法不强行介入，股东投资公司取得收益的期望将会落空，股东的最基本权利——资产收益权也将沦为纸上权利，不仅会损害公司组织形式的正常发展，导致控股股东与非控股股东之间不平等，也违反了股东平等原则，因此《公司法司法解释四》第 15 条规定，股东未提交载明具体分配方案的股东会或者股东大会决议，请求公司分配利润的，人民法院应当驳回其诉讼请求，但违反法律规定滥用股东权利导致公司不分配利润，给其他股东造成损失的除外。

对于滥用股东权利导致公司不分配利润，给其他股东造成损失的情形，《最高人民法院关于适用〈中华人民共和国公司法〉若干问题的规定（四）理解与适用》一书中提到了以下几种情况：给在公司任职的股东或者其指派的人发放与公司规模、营业业绩、同行业薪酬水平明显不符的过高薪酬，变相给该股东分配利润；由控股股东操纵公司购买与经营无关的服务或财产，用于其自身消费或者使用，变相分配利润；为了不分配利润隐瞒或者转移利润；滥用股东权利不分配利润的其他情况。[1] 如（2021）湘民终 945 号案，法院认为，公司在经营中存在可分配的税后利润时，是否分配相关利润，应当由股东会作出公司盈余分配的具体方案，该种分配方案原则上属于公司自治范畴。但是，当部分股东变相分配利润、隐瞒或转移公司利润时，则会损害其他股东的实体利益，已非公司自治所能解决，此时若司法不加以适度干预则不能制止权利滥用，亦有违司法正义。为此，《公司法司法解释四》第 15 条规定："股东未提交载明具体分配方案的股东会或者股东大会决议，请求公司分配利润的，人民法院应当驳回其诉讼

[1] 参见杜万华主编、最高人民法院民事审判第二庭编著：《最高人民法院公司法司法解释（四）理解与适用》，人民法院出版社 2017 年版，第 328～329 页。

请求，但违反法律规定滥用股东权利导致公司不分配利润，给其他股东造成损失的除外。”该案中，宏一公司存在巨额利润，周某作为宏一公司的控股股东及公司法定代表人，其未经公司另一股东李某生同意，将宏一公司利润转移至其个人名下80,208,666元，给宏一公司造成损失，属于滥用股东权利，符合上述第15条规定中但书条款规定的应进行强制盈余分配的实质要件。

司法强制分配的典型案例，如(2016)最高法民终528号案(《最高人民法院公报》2018年第8期)，法院认为，公司在经营中存在可分配的税后利润时，有的股东希望将盈余留作公司经营以期待获取更多收益，有的股东则希望及时分配利润实现投资利益，一般而言，即使股东会或股东大会未形成盈余分配的决议，对希望分配利润股东的利益也不会发生根本损害，因此，原则上这种冲突的解决属于公司自治范畴，是否进行公司盈余分配及分配多少，应当由股东会或股东大会作出公司盈余分配的具体方案。虽目前有股权回购、公司解散、代位诉讼等法定救济路径，但不同的救济路径对股东的权利保护有实质区别，故需司法解释对股东的盈余分配请求权进一步予以明确。为此，《公司法司法解释四》第15条规定：“股东未提交载明具体分配方案的股东会或者股东大会决议，请求公司分配利润的，人民法院应当驳回其诉讼请求，但违反法律规定滥用股东权利导致公司不分配利润，给其他股东造成损失的除外。”在该案中，首先，太一热力公司的全部资产被整体收购后没有其他经营活动，一审法院委托司法审计的结论显示，太一热力公司清算净收益为75,973,413.08元，即使扣除双方有争议的款项，太一热力公司也有巨额的可分配利润，具备公司进行盈余分配的前提条件；其次，李某军同为太一热力公司及其控股股东太一工贸公司的法定代表人，其未经公司另一股东居立门业公司同意，没有合理事由将5600万余元公司资产转让款转入兴盛建安公司账户，转移公司利润，给居立门业公司造成损失，属于太一工贸公司滥用股东权利，符合《公司法司法解释四》第15条但书条款规定应进行强制盈余分配的实质要件。

二、提议召开临时股东会

根据《公司法》规定，股东会审议批准公司的利润分配方案。除司法强制分配外，公司利润分配方案必须经股东会决议。虽股东提议召开临时股东会，未必能形成利润分配的有效决议，但作者认为拥有 10% 以上表决权的股东，按《公司法》与公司章程的规定，提议召开临时股东会仍是维护自身权益的有效方式。首先，拥有 10% 以上表决权的股东通过召开临时股东会，可与其他股东建立直接沟通的渠道，就利润分配进行讨论与表决。有沟通渠道，权益实现就存在可能。其次，为“用脚投票”退出公司，请求公司回购股权做准备。根据《公司法》第 89 条规定，股东请求公司回购其股权，需对不分配利润的决议投反对票，因此，在符合公司回购股权法定条件的前提下，拥有 10% 以上表决权的股东可提议召开临时股东会，要求公司利润分配，如其他股东都不同意利润分配的，其可以要求公司按合理价格回购其股权。

三、行使股东知情权

股东不参与公司的日常运营，除公司依法按时披露，股东对自己投资的公司知之甚少。如果控股股东或实际控制人滥用权利，例如给自己或其指派的人发放与业绩不符的高薪、利用关联交易转移利润或隐藏利润，甚至只给自己分配公司利润，不给其他股东分配。这些损害公司其他股东利润分配权的行为，控股股东或实际控制人当然不会主动披露，唯有股东行使知情权，才可知悉公司财务与经营情况，如发现侵权行为属实，可根据《公司法司法解释四》第 15 条规定，请求司法强制分配。同样，股东请求公司回购其股权实现的前提是公司连续 5 年盈利，如公司陷入经营僵局，控股股东或实际控制人不会向其他股东主动告知盈利状况时，股东也可通过行使知情权了解公司盈利状况。

四、请求公司回购股权

《公司法》第 89 条与第 161 条规定了异议股东的回购请求权。公司连续 5 年不向股东分配利润，而公司该 5 年连续盈利，并且符合本法规定的分配利润条件的，对股东会该项决议投反对票的股东可以请求公司按照合理的价格收购其股权。根据该条规定，异议股东请求公司回购其股权，需满足以下条件：

(1) 公司 5 年连续盈利且符合《公司法》规定的利润分配条件，但公司连续 5 年不向股东分配利润。公司 5 年连续盈利应以公司的财务报告为准，但股东有证据证明财务报告是虚假的，可以真实盈利情况为准。

(2)对股东会不分配利润的决议投反对票。股东投反对票的前提是股东会已经召集与召开,《公司法》规定拥有10%以上表决权的股东可以召集临时股东会,但拥有10%以下股权的股东,其无权召集临时股东会,在其他股东不召集的情况下其股东异议回购请求权将无法实现。

实务中,有部分法院为保护小股东,如因客观情况而非10%以下表决权股东的过错无法召开股东会的,法院也会支持股东的诉求。如(2014)济商终字第57号案,原审法院认为,李某滨作为持股仅4.33%即不足10%的小股东,在公司其他股东不提议召开临时股东会,公司又不按照法律的规定及公司章程召开股东会的情况下,其无权提议召开临时股东会,亦没有机会在股东会上对公司分红问题提出异议,但其在该案诉讼前,已以书面函件的形式向公司表达了自己对分红及退股问题的意愿。原审法院依据东方公司自认的2011年其公司净资产价值3933万元计算李某滨的股权收购价格,不违背法律规定,且双方当事人对该收购数额均未提起上诉,济南市中级人民法院予以确认。东方公司连续5年盈利且连续5年未分配利润,亦未召开股东会对分配利润问题进行决议,李某滨作为持有公司不足10%表决权的小股东,可以要求公司回购其股权。

五、公司章程提前约定利润分配方案与限制、保障股东权利

为避免股东各方后期就如何分配利润产生争议,能否在公司章程中提前约定利润分配方案?

作者认为,首先,在符合《公司法》第210条的前提下,即公司当年税后利润先用于弥补亏损与提取法定公积金,公司章程可提前就利润分配方案作出约定;其次,诸多上市公司在其公司章程中对分红的频率、条件、方式、程序等具体事宜进行了规定,主管机关并未对其进行否定。例如,《泸州老窖股份有限公司章程》(2017年5月版)第178条规定,泸州老窖股份有限公司利润分配政策为:利润分配的期间间隔:原则上公司按年度将可供分配的利润进行分配,必要时公司也可以进行中期利润分配;利润分配的比例:公司现金或股票方式分红比例不低于公司当年实现可供分配利润的泸州老窖股份有限公司50%;现金分红的条件及比例:如实施现金分红,其比例为每年以现金方式分配的利润不少

于当年实现可分配利润的30%。[1]

同时，鉴于控股股东或实际控制人转移公司利润的主要方式是自己或其指派的人领取高薪，或通过关联交易转移利润或在财务报表中隐藏利润，公司章程也可就薪酬确定、关联交易的决策程序以及知情权的行使等作出提前约定，保障小股东权益。

〔1〕 参见唐青林、李舒、张德荣：《章程设计：公司赚钱但大股东不分红，小股东是否无计可施？公司章程应如何对分红条款作出规定？》，载微信公众号“公司法权威解读”2017年9月11日，https://mp.weixin.qq.com/s?src=11&timestamp=1708591896&ver=5095&signature=kWAnOdRGPJp-pjdzfT79Vf4SlQ2*8iuDP3mmQGwfBobNNH8*-VnZVeiaPUEkLts0UXgSgllCsRrIL-4F96erqDYNZgHfH243KcjeqN23rJNxskj1ksUSncmIyg0qr8u8H&new=1。

第十四章

损害股东利益责任纠纷

保护股东合法权益是《公司法》立法目的之一,[1]为落实股东诉权,2005 年《公司法》修订时增加了第 152 条,赋予股东直接起诉的权利。2020 年《民事案件案由规定》确定了三级案由“275. 损害股东利益责任纠纷”,其是指公司董事、高级管理人员违反法律、行政法规或者公司章程的规定,损害股东利益,应当对股东承担损害赔偿责任而与股东发生的纠纷。[2] 因此,损害股东利益责任纠纷的责任主体限于股东与董事、高级管理人员。

损害股东利益责任纠纷,是股东直接诉讼的一种类型。股东直接诉讼,是指股东为了自身利益以自己名义提起的诉讼,被告可能是公司、其他股东或公司内部人员,如董事、高级管理人员等。公司决议纠纷、股东资格确认纠纷、股东知情权纠纷与公司盈余分配纠纷等诉讼均由股东直接提起,都是股东直接诉讼的类型,但按 2020 年《民事案件案由规定》却属于不同的案由。

股东直接诉讼与股东代表/派生诉讼相对,二者均属于股东的诉权,股东都可以自己名义直接提起诉讼,但前者是为股东利益,后者是为公司利益,股东仅间接受到影响,不能混为一谈。实务中,股东更倾向于以自己名义直接提起诉讼,一方面,因为一旦胜诉,股东可直接享有胜诉利益;另一方面,股东提起代表诉讼的,胜诉利益归公司,股东仅间接受益,甚至最终是否受益存在不确定性,

[1] 参见《公司法》第 1 条规定:“为了规范公司的组织和行为,保护公司、股东、职工和债权人的合法权益,完善中国特色现代企业制度,弘扬企业家精神,维护社会经济秩序,促进社会主义市场经济的发展,根据宪法制定本法。”

[2] 参见杨万明主编、最高人民法院研究室编著:《最高人民法院新民事案件案由规定理解与适用》,人民法院出版社 2021 年版,第 762 页。

因为股东代表诉讼的胜诉利益可能会被实际控制公司的董事、高级管理人员以其他方式侵害。虽然股东直接提起诉讼更有利于其权益实现，但因公司利益与股东利益分属不同法律范畴，如股东在起诉时不分清是股东利益受损还是公司利益受损，而贸然提起诉讼，需承担败诉风险。如(2021)川民终342号案，经四川省高级人民法院询问，万顺达公司、茂文公司变更后的案由为损害股东利益责任纠纷，适用法律为《公司法》第152条(作者注：现《公司法》第190条)。对此四川省高级人民法院认为，损害股东利益责任纠纷，是指公司董事、高级管理人员违反法律、行政法规或者公司章程的规定，损害股东利益，应当对股东承担损害责任而与股东发生的纠纷。而万顺达公司、茂文公司第1项诉讼请求为要求金泉源公司将拖欠金堂中学外国语实验学校的账外应收账款向金堂中学外国语实验学校返还，并不符合损害股东利益责任纠纷的法律特征。应界定为公司股东滥用股东权利，损害公司利益而引发的纠纷，即案由为损害公司利益责任纠纷。万顺达公司、茂文公司以自己的名义提起本案诉讼，则需证明起诉前已履行提起代表诉讼的前置条件。但无论是其起诉所依据的事实与理由，还是提交的证据均未显示万顺达公司、茂文公司已履行该前置程序，故该项诉讼请求尚不具备起诉条件。四川省高级人民法院据此裁定：驳回万顺达公司、茂文公司的起诉。

第一节 损害股东利益责任纠纷诉讼指引

一、诉讼主体

(一)原告

1. 股东

股东是损害股东利益责任纠纷的适格原告。原告不具有股东身份的，法院会以主体不适格驳回起诉，如(2021)最高法民申6233号案，法院认为，根据《公司法》第151条[1]、第152条[2]规定，任某明以损害股东利益责任纠纷或者损害公司利益纠纷提起诉讼，均应具有景天公司的股东身份。原审法院经审理查明，该案中，景天公司的股东系景夷达公司，并非任某明。任某明系景夷达公司的股东，其主张以景天公司的实际投资人、实际股东来行使景天公司股东权利，没有法律依据。因此，任某明提起该案诉讼主体不适格。

2. 实际出资人

实际出资人不具有股东身份，其是基于与名义股东之间的合同向名义股东主张权利，不能直接向公司主张权利，而且实际出资人要显名成为股东，还需其他股东半数以上同意。因此，实际出资人不是损害股东利益责任纠纷的适格原告。实际出资人可先行提起股东资格确认之诉，确认股东身份。

但需要注意的是，如实际出资人直接参与了公司经营管理，其他股东半数以上认可实际出资人直接行使股东权利，其仅是未办理工商登记，则应遵循实质重于形式的原则，在一定程度上认可实际出资人直接提起股东诉讼的权利。如(2020)皖民申4334号案，法院认为，被申请人虽系隐名股东，但其参与了置业公司的经营，实际享受了与正常股东相同的权利义务，现就置业公司内部纠纷提起该诉讼，被申请人依法具有该案的主体资格。被申请人的股东资格、身份及各自投资比例已经过置业公司股东会决议所确认，各方对对方的股权比例均无异议。原审法院认定被申请人为置业公司的隐名股东，并无不当。

3. 股权已转让的前股东

股权已转让的前股东不再具有股东身份，非适格原告。如董事、高级管理人员的行为直接损害了前股东在持股期间的利益，前股东可按一般民事侵权主张权益，而非提起损害股东利益责任纠纷。

(二)被告

1. 董事、高级管理人员

根据《公司法》第190条的规定，损害股东利益责任纠纷的责任主体限于董

[1] 2023年《公司法》第189条。
[2] 2023年《公司法》第190条。

事、高级管理人员，因此，董事、高级管理人员是损害股东利益责任纠纷的适格被告。

2. 其他股东

其他股东能否成为损害股东利益责任纠纷的适格被告，存在理论与实务之间的差异。就理论而言，《公司法》第190条是损害股东利益责任纠纷的请求权基础，因董事、高级管理人员违反了对股东的信义义务，导致该股东利益受损，董事与高级管理人员直接对该股东承担责任，并未将其他股东纳入。

但就实务而言，《公司法》第21条第2款规定，公司股东滥用股东权利给公司或者其他股东造成损失的，应当依法承担赔偿责任。根据上述规定，股东可以直接起诉滥用股东权利的其他股东，多数为控股股东，符合股东直接诉讼的特征。而且实务中，无论是高级人民法院还是最高人民法院，都有将股东滥用股东权利引发的纠纷确定为损害股东利益责任纠纷案件的实例。如(2018)冀民辖终99号案，法院认为，上诉人与被上诉人均为内蒙古霍媒万祥铝业有限责任公司的股东。依据上诉人在原审中提出的诉讼请求、事实及理由，该案系因为公司股东滥用股东权利给其他股东造成损失引发的纠纷，案由应确定为损害股东利益责任纠纷案件。又如，(2021)最高法民申2961号案，确定的案由为损害股东利益责任纠纷，最高人民法院认为，《公司法》第20条第2款(现《公司法》第21条第2款)规定:“公司股东滥用股东权利给公司或者其他股东造成损失的，应当依法承担赔偿责任。”该案中，倪某林主张彭某秀滥用股东权利致其损失应予赔偿，则应举证证明彭某秀存在滥用股东权利的行为、彭某秀滥用股东权利的行为给倪某林造成损失、彭某秀滥用股东权利的行为与倪某林的损失之间存在因果关系等事实。倪某林在原审中虽主张彭某秀违法操纵信合公司一切事务，滥用股东权利，严重侵害倪某林作为信合公司股东的合法权益，但并未提交充分证据予以证明。

作者认为，其他股东并非损害股东利益责任纠纷的适格被告。首先，《公司法》第190条的规定及损害股东利益责任纠纷案由释义，均未将股东作为责任主体，不能因股东可以直接起诉其他股东滥用股东权利，符合股东直接诉讼的特征，就将其作为损害股东利益责任纠纷案由处理；其次，在其他股东担任董事、高级管理人员的情形下，其他股东实施的损害股东利益的行为，实质上仍属于董事、高级管理人员违反对股东的信义义务的行为，非滥用股东权利的行为，如《广西壮族自治区高级人民法院民二庭关于审理公司纠纷案件若干问题的裁判指引》(桂高法民二〔2020〕19号)第12条规定，股东与高管身份重叠时的责任认定为：公司股东权利主要分为共益权和自益权，前者主要表现为参会权、表决权、知情权、质询监督权等，后者主要表现为股利分配权、剩余财产分配权等财产性受益权，故公司股东并不当然享有直接管理和经营公司的权力和地位。股东利用其职权、便利或实际影响力与地位，在管理和经营公司过程中损害公司利益的，并非属于滥用股东权利，该行为的发生并非基于股东身份而是基于其实际作为公司高级管理人员的身份，其涉嫌的不当行为实质上属于公司高级管理人员的失职行为。基于上述，其他股东滥用股东权利直接损害股东利益，虽然2020年《民事案件案由规定》没有直接对应的三级案由，但可按二级案由“与公司有关的纠纷”处理。

3. 共同侵权人

他人与董事、高级管理人员共同侵犯股东利益的，构成共同侵权，可与董事、高级管理人员作为损害股东利益责任纠纷的共同被告；如非共同侵权的情形，他人直接损害股东利益成为被告的，非适用损害股东利益责任纠纷案由，属于其他民事纠纷。

(三)第三人

《公司法》及其司法解释并未明确规定损害股东利益责任纠纷中应有第三人作为诉讼主体，但因董事、高级管理人员属于公司内部人员，为查明案件事实，可以将公司列为第三人。

二、管辖

损害公司利益责任纠纷适用《民事诉讼法》第29条，侵权行为地或者被告住所地为管辖法院，[1]如(2021)京民辖终212号案，法院认为，《民事诉讼法》

〔1〕 参见杨万明主编、最高人民法院研究室编著：《最高人民法院新民事案件案由规定理解与适用》(下册)，人民法院出版社2021年版，第763页。

第28条(作者注:现《民事诉讼法》第29条)规定,因侵权行为提起的诉讼,由侵权行为地或者被告住所地人民法院管辖。该案系损害股东利益责任纠纷,属于因侵权行为提起的诉讼,侵权行为地或被告住所地人民法院对案件有管辖权。关于上诉人提出的该案属于"与公司有关的纠纷",应由公司住所地人民法院管辖之主张,北京市高级人民法院认为,《民事诉讼法司法解释》第22条规定,因股东名册记载、请求变更公司登记、股东知情权、公司决议、公司合并、公司分立、公司减资、公司增资等纠纷提起的诉讼,依照《民事诉讼法》第27条规定确定管辖。《民事诉讼法》第27条规定的由公司住所地人民法院管辖的公司诉讼,是关于或者涉及公司的组织法性质的诉讼,该案不属于前述情形,不宜依照《民事诉讼法》第27条规定确定管辖,故上诉人本项上诉主张该法院亦不予支持。

但实务中也有不同的意见,一些法院认为损害股东利益责任纠纷属于与公司有关的纠纷,应依据《民事诉讼法》第27条规定,由公司住所地人民法院管辖,如(2021)桂民辖终144号案,法院认为,损害股东利益责任纠纷属于侵权责任纠纷,但《民事案件案由规定》将"损害股东利益责任纠纷"列为二级案由"与公司有关的纠纷"项下的三级案由,而不在二级案由"侵权责任纠纷"之列,故损害股东利益责任纠纷也属于与公司有关的纠纷。根据特别法优于一般法的法律适用原则,损害股东利益责任纠纷应当按与公司有关的纠纷确定管辖。根据《民事诉讼法》第27条"因公司设立、确认股东资格、分配利润、解散等纠纷提起的诉讼,由公司住所地人民法院管辖"的规定,该案应当由全荣公司住所地人民法院管辖。

作者认为,认定董事、高级管理人员是否损害了股东利益,法院需查明董事、高级管理人员的行为、损害后果以及二者的因果关系等,符合侵权责任构成要件判断,应为侵权性质,应按侵权案件确定关系。另外,"损害股东利益责任纠纷"虽列在二级案由"与公司有关的纠纷"项下,但不能由此得出应由公司住所地法院管辖的结论,按此观点,"与公司有关的纠纷"项下所有的纠纷案由都由公司住所地法院管辖,显然不符合法律规定。

三、诉讼请求

损害股东利益责任纠纷是侵权性质,股东的诉讼请求主要包括要求董事、高级管理人员赔偿损失、停止侵权等。

四、诉讼时效

损害股东利益责任纠纷的请求权性质是债权请求权,应适用诉讼时效制度。根据《民法典》的规定,损害赔偿案件的诉讼时效为3年,自股东知道或者应当知道权利受到损害以及义务人之日起计算。如(2015)民申字第3527号案,法院认为,依据法律规定,确认诉讼时效的期间,应当根据以下三个条件确定,即客观上被侵权人的权利遭受侵害的事实已经发生,被侵权人知道或者应当知道其权利遭受侵害,并且知道或者应当知道侵害其权利的具体的人。因无证据证明高某祥2013年5月之前已经知道其股东权利被侵害,更无证据证明高某祥已经知道侵害其股东权利的具体的人,一、二审判决认定高某祥于2013年5月23日查询工商登记档案后才知道其股东权利被侵害,其起诉时法律规定的诉讼时效并未届满,并无不当。

第二节　损害股东利益责任纠纷实务操作

董事、高级管理人员损害股东利益属于侵权性质,按侵权责任构成要件,认定董事、高级管理人员责任成立,需满足以下要件:主体上,原告是公司股东,被告是董事、高级管理人员;主观上,董事、高级管理人员应具有过错;行为上,董事、高级管理人员实施了损害股东利益的行为;结果上,股东利益直接受损;因果关系上,董事、高级管理人员实施的损害股东利益的行为与股东利益直接受损具有因果关系。本章第一节已论述损害股东利益责任的诉讼主体,董事、高级管理人员是否存在过错可以通过其实施的行为进行判断,因此,本节仅就其他三个要件进行论述。

一、行为要件:董事、高级管理人员实施了损害股东利益的行为

(一)《公司法》的规定

《公司法》第 190 条是股东提起损害责任纠纷的法律依据。根据该条规定,董事、高级管理人员实施的损害股东利益行为限于违反法律、行政法规或者公司章程的规定,与一般侵权行为不同。一般侵权行为,只要行为人实施了侵犯他人权益的行为,即构成侵权。

行政法规或者公司章程暂且不论,《公司法》关于董事、高级管理人员的禁止行为或义务主要规定于《公司法》第 8 章"公司董事、监事、高级管理人员的资格和义务",一般认为,该章仅规定了董事、监事、高级管理人员对公司负有信义义务,对股东不负有信义义务,譬如《公司法》第 180 条第 1 款与第 2 款规定,董事、监事、高级管理人员对公司负有忠实义务与勤勉义务。

作者认为,第 190 条置于《公司法》第 8 章,说明我国《公司法》不仅认可董事、高级管理人员对公司负有信义义务,而且对股东也负有信义义务,但《公司法》并未对董事、高级管理人员对股东负有信义义务的具体内容作出规定,结合《公司法》及其司法解释的零散规定,董事、高级管理人员在以下情况下直接对公司股东承担责任:

1. 未依法制作或保存公司财物资料,导致股东知情权无法行使的

《公司法司法解释四》第 12 条规定:"公司董事、高级管理人员等未依法履行职责,导致公司未依法制作或者保存公司法第三十三条、第九十七条规定的公司文件材料,给股东造成损失,股东依法请求负有相应责任的公司董事、高级管理人员承担民事赔偿责任的,人民法院应当予以支持。"股东知情权是股东基本权益,因股东并不参与公司日常经营,其知情权能否实现取决于公司财务资料的完整性,如财务资料未制作或灭失,说明董事、高级管理人员未尽勤勉义务,造成股东损失的,应承担赔偿责任。

2. 未及时协助办理股东变更登记

《公司法司法解释三》第 27 条第 2 款规定:"原股东处分股权造成受让股东损失,受让股东请求原股东承担赔偿责任、对于未及时办理变更登记有过错的

董事、高级管理人员或者实际控制人承担相应责任的，人民法院应予支持；受让股东对于未及时办理变更登记也有过错的，可以适当减轻上述董事、高级管理人员或者实际控制人的责任。”股权转让合同签订后，受让股东能否及时完成股东变更登记，需公司董事、高级管理人员等协助和配合，在原股东或受让股东通知公司、高级管理人员股权转让发生后，董事、高级管理人员怠于协助完成变更，造成股东损失的，应承担赔偿责任。

3.《最高人民法院关于审理证券市场虚假陈述侵权民事赔偿案件的若干规定》第5条规定：“证券法第八十五条规定的未按照规定披露信息，是指信息披露义务人未按照规定的期限、方式等要求及时、公平披露信息。信息披露义务人‘未按照规定披露信息’构成虚假陈述的，依照本规定承担民事责任；构成内幕交易的，依照证券法第五十三条的规定承担民事责任；构成公司法第一百五十二条规定的损害股东利益行为的，依照该法承担民事责任。”董事、高级管理人员未按照规定披露信息造成投资者（股东）损失的，应承担赔偿责任。

（二）域外立法借鉴

在英美国家，关于董事是否对股东承担法律义务和责任，经历了一个从不承认到有限度承认的过程。[1] 传统公司法理论认为，公司具有独立人格，基于董事与公司之间的委任关系，董事仅对公司承担信义义务，但随着董事权限扩大，在特定场合下，董事的行为会直接损害股东利益，应赋予股东直接起诉董事的权利。就英美国家立法和判例所反映出来的情况，这种特定场合包括以下几个方面。[2]

1. 股东为行使股东权利所实施的法律行为需依赖董事提供信息和咨询的场合。如英国《1986年金融服务法》明确规定，如果投资人是因虚假信息或不正确信息而受诱成为股东的话，董事对该股东负有个人责任。

2. 董事直接与股东进行法律行为时。如董事与股东买卖公司股票，但董事

---

〔1〕 参见刘桂清：《股东对董事之直接诉讼——对新公司法第153条法理基础的反思与重构》，载《法学评论》2006年第3期。

〔2〕 参见刘桂清：《股东对董事之直接诉讼——对新公司法第153条法理基础的反思与重构》，载《法学评论》2006年第3期。

未向股东披露对股票价格有重大影响的信息。

3. 公司收购发生的非常时期。因股东并不掌握公司经营情况，是否出售股份往往基于董事的建议，此时，董事对股东负有信义义务。

4. 封闭公司中的董事对其他股东承担信义义务。在英美国家，封闭公司被称为"准合伙"公司，在董事与控股股东身份重合时，董事或控股股东损害了股东利益或公司利益，只允许股东提起代表诉讼维护公司利益是不公平的。

基于上述，英美国家判例虽认可董事、高级管理人员直接对股东负有责任和义务，但仅限于在特定场合下股东对执行职务的董事、高级管理人员的行为产生了依赖关系的情形，如股东由此遭受损失，董事、高级管理人员应承担责任，但适用范围有限。

（三）已有实证研究

董事、高级管理人员的行为包括职务行为与非职务行为。董事、高级管理人员在执行职务过程中造成股东损失的，属于职务行为，应由公司向股东承担责任，而非董事、高级管理人员承担。《公司法》第191条规定："董事、高级管理人员执行职务，给他人造成损害的，公司应当承担赔偿责任；董事、高级管理人员存在故意或者重大过失的，也应当承担赔偿责任。"该条虽规定董事、高级管理人员存在故意或重大过失造成他人（公司股东）损失的，董事、高级管理人员应承担赔偿责任，但赔偿的主体仍应是公司。如属于非职务行为，应按一般民事纠纷处理，并非损害股东利益责任纠纷。

董事、高级管理人员受公司委托经营管理公司，在执行职务过程中只对公司承担信义义务，与股东并不存在直接的法律关系，如何认定董事、高级管理人员在执行职务行为的同时让股东对其行为产生了信赖，并直接对股东承担责任，并非易事。实证研究表明，以《公司法》第152条（作者注：现《公司法》第190条）为依据的"股东直接诉讼"在实践中的适用概况，反映了该法条处于实质"休眠"状态。或者说，董事违反信义义务导致股东利益直接受损的情形是少有的,《公司法》第152条缺乏适用空间。[1] 司法实务中以《公司法》第152条作为裁判依据支持原告诉讼请求的极少。[2]

(四)股东的其他救济尝试

因股东无法证明董事、高级管理人员在经营过程中的行为造成了公司损失的同时直接损害了股东利益,所以实务中有股东以撤销权或确认合同无效等方式维护自身权益,例如,请求确认公司与第三人签订的致公司承担债务的协议无效,但法院仍以股东不存在直接利害关系为由驳回了股东的诉求。如(2017)最高法民终214号案,陈某福等人以其所投资的世侨投资公司原法定代表人廖某江利用职务之便,代表世侨投资公司及世侨集团公司等与臻琪公司等恶意串通,签署2014年8月6日的《协议书》,致世侨投资公司承担巨额债务,直接损害陈某福等人的利益为由,依据《民法通则》第58条、《合同法》第52条之规定,请求确认案涉《协议书》无效。由此可见,陈某福等人主张其权益受到损害是基于世侨投资公司因《协议书》承担巨额债务,进而降低了陈某福等人作为股东的股权价值及投资收益,而非其权益直接受到了《协议书》的影响。并且,陈某福等人的诉讼主张为确认世侨投资公司签订的《协议书》无效,而协议无效的法律后果是世侨投资公司免于承担《协议书》项下的履行义务,其诉讼利益直接归于世侨投资公司,而非陈某福等股东。因此,原审法院以《协议书》的效力直接影响的是世侨投资公司的利益,陈某福等人作为世侨投资公司的股东,受影响的仅是间接利益为由,认定陈某福等人提起的诉讼应为股东代表诉讼而不是股东直接诉讼,符合该案事实,最高人民法院予以确认。

二、结果要件:股东利益受到直接损害

(一)股东利益的界定

《公司法》第190条提到了股东利益,但何为股东利益,《公司法》及其司法

〔1〕 参见杨姗:《封闭型公司股东权益保护的立法完善——以"股东直接诉讼"为切入点》,载《现代法学》2021年第3期。

〔2〕 参见龚婷婷:《论我国股东直接诉讼之不足与完善——以司法实践为视角》,载《法制博览》2019年第10期。

解释均未明确。《公司法》第 4 条第 1 款规定了公司股东对公司依法享有资产收益、参与重大决策和选择管理者等权利，但股东权利不等于股东利益。在逻辑上，并非所有利益都以权利形式体现，利益的范围大于权利。[1] 因此，股东利益不仅包括《公司法》等法律规定的权利，也包括公司章程中赋予股东的某些利益，如公司章程中规定股东可无偿使用某些公司专利。

（二）股东利益直接受损

《公司法》的立法目的是保护公司、股东、职工和债权人的合法权益。公司利益严格区分于股东利益，不能混为一谈。公司依法设立后，即享有独立人格，可区别于其股东独立存在，独立享有自身利益。公司利益受到损害，应作为原告提起损害公司利益诉讼，公司怠于维护自身权益的，股东履行前置程序后，可提起代表诉讼，但这也是为公司利益。

损害股东利益责任纠纷的损害客体限于股东利益，而非公司利益，如股东以公司利益受损，自身利益间接受到损害为由提起股东直接诉讼，法院将驳回股东的起诉。如《广西壮族自治区高级人民法院民二庭关于审理公司纠纷案件若干问题的裁判指引》（桂高法民二〔2020〕19 号）第 4 条规定，公司受损与股东受损的区辨：公司外部第三人损害公司利益造成资产贬损进而致使公司股东所持有的股权在客观上价值遭受贬损的，该股东无权直接起诉要求侵害一方赔偿损失。公司作为独立法人，股东并不能对公司的财产直接享有自由支配权，法律也不允许财产混同，故公司本身遭受不法损害并不等于股东同时也遭受不法损害，股东就此不直接享有独立诉权，但股东以派生诉讼起诉的除外。

作者在案例检索过程中，发现一则区分股东利益和公司利益的典型案例，河北省高级人民法院一审认定被告损害了股东利益，最高人民法院二审改判，并经最高人民法院再审维持。最高人民法院详细论述了股东利益和公司利益的区别，为了读者更好理解一审、二审与再审法院的思路，作者对案件事实及一审、二审与再审的裁判要旨摘录如下。

---

〔1〕 参见李建伟：《司法解散公司事由的实证研究》，载《法学研究》2017 年第 4 期。

案件事实

2004年1月,经纬公司成立。谭某兴、黎某炜各占经纬公司40%股份,其余4名股东(胡某伟6%、黎某林5%、张某成4.5%、叶某宇4.5%)合计占经纬公司20%股份。

2006年3月,彩星公司成立。彩星公司由黎某芬、胡某梅、胡甲伟、温某星(分别是经纬公司股东黎某炜、胡某伟、黎某林的亲属)及左某英(经纬公司另一股东张某成所经营的其他公司的财务管理人员)作为股东设立。黎某芬占彩星公司44.5%股份、胡某梅占40%股份、胡甲伟占6%股份、温某星占5%股份、左某英占4.5%股份。黎某芬任首任法定代表人,黎某炜任总经理。黎某芬是黎某炜胞妹。

2006年2月28日,经纬公司召开第11次股东会会议。经纬公司第11次股东会《会议决议》记载:会议议题是审议和表决《关于将公司资产作价整体出让的议案》;到会股东黎某炜、谭某兴(委托代表谭某良)、胡某伟(委托代表黎某炜)、黎某林、张某成、叶某宇共6名,持有公司100%股权享有100%的表决权,会议由公司执行董事黎某炜先生主持;与会股东对该次会议议案进行了充分的讨论和协商,除谭某兴(委托代表谭某良)对议案不愿意表态同意或不同意外,黎某炜、胡某伟(委托代表黎某炜)、黎某林、张某成、叶某宇5位股东(享有60%的表决权)同意并通过决议如下:同意将公司资产以不低于113,550,000元的价格整体出让给第三方公司或个人;授权执行董事黎某炜具体办理本次整体资产出让的谈判、签约及所有相关的手续。

2006年3月15日,经纬公司召开第12次股东会议。经纬公司第12次股东会《会议决议》记载:到会股东6名持有公司100%股权享有100%的表决权,会议由公司执行董事黎某炜先生主持,与会股东对该次会议议案进行了充分的讨论和协商,除谭某兴(委托代表韩某强、邝某健)对议案不愿意表态同意或不同意外,其他黎某炜、胡某伟(委托代表黎某炜)、黎某林(委托代表黎某炜)、张某成(委托代表黎某炜)、叶某宇5位股东(享有60%的表决权)同意并通过决议如下:(1)同意黎某芬、胡某梅、胡甲伟、温某星、左某英共5人组合受让公司的整体资产,转让金额113,550,000元;(2)同意本次会议议案中的公司整体资产出让的《资产出让合同》的具体条款;(3)授权执行董事黎某炜具体办理本次整体资产出让的谈判、签约及所有相关的手续。

原告谭某兴陈述的事实和理由

黎某炜作为经纬公司执行董事，不顾谭某兴反对以60%简单多数在股东会上通过了《公司资产作价出让的议案》《资产转让合同》，在执行经纬公司股东会决议以及经纬公司资产转让过程中，与黎某芬、彩星公司恶意串通，放宽公司资产转让条件，以超低价格将公司资产出售给由其胞妹黎某芬和经纬公司其他股东的亲属组成的、黎某芬担任法定代表人、黎某炜担任总经理的彩星公司，将经纬公司当时市值4.004亿元的土地使用权仅以2800余万元的超低价转让，使谭某兴40%股权当时价值1.5亿元现值3.08亿元的股东财产权被各被告侵吞，损害了谭某兴股东利益，应予以赔偿。

一审法院判决

河北省高级人民法院（一审）认为，在谭某兴不同意表决的情况下，黎某炜作为股东会授权的执行人滥用公司控制权，其本应当主持公司另行委托进行土地资产专项评估，但不当使用了天元会计师事务所按每亩73,330元低价作出的评估报告，这对经纬公司的异议股东谭某兴明显不利，而只对经纬公司其他股东及关联的彩星贸易公司有益。土地等资产已出卖而不能返还，执行董事黎某炜滥用权利对谭某兴的股东权益造成了损失，其行为构成《公司法》第20条第2款、第153条（作者注：现《公司法》第21条第2款、第190条）规定的禁止行为，应当承担在受让人彩星公司不能返还实物财产时对谭某兴股东权益受损的赔偿责任。

二审法院判决

最高人民法院（二审）认为，谭某兴在该案中主张黎某炜、彩星公司及黎某芬低价转受让案涉资产侵害其利益，其实质是主张黎某炜、彩星公司及黎某芬转让案涉资产侵害经纬公司的财产权益，并进而侵害其股权所代表的财产权益。

最高人民法院认为，公司制度的核心在于股东的财产权与公司的财产权相互分离，股东以投入公司财产为代价获得公司的股权。股东对公司财产并不享有直接权利。经纬公司是案涉资产的所有权人，谭某兴仅对其投资享有股东权益，对公司的财产并不享有直接请求权。正是基于此，《公司法》第152条（作者

注:现《公司法》第189条,下同)和第153条(作者注:现《公司法》第190条,下同)区分侵害公司权益与侵害股东权益两种情形分别作出不同的规定。《公司法》第153条规范的是直接侵害股东权益例如资产收益、参与重大决策以及选举管理者等权益的行为。该案中,谭某兴主张以《公司法》第153条为请求权基础,其实质是主张其作为股东享有的剩余财产分配请求权遭受损害因而请求损害赔偿。最高人民法院认为,侵害剩余财产分配权的形态表现为,在公司清算解散的前提下,董事、监事、高级管理人员未按照法律、行政法规或者公司章程的规定向股东分配公司剩余财产。而在公司未进入清算解散程序的情况下,执行董事根据有效的股东会决议转让公司资产的行为,不能认定为侵害股东剩余财产权的行为。即使该交易转让价格明显过低,股东也只能依据《公司法》第152条规定的途径寻求救济。换言之,该案中,谭某兴对其主张的权益不享有依据《公司法》第153条规定的权利,无权请求黎某炜、彩星公司及黎某芬承担赔偿责任。因此,一审判决以《公司法》第153条的规定为依据,认为经纬公司执行董事代表经纬公司与彩星公司签订的《资产转让合同》侵害了谭某兴的股东权益,显然与该规定的规范目的不相符合,也间接排除了公司解散、清算等程序、制度的适用,同时违反了公司制度的设立目的。综上所述,由于谭某兴对黎某炜、彩星公司及黎某芬无实体法上的请求权,无权请求黎某炜、彩星公司及黎某芬承担损害赔偿责任。一审法院适用法律错误。

最高人民法院再审判决

最高人民法院(再审)认为,谭某兴在该案中的诉求,实质是在主张黎某炜、黎某芬、彩星公司低价转让案涉资产侵害了经纬公司的财产权益,并进而侵害其股权所代表的财产权益。而股东的财产权与公司的财产权相互分离,股东对公司的财产并不享有直接请求权。谭某兴只能按照《公司法》第152条规定,要求公司监事、执行董事提起诉讼,在公司怠于提起诉讼时,才能提起公司代表诉讼。而事实上,经纬公司已经根据谭某兴的通知向彩星公司提起诉讼,谭某兴依据《公司法》第152条所享有的权利已经行使。《公司法》第153条关于"董事、高级管理人员违反法律、行政法规或者公司章程的规定,损害股东利益的,股东可以向人民法院提起诉讼"的规定,规范的是直接侵害股东权益的行为,如上所述,谭某兴提起该案诉讼的事实依据和理由即为黎某炜、黎某芬、彩星公司低价转让案涉资产侵害了经纬公司的利益进而侵害其股东利益，谭某兴所诉不符合《公司法》第 153 条规定的情形。谭某兴主张其请求由黎某炜、黎某芬、彩星公司赔偿被低价转让的经纬公司的资产中属于自己的 40% 的份额，属于股东直接诉讼，该案应当适用《公司法》第 153 条规定，理由不成立。原审判决不存在谭某兴所称适用法律错误的问题。

上述案例明确了只有当董事、高级管理人员实施的行为直接损害了股东利益时，股东才可以自己名义提起损害股东利益责任纠纷。这一结论看似清晰，但董事、高级管理人员的哪些行为直接损害了股东利益，而没有影响公司利益难以做出判断。针对我国《公司法》目前关于董事、高级管理人员信义义务规定而言，董事、高级管理人员违反法律、行政法规或公司章程，更容易被认定为损害了公司利益，而非股东利益。

三、因果关系要件：损害股东利益行为与股东利益受损有因果关系

董事、高级管理人员实施了违反法律、行政法规或公司利益的行为，仅导致公司利益受损，并未导致股东利益受损的，或股东利益仅间接受到影响的，可认定原告主张的股东利益受损与董事、高级管理人员实施的行为并不存在因果关系。如北京市第三中级人民法院发布的 20 个公司类纠纷典型案例之十五：某投资中心诉刘某、马某、高某、周某及第三人某文化发展公司损害股东利益责任纠纷案，[1]法院认为，根据《公司法》第 4 条第 1 款规定的公司股东依法享有资产收益、参与重大决策和选择管理者等权利以及第 34 条规定的股东按照实缴的出资比例分取红利等，公司股东只能依据《公司法》以及公司章程的规定享有分取红利、分配剩余财产等股权权利，即公司财产与股东财产相分离。只有当董事、高级管理人员违反法律、行政法规或公司章程的规定，实施了直接损害股东利益的行为时，股东可以损害股东利益责任纠纷案由起诉，维护自身合法权益。因此，即使董事、高级管理人员存在违反公司章程的行为可能导致公司的债务增加，但造成债务不能清偿有诸多原因，且即便不能清偿，也仅构成公司损

〔1〕 参见侯军等：《北京市第三中级人民法院公司类纠纷审判白皮书（2013—2020）》，北京市第三中级人民法院民事审判第三庭 2021 年 4 月 20 日发布。

失,仅是间接损害了股东的利益,而与股东自身财产权益之间并不存在直接的因果关系。股东以其享有公司的“股权比例”为依据,要求董事赔偿其损失,属于混淆损失承受的主体,违反股东仅以其出资承担“有限责任”的基本原则,应予驳回。

综上所述,损害股东利益责任纠纷虽是独立案由,但在实务中,如何认定损害股东利益的行为、损害后果以及因果关系都存在不确定性,损害股东利益责任纠纷并未能发挥直接维护股东权益的作用。借鉴域外经验,我国可以在法律、行政法规中明确董事、高级管理人员直接损害股东利益的特定情形,落实股东权益直接保护。

第十五章

损害公司利益责任纠纷

公司是市场经济最重要的参与主体,因其权益被侵害产生的争议为损害公司利益责任纠纷。2020 年《民事案件案由规定》确定了三级案由"276. 损害公司利益责任纠纷",依法保障公司诉权。《最高人民法院新民事案件案由规定理解与适用》将其释义为"损害公司利益责任纠纷是指公司股东滥用股东权利或者董事、监事、高级管理人员违反法定义务,损害公司利益而引发的纠纷"[1]。

公司利益受到侵害,公司直接提起诉讼的,为公司直接诉讼,但由于公司作为拟制的"法人",其意志往往被控股股东、董事、高级管理人员或实际控制人控制,无法自主完成意思表示,会出现怠于维护公司合法权益的情况,此时可由股东代表公司提起诉讼为其维权,为股东代表/派生诉讼。

第一节　损害公司利益责任纠纷诉讼指引

一、诉讼主体

(一)原告

1. 公司

公司利益受到侵害,与案件具有利害关系,可提起诉讼,是适格原告。公司

[1] 参见杨万明主编、最高人民法院研究室编著:《最高人民法院新民事案件案由规定理解与适用》,人民法院出版社 2021 年版,第 764 页。

怠于维护其合法权益，股东可请求监事会（监事）或董事会（董事）提起诉讼。监事会（监事）接受了股东请求，对董事、高级管理人员提起诉讼的，应当列公司为原告；或董事会（董事）接受股东请求，对监事提起诉讼的，同样应当列公司为原告。

需要注意的是，监事会（监事）或董事会（董事）仅是在公司内部设置的机构，非《民事诉讼法》规定的可提起诉讼的公民、法人或其他组织，[1]其接受股东请求后不得以机构名义向法院提起诉讼，否则法院将以主体不适格驳回起诉。如（2018）鄂01民终8897号案，法院认为，《公司法司法解释四》第23条第1款规定："监事会或者不设监事会的有限责任公司的监事依据公司法第一百五十一条第一款规定对董事、高级管理人员提起诉讼的，应当列公司为原告，依法由监事会主席或者不设监事会的有限责任公司的监事代表公司进行诉讼。"该案中，梅某作为楚汉天下公司的监事，以杨某擅用法定代表人身份造成公司损失为由提起诉讼，应按照上述规定列楚汉天下公司为原告，梅某代表楚汉天下公司参加诉讼。故梅某作为该案原告，主体不适格，驳回梅某的起诉。

根据《民事诉讼法》第51条第2款的规定，公司由法定代表人进行诉讼。公司直接诉讼，由法定代表人代表公司诉讼，并在起诉状等加盖公章。如公司怠于维护自身权益，由监事会（监事）或董事会（董事）提起诉讼时，如法定代表人不配合签字或不提供公章时，如何处理？根据《公司法司法解释四》第23条的规定，应由监事会主席（监事）或董事长（董事）代表公司诉讼，在起诉状上列为诉讼代表人。监事会主席（监事）或董事长（董事）仅需证明自己的身份即可，无须在起诉状等加盖公章。如（2017）粤04民终2588号案，法院认为，实际控制、管理公司的其他股东或者高级管理人员亦实际控制了公司的印章，故不可能为提出股东诉讼的代表提供诉讼上的便利，故司法解释将公司监事会或者监事界定为公司机关，其履行法定职责代表公司提起的诉讼，应当是公司直接诉讼，应列公司为原告，对于该种情形，只要代表公司诉讼的监事会或者不设监事会的有限责任公司的监事符合主体要求即可，而无须要求公司在起诉状中加

[1] 参见《民事诉讼法司法解释》第52条第1款，《民事诉讼法》第51条规定的其他组织是指合法成立、有一定的组织机构和财产，但又不具备法人资格的组织。

盖公章。

2. 股东

公司怠于提起诉讼维护自身权益,股东请求监事会(监事)或董事会(董事)提起诉讼,但监事会(监事)或董事会(董事)收到股东书面请求后拒绝提起诉讼,或者自收到请求之日起 30 日内未提起诉讼,或者情况紧急、不立即提起诉讼将会使公司利益受到难以弥补的损害的,股东有权为了公司的利益以自己的名义直接向法院提起诉讼,即为股东代表诉讼,股东是适格原告。

股东代表诉讼是为全体股东的共同利益,案件结果对其他股东具有既判力,为防止部分股东与被告故意串通,滥用"一事不再理"原则损害公司和其他股东的合法权益,《公司法司法解释四》第 24 条第 2 款规定:"一审法庭辩论终结前,符合公司法第一百五十一条第一款规定条件的其他股东,以相同的诉讼请求申请参加诉讼的,应当列为共同原告。"

有限公司股东提起股东代表诉讼的,法律没有规定对持股数量及期限的限制,只要是公司股东,即是适格主体。股份公司股东提起股东代表诉讼的,股东需单独或合计持有 1% 以上股份并连续持有 180 日。根据《公司法司法解释一》第 4 条的规定,180 日以上连续持股期间,应为股东向人民法院提起诉讼时,已期满的持股时间;规定的合计持有公司 1% 以上股份,是指两个以上股东持股份额的合计。

若损害公司利益行为发生在股东取得股权或股份之前,股东是否可以提起股东代表诉讼?反对者认为,允许股东对取得股权或股份之前的损害公司利益行为提起诉讼,会导致他人在知晓不法行为后,购买少量股权或股份,恶意提起股东代表诉讼,影响公司的正常经营活动。赞成者认为,如果仅因股东在不法行为发生之后才取得股权或股份就不允许其起诉,实质上是限制了股东代表诉讼,我国《公司法》及其司法解释中没有明确禁止,而且有限公司具有人合性,股东有优先购买权,通过购买股权恶意诉讼并不容易,对于股份公司股东,有持股期限与数量的限制,足以防止恶意诉讼。[1] 对此,《九民会议纪要》第 24 条作

〔1〕 参见最高人民法院民事审判第二庭编著:《〈全国法院民商事审判工作会议纪要〉理解与适用》,人民法院出版社 2019 年版,第 202~203 页。

出了明确规定，股东提起股东代表诉讼，被告以行为发生时原告尚未成为公司股东为由抗辩该股东不是适格原告的，人民法院不予支持。

但是，在案件审理过程中，股东丧失股东身份的，法院应裁定驳回起诉，如(2019)最高法民申4358号案，法院认为，股东代表诉讼的诉因系为维护公司的权利，行使诉权的原告主体系公司现有股东，其胜诉利益归属于公司。该案中，牟某昌于2013年4月8日通过签订案涉3份协议受让大兴公司股权，并办理股权变更登记成为大兴公司股东，其于2016年6月29日提起该案诉讼时具有股东资格，可以提起股东代表诉讼。但在该案诉讼中，牟某昌又于2018年1月将其持有大兴公司的全部股权转让给了案外人张某璐，并已办理股权变更登记。在此情形下，牟某昌已在诉讼中失去大兴公司的股东身份，已不再是大兴公司的股东，不能再行使股东的相关权利，故其不再具有诉讼主体资格。

3. 实际出资人

实际出资人即实务中所称的隐名股东，但《公司法》及其司法解释中并未使用隐名股东的表述，是为避免产生实际出资人已取得股东资格的误解。实际出资人要成为股东，根据《公司法司法解释三》第24条第3款规定，需半数以上股东同意。因此，在未完成特定显名程序的情况下，实际出资人不是股东，不得提起股东代表诉讼。

但是，如实际出资人能提供证据证明其显名已经半数以上股东同意，或按《九民会议纪要》第28条的规定，实际出资人能够提供证据证明有限责任公司过半数的其他股东知道其实际出资的事实，且对其实际行使股东权利未曾提出异议的，笔者认为，在此情况下，实际出资人取得股东资格符合法律规定，仅未完成工商登记，鉴于损害公司利益责任纠纷通常为公司内部纠纷，如实际出资人可以完成上述举证，其有权提起股东代表诉讼。

4. 股权已转让的前股东

股东代表诉讼的适格原告应为公司现股东，股权已经转让的前股东，已丧失股东资格，其主张权利的前提基础已不存在，即使事后发现在其持股期间，公司股东、董事、监事、高级管理人员或他人实施了损害公司利益的行为，但因其丧失了股东身份，不能提起股东代表诉讼，前股东只能寻求其他救济途径。

实务中，股权已转让的前股东，如因公司利益受损间接导致股权价值降低，取得的股权转让款相应减少，其可提起侵权之诉。如（2019）吉06民初137号案，法院认为，通化矿业集团、道清选煤公司在股权价值评估时，隐瞒了入洗原料煤存在不公允关联交易的事实，并由道清选煤公司将不实的财务资料提供给评估机构，致使李某持有的道清选煤公司股权价值被低估，侵害了李某的合法权益。由于评估所依据的《审计报告》和不实的财务资料是通化矿业集团、道清选煤公司在共同的生产经营过程中形成，并提供给评估机构的，因此，通化矿业集团、道清选煤公司主观上存在故意隐瞒不公允关联交易、虚增入洗原煤数量等行为，客观上造成了李某持有的道清选煤公司股权价值被低估的结果，该结果与通化矿业集团、道清选煤公司实施的共同行为之间存在因果关系，故通化矿业集团、道清选煤公司对李某构成共同侵权。

5. 瑕疵出资股东

股东是否已实际履行出资义务，不影响股东资格的确定。《公司法》及其司法解释未对瑕疵出资股东提起股东代表诉讼作限制，出资瑕疵股东可提起股东代表诉讼。如（2019）鲁民终2060号案，法院认为，根据圣马公司的章程，尹某为公司持股50%的股东，不论其是否实际出资，均不影响其以股东身份代表圣马公司提起该案诉讼。

（二）被告

1. 股东

《公司法》第21条第2款规定："公司股东滥用股东权利给公司或者其他股东造成损失的，应当承担赔偿责任。"因此，股东是损害公司利益责任纠纷的适格被告。

2. 董事、监事、高级管理人员

《公司法》第188条规定："董事、监事、高级管理人员执行职务违反法律、行政法规或者公司章程的规定，给公司造成损失的，应当承担赔偿责任。"因此，董事、监事、高级管理人员是损害公司利益责任纠纷的适格被告。

董事、监事由股东会选任，其身份可通过股东会决议以及工商备案等文件确定。高级管理人员，根据《公司法》第265条的规定，是指公司的经理、副经理、财务负责人，上市公司董事会秘书和公司章程规定的其他人员。根据第265

条规定,高级管理人员的认定,一是职务名称标准;二是公司章程的规定。作者认为,职务名称仅是形式外观,公司给予员工的头衔具有随意性,以此认定并不合理。高级管理人员的身份认定,应结合选任程序、公司章程的规定以及该人员的职权范围、掌握的资源等进行确定。该工作人员的职权如对公司经营存在整体影响,属于概括管理授权的,应认定属于公司高级管理人员。如最高人民法院(2019)最高法民申 2728 号案,法院认为,《甘肃中集华骏车辆有限公司章程》第 28 条规定,“公司设总经理一人,副总经理若干人,正、副总经理由董事会聘请”。第 29 条规定:“总经理直接对董事会负责,执行董事会的各项决定,组织领导公司的日常生产、技术和经营管理工作。副总经理协助总经理工作,当总经理缺席或不能工作时,代理行使总经理的职责。”2007 年 7 月 30 日,甘肃中集华骏公司聘任周某担任该公司营销部经理,全面主持公司销售和采购供应工作。在此期间,甘肃中集华骏公司并没有设立副总经理,周某实际上行使的是公司高级管理人员的职权。在该案例中,周某的职务名称为营销部经理,似乎仅有部门权限,但法院结合周某的职权,认定周某具有概括性管理权限,属于高级管理人员。

3. 他人

《公司法》第 189 条第 3 款规定:“他人侵犯公司合法权益,给公司造成损失的,本条第一款规定的股东可以依照前两款的规定向人民法院提起诉讼。”他人侵犯公司合法权益,公司不提起诉讼,而由股东起诉,一般是因他人与公司存在特殊的利益关系,如为公司的实际控制人或实际控制人、董事、监事、高级管理人员的关联人等。

综上所述,股东、董事、监事、高级管理人员或他人均可以是损害公司利益责任纠纷的适格被告。区别在于,公司直接诉讼,被告限于股东、董事、监事或高级管理人员,他人由于侵权或者违约行为损害了公司利益,公司可用其他案由起诉,不属于此案由纠纷。[1] 股东代表诉讼,被告可为股东、董事、监事、高级管理人员或他人。

---

〔1〕 参见人民法院出版社编著:《最高人民法院民事案件案由适用要点与请求权规范指引》,人民法院出版社 2019 年版,第 696 页。

（三）第三人

公司直接诉讼，是否列第三人，应根据案件具体情况确定。在股东代表诉讼中，因公司是案件结果的实际承受者，为保障公司利益，股东提起诉讼时应当列公司为第三人或法院应当通知公司作为第三人参加诉讼。

根据《民事诉讼法》第 59 条的规定，第三人分为有独立请求权第三人与无独立请求权第三人。作者认为，股东代表公司提起诉讼是为公司权益，公司实际上具有独立请求权，但因其怠于行使权利，故由股东代表进行诉讼。实务中通说意见认为，股东代表诉讼中的公司为无独立请求权第三人，其除了享有消极的程序性权利之外，还可以提供证据，发表意见等，但不享有积极的诉讼程序权利，如变更、放弃诉讼请求等。〔1〕

二、管辖

《民事诉讼法》第 27 条及《民事诉讼法司法解释》第 22 条并未对损害公司利益责任纠纷的管辖作出明确规定。实践中，损害公司利益责任纠纷是适用《民事诉讼法》第 27 条规定的特殊管辖，还是按侵权案件确定管辖，法院观点并不一致。

如最高人民法院（2017）最高法民辖终 391 号案，法院认为，依照《民事案件案由规定》[根据（法〔2011〕41 号）第一次修正]，损害公司利益责任纠纷已被明文列入该规定第 8 部分之“二十一、与公司有关的纠纷”第 276 项案由，不在该规定第 9 部分“侵权责任纠纷”之列。因此，有关损害公司利益责任纠纷的地域管辖，不适用《民事诉讼法》及其司法解释关于侵权责任纠纷的规定。此外，因该案审理可能涉及收集调取与公司利益相关证据、审查股东代表诉讼的必要性和合法性等，所以该案由公司住所地人民法院管辖为宜，以方便当事人诉讼，便于人民法院依法审理。但是，最高人民法院（2017）最高法民辖终 233 号案却有不同的观点，法院认为，《民事诉讼法》第 26 条（作者注：现《民事诉讼法》第

〔1〕 参见杜万华主编、最高人民法院民事审判第二庭编著：《最高人民法院公司法司法解释（四）理解与适用》，人民法院出版社 2017 年版，第 559 页。

27条,下同)及《民事诉讼法司法解释》第22条规定的纠纷类型大多关涉公司组织行为,存在与公司组织相关的多数利害关系人,涉及多数利害关系人的多项法律关系变动,且作出的判决往往具有对世效力。233号案性质上属于股东代表诉讼,该诉讼虽与公司有关,但并不涉及公司的组织变更和组织行为。因此,233号案纠纷的性质与《民事诉讼法》第26条确定特殊地域管辖的案件性质不同,233号案不适用该规定。

作者认为,公司直接诉讼,法院认定被告责任时,会首先考虑被告是否存在相应的不法行为,进而判断公司是否存在损失,属于侵权性质判断,侵权救济是主要手段,[1]因此,损害公司利益责任纠纷的公司直接诉讼应按照侵权确定管辖。

股东代表诉讼,应基于公司与他人之间纠纷性质(侵权、违约或具体行政行为)按《民事诉讼法》或《行政诉讼法》的规定确定管辖,甚至公司如与他人之间有书面仲裁协议的,股东应向仲裁机构申请仲裁。如以方便案件审理为由确定由公司住所地法院专属管辖,会剥夺他人依据《民事诉讼法》享有的权利,动摇管辖基本法律规定,甚至不排除公司与股东串通为在公司住所地管辖而故意发起股东代表诉讼,损害他人合法权益。

三、诉讼请求

(一)诉讼请求可基于侵权、违约或具体行政行为主张

公司直接诉讼,因股东滥用权利或董事、监事、高级管理人员违反法律规定,损害公司合法权益,为侵权性质,公司可请求停止侵权、赔偿损失、返还财产或消除影响等多种形式。

股东代表诉讼,除侵权行为造成公司损失外,他人侵犯公司合法权益的形式可为违约或具体行政行为。

他人对公司违约,但公司怠于向对方主张违约责任时,股东可代表公司对他人提起违约赔偿,甚至股东可代表公司请求撤销他人与公司签订的合同或确

[1] 参见杜万华主编、最高人民法院民事审判第二庭编著:《最高人民法院公司法司法解释(四)理解与适用》,人民法院出版社2017年版,第590页。

认合同无效。根据《公司法司法解释五》第 2 条的规定:“关联交易合同存在无效、可撤销或者对公司不发生效力的情形,公司没有起诉合同相对方的,符合公司法第一百五十一条第一款规定条件的股东,可以依据公司法第一百五十一条第二款、第三款规定向人民法院提起诉讼。”该条规定虽仅适用于关联交易合同情形下的股东代表诉讼,但非关联交易合同也可成为股东代表诉讼的诉求对象。如最高人民法院(2019)最高法民终 597 号案,因万达公司对宏宇公司违约,陈某勇作为宏宇公司股东,请求法院判决万达公司向宏宇公司支付违约金 7200 万元,最高人民法院认为,宏宇公司的公司类型为有限责任公司,陈某勇系其股东。因此陈某勇在请求宏宇公司主张权利而宏宇公司不主张的情况下,有资格代表宏宇公司提起诉讼。关于股东代表诉讼的诉因范围问题,从《公司法司法解释五》第 2 条条文文义来看,上述规定并未排除合同之诉,不能当然认为股东代表诉讼的诉因仅限于侵权之诉。从股东代表诉讼制度的设立目的看,是解决对董事、高级管理人员的监督和制约问题,而非处理合同纠纷或侵权责任。同时,股东代表诉讼本就是在公司不起诉的情况下,由股东代表公司主张权利,诉讼结果归于公司的诉讼方式,因此原审裁定以公司法人人格独立理论来否认股东代表诉讼,亦有不当之处。

他人为行政机关,对公司实施了行政处罚或不履行与公司签订的行政协议,股东作为与具体行政行为有利害关系的公民,当公司怠于维护自身合法权益时,股东可为公司利益对具体行政行为提起诉讼。如最高人民法院(2016)最高法行再 91 号案,法院认为,《公司法》第 151 条第 3 款(作者注:现《公司法》第 189 条第 3 款)规定赋予了公司股东在他人侵犯公司合法权益,给公司造成损失而公司怠于行使诉权的情况下以自身名义向人民法院提起诉讼的权利。但该规定并未将股东代表诉讼限制在民事诉讼范围内,公司股东亦有权提起行政诉讼。且该案系行政协议争议,行政协议本身即具有行政和协议的双重属性,公司股东如果在民事诉讼中可以作为原告提起诉讼,那么并不会因为相关争议纳入行政诉讼而丧失其作为行政诉讼的原告主体资格。该案中,云柱公司系有限责任公司,张某强、施某国作为云柱公司的股东,在慈溪市政府、掌起镇政府不履行与云柱公司签订的系列协议,云柱公司不仅怠于起诉且与张某强、施某国达成允许其起诉协议的情况下,依据《公司法》第 151 条第 3 款规定,为了公司利益有权提起行政诉讼。又如,(2019)京行申307号案,北京市高级人民法院认为,他人侵犯公司合法权益,给公司造成损失的,第151条第1款规定的股东可以依照前两款的规定向人民法院提起诉讼。上述法律规定可以适用于行政诉讼。该案中,原审裁定认为安泰科技股份有限公司并非被诉行政处罚决定的相对人,其以被处罚人股东身份提起诉讼不具有原告主体资格。原审裁定未对该案适用上述法律规定的条件进行审查,适用法律错误。

(二)原告能否同时提起股东资格确认之诉

提起股东代表诉讼的原告应为符合《公司法》第189条规定的股东,原告在提起股东代表诉讼时并不是股东,能否同时提起股东资格确认之诉?作者认为,虽都是与公司有关的纠纷,但股东代表诉讼的被告为股东、董事、监事、高级管理人员或他人,公司是第三人,而股东资格确认之诉被告为公司,诉讼主体并不一致。

法院审查的内容也存在差异,股东代表诉讼,法院审查股东、董事、监事、高级管理人员或他人是否损害公司利益,而股东资格是确认之诉,因此,提起股东代表诉讼的原告应先确认股东资格,不得同时提起股东资格确认之诉。如最高人民法院(2015)民申字第2204号案,法院认为,股东资格诉讼与股东代表诉讼虽然都是与公司有关的诉讼,但两类诉讼的诉讼请求不同、法律关系不同、诉讼中当事人的诉讼地位也不同,是两个完全独立的诉讼,前一诉讼是前提、是基础,两类诉讼不符合诉的合并的条件。

四、诉讼时效

公司直接诉讼,公司对侵权人享有损害赔偿请求权,应适用诉讼时效。股东代表诉讼,如他人侵权,股东代表公司对他人享有赔偿请求权,同样应适用诉讼时效。但如果他人对公司存在违约或实施了具体行政行为,应依据相应的法律关系确认是否适用诉讼时效制度。

损害公司利益责任纠纷适用3年的诉讼时效,起算点从公司或股东知道或者应当知道权利被侵害时起计算。

第二节　损害公司利益责任纠纷实务操作

损害公司利益责任纠纷的认定，应区分公司直接诉讼与股东代表诉讼两种情形。

（1）公司直接诉讼，属于侵权性质，包括主体（股东、董事、监事、高级管理人员）、侵权行为、损害结果以及损害行为与损害结果之间存在因果关系四个构成要件，如最高人民法院（2018）最高法民终664号案，[1]法院认为，金达成公司主张金建公司（股东）、李甲（执行董事）对转入案外人李某账户的1100万元承担侵权赔偿责任，应当对其主张的侵权行为、损失及行为与损失之间的因果关系提供证据予以证明。

（2）股东代表诉讼，如果损害公司利益的主体是股东、董事、监事、高级管理人员，公司怠于维护权益，上述四个构成要件同样适用，同时还需审查是否履行了股东代表诉讼的前置程序；如果损害公司利益的主体是他人（除股东、董事、监事与高级管理人员外的其他主体，如实际控制人），他人是否承担责任以及如何承担责任应依据具体情况确定，例如，股东主张他人对公司违约，应举证他人存在违约行为。

本节主要论述损害公司利益责任纠纷的主体、损害行为、损害结果以及损害行为与损害结果之间存在因果关系四个构成要件，股东代表诉讼的前置程序在本章第三节论述。

一、主体要件

公司直接诉讼，损害公司利益责任纠纷的主体为股东、董事、监事、高级管理人员。股东代表诉讼，主体除包括股东、董事、监事、高级管理人员外，还包括他人，主要为实际控制人或其他关联方。

---

〔1〕参见青海金达成矿业有限责任公司、河南金建建设有限责任公司损害公司利益责任纠纷案，最高人民法院民事判决书，（2018）最高法民终664号。

董事的认定不应局限于形式，某主体形式上不担任公司董事，但其在公司权限实际类似于公司董事，应按实质标准认定该类人员的责任，如(2016)浙民终163号案，浙江省高级人民法院认为，周某燕与吉欣公司唯一董事帕某科原系夫妻关系，吉欣公司设立于婚姻存续期间。公司虽成立于香港特别行政区，但其主要的业务均发生在内地，日常的业务联系及公司管理亦均由周某燕负责。周某燕掌握公司的印章及账户等，可与之印证。虽然周某燕未经吉欣公司形式上的任命，但鉴于公司营运的实际情况，以及周某燕与吉欣公司的利害关系，一审法院认定周某燕为吉欣公司的高级管理人，并无不当。

《公司法》第180条第3款规定："公司的控股股东、实际控制人不担任公司董事但实际执行公司事务的，适用前两款规定。"该款是关于控股股东、实际控制人充当"事实董事"的规定。控股股东、实际控制人在名义上不担任公司董事、监事、高级管理人员，但事实上执行公司事务的，如果违反忠实、勤勉义务，应对公司承担责任。

二、损害公司利益的行为要件

《公司法》第21条规定，公司股东应当遵守法律、行政法规和公司章程，依法行使股东权利，不得滥用股东权利损害公司或者其他股东的利益；公司股东滥用股东权利给公司或者其他股东造成损失的，应当承担赔偿责任；第179条规定，董事、监事、高级管理人员应当遵守法律、行政法规和公司章程；第180条第1款与第2款规定，董事、监事、高级管理人员对公司负有忠实义务，应当采取措施避免自身利益与公司利益冲突，不得利用职权牟取不正当利益；董事、监事、高级管理人员对公司负有勤勉义务，执行职务应当为公司最大利益尽到管理者通常应有的合理注意；第188条规定，董事、监事、高级管理人员执行职务违反法律、行政法规或者公司章程的规定，给公司造成损失的，应当承担赔偿责任；第189条第3款规定，他人侵犯公司合法权益，给公司造成损失的，本条第1款规定的股东可以向人民法院提起诉讼。

根据上述规定，损害公司利益的行为，依据实施行为的主体不同，可以分为四类：股东损害公司利益的行为；董事、监事、高级管理人员违反忠实义务损害公司利益的行为；董事、监事、高级管理人员违反勤勉义务损害公司利益的行为;他人违约或实施侵权或作出具体行政行为损害公司利益的行为。

(一)股东损害公司利益的行为

《公司法》第 21 条规定,公司股东应当遵守法律、行政法规和公司章程,依法行使股东权利,不得滥用股东权利损害公司或者其他股东的利益;公司股东滥用股东权利给公司或者其他股东造成损失的,应当承担赔偿责任。《公司法》第 22 条规定,公司的控股股东、实际控制人、董事、监事、高级管理人员不得利用关联关系损害公司利益。违反前款规定,给公司造成损失的,应当对公司债务承担赔偿责任。

根据上述规定,股东损害公司利益的行为,可分为股东滥用股东权利损害公司利益与控股股东利用关联关系损害公司利益两种。实务中,常见的股东滥用股东权利行为表现为滥用表决权、拒绝未参与公司经营的股东行使知情权、随意侵占公司资产、无故减免第三方债务与利用股东优势地位损害公司利益等。[1] 滥用股东权利的主体主要为控股股东,但不排除小股东滥用股东权利的可能,如小股东恶意提起公司解散之诉或小股东滥用股东知情权等。如上海市高级人民法院(2020)沪民再 1 号案,法院查明,董某龙、苏某系红富士公司控股股东。出于公司上市目的,2007 年 6 月 30 日,红富士公司将对董某龙的其他应付款 10,204,232.35 元调入资本公积、将对苏某的其他应付款 7,334,583.45 元调入资本公积;同年 12 月 31 日,红富士公司将对董某龙的其他应付款 11,130,760 元调入资本公积、将对苏某的其他应付款 9,970,506 元调入资本公积。上述的其他应付款系董某龙、苏某向红富士公司出让德威公司股权以及董某龙、苏某向案外人出让红富士公司股权等交易事宜形成。2014 年 10 月 31 日,红富士公司又将上述 4 笔款项从资本公积账目调回至对董某龙、苏某的其他应付款账目中,法院认为,资本公积金不得用于弥补公司亏损,该案所涉 4 笔款项于 2014 年 10 月 31 日从资本公积金项下调出后,并非用于扩大红富士公司

〔1〕 参见杨超男、黄子睿、何嘉欣:《股东损害公司利益纠纷的法律适用问题》,载微信公众号“律动新声”2020 年 3 月 24 日,https://mp.weixin.qq.com/s?src=11&timestamp=1708649955&ver=5097&signature=ruFfK9OvRywDsX93r3W75mdqOZz0p-lcB1lufJx80cNBvxNiMUnJ0fwkmhESBT6WcRx*sbgMnSEKo9IIKc1K2mHC-uWua446t3BP6k5HKSj*wHqwS4sDmQRw7NUPqOtK&new=1。

生产经营,也未用于增加红富士公司注册资本,而是重新记回董某龙、苏某名下,成为红富士公司对董某龙、苏某的应付款,造成红富士公司债务增加,违反《公司法》对资本公积金用途的规定。从该转出行为对红富士公司的影响来看,该转出行为已经实际损害公司利益。2014 年 10 月 31 日,案涉 4 笔款项从资本公积金项下转出,重新转回为红富士公司对董某龙、苏某的应付款,红富士公司债务相应增加了 38,640,081.80 元,该新增债务即红富士公司的损失,董某龙、苏某利用其控股股东身份实际控制红富士公司,出于公司上市目的对资本公积金进行调整,在引入新股东投资后又将已经豁免的债务从资本公积金中调出,实系两人以红富士公司名义所为的个人行为,已经给红富士公司造成损害后果,董某龙、苏某应当承担相应责任。

《公司法》第 192 条规定:"公司的控股股东、实际控制人指示董事、高级管理人员从事损害公司或者股东利益的行为的,与该董事、高级管理人员承担连带责任。"该条建立了我国公司实务上的"影子董事"制度,根据该条规定,若董事、高级管理人员从事损害公司利益的行为是因公司控股股东的指示,则二者构成共同侵权,应相互承担连带责任。

控股股东利用关联关系损害公司利益见本书第十七章论述。

(二)董事、监事、高级管理人员违反忠实义务的行为

《公司法》第 180 条对董事、监事、高级管理人员负有忠实义务作出了规定,并以第 181 条、第 182 条、第 183 条、第 184 条列举了董事、监事与高级管理人员违反忠实义务的具体表现。根据《公司法》第 181 条至第 184 条的规定,董事、监事、高级管理人员违反忠实义务的行为又分为两类:一是绝对禁止行为。禁止董事、监事、高级管理人员实施任何《公司法》第 181 条规定的行为。二是相对禁止行为。董事、监事、高级管理人员向董事会或者股东会报告,并按照公司章程的规定经董事会或者股东会决议通过后可以实施第 182 条、第 183 条、第 184 条规定的行为。

忠实义务,是指公司董事、监事、高级管理人员要忠于受托人的职责,在自身利益与公司利益存在冲突时,以公司利益为首要考虑因素,不得为谋取私人利益而牺牲公司利益。忠实义务倾向于对义务人品德上的要求,而勤勉义务倾

向于对义务人能力上的要求，防止其因消极怠工、偷懒、注意不足而造成公司的利益损失。[1] 下文将结合案例对违反忠实义务的类型进行解读。

1. 侵占公司财产、挪用公司资金

侵占是指以非法占有为目的，取得公司财产的所有权。挪用是指把原定用于某方面的钱款移用到其他方面，特指公款私用。挪用与侵占的区别在于董事、监事、高级管理人员是否打算使用公司财产后归还。

审查董事、监事、高级管理人员是否构成挪用资金或侵占财产，应从两个角度分析。首先，董事、监事、高级管理人员使用公司资金的行为是否按公司章程的规定履行了审批程序或取得了董事会或股东会的同意，且具有合理性，不存在形式上审批通过，但实质损害公司利益的情形；其次，董事、监事、高级管理人员使用公司资金是否经正确的会计处理，财务会计报告中是否有相关款项的记载。

未取得董事会或股东会的同意，但在财务会计报告中有相关款项的记载的，构成挪用资金；如未经正确的会计处理，董事、监事、高级管理人员以与公司业务无关的其他消费票据报销、代收公司款项等不正当使用公司资金，在财务会计报告中也予以掩饰，应属于侵占行为。如重庆市高级人民法院（2015）渝高法民终字第00166号案，该法院查明，经法院委托会计师事务所审计，2004年至2008年，顾某在担任钧华公司法定代表人、总经理期间，存在与艾某共同或单独报销个人费用的情况，金额共计934，508.39元，法院认为，鉴定报告将该笔费用定性为顾某、艾某共同或单独在钧华公司报销的个人费用，且会计师出具的《司法会计鉴定及审计报告补充摘要说明》中进一步解释了认定的原则，即报销票据反映内容显示为顾某、艾某的个人费用；报销票据反映内容显示与公司正常经营无关；由于报销票据缺少购货明细清单、验收入库和领用出库单等相关手续资料，故将疑是公司正常经营所作支出确认为顾某、艾某的个人费用。现顾某、艾某虽主张该笔费用是为公司利益支出的合理费用，但未提供证据予以证明，重庆市高级人民法院对该主张不予支持。

---

[1] 参见周春光：《董事勤勉义务的司法审查标准探究——以实证与比较分析为视角》，载《光华法学》2019年第1期。

挪用或侵占公司财物超过一定金额或期限,会触发刑事责任,根据《刑法》第271条的规定,公司、企业或者其他单位的人员,利用职务上的便利,将本单位财物非法占为己有,数额较大的,构成职务侵占罪;根据《刑法》第272条的规定,公司、企业或者其他单位的工作人员,利用职务上的便利,挪用本单位资金归个人使用或者借贷给他人,数额较大、超过3个月未还的,或者虽未超过3个月,但数额较大、进行营利活动的,或者进行非法活动的,构成挪用资金罪。[1]

实务中,股东之间的矛盾往往不可调和,通常会考虑借助刑事手段,如举报担任董事、监事、高级管理人员的股东涉嫌挪用资金或职务侵占犯罪,迫使对方快速退回款项给公司或赔偿公司损失,并把对方送进监狱,以解积怨。最典型案例是真功夫蔡某标挪用资金罪,法院认定蔡某标犯有挪用资金两起:一是蔡某标为其个人使用资金需要而指使洪某刚等人与李某义虚构晋逸公司承包广州真功夫及深圳真功夫的南山前海店等装饰装修公司,并不经董事会同意,违反《真功夫公司工程承包框架合同》约定,以非正常业务流程预付装修款,累计转移资金1000万元;二是蔡某标为其个人使用资金而指使洪某刚等人虚构新店施工、设备研发等项目,并以预付款的名义在2009年9月27日将广州真功夫及深圳真功夫公司的800万元转移至李某义个人控制的科普达公司东莞银行长安富昌支行账户,李某义提现后转给蔡某标占用上述资金至2012年12月29日才归还,蔡某标作为其单位负责人指挥他人挪用单位资金归其个人使用。[2]

2. 将公司资金以其个人名义或者以其他个人名义开立账户存储

公司资金属于公司财产,如果擅自存储于其他个人账户或用个人账户接收属于公司的款项,将使公司丧失对其资金的控制,侵犯了公司的财产权,董事、监事、高级管理人员负有返还公司资金的义务,包括返还该资金的利息损失。如江苏省高级人民法院(2015)苏审二商申字第00266号案,法院认为,赵某作为久丰运输公司的现金会计,将公司款项480万元分别向赵某义个人账户转款

[1] 根据2022年《最高人民检察院、公安部关于公安机关管辖的刑事案件立案追诉标准的规定(二)》第76条,职位侵占罪的立案追诉标准为:公司、企业或者其他单位的人员,利用职务上的便利,将本单位财物非法占为己有,数额在三万元以上的,应予立案追诉;第77条,挪用资金罪的立案追诉标准为:挪用本单位资金数额在五万元以上,超过三个月未还的;挪用本单位资金数额在五万元以上,进行营利活动的;挪用本单位资金数额在三万元以上,进行非法活动的。

[2] 参见许丹:《真功夫你不要学》,经济日报出版社2015年版,第216~217页。

40 万元，向赵某个人账户转款 440 万元，该行为违反《公司法》第 149 条之规定，构成“将公司资金以其个人名义或者以其他个人名义开立账户存储”之禁止性行为，依法应向久丰运输公司返还该款项 480 万元并赔偿相应利息损失，赵某义对转入其个人账户的 40 万元应承担连带赔偿责任。

董事、监事、高级管理人员用个人账户接收公司资金的，如发生个人账户与公司账户资金混同，董事、监事、高级管理人员应承担举证责任，否则应推定为公司资金，如深圳市中级人民法院（2011）深中法民一提字第 30 号案，法院认为，董事、高级管理人员不得将公司资金以其个人名义或者以其他个人名义开立账户存储。李某达作为龙洋数控公司的法定代表人、执行董事、总经理，其既然违反《公司法》的禁止性规定，将以其个人名义和以李某名义开立的私人银行卡作接收公司货款之用，其就应当有能力也有义务对卡中的公私财产予以厘清，方能体现其对公司应尽的忠实与勤勉义务。如今龙洋数控公司举证证明上述银行卡系用作公司接收货款，而李某达不能举出银行卡中属于其个人收入的进项，那么李某达应承担不利的后果。况且，如果银行卡中确有属于李某达个人的财产，李某达应当在《交接清单》上注明。既然清单上确认的是银行卡中的全部余额，就应理解为全部款项都是交接的内容。

3. 利用职权收受贿赂或者其他非法收入

贿赂是指为谋取不正当利益，给予对方单位或个人金钱或其他利益，以排斥竞争对手，获得更大利益的行为。董事、监事、高级管理人员对公司经营事项具有决定权，为取得不正当利益，收受有求于自己的他人提供的贿赂或其他非法收入，将妨碍公司正常经营秩序，损害公司利益。董事、监事、高级管理人员收受他人财物数额较大的，涉嫌构成非国家工作人员受贿罪。

4. 接受他人与公司交易的佣金归为己有

佣金是指代理人或经纪人为委托人介绍生意或代买代卖而收取的报酬。如属于公司提供的居间服务，由此产生的收入（佣金）当然属于公司财产，董事、监事与高级管理人员不得将公司因交易取得的佣金据为己有。需要注意的是，公司员工因完成劳动职责获取的提成或违反法律规定擅自收取的回购，不属于佣金范畴。如佛山市中级人民法院（2016）粤 06 民申 6 号案，法院认为，根据《公司法》的规定，高级管理人员不得接受他人与公司交易的佣金归为己有，该规定中的佣金是指中间人介绍生意所取得的酬金。现有证据只能证明蔡某辉收取了相关回扣,即卖方从买方支付的商品款项中按一定比例返还给买方的价款。而蔡某辉所收取的回扣是基于其负责采购的职务便利,并非基于中间人介绍生意或代买代卖而收取,故蔡某辉所收取的回扣并非上述规定中的佣金。

5. 擅自披露公司秘密

公司秘密是指公司的商业秘密或公司的任何需保密的事项,《公司法》并未明确其具体内容,实务中,法院倾向于认定是公司商业秘密,在判定董事、监事、高级管理人员是否擅自披露了公司商业秘密,首先应认定公司秘密是否属于商业秘密,进而认定董事、监事与高级管理人员是否违反了忠实义务。如广东省高级人民法院(2015)粤高法民二申字第1235号案,该法院认为,该案系损害公司利益责任纠纷。该案争议的焦点在于蔡某标、蔡某红是否存在共同侵犯真功夫公司商业秘密的事实。该案中,真功夫公司以涉案的临时董事会会议提案内容涉及公司未来商业经营计划以及重大经营战略调整规划为由主张属于公司商业秘密。根据一、二审查明的事实,真功夫公司将本应送达蔡某标的公司提案文件发送给了蔡某红代收,而发送给蔡某红的唯一理由是蔡某红是蔡某标的妹妹,其向蔡某红寄送文件并非基于蔡某红在该公司有何任职,且真功夫公司与蔡某红之间没有任何关于保密或代收涉密文件的约定。故此,二审法院认为真功夫公司将涉案提案发送给一个与其既无法定也无约定义务的第三人,该行为已表明其未对提案内容采取保密措施,并无不妥;因而,法院判定媒体获取了真功夫公司并未采取保密措施的提案内容,不能就此认定系蔡某红具有主观过错,亦无不妥。

6. 违反公司章程的规定或者未经股东会、董事会同意,与本公司订立合同或者进行交易

《公司法》第182条规定:"董事、监事、高级管理人员,直接或者间接与本公司订立合同或者进行交易,应当就与订立合同或者进行交易有关的事项向董事会或者股东会报告,并按照公司章程的规定经董事会或者股东会决议。董事、监事、高级管理人员的近亲属,董事、监事、高级管理人员或者其近亲属直接或者间接控制的企业,以及与董事、监事、高级管理人员有其他关联关系的关联人,与公司订立合同或者进行交易,适用前款规定。"

第 182 条规范董事、监事、高级管理人员及其关联人的自我交易。自我交易是指董事、监事、高级管理人员在为公司实施行为时知道他或者其关联人是该交易的另一方当事人或者与该交易存在经济利益或者与该交易存在密切的关系，并且使人有理由相信该种利益的存在将会对该董事、高级管理人员的判断产生影响。[1] 自我交易不仅包括董事、监事、高级管理人员与其入职公司的自我交易，也应包括董事、监事、高级管理人员的关联人与公司或公司的关联公司的自我交易。

自我交易并不一定损害公司利益，也存在董事、监事、高级管理人员与公司的自我交易达到双赢结果的实例，但根据《公司法》第 182 条的规定，自我交易应向董事会或者股东会报告，并按公司章程的规定取得董事会或者股东会决议批准，否则即使董事、监事、高级管理人员证明自我交易并未损害公司利益，也会被认定违反了该条的规定。

自我交易属于关联交易范畴。公平的关联交易包括程序公平与结果公平。《公司法》第 182 条第 1 款规定，自我交易应先进行信息披露，再按公司章程的规定取得董事会或股东会批准，这属于程序性义务。如果一项自我交易履行了程序性义务，是否还需要对结果公平进行实质性审查，《公司法》对此未进行明确。作者认为，既然《公司法》已明确要求自我交易的程序性义务，应赋予其制度价值，推定履行了程序性义务的自我交易结果上是公平的，除非提出质疑的主体举证证明自我交易存在结果不公平；如果自我交易未履行程序性义务，推定自我交易结果上不公平，由实施自我交易的董事、监事与高级管理人员就自我交易交易结果公平承担举证责任。

违反《公司法》第 182 条规定，董事、监事、高级管理人员与公司进行交易涉及的合同是否有效，在实务中存在不同观点。作者认为，《公司法》第 182 条关注自我交易的程序性合规，未将是否实际损害公司利益纳入判断，因此，未向董事会或者股东会报告或未取得股东会、董事会批准的自我交易应按无效处理。如最高人民法院(2014)民提字第 59 号案，法院认为，封某祥作为鸿翔公司的董事、董事长、经理，是公司的高级管理人员，在与鸿翔公司进行集资交易时，理应

---

[1] 参见施天涛:《公司法论》(第 3 版)，法律出版社 2014 年版，第 422 页。

受到《公司法》的约束。1993 年《公司法》第 61 条第 2 款明确规定,“董事、经理除公司章程规定或者股东会同意外,不得同本公司订立合同或者进行交易”,即董事、经理必须要以公司章程规定或者股东会同意为依据,方能与公司进行交易。该规定是为了保障董事、经理对公司的忠实义务的有效履行,属于法律的强制性规定,必须严格遵守。又如,江苏省高级人民法院(2017)苏民申 1197 号案,该法院认为,郭某基于其执行董事的身份以及对中欧公司印章的控制签订《广告设计合同》,合同主体虽然是鱼果公司与中欧公司,但基于对关于郭某对鱼果公司的投资关系、郭某在鱼果公司的职务,以及该公司股东情况的分析,结合《广告设计合同》所涉内容,实际应认定为属于公司董事利用关联关系与本公司订立合同的行为,应当受到《公司法》第 148 条(作者注:现《公司法》第 182 条)第 1 款规定的约束,即郭某应就该合同的签订取得股东会的同意,而这一合同订立行为并未经中欧公司股东会同意。《广告设计合同》所涉合同价款以及手写添加部分所涉所谓中介服务费等该合同所涉主要内容,也是可能导致中欧公司利益转移的内容,均系郭某自行拟定,未经中欧公司股东会同意。综上,郭某利用关联关系控制中欧公司签订《广告设计合同》并据此向其持有 99% 股权且担任法定代表人的鱼果公司转款的行为,违反了《公司法》第 21 条[1]、第 148 条的规定,违背了中欧公司的真实意思且损害了中欧公司的利益,一、二审判决认定《广告设计合同》无效、鱼果公司返还相关款项、郭某承担补充赔偿责任,具有事实和法律依据。

7. 未经股东会或者董事会同意,利用职务便利为自己或者他人谋取属于公司的商业机会

《公司法》第 183 条规定:“董事、监事、高级管理人员,不得利用职务便利为自己或者他人谋取属于公司的商业机会。但是,有下列情形之一的除外:(一)向董事会或者股东会报告,并按照公司章程的规定经董事会或者股东会决议通过;(二)根据法律、行政法规或者公司章程的规定,公司不能利用该商业机会。”

公司的商业机会,是指公司与交易相对方存在交易的可能性。认定是否属于公司的交易机会要考虑的两个条件,首先,交易相对方有意愿给予公司商业

〔1〕 2023 年《公司法》第 22 条。

机会，例如有框架协议或合作备忘录等形式证明；其次，公司未拒绝该机会，并愿意为实现商业机会进行实质性努力，例如参加谈判、进行调研等。在此前提下，只要不属于根据法律、行政法规或者公司章程的规定，公司不能利用该商业机会的情形，董事、监事、高级管理人员利用该商业机会，均应向董事会或者股东会报告，并按照公司章程的规定经董事会或者股东会决议通过。未向董事会或者股东会报告，或未按照公司章程的规定经董事会或者股东会决议通过，董事、监事、高级管理人员利用职务便利，将公司的商业机会据为己有，属于侵犯公司利益的行为。如最高人民法院(2012)民四终字第15号案，法院从三个方面认定董事未利用职务便利谋取属于公司的商业机会：一是商业机会不专属于公司，任何满足交易相对方要求的主体均可竞争该商业机会；二是公司没有为实现该商业机会进行实质性努力；三是董事不存在剥夺或谋取公司商业机会的行为。作为对比，江苏省高级人民法院审理的(2012)苏商外终字第0050号案，法院从以下方面认定董事利用职务便利谋取属于公司的商业机会：交易相对方的业务与公司经营活动存在关联；交易相对方有给予公司商业机会的意愿；公司从未放弃该商业机会；董事利用职务便利剥夺了公司的商业机会。

8. 未经股东会或者董事会同意，自营或者为他人经营与本公司存在竞争关系的同类业务

《公司法》第184条规定："董事、监事、高级管理人员未向董事会或者股东会报告，并按照公司章程的规定经董事会或者股东会决议，不得自营或者为他人经营与其任职公司同类的业务。"该条是关于董事、监事、高级管理人员竞业禁止义务的规定。竞业禁止，是指对与权利人有特定关系之人的特定竞争行为的禁止。[1] 认定是否违反了竞业禁止义务需查明董事、监事、高级管理人员的竞业行为是否向董事会或者股东会报告，或者是否取得了股东会或者董事会同意。

《中华人民共和国公司法(修订草案二次审议稿)》第185条规定："董事、监事、高级管理人员未向董事会或者股东会报告，并经董事会或者股东会决议，不得自营或者为他人经营与本公司存在竞争关系的同类业务。"因是否存在竞

〔1〕 参见李永明:《竞业禁止的若干问题》,载《法学研究》2002年第5期。

争关系难以认定，为了减少实务中的适用争议，《公司法》第 184 条规定，董事、监事、高级管理人员的竞业禁止范围限于同类业务。

对同类业务的审查，实务中法院通常以公司营业执照登记的经营范围为准，如山东省高级人民法院（2015）鲁商终字第 532 号案，法院认为，李某滨系东方公司的董事、副总经理，属于东方公司的高级管理人员，其在东方公司担任董事期间，发起成立泰威公司并担任泰威公司的执行董事、法定代表人和经理职务，后虽然不担任泰威公司法定代表人，但仍担任泰威公司执行董事。而泰威公司与东方公司的经营范围部分相同，属同类经营。

需要强调的是，董事、监事、高级管理人员同时是公司员工，其与公司之间也存在劳动关系，根据《劳动合同法》第 23 条第 2 款的规定，对负有保密义务的劳动者，公司可以在劳动合同或者保密协议中与劳动者约定竞业限制条款，该条款是董事、监事、高级管理人员在《劳动合同法》下竞业限制义务的约定。

董事、监事、高级管理人员的竞业禁止义务与劳动者的竞业限制义务的主要区别在于，竞业禁止是法定义务，是基于董事、监事、高级管理人员的身份，如不再担任公司董事、监事、高级管理人员，则不负有此义务，但其不再担任公司董事、监事、高级管理人员后经营的同类业务确系其在公司任职期间接洽、联系，或者确实利用了其在公司任职期间的职务或者影响的，可以认定其违反了竞业禁止义务。如上海市第二中级人民法院（2011）沪二中民四（商）终字号案，法院认为，谢某不顾法律和公司章程的规定，在水生公司设立后仅 4 个多月便设立了与水生公司经营同类业务的水大公司并担任法定代表人，这一行为本身与其所负有的上述义务并不相适应。故无论水大公司在谢某任职期间是否从事经营活动，事实上该公司与水生公司确实形成了一定的竞争关系，产生了谢某的自身利益与公司利益相冲突的情况。谢某在任职期间注册成立与水生公司经营同类业务的水大公司在先；谢某离职后，又立刻开始在水大公司经营同类业务，在半年多的时间内经营工程项目多达 13 个（19 个项目除外）；现水生公司亦已举证证明水大公司现在经营的部分项目，确系谢某在水生公司担任总经理期间接洽、联系，水生公司为这些项目曾支出一定的费用，据此可以认定谢某不当利用了其在水生公司任职期间产生的影响，损害了水生公司的利益，应该承担一定的赔偿责任。

对于竞业限制义务,劳动者在职期间是法定义务,劳动者离职后是约定义务,公司需按月向劳动者支付竞业限制补偿金。

9. 违反对公司忠实义务的其他行为

因损害公司利益的行为纷繁多样,为防止遗漏,《公司法》第 181 条第 6 项设置了兜底性规定。

(三)董事、监事、高级管理人员违反勤勉义务的行为

《公司法》第 180 条第 2 款规定:"董事、监事、高级管理人员对公司负有勤勉义务,执行职务应当为公司的最大利益尽到管理者通常应有的合理注意。"第 188 条规定:"董事、监事、高级管理人员执行职务违反法律、行政法规或者公司章程的规定,给公司造成损失的,应当承担赔偿责任。"上述两条规定了董事、监事、高级管理人员对公司负有勤勉义务,勤勉义务的内涵,以及相应的法律后果,但未列举勤勉义务的具体情形。

勤勉的含义为勤劳不懈怠。故勤勉义务,按字面理解,指董事、监事、高级管理人员勤劳不懈怠地完成其工作职责,但勤勉义务源于英美法系,更侧重于董事、监事、高级管理人员在履行工作职责过程中的审慎与注意义务,故《公司法》第 180 条第 2 款将勤勉义务等同于注意义务。作者认为,我国《公司法》规定的勤勉义务,表述为勤勉、注意义务更为妥当,其包括两方面的内容:一是勤勉义务,董事、监事、高级管理人员按法律、行政法规或公司章程的规定勤勉履职,这是一种浅层次表面化的合规性义务;[1]二是注意义务,董事、监事、高级管理人员应为公司的最大利益尽到管理者通常应有的合理注意。

1. 董事、监事、高级管理人员按法律、行政法规或公司章程的规定勤勉履职

(1)法定勤勉义务。董事、监事、高级管理人员首先要遵守法律、行政法规的规定,依法履行职责,例如根据《市场主体登记管理条例》的规定,公司登记不得提供虚假材料或采取欺诈手段隐瞒重要事实,违反并被处罚的,视为未尽勤

---

〔1〕 参见周春光:《董事勤勉义务的司法审查标准探究——以实证与比较分析为视角》,载《光华法学》2019 年第 1 期。

勉义务;[1]如《公司法》第51条规定:“有限责任公司成立后,董事会应当对股东的出资情况进行核查,发现股东未按期足额缴纳公司章程规定的出资的,应当由公司向该股东发出书面催缴书,催缴出资。未及时履行前款规定的义务,给公司造成损失的,负有责任的董事应当承担赔偿责任。”该条规定董事会对股东出资负有催缴义务,从而保证股东全面履行出资义务、保障公司资本充实。董事不作为的,视为未尽法定勤勉义务,应承担责任,如最高人民法院(2018)最高法民再366号案,法院认为,胡某生等6名董事未能提交证据证明其在股东出资期限届满即2006年3月16日之后向股东履行催缴出资的义务,以消极不作为的方式构成了对董事勤勉义务的违反,胡某生等6名董事未履行向股东催缴出资的勤勉义务,违反了《公司法》第147条第1款(作者注:现《公司法》第180条第2款)规定,对深圳斯曼特公司遭受的股东出资未到位的损失,应承担相应的赔偿责任。

(2)章定勤勉义务。公司章程作为公司治理的“宪章”,可对董事、监事、高级管理人员的职责进行规定,只要该等约定不违反法律、行政法规且合理,董事、监事、高级管理人员应当履行,否则视为违反勤勉义务。

2. 董事、监事、高级管理人员应为公司的最大利益尽到管理者通常应有的合理注意

董事、监事、高级管理人员在履行其职责时,不仅要勤勉,还要在其能力范围内充分审慎与注意。董事、监事、高级管理人员是否尽到注意义务,属于事后审查,法院在认定时应基于管理者通常应有的合理注意,其具体包括三个方面:一是善意,不存在故意或重大过失;二是类似情况下足够审慎与注意;三是符合公司最佳利益。如上海市第一中级人民法院(2009)沪一中民三(商)终字第969号案,该法院认为,判断董事等高级管理人员是否履行了勤勉义务,应该从三个方面加以辨别:一是须以善意为之;二是在处理公司事务时负有在类似的情形、处于类似地位的具有一般性谨慎的人在处理自己事务时的注意;三是有理由相信是为了公司的最大利益的方式履行其职责。李某某在全面负责甲公

[1] 参见杨某疆与南宁中冶矿源综合利用有限责任公司及陈某堂、向某明、凌某春损害公司利益责任纠纷案,广西壮族自治区高级人民法院民事判决书,(2014)桂民申字第391号。

司经营期间，作为UV手机外壳涂装线项目甲公司一方的具体经办人，仅以口头协议的方式与相对方日华公司发生交易行为，在其离职时亦无法向甲公司提供经交易对象确认的文件资料。按照经营的一般常识，采用口头协议交易的方式，与交易对象产生纷争时，无法明确各自的权利义务关系。故对于不能即时完成交易的民事行为，交易双方一般均采取签订书面协议或由交易相对方对相关内容作出确认。因而李某某应有理由相信采用口头协议方式的经营判断与公司的最佳利益不相符合，然而其无视该经营风险的存在，没有以善意的方式，按照其合理相信符合公司最佳利益的方式履行职务；并且，没有以一种可以合理期待一个普通谨慎的人，在同样的地位，类似的状况下能够尽到的注意，履行一个高级职员的职责。因此，李某某明显违反了勤勉义务。

3. 勤勉义务的阻却事由：商业判断规则

是否尽到勤勉义务，属于事后审查，法院在进行认定时无法再现当时的决策背景，如果尺度把握严格，董事、监事、高级管理人员将因其当时合理的商业决策承担赔偿责任，这只能促使他们作出最保守的决策，而非作出最有利于公司利益的决定，从而大大降低商业活动的效率。因此，实务中有必要确定商业判断规则，对董事、监事、高级管理人员在商业决策过程中的一般过失免责，激励管理层作出最优决策。如黑龙江高级人民法院（2018）黑民申2845号案，该法院认为，由于公司的高级管理人员在从事商业活动时常会面临极大商业风险，不能要求每一个决策活动均产生最佳效益，否则对实际经营管理者的要求将过于苛刻。王某玉的案涉行为在当时情形下具有一定的合理性，并不违反商业判断规则。鸿基米兰公司所举示的证据不足以证明王某玉存在损害公司利益的故意或重大过失，一、二审判决未予支持并无不当。又如，贵州省高级人民法院（2020）黔民终456号案，法院认为，公司的经营行为具有商业、市场风险，考虑到土地价值具有上涨与下跌的波动，处分案涉土地可能价值偏高，也可能价值偏低，不能仅以结果来判断是否损害公司利益，这样会导致董事、高级管理人员仅因公司获利而得到正面评价，而公司的商业风险、经营风险均由董事、高级管理人员承担，这有违公司法所规定的忠实、勤勉义务之精神。

(四)他人的违约或侵权或具体行政行为

他人损害公司利益的行为包括侵权、违约或具体行政行为,股东可代表公司对他人的上述行为提起诉讼。例如,实际控制人与公司签订了合同并构成违约,公司拒不起诉的,或者公司对损害公司利益的具体行政行为不提起行政复议或行政诉讼的,股东均可代表公司提起相应诉讼。

(五)董事、监事、高级管理人员的忠实与勤勉义务适用于公司的子公司

法律规定董事、监事、高级管理人员对公司负有忠实与勤勉义务,是为了防止董事、监事、高级管理人员利用实际经营与管理公司的权限,损害公司利益。当董事、监事、高级管理人员的经营管理权延伸至公司控股或全资子公司时,其可视为控股或全资子公司的"事实董事",其对全资子公司同样负有忠实、勤勉义务。如最高人民法院(2021)最高法民申1686号案,法院认为,李某对华佗在线公司亦负有忠实义务和竞业禁止义务,《公司法》关于董事对公司所负的忠实义务、竞业禁止义务应不限于董事所任职的公司自身,还应包括公司的全资子公司、控股公司等,如此方能保障公司及其他股东的合法权益,真正实现《公司法》设置忠实义务、竞业禁止义务的立法本意。该案中,美谷佳公司是华佗在线公司的全资股东,双方利益具有显见的一致性,李某对美谷佳公司所负的忠实义务和竞业禁止义务应自然延伸至美谷佳公司的子公司华佗在线公司。

三、损失要件

公司遭受了直接或间接的损失。根据"谁主张,谁举证"的原则,公司主张其利益受到了损害,应承担举证责任,否则应承担不利后果。如天津市高级人民法院(2014)津高民二终字第0043号案,天津市高级人民法院认为,马某祥作为公司高级管理人员,在图尔克公司任高级管理人员期间成立了德明福公司,并担任该公司股东及法定代表人、经理,而德明福公司的经营范围与图尔克公司的经营范围部分相同,马某祥的行为违反了对图尔克公司的忠实义务和勤勉义务,但因图尔克公司无法证明要求马某祥赔偿800万元的诉讼请求,该法院驳回了图尔克公司的诉讼请求,一审、二审案件受理费合计135,600元均由图

尔克公司承担。

四、因果关系要件

股东、董事、监事、高级管理人员与他人损害公司利益的行为与公司遭受的损失之间具有因果关系，如(2018)最高法民再366号案，最高人民法院认为，股东开曼斯曼特公司未缴清出资的行为实际损害了深圳斯曼特公司的利益，胡某生等6名董事消极不作为放任了实际损害的持续发生。股东开曼斯曼特公司欠缴的出资即为深圳斯曼特公司遭受的损失，开曼斯曼特公司欠缴出资的行为与胡某生等6名董事消极不作为共同造成损害的发生、持续，胡某生等6名董事未履行向股东催缴出资义务的行为与深圳斯曼特公司所受损失之间存在法律上的因果关系。

五、归入权

《公司法》第186条规定："董事、监事、高级管理人员违反本法第一百八十一条至一百八十四条规定所得的收入应当归公司所有。"该条规定了公司的归入权，公司有权要求违反忠实、勤勉义务的董事、监事、高级管理人员将其所得利益归入公司。法律拟定董事、监事、高级管理人员取得的收入就是公司的损失。同时，《公司法》第188条规定："董事、监事、高级管理人员执行职务违反法律、行政法规或者公司章程的规定，给公司造成损失的，应当承担赔偿责任。"因此，公司对其遭受的损失享有损害赔偿请求权。公司的归入权和损害赔偿请求权是否可一并行使，或择一行使，法律并未规定。

作者认为，归入权和损害赔偿请求权二者在构成要件上存在差异，但二者并不冲突，公司行使归入权后，归入金额不足以弥补损失的，可同时主张损害赔偿请求权。如最高人民法院(2021)最高法民申1686号案，李某认为，即便使用公司法禁止股东权利滥用原则判令其承担责任，也仅适用赔偿规则，而不能适用归入权规则，而法院认为，关于李某对华佗在线公司损失承担的赔偿责任问题同时适用归入权规则。该案中，李某将其任职高管的美谷佳公司全资子公司华佗在线公司的业务交由其实际控制的友德医公司经营，谋取了属于华佗在线公司的商业机会，损害了华佗在线公司的利益，违反了对华佗在线公司所负的忠实义务和竞业禁止义务。根据《公司法》第148条第2款(作者注:现《公司法》第186条)、第149条(作者注:现《公司法》第188条)的规定,李某由此获得的收入归华佗在线公司所有,以弥补华佗在线公司的实际损失。但在华佗在线公司的损失标的系商业机会难以准确认定数额且李某的个人获益和美谷佳公司及其股东的实际损失亦无法认定的情况下,原判决综合考虑友德医等公司的运营成本,网络医院项目的发展前景和技术团队、资本团队对网络医院项目的投入、贡献情况,酌定李某向华佗在线公司赔偿2916万元以弥补华佗在线公司和美谷佳公司及其背后投资人的实际损失及合理期待利益,亦无不当。

从文义理解,将董事、监事、高级管理人员所得收入,如工资薪金等,纳入归入范围,应无异议,如山东省高级人民法院(2015)鲁商终字第532号案,该法院认为,该案李某滨在担任泰威公司执行董事期间,自2013年8月31日至2015年5月31日的工资薪金所得为71,300元,东方公司要求将李某滨的该部分薪金归于东方公司所有的主张,系其对公司归入权的正当行使,该院予以支持。但是,董事、监事、高级管理人员挪用公司资金购买房产或股权,之后房产或股权大幅增值,或者其谋取了属于公司的商业机会取得了大额收益,关于该等收益是否属于归入范围,实务中的裁判大相径庭。作者认为,归入权制度设定具有惩罚性,如收益与董事、监事、高级管理人员违反忠实义务的行为存在因果关系,应将该等收益纳入归入权范围,如重庆市高级人民法院(2015)渝高法民终字第00166号案,法院查明,对于重庆市北部新区经开园留云路1号275幢的房屋,顾某挪用钧华公司资金2,254,928元用于支付了首付款,经计算,首付款对应房屋增值共计1,669,152元。担任董事与高级管理人员的顾某认为,该房屋的增值部分,不能直接认定为挪用资金所得的收入,其因挪用该笔资金已经承担了挪用资金罪的刑事责任,并已及时退还了该笔资金,因此,如果其要承担挪用该笔资金给钧华公司造成的损失,也只能按照实际挪用的金额和期限承担利息或者资金使用损失。法院认为,《公司法》第149条(作者注:现《公司法》第188条)规定,董事、高级管理人员挪用公司资金所得的收入应当归公司所有。根据该条,公司行使的是归入权,带有一定的惩罚性质,如果仅仅将挪用资金的利息返还给公司,则与普通的借款没有区别,达不到惩罚目的。房屋增值共计1,669,152元,应当归作为顾某挪用公司资金所得的收入,归钧华公司所有。

第三节　股东代表诉讼

一、股东直接诉讼与股东代表诉讼的区别

《公司法》规定了股东直接诉讼与股东代表诉讼，二者的区别在于受损对象与利益归属不同。股东直接诉讼是因股东自身利益受损，股东提起诉讼维护自身权益，维权利益归属于股东个人。股东代表诉讼是因公司利益受损，在公司怠于维护公司自身权益时，股东代表公司维权，维权利益归属于公司，相当于间接维护了股东利益。实务中，原告要分辨清楚是为公司利益还是股东利益，否则法院会以主体不适格驳回起诉，如最高人民法院(2016)最高法民申84号案，法院认为，股东李某所主张的公司董事长郝某东低价销售精煤的行为，是对道清选煤公司造成损失，仅是间接损害了李某作为股东的利益，而与其自身财产权益之间并没有直接的因果关系，其不具备原告主体资格。

在特定情形下，股东既可提起股东直接诉讼，又可提起股东代表诉讼的情况下，股东是否享有选择权，法律未明确规定。例如，《公司法司法解释三》第13条第1款规定："股东未履行或者未全面履行出资义务，公司或者其他股东请求其向公司依法全面履行出资义务的，人民法院应予支持。"根据该条规定，在股东未履行或者未全面履行出资义务的情况下，其他股东可提起直接诉讼，同时因公司怠于要求出资不实股东履行出资义务，其他股东也可提起股东代表诉讼。

从股东代表诉讼制度产生的背景来看，股东代表诉讼，是因股东本身没有起诉的权利，只是在公司怠于维权时设定的救济制度，如股东有诉权可直接维护公司权益，应提起股东直接诉讼，不得提起股东代表诉讼。同时，提起股东代表诉讼将会使得被告本可以提起的反诉无法提起，实质上限制了被告的诉讼权利。[1] 如最高人民法院(2014)民提字第170号案，法院认为，福生公司、张某

〔1〕 参见最高人民法院民事审判第二庭编著：《〈全国法院民商事审判工作会议纪要〉理解与适用》，人民法院出版社2019年版，第220页。

宝公司是以自己名义提起该案股东代表诉讼的。《公司法》第151条第3款规定,“他人侵犯公司合法权益,给公司造成损失的,本条第一款规定的股东可以依照前两款的规定向人民法院提起诉讼”。该案股东代表诉讼属于该条第3款规定的情形,但对于“他人”应当作狭义解释,即只有在不能通过其他途径获得救济的情况下,才能适用股东代表诉讼获得救济。股东代表诉讼制度的设置基础在于在股东本没有诉权而公司又怠于行使诉权或者因情况紧急可能损害公司利益时,赋予股东代表公司提起诉讼的权利。当股东能够通过自身起诉的途径获得救济时,则不应提起代表诉讼,否则将有悖于股东代表诉讼制度的设置意图。根据《公司法司法解释三》第13条第1款的规定,福生公司、张某宝公司作为股东本身即享有诉权,而通过股东代表诉讼起诉的后果,则剥夺了另一方股东(株)圃木园控股反诉福生公司、张某宝公司履行出资义务的诉讼权利,因为其无法针对合资公司提起反诉,由此造成股东之间诉讼权利的不平等。因此,福生公司、张某宝公司无权提起该案股东代表诉讼,其起诉应予驳回。

二、股东代表诉讼的前置程序

(一)提起股东代表诉讼应先履行前置程序

根据《公司法》第189条的规定,股东为公司利益提起诉讼前,应先书面请求董事会、监事会依法代表公司提起诉讼,如内部治理组织不提起诉讼,或有证据证明情况紧急、不立即提起诉讼将会使公司利益受到难以弥补的损害时,公司股东才能代表公司对实施侵权行为的相对方提起诉讼,否则法院将驳回起诉,如(2019)最高法民申1162号案,最高人民法院认为,股东以自己名义代表公司提起损害赔偿之诉,须先以书面形式请求监事会、监事或者董事会、执行董事向人民法院提起诉讼,在监事会、监事或者董事会、执行董事拒绝提起诉讼或者30日内未提起诉讼的情况下,股东方可以提起诉讼。该程序即股东代表诉讼之前置程序,设立的目的在于保障公司的自主决策权,充分利用公司内部机制保障股东权利。《公司法》第151条(作者注:现《公司法》第189条)同时规定了该前置程序的例外情形,即当情况紧急、不立即提起诉讼将会使公司利益受到难以弥补的损失的,股东有权直接起诉。该案中,百嘉欣公司并未在诉前向新地标公司监事提出书面请求，其二审上诉主张该案存在可以自行提起诉讼的例外情形，但未能提供充分证据予以证明，故其以自己的名义提起该案股东代表诉讼不符合上述法律规定的前置条件和例外情形，原审判决据此驳回百嘉欣公司的起诉，处理结果并无不当。

（二）股东代表诉讼的前置程序属于公司治理的内部救济，如内部救济已无可能，人民法院应予以豁免

股东代表公司提起诉讼是为公司利益，先书面征求公司意见应属合理且必要。如公司内部机关正常运作，则无股东代表提起公司诉讼的必要，因此，设置前置程序首先是为了穷尽内部救济，敦促内部机关正常履职，保障公司的自主决策权；其次，经过前置程序，股东与公司内部机关建立沟通，充分了解各自立场，慎重考虑，避免不理性滥诉。原则上，未经前置程序，股东代表公司提起诉讼的，法院应驳回起诉。

但是，前置程序的设置是为了将争议解决在公司内部，如内部解决已无可能，则前置程序应予以豁免。因此，《公司法》第 189 条第 2 款规定了法定豁免，即情况紧急、不立即提起诉讼将会使公司利益受到难以弥补的损害，但何谓情况紧急、难以弥补的损害以及如何构建二者关联，如要举证证明，实属不易。

因此，在实务中更需要基于具体案件的情况决定是否豁免，避免僵化适用前置程序，如最高人民法院（2019）最高法民终 1679 号案，一审湖北省高级人民法院以周某春未履行前置程序为由驳回起诉，但最高人民法院认定，股东周某春代表湖南汉业公司对庄士投资公司提起股东代表诉讼，湖南汉业公司并未设监事会或监事，含原告周某春在内，湖南汉业公司共有 5 位董事，其中 4 位为被告庄士投资公司的董事、高级管理人员，与庄士投资公司具有利害关系，不存在湖南汉业公司董事会对庄士投资公司提起诉讼的可能性，再要求周某春完成对庄士投资公司提起股东代表诉讼的前置程序已无必要。

为统一审判实践，《九民会议纪要》第 25 条规定，根据《公司法》第 151 条（作者注：现《公司法》第 189 条）的规定，股东提起代表诉讼的前置程序之一是，股东必须先书面请求公司有关机关向人民法院提起诉讼。一般情况下，股东没有履行该前置程序的，应当驳回起诉。但是，该项前置程序针对的是公司治理

的一般情况，即在股东向公司有关机关提出书面申请之时，存在公司可以提起诉讼的可能性。如果查明的相关事实表明，根本不存在该种可能性的，人民法院不应当以原告未履行前置程序为由驳回起诉。

（三）他人侵犯公司合法权益时，前置程序是向董事会还是向监事会提出

根据《公司法》第 189 条第 3 款的规定，他人侵犯公司合法权益，给公司造成损失的，本条第 1 款规定的股东可以依照前两款的规定向人民法院提起诉讼。至于股东是向监事会还是董事会提出，《公司法》并未明确。

《公司法司法解释四》第 23 条第 2 款规定，董事会或者不设董事会的有限责任公司的执行董事依据《公司法》第 151 条第 3 款（作者注：现《公司法》第 189 条第 3 款）规定对他人提起诉讼的，应当列公司为原告，依法由董事长或者执行董事代表公司进行诉讼。因此，他人因侵权或违约侵犯公司合法权益时，股东可向董事会履行股东代表诉讼的前置程序，而非监事会或监事，否则法院会驳回起诉。如（2018）浙民终 588 号案，浙江省高级人民法院认为，该案争议的焦点是台州上药认为其控股股东上药控股损害台州上药利益责任纠纷应该由谁代表公司提起诉讼问题，台州上药认为控股股东上药控股侵犯了台州上药的合法权益，根据《公司法》第 151 条第 3 款的规定，他人侵犯公司合法权益，给公司造成损失的，按照该条第 1 款规定的股东可以依照该条前两款的规定向人民法院提起诉讼。同时，《公司法司法解释四》第 23 条第 2 款规定，董事会或者不设董事会的有限责任公司的执行董事依据《公司法》第 151 条第 1 款规定对监事提起诉讼的，或者依据该条第 3 款规定对他人提起诉讼的，应当列公司为原告，依法由董事长或者执行董事代表公司进行诉讼。而该案台州上药已由监事会主席代表进行诉讼，没有法律依据，故原审法院裁定驳回台州上药的起诉于法有据。

三、股东代表诉讼的适用范围

有观点认为，股东代表诉讼应仅限于董事、监事、高级管理人员违反《公司法》第 188 条规定的情形，或他人侵犯公司合法权益时的情形，主要指侵权行为。股东代表诉讼适用范围的扩展，会干扰公司自治，公司的利益形式多样，公

司未提起某项诉讼，可能是出于长远利益的考虑或多种利益博弈的结果。例如，他人未按时支付公司货款，公司未提起诉讼，只是不想得罪客户，最终失去客户，股东因追求短期利益，代表公司起诉客户，最终导致公司失去关键客户，得不偿失。因此，要尽量避免股东代表公司作决策的情形，维护公司自治。

《公司法司法解释五》扩张了股东代表诉讼的范围，其第 2 条规定："关联交易合同存在无效、可撤销或者对公司不发生效力的情形，公司没有起诉合同相对方的，符合公司法第一百五十一条第一款规定条件的股东，可以依据公司法第一百五十一条第二款、第三款规定向人民法院提起诉讼。"根据该条规定，股东可对公司与他人签订的关联交易提起无效、可撤销或者对公司不发生效力之诉，结合本章第一部分的论述，股东亦可对他人对公司的违约行为提起诉讼，如此，我国的公司实践极大地扩张了股东代表诉讼的适用范围。

四、股东与监事、董事身份重合时，股东能否直接提起股东代表诉讼

董事损害公司利益时，公司怠于起诉，如股东与监事身份重合，股东履行前置程序，向作为监事的自己提出书面先诉请求，并不合理，此时股东能否不履行前置程序，直接提起股东代表诉讼？

根据《公司法》第 189 条第 1 款的规定，董事损害公司利益，股东可请求监事会向人民法院提起诉讼。因股东与监事身份重合，监事自然会对董事提起诉讼，股东的先诉书面请求并无必要，而公司内部救济可正常履行职责时，股东不应直接提起股东代表诉讼，因此监事应根据《公司法司法解释四》第 23 条的规定，以公司名义提起诉讼，监事作为诉讼代表人。江苏省高级人民法院在其 2019 年发表的《江苏全省法院公司纠纷案件审判调研报告之三》[1]持相同观点：在仅设一名监事的情形下，如申请股东同时又是监事，即产生与决定机关重合的问题，导致申请股东以书面形式提出先诉请求的要求无实际意义，但股东不能直接提起股东代表诉讼，而应以监事身份作出起诉的意思决定，并以公司

〔1〕 参见《江苏全省法院公司纠纷案件审判调研报告之三》，载微信公众号"法语峰言"2019 年 7 月 29 日，https://mp. weixin. qq. com/s? src = 11&timestamp = 1709038787&ver = 5106&signature = DamH4nAhQZidrjSvT6p6y9IJ93Wa9cLg6y - uf8yfGjU6A1f2CSTuop4FnPhX4C - vg6yNo2z218nz8TcOgsABj9JfGcLSg7CHTba3p - gkLKKhbIdCMmJbq9wsCOBAvDnm&new = 1。

名义作为原告提起诉讼。在设置两名监事的情形下，因两名监事各自都可独立作为监督机关，如申请股东同时又是监事，不必向另一名监事提出书面请求，即同样以其监事身份作出起诉的意思决定，并以公司名义作为原告提起诉讼。

同理，如股东与董事身份重合，对于监事损害公司利益的行为，董事应以公司名义提起诉讼，董事作为诉讼代表人，而非作为股东提起股东代表诉讼。

五、股东双重代表诉讼

《公司法》第 189 条第 4 款规定："公司全资子公司的董事、监事、高级管理人员有前条规定情形，或者他人侵犯公司全资子公司合法权益造成损失的，有限责任公司的股东、股份有限公司连续一百八十日以上单独或者合计持有公司百分之一以上股份的股东，可以依照前三款规定书面请求全资子公司的监事会、董事会向人民法院提起诉讼或者以自己的名义直接向人民法院提起诉讼。"根据该款规定，全资子公司的董事、监事、高级管理人员或他人损害子公司利益，子公司及母公司均不作为的，母公司的股东有权为维护全资子公司利益提起股东双重代表诉讼。股东为全资子公司利益提起股东代表诉讼的，同样需要履行前置程序，但仅需向全资子公司的监事会或董事会提出即可。

《公司法》修改前，股东代表全资子公司提起的股东代表之诉，法院一般以诉讼主体不适格驳回起诉，如最高人民法院（2019）最高法民终 521 号案，该案一审法院认为，首先，根据《民事诉讼法》第 119 条的规定，原告必须是与该案有直接利害关系的公民、法人和其他组织。该案中，涉外经济学院由猎鹰实业公司全资举办，广东南博公司为猎鹰实业公司的股东。虽然涉外经济学院的利益受损可能间接影响广东南博公司的利益，但二者并不构成法律上的直接利害关系。其次，根据《公司法》第 151 条（作者注：现《公司法》第 189 条）的规定，提起股东代表诉讼的适格主体应为公司股东。涉外经济学院系民办非企业单位，如参照适用《公司法》及相关司法解释的规定，以涉外经济学院利益受损为由提起股东代表诉讼的适格主体应为其举办者，即猎鹰实业公司。而该案中，广东南博公司与雷励盈有限公司（LEILie Ying Limited）均为猎鹰实业公司的股东，而非涉外经济学院的举办者，故广东南博公司无权依据《公司法》第 151 条的规定代表涉外经济学院提起股东代表诉讼。因此，一审法院以广东南博公司作为该案原告的主体身份不适格为由，裁定驳回其起诉，并无不当。

六、股东代表诉讼的结果归属

股东代表诉讼的结果有三种方式：胜诉（部分胜诉）、败诉（部分败诉）或调解结案。[1]

股东虽以自己的名义提起诉讼，但实质是为保护公司利益，股东无权要求损害公司利益的主体直接向其承担民事责任，胜诉利益应属于公司，对此《公司法司法解释四》第25条规定："股东依据公司法第一百五十一条第二款、第三款规定直接提起诉讼的案件，胜诉利益归属于公司。股东请求被告直接向其承担民事责任的，人民法院不予支持。"

对于败诉结果的归属，《公司法》及其司法解释均未规定。实践中的观点认为，在立案登记制下，股东代表诉讼未经实质审查，如果规定败诉结果归属于公司，由公司承担诉讼不利后果，股东不承担成本，则会导致股东滥诉，因此败诉结果应由股东自行承担。作者认为，股东提起代表诉讼是为公司利益，败诉结果由股东个人承担，享受利益与承担义务并不一致，无法推动股东在公司怠于维权时提起诉讼的积极性，如担忧股东滥诉，可直接规定由被告对滥诉的原告股东提起反诉，以此威慑恶意提起诉讼的股东。

对于股东代表诉讼是否可以调解结案，《公司法》及其司法解释均未规定。作者认为，股东代表诉讼是民事诉讼，法律并不禁止调解。股东为保护公司利益提起诉讼，在调解结果取得公司与其他股东认可的前提下，并未损害公司利益，可以调解结案，对此《九民会议纪要》第27条规定："公司是股东代表诉讼的最终受益人，为避免因原告股东与被告通过调解损害公司利益，人民法院应当审查调解协议是否为公司的意思。只有在调解协议经公司股东（大）会、董事会决议通过后，人民法院才能出具调解书予以确认。至于具体决议机关，取决于公司章程的规定。公司章程没有规定的，人民法院应当认定公司股东（大）会为决议机关。"需要注意的是，调解方案需经股东会或董事会认可，若被告是损害

[1] 参见杜万华主编、最高人民法院民事审判第二庭编著：《最高人民法院公司法司法解释（四）理解与适用》，人民法院出版社2017年版，第594页。

公司利益的股东或董事，是否应回避表决，法律对此并未规定。作者认为，为防止股东或董事滥用资本多数决与董事职权，作为被告的股东或董事应回避表决。

在全部或部分胜诉的情况下，对于因股东代表诉讼产生的诉讼与律师费用如何承担问题，《公司法司法解释四》第26条规定："股东依据公司法第一百五十一条第二款、第三款直接提起诉讼的案件，其诉讼请求部分或全部得到人民法院支持的，公司应当承担股东因参加诉讼支付的合理费用。"

七、股东代表诉讼的反诉

反诉是用来抵消、吞并或排斥本诉诉讼请求的诉讼制度，反诉对象限于本诉被告与本诉原告之间。但股东代表诉讼的特殊性在于，股东仅是名义原告，股东提起股东代表诉讼是为公司利益，公司是实质原告。在诉讼程序中，公司是作为第三人参与，如被告提起反诉，要求作为原告的股东承担个人责任，无法抵消、吞并或排斥公司对被告的诉讼请求，故股东代表诉讼原则上禁止反诉，但如果反诉的被告是针对本诉原告股东提出的，符合反诉的形式要件，则可以提起反诉。

《九民会议纪要》第26条规定："股东依据《公司法》第151条第3款的规定提起股东代表诉讼后，被告以原告股东恶意起诉侵犯其合法权益为由提起反诉的，人民法院应予受理。被告以公司在案涉纠纷中应当承担侵权或者违约等责任为由对公司提出的反诉，因不符合反诉的要件，人民法院应当裁定不予受理；已经受理的，裁定驳回起诉。"根据该条规定，股东代表诉讼的反诉的适用需满足两个条件：(1)股东依据《公司法》第151条第3款(作者注：现《公司法》第189条第3款)的规定提起了股东代表诉讼；(2)被告以原告股东恶意提起诉讼侵犯其合法权益为由提起反诉。

另外，对于被告提起反诉得到法院支持的，按《九民会议纪要》第26条的规定，应由股东个人承担责任，但胜诉利益却归属于公司。结合前文论述股东代表诉讼股东败诉时，由股东承担不利后果，可谓对股东双重打击，不利于推动股东维护公司利益。因此，作者建议，股东代表诉讼的胜诉与败诉结果均应由公司承担，但为防止股东滥诉，允许被告对股东恶意诉讼提起反诉，达到推动股东代表诉讼发展与打击股东恶意诉讼平衡的效果。

第十六章

损害公司债权人利益责任纠纷

2011 年《民事案件案由规定》确定了三级案由“257. 股东损害公司债权人利益责任纠纷”,2020 年《民事案件案由规定》将其变更为“277. 损害公司债权人利益责任纠纷”,并进一步细分为两个四级案由:(1)股东损害公司债权人利益责任纠纷;(2)实际控制人损害公司债权人利益责任纠纷。《民事案件案由规定》这一修改,说明司法实务认可将实际控制人作为损害公司债权人利益的主体。

损害公司债权人利益责任纠纷,是指公司股东或实际控制人因滥用公司法人独立地位和股东有限责任,逃避债务,严重损害公司债权人利益,对公司债务承担责任的民事纠纷。[1] 通常情况下,公司对债权人负有债务,公司债权人可依据《民法典》相应规定直接向公司主张权益,当公司财产不足以清偿公司债权人债务时,公司申请破产,公司债权人在公司可分配财产范围内公平受偿,股东或实际控制人不直接对公司债务承担责任。

股东承担有限责任或实际出资人不承担责任的前提是公司保持了法人独立人格,如为了逃避债务,股东或实际控制人滥用法人独立地位和股东有限责任导致公司资产减少、偿债能力降低,严重损害公司债权人利益,应承担不利后果,公司债权人有权依据或参照《公司法》第 23 条第 1 款提起诉讼,要求股东或实际控制人对公司债务承担连带责任,即公司法人人格否认制度。

法人人格否认制度适用于有限责任公司与股份有限公司,但诸多实证研究

[1] 参见杨万明主编、最高人民法院研究室编著:《最高人民法院新民事案件案由规定理解与适用》(下册),人民法院出版社 2021 年版,第 767 页。

结果表明，法人人格否认制度更易发生于有限责任公司，在股份有限公司中很少见。[1] 在有限责任公司中，股东越少法人被人格否认的概率越高。[2]

第一节　损害公司债权人利益责任纠纷诉讼指引

一、诉讼主体

（一）原告

公司债权人作为受损失方，是损害公司债权人利益责任纠纷的适格原告。公司债权人既包括自愿债权人，如合同之债的债权人；亦包括非自愿债权人，如侵权之债的债权人、无因管理及不当得利之债的债权人；还包括公益债权人，如公司逃税行为产生的税收债权人，因环境污染行为产生的相应的公益债权人。[3]

公司债权人身份应经生效裁判确认。债权人对公司享有的债权尚未经生效裁判确认，直接请求公司股东对公司债务承担连带责任的，人民法院应当向债权人释明，告知其追加公司为共同被告。债权人拒绝追加的，人民法院应当裁定驳回起诉。[4] 如重庆市高级人民法院（2020）渝民终32号案，该法院认为，在审理涉及公司人格否认纠纷的案件时，债权人对债务人公司享有的债权尚未经生效裁判确认，直接提起公司人格否认诉讼，请求公司股东对公司债务承担连带责任的，人民法院应当向债权人释明，告知其追加公司为共同被告。该案中，秦某平以宏宾公司的债权人身份，以宏宾公司与其股东渝宏公司人格混同为由，向渝宏公司提起该案诉讼，其诉请实为以公司人格否认为基础。公司人格否认应以公司债务确定且公司不能清偿为前提，公司股东承担的是补充性连带责任。从一审查明的事实看，没有证据证明秦某平与宏宾公司之间的债

〔1〕 参见杨琳、禹海波：《公司法人人格否认规则的适用》，载《人民司法》2021年第10期。
〔2〕 参见黄辉：《中国公司法人格否认制度实证研究》，载《法学研究》2012年第1期。
〔3〕 参见杨琳、禹海波：《公司法人人格否认规则的适用》，载《人民司法》2021年第10期。
〔4〕 参见《九民会议纪要》第13条。

权债务关系已经生效裁判确认,宏宾公司能否清偿对秦某平的债务尚不明确,在此情形下,秦某平直接要求渝宏公司对宏宾公司的债务承担责任,不符合《公司法》第20条第3款(作者注:现《公司法》第23条第1款,下同)的规定。因此,一审法院未将宏宾公司列为该案共同被告,属于程序不当,应当发回重审。

(二)被告

1. 股东

公司债权人身份已由生效裁判确认,且经执行程序,公司债权人未获清偿的,公司债权人认为股东滥用公司法人独立地位和股东有限责任的行为,导致其债权无法实现的,有权以股东为被告提起损害公司债权人利益责任纠纷。

2. 公司与股东作为共同被告

公司债权人对公司提起债权确认的同时,一并要求股东承担连带责任的,应列公司与股东为共同被告。[1] 需要注意的是,并非所有股东都应对公司债务承担连带责任,只有实际实施了滥用法人独立地位和股东有限责任的股东才对公司债务承担连带责任。

公司债权人对公司提起合同、侵权等诉讼后,又以股东滥用公司法人独立地位与股东有限责任为由,要求股东对公司债务承担连带责任的,可以准许其在举证期限届满前增加诉讼请求,并追加该股东为被告。[2]

3. 股权已转让的前股东

损害公司债权人利益责任纠纷属于侵权性质,股权已转让的前股东,如在其持股期间,存在滥用法人独立地位和股东有限责任的行为,转让股权行为并不能否认其已实施的侵权行为,其仍可作为适格被告,如(2021)最高法民申2605号案,最高人民法院认为,该案审查的重点是依据《公司法》第20条规定,虹联公司在作为亚得公司股东期间,是否滥用公司法人独立地位和股东有限责任,实施了逃避债务、严重损害华港公司利益的行为。

---

〔1〕 参见《九民会议纪要》第13条。

〔2〕 参见《上海市高级人民法院民事审判第二庭关于审理公司法人人格否认案件的若干意见》第4条。

4. 实际出资人

实际出资人不参与公司经营管理的，名义股东存在滥用法人独立地位和股东有限责任的行为，公司债权人可追究名义股东的责任，名义股东因实际控制人而承担责任的，可向实际出资人追偿；如实际出资人参与公司经营和管理，并存在滥用行为，虽实际出资人非公司股东，但可参照股东的情形，作为被告。如（2020）桂民终15号案，广西壮族自治区高级人民法院认为，根据该案已查明的事实，可以认定许某雷是星堂公司的实际出资人及控制人。《公司法》第20条第3款规定，“公司股东滥用公司法人独立地位和股东有限责任，逃避债务，严重损害公司债权人利益的，应当对公司债务承担连带责任”。该条确立的公司法人人格否认制度主要适用于公司及公司股东之间，对于非公司股东但与公司存在控制或关联关系的主体是否适用未予明确。该法院认为，从第20条立足于制裁掌控公司权利的股东滥用权利行为的立法初衷、保护受到不当侵害的债权人利益的立法目的看，公司法人人格否认制度旨在矫正有限责任制度在特定情形下对债权人利益保护的失衡。非公司股东如公司实际控制人通过操作或控制公司而损害公司债权人利益，与公司股东滥用公司人格损害债权人利益具有同质性，基于公平及诚信原则，类推适用《公司法》第20条第3款规定予以规制，以实现实质公正。

5. 实际控制人

实际控制人通过投资、协议或其他安排能够实际支配公司，存在滥用公司法人独立地位和股东有限责任的可能，理论观点及司法实务均认可实际控制人是损害公司债权人利益责任纠纷的适格被告。

6. 董事、高级管理人员

法人人格否认制度的本质是排除股东有限责任的适用，[1]公司董事与高级管理人员可能实施了滥用法人独立地位和股东有限责任损害公司债权人的行为，但因公司董事与高级管理人员不是公司股东，不应适用本案由，公司债权人可通过董事、高级管理人员违反忠实和勤勉义务追偿，因此，董事、高级管理

〔1〕参见陈群峰：《“资本显著不足”情形下公司法人格否认制度完善研究》，载《法学杂志》2020年第11期。

人员不是损害公司债权人利益责任纠纷的适格被告。

（三）第三人

公司债权人对公司的债权已由生效裁判确认，其再提起公司法人人格否认诉讼，请求股东或实际控制人承担连带责任的，应列公司为第三人，便于查明公司是否丧失了偿债能力，无法偿付到期债务。

二、管辖

公司股东或实际控制人滥用公司法人独立地位和股东有限责任，侵犯公司债权人利益，应当按照侵权责任的构成要件承担相应的侵权赔偿责任。[1]

损害公司债权人利益责任纠纷案件属于侵权性质，根据《民事诉讼法》第29条的规定，因侵权行为提起的诉讼，由侵权行为地或者被告住所地人民法院管辖。如(2018)苏民辖终225号案，法院认为，国电公司以国发华企公司债权人身份，依据《民法总则》第83条、《公司法》第20条第3款规定提起该案诉讼，属于股东损害公司债权人利益责任纠纷，应当按照侵权纠纷确定管辖。《民事诉讼法》第28条规定，因侵权行为提起的诉讼，由侵权行为地或者被告住所地人民法院管辖。《民事诉讼法司法解释》第24条规定，侵权行为地包括侵权行为实施地、侵权结果发生地。国电公司主张国发节能公司、国发后勤公司、郭某成应当向其清偿国发华企公司所欠债务，亦即认为其因未获清偿而遭受损害，故国电公司住所地为侵权结果发生地。又如，(2021)最高法民辖终5号案，法院认为，该案是翼城宏信公司起诉请求确认酒钢宏兴公司、酒钢翼城公司人格混同，追收酒钢宏兴公司相关财产并归入酒钢翼城公司财产的股东损害公司债权人利益责任纠纷。从侵权纠纷的角度看，酒钢翼城公司和翼城宏信公司的住所地均在山西省辖区，原审原告翼城宏信公司主张的侵权行为实施地和侵权结果发生地亦均在山西省辖区，由山西省高级人民法院管辖符合法律规定。

但如何确定管辖法院在实务中有不同的处理意见，如北京市高级人民法院

---

〔1〕 参见最高人民法院民事审判第二庭编著：《〈全国法院民商事审判工作会议纪要〉理解与适用》，人民法院出版社2019年版，第147页。

于2019年3月12日发布《北京市高级人民法院立案庭关于股东损害债权人利益责任纠纷案件如何确定管辖法院的通知》，关于股东损害债权人利益责任纠纷案件，债权人能否以原告住所地作为侵权结果发生地向法院提起诉讼的问题，经研究，通知如下：《北京市高级人民法院关于立案审判适用法律若干问题的解答（一）》第11条规定："除法律、司法解释明确规定的名誉权纠纷、信息网络侵权纠纷等特殊案件外，侵权行为实施地和侵权结果发生地一般应视为在同一地点。不能仅因受害人起诉主张其受到经济损失，就直接以原告账户所在地或原告住所地作为侵权结果发生地。"故在股东损害债权人利益责任纠纷案件中债权人起诉股东承担赔偿责任的，不能直接以原告住所地作为侵权结果发生地。理由如下：一是如果承认债权人住所地可以作为侵权结果发生地，如公司对外经营业务较多，任何债权人的住所地都可以成为侵权结果发生地，连接点过多，管辖法院随意性较大，也让民事诉讼法规定的"原告就被告"的原则被架空。二是如果承认债权人住所地可以作为侵权结果发生地，原告可能为争夺有利管辖法院而人为制造经常居住地作为管辖连接点，造成管辖任意化趋势，使管辖连接点处于事实上的不确定状态。

三、诉讼请求

损害公司债权人利益责任纠纷的诉讼请求一般为判令股东、实际控制人或关联公司对公司结欠债权人的债务承担连带清偿责任，并承担诉讼费用。

四、诉讼时效

损害公司债权人利益责任纠纷属于侵权之诉，公司债权人享有损害赔偿请求权，适用诉讼时效制度。根据《民法典》的规定，损害赔偿案件的诉讼时效为3年，自债权人知道或者应当知道权利受到损害以及义务人之日起计算。

股东或实际控制人等承担的是补充性连带责任[1]，如公司资产足以偿付公司债权人债务，则股东或实际控制人等无须承担责任，因此公司债权人权利

---

〔1〕 参见最高人民法院民事审判第二庭编著：《〈全国法院民商事审判工作会议纪要〉理解与适用》，人民法院出版社2019年版，第160页。

受到损害之日是指股东或实际控制人等实施的滥用法人独立人格和股东有限责任的行为致使公司无法偿付到期债务之日。

第二节　损害公司债权人利益责任纠纷实务操作

损害公司债权人利益责任纠纷的认定，包括股东损害公司债权人利益认定与实际控制人损害公司债权人利益的认定。

关于股东损害公司债权人利益的认定，实质为确定股东是否应在其出资范围之外承担无限连带责任。现代公司法的基本原则是股东对其出资的有限公司承担出资范围内的有限责任，如要排除股东有限责任的适用，需要揭开公司独立人格上的一层面纱，由股东对公司债务承担连带责任，即揭开公司面纱制度或法人人格否认制度。

有观点认为，法人人格否认这一表述并不准确，无视公司人格的表述更为合适。法人人格否认意味着曾经拥有人格之公司不再得到法律之承认和维护，从而失去继续作为法律主体之资格，失去了法人资格，而无视公司人格以承认公司人格为前提，意味着公司虽有人格但却无视其人格之存在。实务中，公司债权人请求股东对公司债务承担连带责任，说明公司的人格仍存在，否则无法与股东共同承担连带责任；被人格否认的公司，类似公司解散，债权人只能通过清算程序维护自身权益，这并不是债权人追求的结果，公司债权人最终目的在于排除股东有限责任的适用，而非否认公司人格。[1] 法人人格否认制度的本质在于排除股东有限责任的适用，而非否认公司的人格独立。[2] 作者认同上述观点与分析，但为了论述方便，与实务中习惯表述保持一致，本书仍使用法人人格否认的表述。

关于实际控制人损害公司债权人利益的认定，即判断实际控制人是否滥用法人人格和有限责任损害了公司债权人利益。实际控制人是否应与公司共同

---

〔1〕 参见虞政平：《公司法案例教学》（第2版），人民法院出版社2018年版，第318页。

〔2〕 参见陈群峰：《“资本显著不足”情形下公司法人格否认制度完善研究》，载《法学杂志》2020年第11期。

向债权人承担连带责任,《公司法》并未规定,但理论观点及司法实务均支持实际控制人对公司债务承担连带责任。

除股东与实际控制人滥用法人人格与有限责任损害公司债权人利益之外,公司的关联公司也可能滥用法人人格与有限责任损害公司债权人利益,即为法人人格的横向否认,此外,公司对股东债务承担连带责任(与股东对公司债务承担连带责任相反,故称法人人格的逆向否认)以及一人公司的法人人格否认,鉴于它们具有相似性,作者在本节一并论述。

一、法人人格的顺向否认

法人独立人格与股东有限责任是现代公司制度的根基。如要求股东对公司承担出资范围之外的连带责任,应在严格限定的条件下适用。

股东为公司债务承担连带责任,即实务中所称的法人人格顺向否认,应符合如下构成要件:主体上,仅滥用法人独立人格与股东有限责任的股东承担连带责任,而非公司全部股东;主观上,股东具有逃避债务的故意;行为上,股东实施了滥用法人独立地位和股东有限责任的行为;结果上,公司债权人利益严重受损;因果关系上,股东滥用法人独立地位和股东有限责任的行为与公司债权人利益严重受损具有因果关系。

鉴于股东有限责任是公司制度的基石,适用法人人格否认的前提应是其他救济方式无法维护公司债权人利益时,因此,除上述构成要件外,作者认为,应将公司债权人权益通过其他途径无法救济,具有适用法人人格否认制度的必要作为另一个构成要件。

(一)主体要件

公司股东并不参与公司经营管理,能够实施滥用公司独立人格和股东有限责任行为的股东一般为公司控股股东或能够对公司决策施加重大影响的股东,中小股东没有实施滥用行为的条件和机会。因此,只有实施了滥用法人独立人格与股东有限责任的股东才与公司承担连带责任,而非全体公司股东。

（二）主观要件

滥用公司法人独立地位和股东有限责任的股东主观上应具有逃避债务的故意。因主观意图难以证明，一般而言，只要认定股东实施了滥用法人独立地位和股东有限责任的行为，就推定股东具有主观过错。

根据《广西壮族自治区高级人民法院民二庭关于审理公司纠纷案件若干问题的裁判指引》第41条的规定，实施相关滥用行为的股东应当是故意为之，其目的是逃避债务，主观上有明显过错；如果股东主观上没有过错，或者过错不明显，属于过失，未达到“滥用”的程度，就没有必要否定公司人格。如（2020）津民终1137号案，法院认为，该案二审的争议焦点是，虹联公司在作为亚得公司股东期间是否滥用公司法人独立地位和股东有限责任以逃避债务，严重损害公司债权人的利益，应否对亚得公司的债务承担连带责任。《公司法》第20条第3款规定：“公司股东滥用公司法人独立地位和股东有限责任，逃避债务，严重损害公司债权人利益的，应当对公司债务承担连带责任。”在适用该条规定时，应满足主体要件、主观要件、结果要件和因果关系要件。关于主观要件，《公司法》第20条第3款要求股东主观上必须具有明显过错，即故意滥用公司法人独立地位和股东有限责任以逃避公司债务。但在该案中，虹联公司并不存在故意滥用股东权利以逃避公司债务的意图。理由在于，2012年9月18日亚得集团、刘某勋、夏某生、虹联公司四方签订的协议书约定亚得集团将自有的亚得公司全部85%的股权及股权所对应的总作价为人民币93,000,000元的资产转移给虹联公司。从签订该协议的动机来看，虹联公司获得亚得公司股权的目的是便于处置亚得公司资产，以达到收回应得款项。此一动机从2014年1月13日虹联公司再将全部85%的股权转让给亚得置业指定的案外人刘某清、洪某的事实中亦可得到佐证。

（三）行为要件

《公司法》第23条第1款规定，股东对公司债务承担连带责任是基于该股东实施了滥用公司法人独立地位和股东有限责任的行为，但何为“滥用法人独立地位和股东有限责任的行为”，《公司法》及其司法解释并未规定。

《浙江省高级人民法院民事审判第二庭关于公司法适用若干疑难问题的理解》第19条规定，利用新设公司或现有公司的法人人格，人为地改变强制性法律规范的适用前提，使法律规范目的落空，可适用法人人格否认制度。

《上海市高级人民法院民事审判第二庭关于审理公司法人人格否认案件的若干意见》第6条规定，公司存在资本显著不足，或者股东与公司人格高度混同，或者股东对公司进行不正当支配和控制情形的，可以认定属《公司法》第20条第3款规定的股东滥用公司法人独立地位和股东有限责任的行为。

《九民会议纪要》第10条、第11条与第12条将股东滥用法人独立地位和股东有限责任的行为分为人格混同、过度支配与控制以及资本显著不足三类。

基于上述规定以及实务案例，股东实施滥用法人独立地位和股东有限责任的行为主要包括以下五类。

1. 公司与股东人格混同

《九民会议纪要》第10条规定，认定公司人格与股东人格是否存在混同，最根本的判断标准是公司是否具有独立意思和独立财产，最主要的表现是公司的财产与股东的财产是否混同且无法区分。在认定是否构成人格混同时，应当综合考虑以下因素：(1)股东无偿使用公司资金或者财产，不作财务记载的；(2)股东用公司的资金偿还股东的债务，或者将公司的资金供关联公司无偿使用，不作财务记载的；(3)公司账簿与股东账簿不分，致使公司财产与股东财产无法区分的；(4)股东自身收益与公司盈利不加区分，致使双方利益不清的；(5)公司的财产记载于股东名下，由股东占有、使用的；(6)人格混同的其他情形。在出现人格混同的情况下，往往同时出现以下混同：公司业务和股东业务混同；公司员工与股东员工混同，特别是财务人员混同；公司住所与股东住所混同。人民法院在审理案件时，关键要审查是否构成人格混同，而不要求同时具备其他方面的混同，其他方面的混同往往只是人格混同的补强。

公司作为法律拟制的主体，与具有完全行为能力的自然人相似，首先应具备独立意思，能够以自己名义独立从事经营活动，并独立承担责任。如果丧失了独立意思，完全按股东意愿行事，公司则沦为股东实现个人利益的工具，即公司独立人格的形骸化，此时应否认公司法人人格，排除股东有限责任的适用。从上述角度分析，公司独立意思是认定公司是否人格独立的本质因素，但《九民会议纪要》第10条仅列举了公司财产与股东财产混同的情形,未说明公司在何种情形下丧失独立意思。作者认为,首先,公司非自然人,无作出决策的能力,公司意思通过其组织架构表达,如公司组织架构功能丧失,无法按《公司法》规定的职权履职或沦为股东个人意思的表达工具,应视为公司不具备独立意思。其次,公司具备独立人格,必须能对其行为承担责任。法律拟制了公司这一主体,使其具备了独立人格,若股东承担有限责任,但却无承担责任的能力,那么法律拟制是没有任何意义的,或者说是有缺陷的。公司具有独立的财产是公司人格的物质基础,[1]因此公司财产与股东财产混同且无法区分的,可作为法人人格否认的决定性因素。

公司财产与股东财产相互区分,最主要的是要明确财产权属,公司财产应登记在公司名下或在公司账簿有明确财务记载,如公司财产登记在股东名下或股东使用、挪用公司财产或资金不做财务记载或公司账簿与股东账簿不分,导致两个民事主体财产权属无法分清,应视为构成了财务混同。但是,如果公司股东使用、挪用公司财产或资金做了相应的财务记载,那么股东与公司之间就存在借贷或借用法律关系,一般不构成财产混同。[2] 如(2021)最高法知民终380号案,法院认为,公司和股东之间的资金往来是否有财务记载是否定公司人格时的重要考虑因素之一。在有财务记载的情况下,则证明股东与公司之间的法律关系是借贷或者借用,股东与公司是两个独立的民事责任主体,即如果公司做了财务记载,一般不构成人格混同。反之,股东无偿使用公司资金、财产,不做财务记载,可以证明公司人格不独立,公司已成为股东的工具、另一个自我,这时,应否定公司的人格。该案中,一方面,大道公司提交了2017年8月17日至2019年12月21日大道公司账户的银行流水,创梦公司对于该银行流水的真实性并无异议,该银行流水完整显示了大道公司与王某平、周某之间的资金往来。另一方面,对于争议款项,大道公司提交了其记账凭证,王某平、周某对于相关资金往来亦予以认可,该事实基本可以证明大道公司与股东个人资金账户独立,往来款项均有账目记载且能够相互区分。因此,大道公司与王某平、周

---

〔1〕 参见施天涛:《公司法论》(第4版),法律出版社2018年版,第5页。

〔2〕 参见最高人民法院民事审判第二庭编著:《〈全国法院民商事审判工作会议纪要〉理解与适用》,人民法院出版社2019年版,第150页。

某之间的资金往来有财务记载，并非财产混同且无法区分。

人格混同是认定法人人格否认的核心。在人格混同的同时，公司与股东之间往往同时存在业务混同（公司与股东的经营范围重合或大部分交叉）、人员混同（公司与股东的员工大量重合，特别是财务人员）、办公场所及组织架构混同（股东与公司的法定代表人、董事、监事或其他高级管理人员相互兼任），但这些混同在集团化公司内部往往属于节约成本的优化安排，不能仅以这些要素认定法人人格否认，只能作为认定人格混同的补强证据，最根本的判断标准仍是公司是否具有独立人格，是否享有独立意思和独立财产。

2. 过度支配与控制

《九民会议纪要》第11条第1款规定，公司控制股东对公司过度支配与控制，操纵公司的决策过程，使公司完全丧失独立性，沦为控制股东的工具或躯壳，严重损害公司债权人利益，应当否认公司人格，由滥用控制权的股东对公司债务承担连带责任。实践中常见的情形包括：（1）母子公司之间或者子公司之间进行利益输送的；（2）母子公司或者子公司之间进行交易，收益归一方，损失却由另一方承担的；（3）先从原公司抽走资金，然后再成立经营目的相同或者类似的公司，逃避原公司债务的；（4）先解散公司，再以原公司场所、设备、人员及相同或者相似的经营目的另设公司，逃避原公司债务的；（5）过度支配与控制的其他情形。

过度支配与控制，是指控股股东对公司过度支配与控制，操纵公司的决策过程，使公司完全丧失独立性，沦为控股股东的工具和躯壳。[1] 控股股东对公司的严格管理是客观存在的，体现了控股股东的决策优势，因此，仅有支配与控制的行为并不是认定法人人格否认的理由，最核心的判断基准仍是公司是否因控股股东的支配和控制丧失了独立性。如（2021）最高法民申3193号案，最高人民法院认为，关于段某梁与包头隆迪公司是否人格混同的问题。包头隆迪公司由段某江、段某梁父子二人注册成立，现已停止营业多年。原审法院调取的段某梁隐匿会计凭证、会计账簿罪一案卷宗中的《司法鉴定报告》及《补充报

〔1〕 参见最高人民法院民事审判第二庭编著：《〈全国法院民商事审判工作会议纪要〉理解与适用》，人民法院出版社2019年版，第153页。

告》显示，包头隆迪公司长期、大量、频繁地将公司资金转入股东段某梁的个人账户，导致公司财产与股东财产无法区分，段某梁不能提供相应会计账簿和相对应的记账凭证证明相关款项的具体用途。作为包头隆迪公司持股86%的股东，段某梁滥用公司法人独立地位和股东有限责任，过度支配和控制该公司，致使公司形骸化，公司财产已不足以清偿债权人的债权，严重损害公司债权人利益，符合《公司法》第20条第3款规定的情形。原审判决据此认定段某梁应当对包头隆迪公司的前述债务承担连带责任，适用法律并无不当。在该案例中，段某梁作为控股股东，通过过度支配和控制公司的手段，长期、大量、频繁地将公司资金转入其个人账户，导致公司财产与股东财产无法区分，构成了人格混同，最终被法院认定需承担连带责任。

3. 资本显著不足

《九民会议纪要》第12条规定，资本显著不足，是指公司设立后在经营过程中，股东实际投入公司的资本数额与公司经营所隐含的风险相比明显不匹配。股东利用较少资本从事力所不及的经营，表明其没有从事公司经营的诚意，实质是恶意利用公司独立人格和股东有限责任把投资风险转嫁给债权人。如（2019）最高法民终1069号案，茂昌公司的注册资本为2000万元，但股东的认缴出资期限则为2038年10月25日，到二审庭审之时其实缴出资仍为0元。而茂昌公司从事的经营行为，仅与该案有关的合同纠纷标的额就高达1亿多元。茂昌公司在设立后的经营过程中，其股东实际投入公司的资本数额与公司经营所隐含的风险相比明显不相匹配。股东利用较少资本从事力所不能及的经营，表明其没有从事公司经营的诚意。不仅如此，在股东没有任何实际出资，而茂昌公司的股东张某又缺乏合法原因的情况下，擅自转走茂昌公司的账内资金408.3万元，势必导致茂昌公司缺乏清偿能力，从而严重损害公司债权人的利益，其实质是滥用公司独立人格和股东有限责任把投资风险转嫁给债权人。根据《公司法》第20条第3款之规定，张某应当在其转走的408.3万元范围内与茂昌公司承担连带责任。该案中，根据法院查明的事实，该案涉及股东出资加速到期或抽逃出资问题，但法院却以资本显著不足导致法人人格否认为由要求股东承担连带责任，为债权人追究未出资或抽逃出资股东的责任提供了新思路。

由于资本显著不足的判断标准有很大的模糊性，特别是要与公司采取的“以小博大”的正常经营方式相区分，因此适用时要十分谨慎，应当与其他因素结合起来综合判断。如（2019）沪01民终15745号案，法院认为，就注册资本而言，公司采取“以小博大”的方式进行经营并不违法。何况，公司对外承担债务的财产并非以注册资本为唯一来源。程峰公司仅以康扬庄公司注册资本为500万元，低于争议的施工合同约定的工程造价，且尚未出资到位为由，主张康扬庄公司资本显著不足，亦缺乏充分依据。

资本显著不足包括公司设立时资本显著不足和经营过程中资本显著不足两种情形。公司设立时资本显著不足，是指公司成立时股东实缴数额与公司经营所隐含的风险相比明显不匹配。〔1〕公司设立时资本除特殊行业需要审批外，一般只要备案登记就行，而且公司设立时，除设立活动外，公司无经营行为，因此公司设立时不存在资本显著不足的适用条件。《九民会议纪要》第12条的规定将资本显著不足限定于公司经营过程中实缴的资本显著不足的情形。

公司资本包括认缴与实缴两种形式。经营过程中的股东实缴数额，有三种情形：一是股东在公司设立时认缴了注册资本，在后期经营过程中进行实缴，如公司认缴注册资本1亿元，在经营过程中实缴了100万元；二是因公司经营需要，股东增加注册资本，并实际缴纳；三是公司在经营过程中，减少注册资本，导致实缴数额减少。第一种情形，股东认缴了1亿元，即使实缴缴纳的100万元存在资本显著问题，但股东仍需在1亿元出资范围内承担出资义务，未缴的注册资本同样构成公司财产，〔2〕1亿元与公司经营所含风险相比并不存在资本显著不足，此时是否可以适用资本显著不足，排除股东有限责任的适用？第二种情形，如股东需要增资才能豁免资本显著不足的适用，避免被追究连带责任，是否有违其投资的初衷？任何投资都是有风险的，股东有限责任制度的魅力即在于股东在投资时知道需承受的损失范围，其他自有财产不会因投资失败受到牵连，如要求股东追加投资，否则构成资本显著不足，将会降低股东扩大经营的积

〔1〕参见最高人民法院民事审判第二庭编著：《〈全国法院民商事审判工作会议纪要〉理解与适用》，人民法院出版社2019年版，第156页。

〔2〕参见胡改蓉：《“资本显著不足”情形下公司法人格否认制度的适用》，载《法学评论》2015年第3期。

极性，避免其继续追加投资，这也与我国通过资本制度改革鼓励创业的思路相违背。第三种情形，公司减少注册资本，对已知债权人要进行提前清偿，对未知债权人应公告，债权人权益已得到保障。因此，有学者认为，资本显著不足不应再作为法人人格否认的一项事由，股东的有限责任不应被注册资本的多寡所左右。[1] 实务中，"人格混同"和"过度控制"已经取代"资本显著不足"成为揭开公司面纱最常见的理由。[2]

《九民会议纪要》将资本显著不足作为认定法人人格否认的重要因素，说明资本显著不足存在适用空间。为避免资本显著不足与公司"以小搏大"的合法经营方式相混淆，在适用资本显著不足规则时，应区分第三人成为公司债权人的原因。在第三人自愿与公司进行交易的情况下，第三人可通过国家企业信息信用公示系统查询公司注册资本，可对公司信用进行基本的尽职调查，如在股东或公司不存在欺诈的情况下，第三人自愿承担风险与公司交易，即使后期债权无法得到清偿，也属于商业风险，不能主张适用资本显著不足；但是，如股东与公司实施了欺诈行为，例如提供了虚假的资本信息，可结合具体情况，适用资本显著不足规则。如第三人因侵权行为，非自愿成为公司债权人时，第三人并未对公司资产或信用情况有过调查和评估，公司认缴数额与公司经营所隐含风险相比明显不匹配的，可适用资本显著不足规则，排除股东有限责任的适用。

4. 利用公司独立人格规避法律义务和合同义务

如公司设立就是为了规避合同义务或法律义务，则应否认新设公司的独立人格。公司法人制度和股东有限责任原则不能作为公司逃避社会责任的屏障。[3] 如《九民会议纪要》第 11 条第 1 款列举了先从原公司抽走资金，然后再成立经营目的相同或者类似的公司，逃避原公司债务的；先解散公司，再以原公司场所、设备、人员及相同或者相似的经营目的另设公司，逃避原公司债务的。

---

〔1〕 参见陈群峰：《"资本显著不足"情形下公司法人格否认制度完善研究》，载《法学杂志》2020 年第 11 期。

〔2〕 参见陈群峰：《"资本显著不足"情形下公司法人格否认制度完善研究》，载《法学杂志》2020 年第 11 期。

〔3〕 参见金剑锋：《公司人格否认理论及其在我国的实践》，载《中国法学》2005 年第 2 期。

在上述两种情形下，新公司设立就是为了协助原公司逃避债务，不具有正当性，属于利用公司法人独立主体规避合同义务。规避法律义务是指为了逃避税务责任、社会保险责任等而设立新公司。[1]

5. 滥用股东权利的行为

公司股东享有参与重大决策和选择管理者的权利，但是这些权利的行使是通过股东会会议的形式，而不是以个人身份，因此实务中认定股东滥用权利，要分析股东未依照公司运行组织架构的规定行使权利，而是直接代替公司作出决策或利用控制公司的优势，作出不合理决议，损害公司财产，严重损害公司与债权人利益。如(2021)最高法民申2009号案，法院认为，潘某谓、徐某作为新城公司股东先后决议为杭州禾辰公司、潘某满提供担保并免除其债务。原审法院由此认定其行为导致公司责任财产减少，清偿债务能力降低，严重损害公司债权人利益，具有相应的事实依据。潘某谓、徐某作为公司股东业已决议免除被担保人的债务，却以房产备案登记于范某兰和正禾公司名下不会导致公司财产减少为由，主张公司债权人利益不会遭受实际损害，缺乏事实和法律依据。如(2020)最高法民申463号案，最高人民法院认为，易达公司的资产从2012年的565.0538万元到2013年的650.0215万元再到2014年3月底的14.4125万元，变化巨大。而对于2014年易达公司资产锐减的事实，陈某交目前所能提供的记账凭证均为收款收据，未附相关款项支出凭证，无法证明易达公司的资产是如何合理损耗的。由此，一、二审判决基于陈某交为易达公司法定代表人、绝对控股股东，易达公司财务账簿缺失、财务管理混乱，公司资产流向不明，陈某交代收公司工程款，致使佳亿公司对易达公司债权至今无法清偿等案件事实，认定佳亿公司主张陈某交滥用公司法人独立地位和股东有限责任，损害公司债权人利益的事实成立，判决陈某交对易达公司欠付佳亿公司的债务承担连带责任，有基本的事实和法律依据，并无明显不当。

需要注意的是，股东滥用公司法人独立地位和股东有限责任的行为需要达到"滥用"的程度才能认定法人人格否认，滥用行为应具有持续性与足够的危害性，股东单次损害公司债权人行为或公司财产与股东财产可区分的，不应适用

[1] 参见赵旭东：《法人人格否认的构成要件分析》，载《人民司法》2011年第17期。

法人人格否认制度。如(2019)最高法民终960号案[1],法院的裁判要旨认为,公司股东仅存在单笔转移公司资金的行为,尚不足以否认公司独立人格的,不应依据《公司法》第20条第3款(作者注:现《公司法》第23条第1款)判决公司股东对公司的债务承担连带责任。但该行为客观上转移并减少了公司资产,降低了公司的偿债能力,根据“举重以明轻”的原则参照《公司法司法解释三》第14条关于股东抽逃出资情况下的责任形态之规定,可判决公司股东对公司债务不能清偿的部分在其转移资金的金额及相应利息范围内承担补充赔偿责任。又如,(2021)最高法民终1075号案,法院认为,公司享有独立法人人格,得以独立承担责任,使股东承担有限责任。公司法人人格否认制度是公司法人独立人格制度的例外,应审慎适用,否则会损害公司法人独立地位和股东有限责任制度的基础。因此,在适用《公司法》第20条第3款规定,要求股东对公司债务承担连带责任时,应严格把握公司与股东人格混同的适用标准,即公司是否具有独立意思和独立财产,公司与股东是否已相互融合、无法区分,而在实质上成为单一主体。

(四)结果要件

股东滥用公司独立人格和股东有限责任的行为需达到严重损害公司债权人利益的程度,才可以适用法人人格否认。股东有滥用行为,但债权人利益未受损,则不应适用法人人格否认制度。

如《上海市高级人民法院民事审判第二庭关于审理公司法人人格否认案件的若干意见》第12条第1款第2项规定,公司虽未能清偿到期债务,但有清偿债务的可能,尚不构成严重损害债权人利益的,人民法院不宜适用法人人格否认原则。

但何为严重损害,《公司法》及相应司法解释并未规定。最高人民法院15号指导案例对严重损害债权人利益的认定提到了无力清偿债务,因此,实务中,严重损害公司债权人利益的认定,一般以公司无财产供执行,丧失清偿能力为

---

〔1〕 参见海南碧桂园房地产开发有限公司与三亚凯利投资有限公司、张某男等确认合同效力纠纷案,载《最高人民法院公报》2021年第2期。

标准。如(2017)最高法民申2458号案,最高人民法院认为,在广东省揭东县人民法院的执行通知书中载明,未发现风建公司有可供执行的财产,可以认定两家公司人格混同已严重损害债权人利益。

对公司清偿能力的判断应以长期的而非短期的偿债能力为依据,如果债权设有担保措施,那么还要考虑担保权的实现。[1]

(五)因果关系要件

公司债权人利益严重受损与股东滥用行为应存在因果关系,公司债权人利益受损是不可抗力、商业风险或情势变更导致的,与股东滥用行为不存在因果关系,不应适用法人人格否认。如(2020)津民终1137号案,法院认为,关于结果要件与因果关系要件,虽然天津市滨海新区人民法院(2016)津0116民初23179号民事调解书均确认亚得公司对华港公司负有还款责任,且因亚得公司无财产可供执行,不具备执行条件,执行程序被终结,但华港公司的债权无法实现与虹联公司并无直接因果关系。又如,(2021)最高法民申5541号案,法院认为,郑州开元公司向深圳星越公司出借款项的时间为2018年11月30日,晚于张某华委托深圳星越公司付款两年多,不能证明张某华的委托付款行为与深圳星越公司未能偿还案涉债务存在因果关系。

(六)适用法人人格否认制度具有必要性

股东有限责任和公司法人人格独立是公司法制度的根基,否认公司法人独立人格,是股东有限责任的例外情形,应当被当作最后的补救措施,并应尽量限定和缩小其适用范围,如能通过诉请公司决议无效、行使撤销权或代位权等方式维护公司债权人利益,应优先适用其他救济方式,如股东仅侵占了公司100万元资金,但公司对外负债超过1000万元,因股东侵占100万元的单一行为否认公司独立人格,要求股东承担连带责任,似乎并不合理,对此公司债权人可通过行使代位权或撤销权追回该100万元。只有穷尽其他救济方式仍不能使债权人利益得到平衡时,才能考虑否认公司的法人人格,追究股东的责任。唯有

---

〔1〕 参见李建伟:《关联公司法人人格否认的实证研究》,载《法商研究》2021年第6期。

慎用公司法人人格否认制度，才能避免矫枉过正，使这一制度发挥其应有的价值，不至于动摇整个公司法制度的根本。

如《广西壮族自治区高级人民法院民二庭关于审理公司纠纷案件若干问题的裁判指引》第41条认为，公司债权人依据其他法律无法救济的，才可以适用法人人格否认，并举例说明，有证据明确显示控股股东从公司无偿拿走3000万元，没有做账，应直接诉请追回即可，只有是控股股东与公司财产完全混同，根本无法算清其从公司无偿抽走的具体数额的，才可能适用法人人格否认制度。

二、实际控制人的法人人格否认

（一）《公司法》及其司法解释关于实际控制人责任的规定

关于实际控制人的责任，《公司法》及其司法解释主要涉及以下几个方面。

1. 实际控制人利用关联关系损害公司利益的责任。《公司法》第22条规定，实际控制人利用其关联关系损害公司利益，应当对公司承担赔偿责任。需要注意的是，实际控制人承担责任的对象是公司，而非公司债权人。

2. 实际控制人担任“事实董事”或“影子董事”需承担的责任。《公司法》第180条第3款规定，实际控制人不担任公司董事但实际执行公司事务的，其负有忠实、勤勉义务，违反忠实、勤勉义务的，应承担相应责任；第192条规定，实际控制人指示董事、高级管理人员从事损害公司或者股东利益的行为的，与该董事、高级管理人员承担连带责任。

3. 实际控制人的清算责任。《公司法司法解释二》第18条、第19条和第20条规定，实际控制人导致公司未依法清算造成债权人损失的，公司债权人有权要求实际控制人承担连带责任或相应的赔偿责任。有观点认为，实际控制人在清算过程中对公司债权人承担连带责任，侧面说明了我国公司法认可对实际控制人适用法人人格否认制度。

4. 实际控制人协助抽逃出资的责任。《公司法司法解释三》第14条第2款规定，公司债权人请求抽逃出资的股东在抽逃出资本息范围内对公司债务不能清偿的部分承担补充赔偿责任，协助抽逃出资的其他股东、董事、高级管理人员或者实际控制人对此承担连带责任的，人民法院应予支持。根据本款规定，实际控制人虽对公司债权人承担连带责任，但责任范围限于抽逃出资本息范围内，并未排除股东有限责任的适用。

5. 实际控制人原因造成未及时办理变更登记造成受让股东损失的责任。《公司法司法解释三》第 27 条第 2 款规定，原股东处分股权造成受让股东损失，受让股东请求原股东承担赔偿责任，对于未及时办理变更登记有过错的董事、高级管理人员或者实际控制人承担相应责任的，人民法院应予支持。

上述《公司法》及其司法解释关于实际控制人责任的规定限于关联交易、"事实董事"与"影子董事"、清算程序、抽逃出资及股权转让过程，并未涉及实际控制人滥用法人独立人格需承担责任的情形。

但实务中确实存在实际控制人通过关联交易转移公司利润或其他以违法手段侵占公司财产，导致公司偿债能力降低的情形，严重损害了公司债权人利益，公司债权人如何救济？公司债权人能否以实际控制人滥用公司独立人格为由，要求实际控制人承担连带责任？

（二）公司债权人的救济方式

实际控制人损害了公司债权人利益，公司债权人如何救济？按理论观点及司法实践，主要包括三种救济途径，即侵权救济途径、合同救济途径以及法人人格否认救济途径。[1]

1. 侵权救济途径，是指公司债权人对实际控制人提出侵权诉讼，主张实际控制人的侵权行为导致其债权无法实现。根据一般法原理，实际控制人滥用公司法人人格之行为属于事实行为，通常可归入侵权行为之列，并以侵权责任涵射之。[2]《民法典》第 1168 条规定，二人以上共同实施侵权行为，造成他人损害的，应当承担连带责任。基于上述规定，实际控制人控制了股东与公司，公司是其损害债权人利益的配合者或工具，应构成共同侵权，对公司债权人承担连带责任。侵权救济途径的优势在于，在公司债权人与实际控制人、公司或股东

〔1〕 参见虞政平、王朝辉、吴飞飞：《论公司人格否认规则对实际控制人的适用》，载《法律适用》2021 年第 2 期。

〔2〕 参见郭富青：《论公司实际控制人的民事侵权赔偿责任——三重法律关系的路径透视》，载王保树主编、清华大学商法研究中心编：《商事法论集》（总第 21 卷），法律出版社 2012 年版。

之间建立了直接的责任联系，公司债权人可将损害其债权的相关主体作为共同被告，追究连带责任。但实务中有观点认为，实际控制人侵权的直接客体是公司，公司债权人仅是间接受到损害，实际控制人的行为与公司债权人的损失并不存在直接的因果关系，例如《公司法》第22条规定的实际控制人利用关联交易损害的是公司利益，赔偿对象是公司，而非公司的债权人。

2. 合同救济途径，是指若实际控制人对公司的支配行为造成了公司损失，则实际控制人对公司负有损害赔偿义务，若公司对实际控制人享有债权，公司怠于向实际控制人主张债权或放弃到期债权，公司的债权人可依据《民法典》第535条、第538条和第539条的规定行使代位权或撤销权，维护公司利益，间接保障债权实现。合同救济途径的优势在于有明确的法律依据，但代位权的行使需满足主债权和次债权数额确定的条件。实际控制人损害了公司利益，属于损害赔偿诉讼，如公司不起诉实际控制人，次债权数额在实践中很难确定，难以满足代位权行使条件。撤销权的行使结果是财产返还公司，公司债权人无法直接受偿，增加了债权实现的成本，如公司资不抵债，还需与其他债权人共同分配返还的财产。

3. 法人人格否认救济途径，是指以实际控制人滥用公司法人独立地位为由，要求实际控制人与公司对公司债权人承担连带责任。

理论观点[1]及司法实务均支持对实际控制人适用法人人格否认制度，如(2019)最高法民申6232号，该法院认为，原审认定杜甲洪、杜乙洪系能盛公司实际控制人，并且滥用能盛公司法人独立地位，故意逃废债务，侵害中石化江西分公司的债权利益，并无不当，亦不缺乏证据证明。《公司法》第20条第3款(作者注：现《公司法》第23条第1款)规定："公司股东滥用公司法人独立地位和股东有限责任，逃避债务，严重损害公司债权人利益的，应当对公司债务承担连带责任。"尽管杜甲洪、杜乙洪非能盛公司股东，但《公司法》第20条规制股东滥用公司法人人格之立法目的自应涵盖公司实际控制人滥用公司法人人格之情形，故原审基于此判令杜甲洪、杜乙洪对案涉债务承担连带清偿责任符合《公

〔1〕参见虞政平、王朝辉、吴飞飞：《论公司人格否认规则对实际控制人的适用》，载《法律适用》2021年第2期；周亮：《论滥用公司人格之实际控制人对公司债权人的责任——兼评我国〈公司法〉第20、21条》，载《南京大学法律评论》2007年第Z1期。

司法》第 20 条之立法目的，并不属于适用法律确有错误之情形。

作者认为，其一，公司独立人格在于公司具有独立意思和独立财产，实际控制人基于对公司的支配，滥用控制权，导致公司丧失了独立意思和独立财产，与股东滥用行为类似，参照适用《公司法》第 23 条第 1 款无法理障碍；其二，就实际控制人的地位而言，不可否认的是，实际控制人对公司的控制类似于公司的控股股东，《公司法》确立实际控制人概念，主要是基于弥补控股股东外延过窄缺陷的需要，实际控制人与控股股东形成对应关系，[1]说明实际控制人具有滥用控制权的基础，《九民会议纪要》第 11 条的过度支配与控制完全可以由实际控制人实施；其三，就公司债权人权益保护而言，以侵权途径与合同途径保护公司债权人力度不足，随着公司结构复杂化，实际控制人滥用公司法人独立地位和控制权成为损害公司债权人的最主要方式，公司制度应顺应形势，在实际控制人与公司债权人之间建立直接责任联系，法人人格否认制度已扩展适用至关联公司，进一步扩展适用至公司实际控制人符合发展趋势。

（三）实际控制人适用法人人格否认的构成要件

确立实际控制人可适用法人人格否则制度后，至于实际控制人是否应承担连带责任，应参考上述法人人格顺向否认的构成要件进行具体分析：行为上，实际控制人存在滥用公司法人独立地位和股东有限责任的行为，如人格混同、过度支配与控制等；结果上，严重损害公司债权人利益；因果关系上，公司债权人利益严重受损与实际控制人的滥用行为存在因果关系；主观上，实际控制人具有逃避债务的故意以及适用法人人格否认制度具有必要性等方面。如（2019）最高法民申 1127 号案，法院认为，在张某民为民信公司实际控制人，且其实际参与开发、运作、经营民信公司的情况下，张某民以民信公司名义对外签订案涉工程施工协议书、对外借款、偿还欠款，以及一审法院查明的民信公司开发的商品房在无合法依据的情况下登记在其外甥张某名下等事实，足以让人民法院形成张某民作为实际控制人，其财产与民信公司财产形成混同的确信。且这种将

[1] 参见虞政平、王朝辉、吴飞飞：《论公司人格否认规则对实际控制人的适用》，载《法律适用》2021 年第 2 期。

民信公司开发房地产所形成的财产登记在他人名下的行为，也足以对民信公司债权人的债权造成损害。故在公司实际控制人的财产与公司财产存在混同，且实际控制人的财产混同事实及经营行为已经对公司债权人造成实际损害的情形下，由实际控制人对公司对外债务承担连带责任，并无不妥。

三、法人人格的横向否认

（一）法人人格横向否认的概念

法人人格的横向否认，是指公司与其关联公司之间存在意思、财产、人员、组织机构及业务等方面的混同，公司丧失了人格独立性，关联公司应对公司债务承担连带责任。

《公司法》第 23 条第 2 款规定："股东利用其控制的两个以上公司实施前款规定行为的，各公司应当对任一公司的债务承担连带责任。"《九民会议纪要》第 11 条第 2 款规定，控制股东或实际控制人控制多个子公司或者关联公司，滥用控制权使多个子公司或者关联公司财产边界不清、财务混同，利益相互输送，丧失人格独立性，沦为控制股东逃避债务、非法经营，甚至违法犯罪工具的，可以综合案件事实，否认子公司或者关联公司法人人格，判令承担连带责任。如（2019）最高法民终 20 号案，法院认为，神龙国际公司、安发达公司、胜龙公司系同一实际控制人陈某根控制的关联公司，属于同一利益主体。在同一实际控制人控制且胜龙公司、绿得公司负债累累的情况下，三关联公司通过虚假诉讼方式将胜龙公司及绿得公司巨额资产转移至安发达公司。安发达公司、胜龙公司及绿得公司缺乏独立意志，不具有独立人格，其法人人格成为实际控制人恶意转移资产以逃避胜龙公司、绿得公司巨额债务的工具，严重损害了债权人的利益。上述行为违背了法人独立地位制度设立的宗旨，违背了诚实信用原则，其行为本质和危害结果与《公司法》第 20 条第 3 款（作者注：现《公司法》第 23 条第 1 款）规定的情形相当，故应参照《公司法》第 20 条第 3 款的规定，判定安发达公司对胜龙公司及绿得公司债务承担连带清偿责任。

（二）法人人格横向否认的构成要件

参考法人人格顺向否认的构成要件，法人人格横向否认的构成要件包括以下几个方面。

主体上,法人人格横向否认的对象是公司的关联公司。就关联公司范围而言,公司的控制股东和实际控制人实际也是公司的关联方。关联公司作为兄弟公司,根据《九民会议纪要》第11条第2款的规定,必然要由控制股东或实际控制人操纵才可能出现混同,因此在对关联公司法人人格横向否认的同时,存在对控制股东的顺向否认和对实际控制人的人格否认,即控制股东或实际控制人、公司及关联公司作为一个整体,互相承担连带责任。如(2019)苏民终1528号案,法院认为,关联公司国发节能公司、国发后勤公司与国发华企公司存在人格混同,应对国发华企公司对公司债权人国电光伏公司的案涉债务承担连带清偿责任。郭某成作为三公司的实际控制人,对公司过度支配与控制,滥用控制权使三公司财产边界不清、财务混同,丧失人格独立性,导致国发华企公司欠付国电光伏公司大额债务无法清偿,严重损害公司债权人利益,应对国发华企公司债务承担连带责任。

行为上,最高人民法院2013年1月31日发布了第15号指导案例,徐工集团工程机械股份有限公司诉成都川交工贸有限责任公司等买卖合同纠纷案,该案的裁判要旨为,关联公司的人员、业务、财务等方面交叉或混同,导致各自财产无法区分,丧失独立人格的,构成人格混同。第15号指导案例适用的是人格混同情形。作者认为,因控股股东或实际控制人也是公司的关联方,过度支配与控制同样适用于关联公司的横向否认。关联公司丧失了独立性后,作为整体,如果全部认缴资本与公司从事经营所含风险相比显著不足,资本显著不足亦可适用。

结果上,第15号指导案例认为,关联公司人格混同,严重损害债权人利益的,关联公司相互之间对外部债务承担连带责任。因此,严重损害债权人利益也是法人人格横向否认的重要认定标准。但对于如何认定严重损害公司债权人利益,第15号指导案例并未详细论述,未查明川交工贸公司是否完全丧失了清偿能力,对"严重损害债权人利益"轻描淡写,此举会给下级人民法院带来消极的指导作用。[1]

---

〔1〕 参见李建伟:《关联公司法人人格否认的实证研究》,载《法商研究》2021年第6期。

主观上，关联公司具有逃避债务的故意。

因果关系上，关联公司滥用行为与严重损害公司债权人利益的结果应具有因果关系。

同样需要强调的是，如其他救济方式可以保护公司债权人利益，则不应适用法人人格横向否认，或者关联公司的行为没有达到滥用的程度，公司与其关联公司的财产可以区分，未达到造成混同的，不应适用法人人格横向否认。

四、法人人格的逆向否认

《公司法》第23条规定了股东对公司债务承担连带责任的情形，属于法人人格的顺向否认，如公司为股东债务承担连带责任，则为法人人格的逆向否认。

《九民会议纪要》（征求意见稿）第14条曾规定，审判实践中还出现另一种情况，即公司的股东滥用公司法人独立地位，为逃避自身债务将其资产转移至公司，严重损害该股东的债权人利益，该股东的债权人请求公司为该股东的债务承担连带责任的，人民法院可以根据《公司法》第20条第3款的规定，支持债权人的诉讼请求。该条最终未被采纳，说明法人人格的逆向否认的适用在理论上并不成熟。

公司为股东的债务承担连带责任，如果是一人公司，股东将其资产转移至公司，导致公司与股东财产混同，损害了股东的债权人利益，则可以适用法人人格的逆向否认。实务中有案例支持一人公司可适用法人人格否认制度，如（2020）最高法民申2158号案，法院认为，《公司法》第63条[1]的规定虽系股东为公司债务承担连带责任，但目前司法实践中，在股东与公司人格混同的情形下，公司亦可为股东债务承担连带责任。该案表明最高人民法院对一人公司适用法人人格逆向否认制度的肯定。

作者认为，对股东的债权人而言，一人公司的股权均归股东所有，公司债权人可要求拍卖股东的公司股权实现权益，要求公司承担连带并没有必要。如果非一人公司，因公司还有其他股东，如果公司法人人格被否认，将损害其他股东的权益，其他股东为实施了滥用行为的股东承担责任是不合理的。

---

[1] 2023年《公司法》第23条第3款。

五、一人公司的法人人格否认

（一）一人公司的概念

一人公司，是指只有一个自然人股东或者一个法人股东的有限责任公司或股份有限公司。我国《公司法》承认一人有限公司与一人股份有限公司。

实务中，对一人公司的认定，已扩展适用于夫妻公司，公司全部股权属于夫妻双方的，视为一人公司，如（2019）最高法民再372号案，该案二审法院认为，关于青曼瑞公司是否属于一人有限责任公司的问题，2018年《公司法》第58条第2款规定："本法所称一人有限责任公司，是指只有一个自然人股东或者一个法人股东的有限责任公司。"该案中，青曼瑞公司虽系熊某平、沈某霞两人出资成立，但熊某平、沈某霞为夫妻，青曼瑞公司设立于双方婚姻存续期间，且青曼瑞公司工商登记备案资料中没有熊某平、沈某霞财产分割的书面证明或协议，熊某平、沈某霞亦未补充提交。《婚姻法》第17条规定，除该法第18条规定的财产及第19条规定的约定财产制外，夫妻在婚姻存续期间所得财产归夫妻共同共有。据此可以认定，青曼瑞公司的注册资本来源于熊某平、沈某霞的夫妻共同财产，青曼瑞公司的全部股权属于熊某平、沈某霞婚后取得的财产，应归双方共同共有。青曼瑞公司的全部股权实质来源于同一财产权，并为一个所有权共同享有和支配，该股权主体具有利益的一致性和实质的单一性。另外，一人有限责任公司区别于普通有限责任公司的特别规定在于《公司法》第63条，该条规定："一人有限责任公司的股东不能证明公司财产独立于股东自己的财产的，应当对公司债务承担连带责任。"一人有限责任公司的法人人格否认适用举证责任倒置规则。之所以如此规定，是因为一人有限责任公司只有一个股东，缺乏社团性和相应的公司机关，没有分权制衡的内部治理结构，缺乏内部监督。股东既是所有者，又是管理者，个人财产和公司财产极易混同，极易损害公司债权人利益。故通过举证责任倒置，强化一人有限责任公司的财产独立性，从而加强对债权人的保护。该案青曼瑞公司由熊某平、沈某霞夫妻二人在婚姻关系存续期间设立，公司资产归熊某平、沈某霞共同共有，双方利益具有高度一致性，亦难以形成有效的内部监督。熊某平、沈某霞均实际参与公司的管理经营，夫妻其他共同财产与青曼瑞公司财产亦容易混同，从而损害债权人利益。在此情况下，应参照《公司法》第 63 条规定，将公司财产独立于股东自身财产的举证责任分配给股东熊某平、沈某霞。综上，青曼瑞公司与一人有限责任公司在主体构成和规范适用上具有高度相似性，二审法院认定青曼瑞公司系实质意义上的一人有限责任公司并无不当。

（二）一人公司的法人人格否认

《公司法》第 23 条第 3 款规定："只有一个股东的公司，股东不能证明公司财产独立于股东自己的财产的，应当对公司债务承担连带责任。"需要注意的是，该第 23 条位于《公司法》总则部分，因此，一人公司的法人人格否认不仅适用一人有限公司、一人股份公司，同样也适用国有国资公司。根据该款规定，一人公司人格否认的实质判断因素是财产混同，而且实行举证责任倒置，由股东完成举证，而非公司债权人。

股东应提供哪些证据才能完成举证？根据《公司法》第 208 条的规定，公司应当在每一会计年度终了时编制财务会计报告，并依法经会计师事务所审计。因此，一人公司在经营期间，应按法律规定进行审计，如与股东存在关联交易或资产租用，应签订协议或制定相应制度，防止发生资产混同。经审计的会计报告能客观真实反映一人公司财务状况的，视为公司财产与股东财产相互独立。如（2018）最高法民申 3219 号案，最高人民法院认为，经查，湖北宜化公司向一审法院提交 2011 年至 2016 年的年度报告共 6 本，宜昌嘉英公司 2010 年至 2016 年财务审计报告共 7 本，湖北大地会计师事务所出具的宜昌嘉英公司财务报告说明，湖北宜化公司与宜昌嘉英公司的工商电子档案信息、营业执照、开户许可以及中国工商银行信汇凭证等。湖北宜化公司提交的证据表明，宜昌嘉英公司有独立完整的财务制度，相关财务报表符合会计准则的规定并经会计师事务所审计，审计报告未显示宜昌嘉英公司的财产与股东湖北宜化公司财产存在混同的迹象。原判决认定湖北宜化公司能证明宜昌嘉英公司的财产独立于自己的财产，没有错误。

第三节 其他损害公司债权人利益的行为

损害公司债权人利益责任纠纷实质为排除股东有限责任的适用,要求股东或实际控制人对公司债务承担连带责任。因此,虽与公司组织相关,但不能将任何损害公司债权人利益的行为均以该案由处理,以下几种股东或实际控制人损害公司债权人的行为,不应作为损害公司债权人利益责任纠纷案件。

一、股东未履行出资义务与抽逃出资

《公司法司法解释三》第 13 条第 2 款规定,公司债权人请求未履行或者未全面履行出资义务的股东在未出资本息范围内对公司债务不能清偿的部分承担补充赔偿责任的,人民法院应予支持;第 14 条第 2 款规定,公司债权人请求抽逃出资的股东在抽逃出资本息范围内对公司债务不能清偿的部分承担补充赔偿责任、协助抽逃出资的其他股东、董事、高级管理人员或者实际控制人对此承担连带责任的,人民法院应予支持。

股东向公司完成出资是其基本义务。根据上述法律规定,股东未履行出资义务或抽逃出资,股东或实际控制人承担的责任范围限于未出资或抽逃出资的本息范围内,未否认公司独立人格,未排除股东有限责任的适用。换言之,因股东未出资或抽逃出资造成债权人的损失超过股东应出资部分的,股东也仅是在未出资部分完成出资,仍受有限责任的保护。因此,此类案件的案由为股东出资,而非损害公司债权人利益责任纠纷。

二、股东滥用认缴出资的期限利益

《公司法》第 47 条第 1 款规定,全体股东认缴的出资额由股东按照公司章程的规定自公司成立之日起 5 年内缴足。实务中,如债务到期,公司无力偿还,但股东出资期限未到时,公司债权人权益如何维护?

《公司法》第 54 条规定,公司不能清偿到期债务的,公司或者已到期债权的债权人有权要求已认缴出资但未届出资期限的股东提前缴纳出资。股东的出

资期限利益受法律保护，但在公司不能清偿到期债务时，股东应在未出资范围内提前缴纳出资，是提前履行出资义务，股东承担非连带责任，不涉及法人人格否认。

三、股东作为清算组成员或清算义务人怠于履行清算义务

清算组成员或清算义务人怠于清算或违法清算造成公司资产减少，损害公司债权人利益的，公司债权人可直接起诉清算组成员或清算义务人，适用案由应为清算责任纠纷。清算责任纠纷发生在公司清算期间，清算组成员或清算义务人未依法履行清算义务造成债权人损失产生，适用的法律依据是《公司法》第232条、第238条及《公司法司法解释二》第18条至第23条。损害公司债权人利益责任纠纷针对的是股东滥用法人独立地位和股东有限责任的行为，适用的法律依据是《公司法》第23条。

第十七章

关联交易损害责任纠纷

关联交易是指公司与其关联方之间的交易。公司与其关联方虽然在法律上是两个不同主体,但公司在进行关联交易时往往被其关联方控制或施加重大影响,缺乏独立作出真实意思表示的能力,实际作出的是虚假或不真实的表示。为维护公司利益,法律应保障公司意思表示真实或确保关联交易是公平的,因此,法律需对关联交易进行规制。

法律并不禁止公司的关联交易,公司与关联方之间由于具有信任基础,相互交易可以降低沟通成本,优化资源配置,实现双赢。法律禁止的是不公平的关联交易,不公平的关联交易损害了公司利益,由此产生的纠纷,为公司关联交易损害责任纠纷。2020 年《民事案件案由规定》确定了三级案由“278. 公司关联交易损害责任纠纷”,依法保障公司诉权。

公司关联交易损害责任纠纷与损害公司利益责任纠纷均是当公司利益受损时,法院可适用的案由。但二者的不同点在于,公司关联交易损害责任纠纷适用于公司的控股股东、实际控制人、董事、监事、高级管理人员等关联方利用关联交易损害公司利益的情形,如公司利益受损,但并非利用关联交易的形式,则不属于此案由,[1]应适用损害公司利益责任纠纷案由。因此,虽然公司关联交易损害责任纠纷与损害公司利益责任纠纷为两个独立的案由,但公司关联交易损害责任纠纷实质为损害公司利益责任纠纷的一种纠纷类型。

---

〔1〕 参见杨万明主编、最高人民法院研究室编著:《最高人民法院新民事案件案由规定理解与适用》,人民法院出版社 2021 年版,第 772 页。

第一节　关联交易损害责任纠纷诉讼指引

一、诉讼主体

（一）原告

1. 公司

《民法典》第 84 条规定："营利法人的控股出资人、实际控制人、董事、监事、高级管理人员不得利用其关联关系损害法人的利益；利用关联关系造成法人损失的，应当承担赔偿责任。"《公司法》第 22 条规定："公司的控股股东、实际控制人、董事、监事、高级管理人员不得利用关联关系损害公司利益。违反前款规定，给公司造成损失的，应当承担赔偿责任。"因此，当公司与关联方之间的关联交易损害了公司利益时，公司有权提起诉讼，是适格原告。

需要注意的是，公司怠于维护其合法权益，股东可请求监事会（监事）或董事会（董事）提起诉讼。监事会（监事）或董事会（董事）接受了股东请求，提起诉讼的，因监事会（监事）或董事会（董事）是公司内设机构，没有独立的法律地位和对外承担责任的能力，仍应列公司为原告，否则主体不适格。

2. 股东

当公司利益因关联交易遭受损失时，因被关联方控制，公司往往怠于向关联方主张权益，为维护公司利益，股东可提起股东代表诉讼，《公司法司法解释五》第 2 条规定，关联交易合同存在无效或可撤销情形，公司没有起诉合同相对方的，符合《公司法》第 151 条第 1 款（作者注：现《公司法》第 189 条第 1 款）规定条件的股东，可以依据《公司法》第 151 条第 2 款、第 3 款规定向人民法院提起诉讼。

3. 实际出资人、股权已转让的前股东与瑕疵出资股东

实际出资人、股权已转让的前股东与瑕疵出资股东是否可提起股东代表诉讼见本书第十五章，对损害公司利益责任纠纷的论述。

4. 公司债权人

公司与关联方之间的关联交易，如果损害公司利益，将直接导致公司偿债

能力降低，公司债权人作为受害方，有权提起诉讼，但适用案由并非关联交易损害公司利益责任纠纷，而应适用损害公司债权人利益责任纠纷或其他案由。

（二）被告

1. 公司控股股东、实际控制人、董事、监事、高级管理人员

《公司法》第 22 条规定："公司的控股股东、实际控制人、董事、监事、高级管理人员不得利用其关联关系损害公司利益。违反前款规定，给公司造成损失的，应当承担赔偿责任。"因此，公司的控股股东、实际控制人、董事、监事、高级管理人员是关联交易损害公司利益纠纷的适格被告。

根据《公司法》第 265 条的规定，控股股东，是指其出资额占有限责任公司资本总额超过 50% 或者其持有的股份占股份有限公司股本总额超过 50% 的股东；出资额或者持有股份的比例虽然低于 50%，但依其出资额或者持有的股份所享有的表决权已足以对股东会的决议产生重大影响的股东。实际控制人，是指通过投资关系、协议或者其他安排，能够实际支配公司行为的人。

2. 公司控股股东、实际控制人、董事、监事、高级管理人员的近亲属或者其近亲属直接或者间接控制的企业或与其有其他关联关系的主体

《公司法》第 182 条第 2 款将董事、监事、高级管理人员的近亲属，董事、监事、高级管理人员或者其近亲属直接或者间接控制的企业，以及与董事、监事、高级管理人员有其他关联关系的主体认定为公司关联方。该款虽没有提及公司控股股东、实际控制人的近亲属或其直接或者间接控制的企业，但考虑到控股股东、实际控制人对公司的控制，公司控股股东、实际控制人的近亲属或其直接或者间接控制的企业及其他有关联关系的主体应被认定为公司关联方。上述关联方利用关联交易损害公司利益的，是适格被告。

3. 共同侵权人

《民法典》第 1168 条规定，二人以上共同实施侵权行为，造成他人损害的，应当承担连带责任。关联方利用关联交易损害公司利益，采取的方式较为隐蔽，需要他人配合，如他人与公司关联方共同实施不正当关联交易，损害公司利益，应与关联方作为共同被告。如（2018）鄂民再 61 号案，法院认为，李某作为武穴迅达医化公司的监事，在其直接操作下，将武穴迅达医化公司的 40 吨 INT

产品以明显低于合理范围的出厂价格通过南京威斯康公司出售给与其有关联关系的湖北迅达药业公司，损害了武穴迅达医化公司的利益，构成侵权，应对武穴迅达医化公司承担相应的法律责任。湖北迅达药业公司作为共同侵权人，应与李某共同对武穴迅达医化公司承担法律责任。

（三）第三人

关联交易损害公司利益，公司直接起诉关联方的，是否列第三人需要根据案件情况确定；股东提起代表诉讼的，因公司与案件结果直接相关，应列公司为第三人或法院应当通知公司作为第三人参加诉讼。

二、管辖

关联方利用关联交易损害公司利益，属于侵权行为，应由侵权行为地或者被告住所地人民法院管辖。如（2021）京民辖终133号案，该案一审法院认为，《民事诉讼法》第28条规定，因侵权行为提起的诉讼，由侵权行为地或者被告住所地人民法院管辖。《民事诉讼法司法解释》第24条规定，《民事诉讼法》第28条规定的侵权行为地，包括侵权行为实施地、侵权结果发生地。该案系公司关联交易损害责任纠纷，托毕西公司将周某军、胡某诉至一审法院，要求共同赔偿经济损失。根据上述规定，托毕西公司住所地法院作为侵权结果发生地法院对该案具有管辖权，因托毕西公司住所地位于北京市海淀区，结合该案诉讼标的额，一审法院对该案具有管辖权。

股东代表诉讼是为公司利益，应按公司与关联方之间的合同约定处理，如果公司与关联方之间的合同约定了管辖地，那么即使股东并非关联交易的合同当事人，也应按关联交易合同约定的争议解决方式处理。如（2019）最高法民辖终404号案，最高人民法院认为，该案的争议焦点为提起股东代表之诉的股东是否受公司和他人之间合同管辖权条款的约束。在股东代表诉讼案件中，由于公司怠于或者拒绝提起诉讼，而由股东代其提起诉讼。股东代表诉讼是股东为了公司的利益而以股东的名义直接提起的诉讼，胜诉后的法律后果归于公司。因此，股东代表针对第三人提起的诉讼受公司和第三人之间合同管辖权条款的约束。具体到该案而言，三农公司作为承德露露公司的股东依据《公司法》第151条第3款（作者注：现《公司法》第189条第3款）提起股东代表之诉，应当受承德露露公司、汕头露露公司、霖霖集团和飞达公司签署的《备忘录》和《补充备忘录》中约定管辖权条款的约束。该案的立案时间为2019年3月14日，三农公司的诉讼标的额为13,504.18万元，四方签订的《补充备忘录》第14条明确约定："本补充备忘录由各方于2002年3月28日在汕头签署。如因备忘录、补充备忘录履行过程中发生争议，各方应友好协商解决。协商解决不成，任何一方应当向备忘录签署地有管辖权的人民法院提起诉讼。"依照《最高人民法院关于调整高级人民法院和中级人民法院管辖第一审民商事案件标准的通知》(法发〔2015〕7号)，最高人民法院认为，广东省汕头市中级人民法院对该案享有管辖权。

三、诉讼请求

公司直接诉讼的，关联方利用关联交易损害公司利益为侵权性质，可请求停止关联交易行为、赔偿损失及返还被关联方侵占的财产等。如关联交易已实施完毕，公司或股东有权主张赔偿损失。如(2019)最高法民终991号案，原告人民商场公司一审的诉讼请求为：(1)判令康成公司等6方停止侵权并恢复原属于人民大润发公司的商品采购和配送业务；(2)判令康成公司等6方赔偿人民大润发公司自2014年7月4日至恢复属于人民大润发公司商品采购和配送业务时止的利润损失(截至2016年12月31日的损失暂计165,122,597元，实际以人民大润发公司2014年至2016年的获利数额与其利润损失数额较高者为准)；(3)判令康成公司等6方向人民大润发公司赔礼道歉，并在《大众日报》刊登声明，消除影响；(4)本案诉讼费用由康成公司等6方承担。

股东代表诉讼时，对于关联方的侵权行为，股东可请求停止关联交易行为、赔偿损失等。当公司与关联方之间的合同存在无效或可撤销的情形时，股东可诉请关联交易合同无效或可撤销。如(2017)苏民终666号案，原告的诉讼请求为：确认驰宇公司、苏润投资公司于2012年11月5日签订的股权转让合同无效。

四、诉讼时效

关联交易损害公司利益时，公司对侵权人享有损害赔偿请求权，应适用诉讼时效。根据《民法典》第188条的规定，向人民法院请求保护民事权利的诉讼时效期间为3年。法律另有规定的，依照其规定。诉讼时效期间自权利人知道或者应当知道权利受到损害以及义务人之日起计算。因此,公司关联交易损害责任纠纷的诉讼时效为3年,自权利人知道或应当知道其权利被侵害以及义务人之日起算。如(2017)最高法民申2810号案,法院认为,该案再审审查的争议焦点为:西园公司就该案提出起诉时是否已经超过诉讼时效期间。首先,根据《民法通则》第137条“诉讼时效期间从知道或者应当知道权利被侵害时起计算”的规定,在侵权之诉中,启动诉讼时效应以知道或者应当知道权利被侵害为标准,而非以侵权行为造成具体损害结果的确定为标准。该案诉讼时效期间应当从西园公司知道或者应当知道公司权利因关联交易被侵害时起计算。其次,2004年7月14日(2004)黄中法民二终字第37号民事判决和2005年5月30日(2005)黄仲裁字第02号裁决,分别认定2003年5月5日《合作协议》和2002年7月29日《协议书》无效,并均认定朱某洪等人签订上述协议时规避《公司法》相关规定,实施了关联交易行为。故自以上判决及仲裁裁决作出之日,西园公司应当知道自己因关联交易权利被损害,此时既可要求新街公司依据《合同法》第58条“合同无效后,因合同取得的财产应当予以返还或折价赔偿,过错方应当赔偿损失”的规定返还财产赔偿损失,也可以起诉实施关联交易的公司高管承担侵权行为造成的损害赔偿责任。而西园公司并未在法律规定的期限内主张权利,故原审认定该案已过诉讼时效,根据《民事诉讼法司法解释》第219条“当事人超过诉讼时效期间起诉的,人民法院应予受理。受理后对方当事人提出诉讼时效抗辩,人民法院经审理认为抗辩事由成立的,判决驳回原告的诉讼请求”的规定,对久大公司是否承担赔偿责任不予审查符合法律规定。

第二节　关联交易损害责任纠纷实务操作

认定关联交易是否损害公司利益,按侵权责任构成的一般理论,应查明关联方是否实施了侵权行为,是否存在损害后果,二者是否存在因果关系以及是否存在主观过错。因主观过错通常以行为表现认定,关联方实施了侵权行为,即应认定存在过错,故关联方的过错不再单独论述。

公司关联交易损害责任纠纷限于公司与关联方之间的交易,哪些主体构成关联方是认定公司关联交易损害责任纠纷的前提。因此,本节从主体要件、行为要件、结果要件以及因果关系要件四个方面论述公司关联交易损害责任纠纷。如(2020)苏06民终563号案,法院认为,《公司法》第21条(作者注:现《公司法》第22条)规定,公司的控股股东、实际控制人、董事、监事、高级管理人员不得利用其关联关系损害公司利益。据此,股东、董事及高级管理人员的受信义务系一种法定义务,违反受信义务系侵权责任法在公司法上的特殊体现和具体运用,在归责原则上应按照侵权责任的构成要件,即按照是否存在侵权行为、有无过错、实际损害的发生以及行为与损害结果的因果关系进行判断。

一、主体要件:公司关联方的认定

关联交易本质是利益冲突交易。[1]《公司法》第265条规定:“关联关系,是指公司控股股东、实际控制人、董事、监事、高级管理人员与其直接或者间接控制的企业之间的关系,以及可能导致公司利益转移的其他关系。但是,国家控股的企业之间不仅因为同受国家控股而具有关联关系。”关联方的认定,不应拘泥于形式,应按实质重于形式的标准,与公司存在特殊关系可能导致利益向其倾斜或不公平转移的,应认定为公司关联方。

因利益转移关系的复杂性,《公司法》仅对如何认定关联方作出了原则性规定。在实务中,财务会计规定和上市公司管理规则关于关联方的认定,可作为重要参考,具体见表17－1。

表17－1　公司关联方的认定

	《企业会计准则第36号——关联方披露》	《深圳证券交易所股票上市规则》(2023修订)
关联方认定	第3条　一方控制、共同控制另一方或对另一方施加重大影响,以及两方或两方以上同受一方控制、共同控制或重大影响的,构成关联方	6.3.3　第5款 中国证监会、本所或者上市公司根据实质重于形式的原则,认定其他与上市公司有特殊关系、可能或者已经造成上市公司对其利益倾斜的自然人、法人(或者其他组织),为上市公司的关联人

〔1〕参见施天涛、杜晶:《我国公司法上关联交易的皈依及其法律规制——一个利益冲突交易法则的中国版本》,载《中国法学》2007年第6期。

续表

	《企业会计准则第36号——关联方披露》	《深圳证券交易所股票上市规则》（2023修订）
关联法人	第4条　1.该企业的母公司。2.该企业的子公司。3.与该企业受同一母公司控制的其他企业。4.对该企业实施共同控制的投资方。5.对该企业施加重大影响的投资方。6.该企业的合营企业。7.该企业的联营企业	6.3.3　第2款 具有下列情形之一的法人或者其他组织，为上市公司的关联法人（或者其他组织）： （一）直接或者间接地控制上市公司的法人（或者其他组织）； （二）由前项所述法人（或者其他组织）直接或者间接控制的除上市公司及其控股子公司以外的法人（或者其他组织）； （三）持有上市公司5%以上股份的法人（或者其他组织）及其一致行动人； （四）由上市公司关联自然人直接或者间接控制的，或者担任董事（不含同为双方的独立董事）、高级管理人员的，除上市公司及其控股子公司以外的法人（或者其他组织）
关联自然人	第4条　……8.该企业的主要投资者个人及与其关系密切的家庭成员。主要投资者个人，是指能够控制、共同控制一个企业或者对一个企业施加重大影响的个人投资者。9.该企业或其母公司的关键管理人员及与其关系密切的家庭成员。关键管理人员，是指有权力并负责计划、指挥和控制企业活动的人员。与主要投资者个人或关键管理人员关系密切的家庭成员，是指在处理与企业的交易时可能影响该个人或受该个人影响的家庭成员。10.该企业主要投资者个人、关键管理人员或与其关系密切的家庭成员控制、共同控制或施加重大影响的其他企业	6.3.3　第3款 具有下列情形之一的自然人，为上市公司的关联自然人： （一）直接或者间接持有上市公司5%以上股份的自然人； （二）上市公司董事、监事及高级管理人员； （三）直接或者间接地控制上市公司的法人（或者其他组织）的董事、监事及高级管理人员； （四）本款第（一）项、第（二）项所述人士的关系密切的家庭成员 6.3.3　第4款 在过去十二个月内或者根据相关协议安排在未来十二个月内，存在第二款、第三款所述情形之一的法人（或者其他组织）、自然人，为上市公司的关联人

二、行为要件：关联方实施了不公平的关联交易

公平的关联交易包括程序公平与实质公平。程序公平是指关联交易经充

分信息披露，并经股东会或董事会审议，实质公平是指交易对价公允。如(2020)京03民终7060号案，法院认为，董事、高级管理人员实施的关联交易需满足“公平标准”，而“公平标准”具体又包含：(1)程序公平标准；(2)实质公平标准。程序公平标准主要指根据法律和公司章程的规定，关联交易需经股东会同意，并且履行了信息披露义务。在此前提下，关联交易还需满足实质公平标准，实质公平标准是指公司所得与公司所失相等，公司是否愿意以同等条件与第三人进行交易。又如(2020)豫民终799号案，该案一审法院认为，我国公司法并无禁止关联交易，仅对“利用关联关系损害公司利益”的行为进行规范。合法的交易应当同时满足以下三个条件，即交易信息披露充分、交易程序合法和交易对价公允。

(一)关联交易类型

交易，按词语字典释义，原指以物易物，后泛指买卖商品。因此，关联交易的基本形式是合同，如《企业会计准则第36号——关联方披露》第8条规定，关联方交易的类型通常包括下列各项：(1)购买或销售商品；(2)购买或销售商品以外的其他资产；(3)提供或接受劳务；(4)担保；(5)提供资金(贷款或股权投资)；(6)租赁；(7)代理；(8)研究与开发项目的转移；(9)许可协议；(10)代表企业或由企业代表另一方进行债务结算；(11)关键管理人员薪酬。

根据上述规定，除准则第11项关键管理人员薪酬外，列举的关联交易类型基本是合同行为。除合同行为外，《公司法》第182条提到了“交易”。《公司法》第265条第4项规定，关联关系包括可能导致公司利益转移的其他关系。例如，在华润与万科董事会决议效力之争中，就深圳地铁增资入股万科公司的董事会决议，万科公司独立董事张某平以其所在的黑石公司与万科公司正在洽谈类似项目为由回避表决。张某平提出的理由就是该行为属于合同外的、可能引致资源或者义务的转移安排或交易。因此，作者认为，关联交易包括任何可能导致利益冲突的合同、安排或交易。

需要注意的是，关键管理人员(董事、监事与高级管理人员等)为公司提供劳务，公司支付薪酬，属于关联交易的类型。《公司法》第129条规定，公司应当定期向股东披露董事、监事、高级管理人员从公司获得报酬的情况，但该条仅适用股份有限公司，有限公司未有类似规定，有限公司可在公司章程中对薪酬披露进行规范。按《公司法》规定，董事、监事的薪酬由股东会决定，高级管理人员的薪酬由董事会决定。在实务中，对于控股股东或关键管理人员利用高薪酬转移公司利润损害小股东权益的情形，小股东可提起关联交易损害公司利益纠纷，维护合法权益。

对关联交易的不同类型进行区别，可以就形态各异的关联交易具体分析，避免适用“一刀切”的关联交易公平性审查标准，如购销合同类关联交易，交易价格是公平性审查的主要考虑因素，而对于可能引致资源或者义务转移的关联交易安排，应基于交易架构整体具体分析公平性。

(二)关联交易的程序公平

就程序公平而言，首先，关联方应详细、充分披露关联交易。关联方不仅要披露交易主体，还要披露对审议关联交易有重大影响的事实；其次，董事会或股东会应在充分了解关联交易相关事实基础上作出审议是否同意关联交易。

1. 关于信息披露，《公司法》第 182 条规定，董事、监事、高级管理人员及其关联人，直接或者间接与本公司订立合同或者进行交易，应当就与订立合同或者进行交易有关的事项向董事会或者股东会报告，该条规定了关联方在与公司进行关联交易时的信息披露义务。

充分的信息披露是董事会或股东会审核关联交易是否公平的前提，为确保审议的有效性，关联方应进行充分的关联交易信息披露，否则董事会或股东会可拒绝审议，或者因披露的关联交易不充分，董事会或股东会作出的相应决议存在瑕疵的，可被撤销或确认无效。同时，董事、高级管理人员未如实进行信息披露，也违反了对公司的忠实勤勉义务，如(2021)最高法民再 181 号案，法院认为，披露关联交易有赖于董事、高级管理人员积极履行忠诚及勤勉义务，将其所进行的关联交易情况向公司进行披露及报告。根据陕鼓汽轮机公司的公司章程第 36 条关于“董事及公司经营层人员不得自营或者为他人经营与本公司同类的业务或者从事损害本公司利益的活动。从事上述业务或者活动的，所有收入应当归公司所有。董事及公司经营层人员除公司章程规定或者股东会同意外，不得同本公司订立合同或者进行交易。董事及公司经营层人员执行公司职务时违反法律、行政法规或者公司章程的规定，给公司造成损害的，应当依法承担赔偿责任”的规定，该案高某华、程某作为董事及高级管理人员，未履行披露义务，违反了董事、高级管理人员的忠诚义务。

2. 关联交易由董事会或股东会审议，至于具体由董事会还是股东会审议，应依法律规定或公司章程确定。如《公司法》第 15 条第 2 款规定，公司为公司股东或者实际控制人提供担保的，应当经股东会决议。

关联交易由董事会或股东会审议时，利害关系人应回避表决，如《公司法》第 15 条第 3 款规定：“前款规定的股东或者受前款规定的实际控制人支配的股东，不得参加前款规定事项的表决。该项表决由出席会议的其他股东所持表决权的过半数通过。”第 185 条规定：“董事会对本法第一百八十二条至第一百八十四条规定的事项决议时，关联董事不得参与表决，其表决权不计入表决权总数。出席董事会的无关联关系董事人数不足三人的，应当将该事项提交股东会审议。”股东是公司关联方时，表决事项与其有利害关系的，该股东不得参与表决，如（2020）京 03 民终 709 号案，法院认为，关联股东回避表决制度，是指与股东会表决事项存在关联关系的股东不得参与该事项的表决，其意义在于防止控股股东滥用资本多数决规则，损害公司及中小股东利益。域外公司法对关联股东回避表决制度多有规定，我国《公司法》未明确规定有限责任公司股东应对全部关联事项回避表决，但在《公司法》第 16 条规定：公司为公司股东或者实际控制人提供担保的，必须经股东会或者股东大会决议；该股东或者受该实际控制人支配的股东，不得参加该事项的表决；该项表决由出席会议的其他股东所持表决权的过半数通过。此外，《公司法》第 124 条〔1〕规定上市公司董事就关联交易应全面回避：“上市公司董事与董事会会议决议事项所涉及的企业有关联关系的，不得对该项决议行使表决权，也不得代理其他董事行使表决权。该董事会会议由过半数的无关联关系董事出席即可举行，董事会会议所作决议须经无关联关系董事过半数通过。出席董事会的无关联关系董事人数不足三人的，应将该事项提交上市公司股权大会审议。”根据前述《公司法》的规定、关联股东回避表决制度的立法目的，同时考虑控股股东对公司、小股东的诚信义务及法

〔1〕 2023 年《公司法》第 139 条。

律体系解释方法，法院认为，与股东会决议有关联关系的股东应当回避表决。该案中，2019 年 4 月 2 日临时股东会决议第一项内容系涉及今润公司与林某签订的《股权转让协议》效力的确定，林某作为关联交易方及控股股东，对股东会决议通过与否有决定性影响，故不应对该项决议行使表决权。

（三）关联交易的实质公平

什么是关联交易的实质公平以及证明标准如何，《公司法》未作规定，实务中也未建立具体的司法审查标准。《公司法》第 22 条规定，关联方不得利用其关联关系损害公司利益。因此，关联交易的实质公平体现为公司与关联方之间的交易未损害公司利益。但如何界定公司利益，并非易事。公司作为深度参与市场经济的主体，其利益范围无法作出明确界定，眼前一笔亏本的交易，也许数年后是公司最成功的投资。因此，公司利益应在案件中具体分析。另外，董事与高级管理人员作为公司管理的专业人员，其对公司运营、战略投资等的安排应优于司法人员，法院在审核具体关联交易的公平性时，应对董事与高级管理人员的商业判断给予尊重。

结合审判实践，关联交易是否公平，可以从以下几个方面判断。

1. 交易价格。关联交易类型不同，衡量公平交易的因素也不同。如果涉及金钱支付，那么交易价格作为关联交易公平最直接的体现，是衡量公平交易的最主要因素。《上市公司治理准则》第 76 条规定，关联交易活动应遵循商业原则，关联交易价格原则上应不偏离市场上独立第三方的价格或收费标准。如果关联交易价格与市场中独立第三方交易价格或与已发生的交易价格相比较不合理，那么法院将推定为不公平的关联交易。如（2018）鄂民再 61 号案，法院认为，武穴迅达医化公司主张李某、湖北迅达药业公司通过关联交易，侵占了本属于武穴迅达医化公司的 INT 产品销售利润，损害了其公司利益。因此，涉案交易中 INT 产品是否以不合理低价从武穴迅达医化公司出厂，李某是否借此将武穴迅达医化公司的利益转移输送给了湖北迅达药业公司，是判断李某、湖北迅达药业公司是否存在损害武穴迅达医化公司利益即是否构成侵权行为的关键。一般而言，判断交易价格是否公允，是否存在恶意低价出售的情况，应当综合产品市场价格、历史价格、材料成本、终端采购价格等各方面因素进行考察分析。

如前所述,李某作为武穴迅达医化公司的监事,在其直接操作下,武穴迅达医化公司的40吨INT产品以明显低于合理范围的出厂价格通过南京威斯康公司出售给与其有关联关系的湖北迅达药业公司,损害了武穴迅达医化公司的利益,构成侵权,应对武穴迅达医化公司承担相应的法律责任。

需要注意的是,交易价格是衡量关联交易公平与否的主要考虑因素,但并非唯一标准。某项交易割裂看,是不公平的,但从交易双方的合作历史、税务筹划以及未来投资等角度来看,该项交易又是公平的,因此商业交易没有绝对的公平,因此关联交易是否显失公平,不应该简单采用量化的标准。[1]

2. 商业判断规则。公司决策应符合商业逻辑,如关联交易从交易背景等角度分析并不合理,法院可认定属于不公平的关联交易,如(2020)浙民终395号案,浙江省高级人民法院认为,大通公司、宝富公司及盾安公司为关联公司,大通公司为宝富公司对盾安公司的债务提供担保属于关联交易。盾安公司为宝富公司的债权人,同时又系大通公司的控股股东。大通公司董事长冯某波和董事江某候同时又系盾安公司高管。根据案涉大通公司董事会为宝富公司提供担保的议案内容,宝富公司对盾安公司的负债超过5.4亿元,财务状况持续恶化,明显缺乏偿债能力。在此情况下,大通公司为宝富公司提供担保,案涉宝富公司对盾安公司的债务显然将由大通公司承担。案涉宝富公司对盾安公司的债务系多年累积形成已存在的债务,虽然宝富公司系大通公司的控股子公司,但是鉴于宝富公司的经营状况以及案涉宝富公司对盾安公司债务的形成历史,大通公司此时为宝富公司债务提供担保,难谓合理的商业安排。大通公司为宝富公司既存且明显无清偿能力的债务提供担保,将使大通公司承担巨额的担保责任,除了作为债权人的盾安公司因此获益外,作为担保人的大通公司及其小股东的利益都将受损,因此,该董事会决议损害大通公司小股东的利益。《公司法》第22条第1款(作者注:现《公司法》第25条第1款)规定,公司股东会或者股东大会、董事会的决议内容违反法律、行政法规的无效。案涉董事会决议的内容存在违反法律、行政法规的情形,一审判决支持张某新等8人提出的确认案涉董事会决议无效之诉请,适用法律并无不当。

---

〔1〕 参见陈洁:《论不当关联交易的司法救济》,载《人民司法》2014年第19期。

3. 综合判断。从交易主体、交易动机、交易行为和交易结果四个要件方面判断，如(2021)新民终158号案，该法院从上述四个方面论述后认为，案涉公司构成的关联交易属于正常的商业活动，未侵害公司利益。从合同签订与履行、商业交易原则等方面判断，如(2019)最高法民终496号案，法院认为，该案中，在晨东公司与东驰公司之间的关联交易符合形式合法的外观要件的情况下，应当对交易的实质内容即合同约定、合同履行是否符合正常的商业交易原则以及交易价格是否合理等进行审查。

（四）程序公平与实质公平的适用

1. 关联交易是否公平，是保障程序公平即可，还是须同时满足程序公平与实质公平，法律并未规定。《公司法司法解释五》第1条规定，关联方仅以关联交易已经履行了信息披露、经股东会或者股东大会同意等法律、行政法规或者公司章程规定的程序为由抗辩的，人民法院不予支持。根据上述规定，实质公平似乎是唯一标准，那么保障程序公平有何意义？对关联方而言，即使完成了信息披露，并经股东会或董事会审议，但一旦第三方提出异议，最终仍需进行实质公平的审核。在此种情况下，关联方何不隐瞒关联交易，兴许能蒙混过关，即使后来被发现存在关联交易，那么再审核实质公平即可，何必先进行信息披露和提交股东会或董事会审议。作者认为，可以借鉴域外立法，对已经保障了程序公平的关联交易应予以尊重，这种尊重体现在举证责任的分配上。[1] 如果关联方证明其已保障了关联交易的程序公平，那么应推定关联交易是公平的，异议主体应举证关联交易的非公平性；反之，关联方应举证关联交易的公平性，法院也应主动对关联交易的公平性进行司法审查。

关联方是否已保障了关联交易的程序公平，视关联交易的对象和审议主体有所不同。如关联交易的对象是董事、监事与高级管理人员，经充分信息披露后，在股东不兼任董事、监事与高级管理人员的情况下，由不存在利益关系的股东会审议通过，可认定保障了关联交易的程序公平；如由董事会审议通过，鉴于董事、监事与高级管理人员属于同僚关系，仍存在相互影响的可能，倾向于认定

〔1〕 参见施天涛：《公司法应该如何规训关联交易？》，载《法律适用》2021年第4期。

未保障程序公平。如关联交易对象是控股股东或实际控制人，无论是董事会还是股东会审议通过，鉴于控股股东或实际控制人对公司的控制，小股东担心打击报复以及控股股东或实际控制人可决定董事、监事与高级管理人员的去留等，应认定未保障程序公平。如(2019)最高法民申3656号案，兖矿公司主张案涉董事会决议及临时股东会决议系关联关系股东或董事利用关联身份签署，属于关联交易，损害公司及其他股东的利益，应属无效。法院认为，东圣公司董事会、股东会作出关于收购目标公司并授权收购工作的决议，参与表决的董事及股东代表与决议事项确有关联关系，属于关联交易。但案涉董事会决议及临时股东会决议作出时，各方董事及股东代表均参加会议并一致同意表决通过，对决议内容未提异议。具有关联关系的董事及股东代表仅行使了表决权，并不能由此认定其构成滥用股东权利，且现有证据并无法证明决议内容损害了公司或其他股东的利益。

2. 关联方保障了程序公平，并不能豁免对关联交易的实质公平进行审查。如有证据证明公司利益因关联交易受损，公司或股东可主张对关联交易的实质公平进行审查。如(2019)最高法民终496号案，法院认为，关于该案关联交易是否损害东驰公司利益问题。耿某友、刘某联、晨东公司上诉主张，该次交易在两家公司均形成了股东会决议，程序合法，不存在损害东驰公司利益的情形。但根据《公司法司法解释五》第1条“关联交易损害公司利益，原告公司依据民法典第八十四条、公司法第二十一条规定请求控股股东、实际控制人、董事、监事、高级管理人员赔偿所造成的损失，被告仅以该交易已经履行了信息披露、经股东会或者股东大会同意等法律、行政法规或者公司章程规定的程序为由抗辩的，人民法院不予支持”的规定，不能仅凭案涉关联交易形式合法来认定双方之间的关联交易公平公允。该案中，在晨东公司与东驰公司之间的关联交易符合形式合法的外观要件的情况下，应当对交易的实质内容即合同约定、合同履行是否符合正常的商业交易原则以及交易价格是否合理等进行审查。

3. 实务中，如关联交易属于董事会或股东会权限范围事项或《公司法》已就关联交易的程序作出了规定的情况下，未履行程序公平，关联交易直接被认定无效，法院不对关联交易的公平性进行审核。如(2020)皖民终195号案，法院认为，关于李某民领取工资问题。《公司法》和博泰氟公司的章程均规定，董事、监事的报酬事项由公司股东会决定，李某民认为其领取工资已经经过董事会同意，经查2009年10月26日的"安徽博泰氟材料科技有限公司股东会议纪要"，参加人为李某民、马某和张某岩，该纪要第4条记载："公司办公人员工资3.5万元/月从2009年10月开始"，纪要最后"全体股东签名"为李某民、马某和张某归，而在当时，博泰氟公司的股东为李某民、张某归、李某来和胡某翠4人，该纪要不能被认定为股东会的决议。李某民违反《公司法》和章程规定，未经股东会正式决定，从公司领取报酬的行为无法律依据，对领取的96.4万元应予返还。在该案中，李某民作为公司董事，实际也为公司提供劳务，作为高级管理人员3.5万元/月的薪资并不属于不合理范畴，但法院直接以未履行程序为由否认了关联交易的公平性。又如，(2014)民提字第59号案，法院认为，封某祥作为鸿翔公司的董事、董事长、经理，是公司的高级管理人员，在与鸿翔公司进行集资交易时，理应受到《公司法》的约束。《公司法》第61条第2款(作者注：现《公司法》第182条第1款)均明确规定，"董事、经理除公司章程规定或者股东会同意外，不得同本公司订立合同或者进行交易"，即董事、经理必须要有公司章程规定或者股东会同意作为依据，方能与公司进行交易。该规定是为了保障董事、经理对公司的忠实义务的有效履行，属于法律的强制性规定，必须严格遵守。

上述案例中，法院直接以关联交易未经董事会或股东会审议为由否认了关联交易的效力，缺乏对关联交易公平性的审查，即使交易结果公平合理，相应的交易也会被撤销或无效，影响交易效率，导致过于倚重程序的结果。作者认为，未经董事会或股东会审议的关联交易，不应简单处理为直接认定关联交易无效，应仅发生举证责任转移的后果，推定关联交易损害了公司利益，并由实施关联交易的主体举证关联交易的公平性，举证不能时，应承担不利后果。

三、结果要件：公司遭受了损失

公司因不公平的关联交易遭受了损失是关联方承担责任的要件之一，虽存在关联交易，但公司未遭受损失的，关联方无须承担责任，如(2021)最高法民申5255号案，最高人民法院认为，该案是损害公司利益责任纠纷，依据侵权责任法的一般法理,损害事实的发生是构成侵权损害赔偿责任的必备要件之一。《公司法》第 21 条(作者注:现《公司法》第 22 条)规定:“公司的控股股东、实际控制人、董事、监事、高级管理人员不得利用其关联关系损害公司利益。违反前款规定,给公司造成损失的,应当承担赔偿责任。”由此,公司股东、实际控制人、董事、监事、高级管理人员对公司承担损害赔偿责任应以给公司造成损失为前提。本案中薛某和、欧某杰、林某、薛某文提交的证据不足以证明游某辉、郑某耀作为公司股东以万恒公司名义开发万恒樾府项目给万恒公司造成了实际损失,薛某和、欧某杰、林某、薛某文主张的 2080 万元损失仅为预估的数额,亦无相应的证据予以佐证,二审判决据此未支持其关于赔偿 2080 万元损失的诉讼请求,并无不当。又如(2017)粤民申 9354 号案,法院认为,该案为公司关联交易损害责任纠纷。根据《公司法》第 21 条“公司的控股股东、实际控制人、董事、监事、高级管理人员不得利用其关联关系损害公司利益。违反前款规定,给公司造成损失的,应当承担赔偿责任”的规定,公司关联交易并不绝对为法律所禁止,法律禁止的是公司的控股股东、实际控制人、董事、监事、高级管理人员为谋取私利,利用关联交易损害公司利益。该案中,千叶公司与东方公司签订《委托管理书》,约定由东方公司作为千叶公司的咨询顾问,对酒店提供管理业务。从该案查明的事实看,东方公司确实为千叶公司提供了管理服务,委派了高级管理人员,但所涉管理费并未明显高于市场价格,且千叶公司在东方公司的管理下获得了一定的经营业绩,没有证据显示千叶公司因该关联交易而遭受不合理的损失。因此,原审判决认定宏通公司主张的损害赔偿责任不能成立并无不当。

四、因果关系要件:公司遭受的损失与不公平的关联交易具有因果关系

公司遭受的损失与关联方实施的不公平关联交易具有因果关系,是关联方承担责任的另一必备要件,如无因果关系,关联方可不承担赔偿责任。在司法实践中,“第三人行为”、“不可抗力”和“正常经营风险”等损害赔偿责任的免责事由,亦可能成为关联交易中对损害结果与关联交易行为间因果关系阻断的主要事由,从因果关系角度考量关联交易与损害结果并组织证据,或将成为未来

公司与关联方拟定诉讼策略的关键点之一。[1] 如(2021)最高法民再181号案,法院认为,高某华、程某的行为与陕鼓汽轮机公司损害结果的发生有因果关系。关联交易发生在高某华、程某任职董事期间,高某华于2011年7月8日任副董事长、总经理。公司章程中明确约定了总经理职责为主持生产经营工作,陕鼓汽轮机公司亦提交了审批单等证据证明高某华实际履行了总经理的职权。而程某作为董事,并兼任其他公司职务,参与并影响陕鼓汽轮机公司的运营。在高某华任总经理主持生产经营工作期间,关联交易额所占陕鼓汽轮机公司采购总额的比例大幅上升,并在高某华、程某被解除相应职务后,关联交易急速减少并消失。关联交易的发生及变化与高某华、程某任职期间及职务变化存在同步性。根据《公司法》第21条关于"公司的控股股东、实际控制人、董事、监事、高级管理人员不得利用其关联关系损害公司利益。违反前款规定,给公司造成损失的,应当承担赔偿责任"的规定,高某华、程某共同实施的关联交易行为,损害了陕鼓汽轮机公司利益,应赔偿其损失。

第三节　不公平关联交易的救济方式

关联方利用不公平关联交易损害公司利益,公司或股东可通过以下三种方式获得救济:一是向法院提起公司决议诉讼;二是向法院诉请撤销关联交易合同或确认合同无效;三是请求关联方赔偿公司损失。三种救济方式属于不同案由,无法同时适用,公司或股东采取何种救济方式应结合案件情况确定。

一、公司决议诉讼

公司决议属于民事法律行为,包括不成立、可撤销或无效三种类型。与关

[1] 参见管辉寰、杨姣:《关联交易损害赔偿中的实质公平原则——以〈公司法解释(五)〉第一条为视角》,载微信公众号"天同诉讼圈"2019年5月24日,https://mp.weixin.qq.com/s?src=11&timestamp=1709381036&ver=5114&signature=jNEujyGPa2Rdev9bE6Uc73xnEUEP5AI4nN0kFP8NSndmah3Q5aHwikQOUsAo6ugfkSBqjb7mFn1T5cGDify6XjHWD9zAG-mGRyOUnqdZKFsGYKZFM-kNtUhq7nUayk3J&new=1。

联交易相关的决议存在上述情形的，根据《公司法司法解释四》第 3 条的规定，公司决议诉讼案件的被告是公司，因此，公司无法作为原告提起公司决议诉讼，只能由公司股东等提起。如(2021)新民终 254 号案，法院认为，海西房产公司对借款本金的数额无异议，但认为该案应属与公司有关纠纷，股东会决议内容中有关 18% 年利率标准系收取高额利息，违反《公司法》第 21 条第 1 款“公司的控股股东、实际控制人、董事、监事、高级管理人员不得利用其关联关系损害公司利益”的规定，应属无效。法院认为，从公司治理结构及法律规定来看，股东决议效力确认纠纷或股东决议撤销纠纷的提出主体应为股东，而非公司。

公司决议可撤销或不成立的情形，《公司法》及《公司法司法解释四》有明确规定。对于决议无效，根据《公司法》规定，违反法律、行政法规的决议无效。在关联交易情形下，法院一般以违反《公司法》第 25 条的规定，认定相应的公司决议无效，如(2020)浙民终 395 号案，浙江省高级人民法院认为，根据《公司法》第 22 条(作者注：现《公司法》第 25 条)之规定，公司董事会的决议内容违反法律、行政法规的无效。《公司法》第 21 条(作者注：现《公司法》第 22 条)规定，公司的控股股东、实际控制人、董事、监事、高级管理人员不得利用其关联关系损害公司利益。该案中，大通公司、宝富公司及盾安公司为关联公司，大通公司为宝富公司对盾安公司的债务提供担保系关联交易。盾安公司为大通公司的控股股东(占股比例超过 2/3)，大通公司董事长冯某波和董事江某候又系盾安公司高管。宝富公司与盾安公司的债务在案涉董事会决议作出前就已存在，该董事会决议使大通公司承担了巨额的担保责任，却使盾安公司受益。同时投赞成票的董事均明知宝富公司 2017 年年底和 2018 年 6 月 30 日的净资产均为负数，且财务状况持续恶化，履行主债务的可能性极低，却作出明显不符合大通公司商业利益的决策。因此，一审法院有理由认为案涉董事会决议系盾安公司滥用其控股股东权利，利用关联交易损害公司及公司小股东利益的行为，违反了《公司法》第 21 条之规定。现张某新等 8 人诉请确认案涉董事会决议无效，有事实和法律依据，一审法院予以支持。又如，(2017)最高法民终 416 号案，法院认为，根据《公司法》第 22 条第 1 款“公司股东会或者股东大会、董事会的决议内容违反法律、行政法规的无效”之规定，公司决议无效情形是指决议内容违反法律、行政法规的规定。故该案审查的重点是，东圣公司《第一届第二次董事会决议》第3项、第6项及《临时股东会议决议》的内容是否存在违反法律、行政法规的情形。东圣公司董事会、股东会作出关于收购海隆公司并授权××组织收购工作的决议,参与表决的董事及股东代表与决议事项有关联关系,确属于公司关联交易。但认定涉及关联交易的决议无效,还需要违反《公司法》第20条第1款"公司股东应当遵守法律、行政法规和公司章程,依法行使股东权利,不得滥用股东权利损害公司或者其他股东的利益"和第21条第1款"公司的控股股东、实际控制人、董事、监事、高级管理人员不得利用其关联关系损害公司利益"之规定,也即须判定公司决议是否系股东滥用股东权利,以及是否损害公司或其他股东利益,而不能仅因涉及关联交易,辄认定股东会、董事会决议当然无效。

公司决议被认定不成立、撤销或无效的法律后果,根据《公司法司法解释四》第6条的规定,善意相对人基于该决议形成的民事法律关系不受影响,反之,恶意相对人形成的民事法律关系受影响,应予撤销或恢复原状。相对人为公司关联方时,基于其身份特殊性,更易被认定为恶意相对人。

二、撤销关联交易合同或确认合同无效

公司与关联方之间的关联交易合同存在无效或可撤销情形的,例如关联交易合同显失公平或属于虚假的意思表示,公司或股东可诉请合同撤销或无效。《公司法司法解释五》第2条规定,"关联交易合同存在无效、可撤销或者对公司不发生效力的情形,公司没有起诉合同相对方的,符合公司法第一百五十一条第一款规定条件的股东,可以依据公司法第一百五十一条第二款、第三款规定向人民法院提起诉讼"。

需要注意的是,公司或股东不能仅以公司与关联方签订的合同是关联交易的结果而认定合同无效,而应以《民法典》等法律规定的效力性强制性规定为依据判断合同效力。如(2016)最高法民申724号案,最高人民法院认为,玉清公司主张该案《股权转让协议书》系关联交易应为无效,并向原审法院和其提交证据,欲证明该案《股权转让协议书》签订时玉清公司的法定代表人王某是远耀公司的实际控制人、远耀公司与玉清公司具有关联关系、该案股权转让损害了玉清公司利益等事实。但是,《公司法》第21条(作者注:现《公司法》第22条)规

定:“公司的控股股东、实际控制人、董事、监事、高级管理人员不得利用其关联关系损害公司利益。违反前款规定,给公司造成损失的,应当承担赔偿责任。”根据该规定,当公司的控股股东、实际控制人、董事、监事、高级管理人员利用其关联关系且损害了公司利益时,其法律后果是承担赔偿责任,而不是关联交易行为无效,因此玉清公司主张的事实并不能成为该案《股权转让协议书》无效的依据,玉清公司举证的证明目的与《股权转让协议书》效力的认定并无关联性。原审判决认为该案《股权转让协议书》的效力应当依据《合同法》第52条的规定予以认定,并无不当。又如,(2021)京民终422号案,北京市高级人民法院认为,一般而言,公司对外签订合同,属于公司自主经营事项,司法不予干涉,但就该案事项,一审法院注意到:一是涉案《合作经营协议》及《解除协议》均系东湖湾公司与其控股股东城建公司签订,属关联交易。《合作经营协议》签订经东湖湾公司全体股东一致同意,但《解除协议》的签订未有证据证明经城韵公司同意。二是城建公司提交的东湖湾公司同意解除《合作经营协议》的股东会、董事会决议中仅有城建公司、城建公司委派的董事盖章签字,涉案《解除协议》系在城建公司的主导下与其自身签订。在上述情况下,城建公司应当举证证明其在签订涉案《解除协议》时有正当事由,且不损害东湖湾公司利益。基于上述分析,城建公司没有充分正当事由主导签署《解除协议》,属于滥用控股股东地位损害东湖湾公司利益,属于以合法形式掩盖非法目的,故涉案《解除协议》无效。

三、请求关联方赔偿公司损失

关联交易损害公司利益的,公司或股东可诉请关联方赔偿损失,但需举证证明关联方的行为符合侵权行为构成要件。

综上所述,作者认为,撤销关联交易合同或确认合同无效是针对关联交易纠纷最佳的救济方式,公司或股东无须举证证明公司的具体损失,也无须先提起公司决议诉讼,而后再请求撤销基于公司决议形成的民事法律关系,撤销关联交易合同或确认合同无效可一步到位实现原告的诉讼目的。

第十八章

公司合并纠纷

公司合并是公司迅速扩大经营规模的重要手段。公司实施合并，将导致被合并公司的法人资格消灭，权利义务概括转移等法律后果，实质影响股东、债权人、公司管理人员与职工权益，为妥善处理因公司合并产生的争议，2020 年《民事案件案由规定》确定了三级案由"279. 公司合并纠纷"。公司合并纠纷是指公司合并没有依照合并协议进行，或者违反了法律、行政法规的强制性规定引发的纠纷。[1]

公司合并引发的纠纷主要包括以下几个类型：一是因合并协议生效及履行产生的争议；二是因公司合并引发的债务承继问题；三是公司股东、债权人等认为公司合并决议未经股东会通过、公司在合并过程中未履行通知义务、被合并的公司没有清偿债务或者提供相应的担保、有其他违反法律或行政法规之情形而提起的公司合并无效之诉。[2]

第一节 公司合并纠纷诉讼指引

一、诉讼主体

(一)原告

1. 公司债权人

《公司法》第 220 条规定："公司合并，应当由合并各方签订合并协议，并编

---

〔1〕 参见杨万明主编、最高人民法院研究室编著：《最高人民法院新民事案件案由规定理解与适用》，人民法院出版社 2021 年版，第 773 页。

〔2〕 参见杨万明主编、最高人民法院研究室编著：《最高人民法院新民事案件案由规定理解与适用》，人民法院出版社 2021 年版，第 773 页。

制资产负债表及财产清单。公司应当自作出合并决议之日起十日内通知债权人，并于三十日内在报纸上或者国家企业信息公示系统公告。债权人自接到通知之日起三十日内，未接到通知的自公告之日起四十五日内，可以要求公司清偿债务或者提供相应的担保。”因此，公司合并时，公司未通知债权人或者未按债权人要求提前清偿债务或提供相应担保的，公司债权人有权作为原告提起诉讼。

2. 股东

《公司法》就公司合并时，公司需履行的义务作出了明确规定，如公司违反了《公司法》规定的义务，例如公司合并未提请股东会审议、未签订书面合并协议等，股东有权提起诉讼，请求公司停止违法合并行为。

3. 公司

合并协议签订后，任一合并公司不履行合并协议的规定，另一方有权作为原告提起诉讼。该诉讼虽然涉及合同履行纠纷，但与公司合并相关，应按公司合并纠纷案由处理。

（二）被告

1. 公司

合并协议签订后，合并公司不履行合并协议的规定，另一方有权以其为被告提起诉讼。同时，《公司法》第 221 条规定：“公司合并时，合并各方的债权、债务，应当由合并后存续的公司或者新设的公司承继。”由此，债权人有权以公司为被告请求清偿债务。

2. 董事、监事、高级管理人员

董事、高级管理人员负责公司经营管理，应按公司真实经营情况编制资产负债表及财产清单。公司作出合并决议后，董事、高级管理人员应通知公司全体债权人。董事、高级管理人员未按《公司法》第 220 条规定的程序办理，构成对其勤勉义务的违反，造成损失的，应当承担赔偿责任。

根据《公司法》第 78 条的规定，监事有权对董事、高级管理人员执行职务的行为进行监督；当董事、高级管理人员的行为损害公司的利益时，有权要求董事、高级管理人员予以纠正。因此，当董事、高级管理人员在公司违法合并时未尽忠实勤勉义务的,监事应及时行使监督职权。监事未及时监督造成公司损失的,应承担相应的赔偿责任。

3. 股东

公司合并应由经代表公司 2/3 以上表决权的股东通过。《公司法》第 21 条规定:“公司股东应当遵守法律、行政法规和公司章程,依法行使股东权利,不得滥用股东权利损害公司或者其他股东的利益。公司股东滥用股东权利给公司或者其他股东造成损失的,应当承担赔偿责任。”根据该条规定,公司合并时,如股东滥用表决权给公司或者其他股东造成损失的,应当承担赔偿责任。

(三)第三人

《公司法》未对公司合并纠纷第三人作出明确规定,法院可依职权或相关主体有权申请追加第三人,以查明案件事实。

二、管辖

《民事诉讼法》第 27 条规定,因公司设立、确认股东资格、分配利润、解散等纠纷提起的诉讼,由公司住所地人民法院管辖。《民事诉讼法司法解释》第 22 条规定,因股东名册记载、请求变更公司登记、股东知情权、公司决议、公司合并、公司分立、公司减资、公司增资等纠纷提起的诉讼,依照《民事诉讼法》第 27 条规定确定管辖。根据上述规定,公司合并纠纷由公司住所地法院管辖。

《民事诉讼法司法解释》第 3 条规定,法人或者其他组织的住所地是指法人或者其他组织的主要办事机构所在地。法人或者其他组织的主要办事机构所在地不能确定的,法人或者其他组织的注册地或者登记地为住所地。

三、诉讼请求

因合并协议的生效或履行产生的争议,原告的诉讼请求一般为请求履行或解除合并协议,如(2019)京 01 民终 6946 号案,原审原告的一审诉讼请求为:(1)判令解除华源亿泊公司、实圣达公司、泊尔公司于 2016 年 11 月 29 日签订的《企业吸收合并合作协议》;(2)本案诉讼费由实圣达公司承担。

如因合并无效产生的争议,原告的诉讼请求为确认合并行为无效,并要求恢复原股东、股权登记等，如(2012)杭淳商初字第1号案，原告的诉讼请求为：(1)请求依法确认2009年8月15日久大公司与先创公司所签订的《公司合并协议》无效；(2)请求依法判决久大公司和先创公司吸收合并无效；(3)请求依法判决久大公司股权立即恢复到吸收合并之前的状况，即原告董某萍、李某芳、章某力的出资分别占公司注册资本的10%、10%、2.5%；(4)请求依法判决久大公司向公司登记机关申请办理撤销公司吸收合并的变更登记；(5)请求依法确认2009年8月15日《关于同意公司吸收合并的决定》无效；(6)请求依法确认2009年8月15日《关于同意增加注册资本、调整领导班子、修改公司章程的决定》无效；(7)该案的全部诉讼费用由被告承担。

四、诉讼时效

公司合并未通知债权人或通知了债权人，但未按法律规定清偿债务或提供相应担保的，债权人请求清偿债务，属于债权请求权，应适用诉讼时效。

公司股东、债权人等以公司合并违法为由提起公司合并无效之诉，属于确认之诉，不适用诉讼时效。作者认为，如果法律认可公司股东、债权人等有权提起公司合并无效之诉，基于公司合并的特殊性，一旦合并，涉及两个或两个以上主体的股东、业务及债权债务融合，因无效行为不受诉讼时效限制，公司股东、债权人等随时有权提起，会造成法律关系的不确定，因此，作者建议设定公司股东、债权人等提起公司合并无效之诉的时限。如《日本商法典》规定，公司合并无效之诉应在公司合并登记之日起6个月内提出。[1]

第二节　公司合并纠纷实务操作

一、公司合并的概念和分类

公司合并是指两个或两个以上的公司订立合并协议，依照《公司法》的规

〔1〕 参见张如海：《公司合并法律制度研究》，中国政法大学2006年硕士学位论文。

定,不经过清算程序,直接合并为一个公司的法律行为。[1] 公司合并具有以下几个特征:第一,公司合并是公司间的法律行为,是公司意思自治的结果;第二,公司合并在程序上不需要进行清算;第三,公司合并在法律后果上引起公司的法人人格变更和权利义务的概括承受。基于上述特征,公司合并不同于股权收购,股权收购是发生在收购公司与目标公司股东之间的交易,不发生公司人格变化。

《公司法》第218条规定:"公司合并可以采取吸收合并或者新设合并。一个公司吸收其他公司为吸收合并,被吸收的公司解散。两个以上公司合并设立一个新的公司为新设合并,合并各方解散。"根据该条规定,公司合并包括两种类型:吸收合并和新设合并。吸收合并是指一个公司吸收其他公司,被吸收的公司解散,吸收公司继续存在,合并各方的债权、债务,由合并后存续的公司承继。新设合并是指两个以上公司合并为一个新的公司,合并各方解散,合并各方的债权、债务,由合并后新设的公司承继。

按公司合并是否需要股东会审议,公司合并分为公司正常合并和简易合并。公司合并对股东、债权人有重大影响,应保障股东、债权人利益,同时公司合并也是公司扩大经营规模,优化资源的重要方式。为平衡二者关系,对控股公司合并其超过一定持股比例的公司或因合并支出金额较少的公司,不需股东会审议,由董事会审议即可的,为简易合并。

二、公司正常合并的程序

根据《公司法》的规定,公司合并程序一般包括:

(一)董事会拟订公司合并方案并编制资产负债表及财产清单

《公司法》第220条规定,公司合并,应当编制资产负债表及财产清单;《公司法》第67条规定,公司合并方案由董事会制订。《公司法》未规定公司合并方案应包括哪些具体内容,但为保障决策股东对公司合并事项的决策权,董事会在制订公司合并方案时,应确保将足以影响股东决策的信息均包含在公司合并

[1] 参见张如海:《公司合并法律制度研究》,中国政法大学2006年硕士学位论文。

方案中。因此，董事制订公司合并方案时负有忠实、勤勉义务，如违反该义务，应赔偿公司及相应主体的损失。

（二）股东会通过公司合并方案

公司合并会产生被合并主体法人资格消灭，权利义务的概括转移的效果，直接关系股东的实质权益，因此，公司合并应由股东会决议。根据《公司法》第59条的规定，股东会对公司合并作出决议；《公司法》第66条规定，公司合并决议，必须经代表2/3以上表决权的股东通过。

公司股东会通过公司合并决议后，对中小股东而言，股东共同设立公司的基础发生了重大变更或其参股公司的合理预期发生了重大变化，此时应保障中小股东提出异议的权利。根据《公司法》第89条的规定，公司合并的，对股东会该项决议投反对票的股东可以请求公司按照合理的价格收购其股权。对于股份有限公司，根据《公司法》第162条的规定，股东对股东会作出的公司合并决议持异议的，有权要求公司收购其股份。

（三）签订合并协议

董事会制订的公司合并方案经股东会审议通过后，公司有权根据股东会决议与第三方签订书面合并协议。《公司法》第220条规定，公司合并应当由合并各方签订合并协议。关于合并协议的内容，参考《外商投资企业合并与分立的规定》（2015修正）第20条规定："公司合并协议应包括下列主要内容：（一）合并协议各方的名称、住所、法定代表人；（二）合并后公司的名称、住所、法定代表人；（三）合并后公司的投资总额和注册资本；（四）合并形式；（五）合并协议各方债权、债务的承继方案；（六）职工安置办法；（七）违约责任；（八）解决争议的方式；（九）签约日期、地点；（十）合并协议各方认为需要规定的其他事项。"

（四）通知并公告债权人

《公司法》第220条规定，公司应当自作出合并决议之日起10日内通知债权人，并于30日内在报纸上或者国家企业信息公示系统公告。

通知方式在《公司法》第220条中被表述为通知债权人并进行公告，说明两种告知方式同时使用，而非选择适用。对于已知债权人，要选择通知方式；对于未知债权人，要在报纸上或者在国家企业信息公示系统公告。无论选择何种公告方式，公司要以最大诚信保障公司债权人知晓公司合并事项。

（五）公司提前清偿债务或者提供相应的担保

《公司法》第 221 条规定，公司合并时，合并各方的债权、债务，应当由合并后存续的公司或者新设的公司承继。因公司合并是对被合并主体债权债务的概括受让，如甲公司与乙公司资产相当，但甲公司负债累累，乙公司负债较少，甲公司与乙公司合并，将损害乙公司债权人利益。因此，《公司法》第 220 条规定，债权人自接到通知之日起 30 日内，未接到通知的自公告之日起 45 日内，可以要求公司清偿债务或者提供相应的担保。

一般而言，债权人基于自身利益，均会优先考虑公司提前清偿债务，如此会造成公司现金流减少，影响公司正常经营。因此，作者认为，对于到期债务，债权人有权要求公司立即予以清偿；对于未到期债务或或有债务，公司可提供相应担保。

（六）办理公司注销、变更登记

公司合并涉及法人主体注销、变更的，应办理变更登记，《市场主体登记管理条例》第 31 条第 1 款规定，市场主体因解散、被宣告破产或者其他法定事由需要终止的，应当依法向登记机关申请注销登记。经登记机关注销登记，市场主体终止。

三、公司简易合并

为保障公司合并的决策效率，同时又不损害股东权益，《公司法》第 219 条规定了简易合并："公司与其持股百分之九十以上的公司合并，被合并的公司不需经股东会决议，但应当通知其他股东，其他股东有权请求公司按照合理的价格收购其股权或者股份。公司合并支付的价款不超过本公司净资产百分之十的，可以不经股东会决议；但是，公司章程另有规定的除外。公司依照前两款规定合并不经股东会决议的，应当经董事会决议。"公司简易合并与公司正常合并相比，区别在于公司合并是否需要股东会决议。公司简易合并不需要股东会决议，但应经董事会决议，这加重了董事的责任。

根据该条规定，公司简易合并包括两种情形。一是控股公司对其持股90%以上的子公司合并。在该种情况下，被合并的公司无须经股东会决议，因为即使召开了股东会，只要被合并公司的控股股东同意合并，公司合并决议仍会通过，为节约合并成本，省略了股东会程序，但应保障小股东权益，小股东认为公司合并与其预期差距过大，意图退出公司的，应赋予小股东股权回购请求权。二是小规模合并。公司合并支付的价款不超过本公司净资产10%的，属于小规模合并。公司合并是扩大公司经营规模的投资活动，一项不超过本公司净资产10%的投资活动，不属于重大投资，完全可以由董事会审议。

需要注意的是，公司简易合并，仅是简化了公司内部决策程序，不能忽略异议股东和债权人的权益保护，异议股东有权请求公司回购其股权，债权人有权要求公司提前清偿债务或提供相应担保。

四、公司违法合并的法律后果

公司合并应履行相应的义务，包括董事会制订公司合并方案，股东会通过合并决议，签订书面合并协议，通知并公告债权人，提前清偿公司债务或提供相应担保等。上述义务是否构成公司法强制性规定中的效力性规范？未履行上述义务，是否会造成公司合并行为无效？

（一）违法合并的行政责任

《公司法》第255条规定，公司在合并时，不依照本法规定通知或者公告债权人的，由公司登记机关责令改正，对公司处以1万元以上10万元以下的罚款。《公司法》仅对未通知债权人行为作出了规定，对其他行为如何处理未进行规定。

（二）违法合并的民事责任

公司合并与公司减资均属于公司经营活动，同属《公司法》第十一章“公司合并、分立、增资、减资”。《公司法》第226条规定：“违反本法规定减少注册资本的,股东应当退还其收到的资金,减免股东出资的应当恢复原状;给公司造成损失的,股东及负有责任的董事、监事、高级管理人员应当承担赔偿责任。”该条就违法减资的法律后果进行了规定,但《公司法》除就违法合并的行政责任作出部分规定外,未就违法合并的民事责任作出规定。

违法合并的民事责任包括两个视角:一是相应主体承担何种责任;二是违反合并程序是否会导致公司合并行为无效,并恢复原状。

1. 董事会未拟订公司合并方案、编制资产负债表及财产清单的责任

《公司法》第 180 条规定,公司董事、监事、高级管理人员对公司负有忠实、勤勉义务。董事、高级管理人员负责公司日常运营,知晓公司经营和财务状况,应如实编制资产负债表及财产清单,不得隐瞒或提供虚假信息;董事会在制订公司合并方案时,应确保一切影响股东作出决策的信息均已提供,不得隐瞒或不提供。监事会应对董事、高级管理人员的履职行为进行监督。公司董事、监事、高级管理人员违反对公司的忠实、勤勉义务,应赔偿公司或相应主体的损失,但因仅涉及内部主体履职问题,不影响公司合并法律行为的效力。

2. 公司合并未经股东会审议通过的法律后果

公司合并应经股东会决议,并经代表 2/3 以上表决权的股东通过。如可能对类别股股东权益造成损害的,根据《公司法》第 146 条的规定,还应当经出席类别股股东会的股东所持表决权 2/3 以上通过。

公司依法作出股东会决议,之后由公司实施公司合并行为。但是,二者是相互关联,一行为无效必然导致另一行为无效?还是效力各自分开,互不影响?例如,股东会合并决议存在无效、不成立或可撤销的情形,公司后续合并行为效力如何?或者公司合并程序被认定违法,是否反向导致公司合并决议无效?对此,《公司法》并未规定,经作者检索,未找到代表性案例。

作者认为,《公司法》第 28 条规定:“公司股东会、董事会决议被人民法院宣告无效、撤销或者确认不成立的,公司应当向公司登记机关申请撤销根据该决议已办理的变更登记。股东会、董事会决议被人民法院宣告无效、撤销或者确认不成立的,公司根据该决议与善意相对人形成的民事法律关系不受影响。”根据该条规定,首先,如果公司合并决议被法院宣告无效、撤销或者确认不成立的,依据该合并决议作出的变更登记应予撤销;其次,在公司合并过程中,善意

债权人债务获得了清偿或被提供了相应担保的，应不受影响，继续有效，恶意债权人应将收到的资金退还给公司。公司股东会作出决议与公司合并是两个不同的法律行为，股东会作出决议是公司合并的前提，因此，股东会决议效力存在瑕疵，将影响公司合并行为的效力。

反之，公司合并程序违法，例如未通知债权人，或未按债权人要求提前清偿债务或提供担保，股东会决议效力如何？股东会决议作为民事法律行为，《公司法》对其无效、可撤销以及不成立情形已作出明确规定，股东会决议的效力应以此作为判断依据，公司合并的程序违法并不影响股东会决议的效力。

公司未作出股东会决议即实施合并的，作者认为，公司合并应按无效处理。按《公司法》第 28 条规定，公司股东会作出决议，如存在无效、不成立或可撤销情形，公司应当向公司登记机关申请撤销根据该决议已办理的变更登记。公司未作出股东会决议的，视为决议不成立，因公司合并形成的变更登记更应予以撤销。实务中也存在不同意见，有法院认为，召开股东会是为维护股东利益，如果股东利益实质上没有受损，那么即使未召开股东会也不影响公司合并行为的效力。如(2016)桂 12 民初 2 号案，该案一审法院认为，环球铝业吸收合并德胜铝业后，德胜铝业的债权债务应由存续的环球铝业承担，而环球铝业的履行能力强于德胜铝业。由此，可认定环球铝业吸收合并德胜铝业，不存在损害德胜铝业股东及其债权人的利益。为此，环球铝业对德胜铝业的吸收合并，虽存在没有股东会形成股东决议及对债权人进行通知或公告告知的瑕疵，但其并没有违反我国《公司法》第 37 条第 9 项(作者注：现《公司法》第 59 条第 7 项)规定公司合并应召开股东大会形成股东决议，为的是不损害股东利益的精神及《公司法》第 173 条[1]规定对债权人进行通知或公告告知，为的是保护合并各方债权人利益的精神。综上，德胜铝业与菱通国际、河池市政府三方于 2009 年 2 月 26 日签订的《续建合同》，除该合同第 1 条第 3 项约定违反法律的强制性规定而无效外，其他约定均未违反法律、法规强制性和效力性规定及损害国家、集体和第三人的合法权益，应属合法有效。

---

[1] 2023 年《公司法》第 220 条。

3. 公司合并未签订书面合并协议的法律后果

《公司法》第 220 条规定，公司合并，应当由合并各方签订合并协议，但未规定没有签订合并协议的法律后果。作者认为，公司合并是涉及两家以上公司的复杂商事交易，《公司法》要求合并各方签订合并协议，是为明确各方在合并过程中的权利、义务，避免发生争议后无约定可循，因此，签订合并协议义务属于《公司法》管理性规范，未签订合并协议不影响公司合并行为的效力。公司合并中存在的其他程序违法行为，不影响公司合并协议的效力，如导致公司合并协议无法履行的，属于协议履行问题。

《民法典》第 502 条第 1 款规定："依法成立的合同，自成立时生效，但是法律另有规定或者当事人另有约定的除外。"因此，公司合并协议效力的判断应以法律、行政法规规定为准，公司合并中存在其他违法行为，不影响公司合并协议的效力认定。如（2022）川 11 民终 227 号案，该案一审法院认为，木城建筑公司、森广建设公司订立的公司合并协议系双方就公司治理、运营方式等达成的合意，是双方意思表示一致的结果，并无相关法律规定以工商变更登记为生效要件。从工商变更登记的性质看，工商变更登记属于行政管理行为，是对公司合并事实的确认，工商变更登记属于对抗要件，不登记无法对抗第三人，是否登记并不影响合并协议本身的效力。据此，木城建筑公司、森广建设公司之间订立的企业合并协议合法有效，对双方具有约束力，双方均应按照协议约定履行合同义务。森广建设公司辩称，因未办理工商变更登记，案涉企业合并协议无效，无法律依据，该案一审法院不予支持。

4. 公司合并未通知债权人的法律后果

《公司法》第 221 条规定："公司合并时，合并各方的债权、债务，应当由合并后存续的公司或者新设的公司承继。"公司合并实质性影响债权人利益，因此，公司合并时，债权人对公司合并享有介入的权利，有权要求公司提前清偿债务或提供相应担保。

但是，公司合并未通知债权人或未提前清偿债务的如何处理？这一问题涉及债权人介入公司合并的权利，是公司合并的生效要件还是对抗要件。如果是生效要件，公司合并未通知债权人或未提前清偿，则公司合并不发生法律效力或无效，债权人或股东有权提起公司合并无效之诉；如果是对抗要件，公司合并未通知债权人或未提前清偿,公司合并继续有效,只是对未通知的债权人不发生效力。《公司法》对此并未进行规定。

作者认为,从《公司法》的修改过程来看,公司债权人对公司合并的介入权属于对抗要件,而非生效要件。首先,1993 年《公司法》第 184 条规定,公司不清偿债务或者不提供相应的担保的,不得合并。该规定过分强调交易安全,对经济效率考虑不够,故 2005 年《公司法》修订时,该规定被取消,说明立法者不以债权人介入权否定公司合并。[1] 其次,公司合并与公司减资不同,公司一旦合并,存在公司法人资格消灭、两个或以上公司相互融合的效果,经过一段时间经营,无法作出区分,因此,公司合并未通知债权人的,不影响公司合并的法律效力。最后,公司合并对债权人的保护应进一步完善,合并后存续的公司对公司债权人承担赔偿责任,如债权人损失无法得到弥补,应扩大清偿责任人的范围,负有责任的股东、董事、监事及高级管理人员应承担赔偿责任。

〔1〕 参见王欣新:《我国公司法修改后的公司合并规则探寻》,载《政治与法律》2006 年第 3 期。

第十九章

公司分立纠纷

公司分立是公司经营专门化、提升经营效率、减负增效的重要手段。[1]公司分立不仅涉及法人人格分立，也关涉公司财产分割，实质影响股东、债权人及公司管理人员等主体的利益。为妥善处理因公司分立产生的争议，2020年《民事案件案由规定》确定了三级案由“280. 公司分立纠纷”。公司分立纠纷是指公司分立未按分立计划或分立协议进行，或者违反了法律、行政法规的强制性规定引发的纠纷。[2]

公司分立引发的纠纷主要包括以下几个类型：一是因分立协议生效及履行产生的争议；二是因公司分立引发的债务承继问题；三是公司股东认为公司分立决议未经股东会通过，或债权人认为公司分立过程公司未履行通知义务，或者有其他违反法律或行政法规之情形，而提起的公司分立无效之诉。[3]

---

〔1〕 参见杨万明主编、最高人民法院研究室编著：《最高人民法院新民事案件案由规定理解与适用》，人民法院出版社2021年版，第775页。

〔2〕 参见杨万明主编、最高人民法院研究室编著：《最高人民法院新民事案件案由规定理解与适用》，人民法院出版社2021年版，第776页。

〔3〕 参见杨万明主编、最高人民法院研究室编著：《最高人民法院新民事案件案由规定理解与适用》，人民法院出版社2021年版，第773页。

第一节　公司分立纠纷诉讼指引

一、诉讼主体

(一)原告

1. 公司债权人

《公司法》第222条第2款规定:“公司分立,应当编制资产负债表及财产清单。公司应当自作出分立决议之日起十日内通知债权人,并于三十日内在报纸上或者国家企业信息公示系统公告。”因此,公司分立时,公司未通知债权人的,公司债权人有权作为原告提起诉讼。

2. 股东

公司分立应经股东会审议,应当编制资产负债表及财产清单,并通知债权人,如公司违反了《公司法》规定的义务,股东有权提起诉讼,请求公司停止违法分立行为。

3. 公司

分立协议签订后,协议方不履行分立协议约定的,另一方有权作为原告提起诉讼。

(二)被告

1. 公司

分立协议签订后,协议方不履行分立协议的规定,另一方有权以其为被告提起诉讼。另外,《公司法》第223条规定:“公司分立前的债务由分立后的公司承担连带责任。但是,公司在分立前与债权人就债务清偿达成的书面协议另有约定的除外。”根据该条规定,债权人有权请求分立后的公司连带清偿债务。

2. 董事、监事、高级管理人员

公司分立,应当编制资产负债表及财产清单,通知债权人,并完成财产分割。公司作为法人组织,无法与自然人一样实施各种行为,因此,公司分立的具体事项由董事、高级管理人员完成。董事、高级管理人员未按《公司法》第 222 条规定的程序办理,构成对其勤勉义务的违反,造成损失的,应当承担赔偿责任。

根据《公司法》第 78 条的规定,监事有权对董事、高级管理人员执行职务的行为进行监督;当董事、高级管理人员的行为损害公司的利益时,有权要求董事、高级管理人员予以纠正。因此,当董事、高级管理人员在公司违法分立时未尽忠实勤勉义务的,监事应及时行使监督职权。监事未及时监督造成公司损失的,应承担相应的赔偿责任。

3. 股东

公司分立属于公司重大经营事项,根据《公司法》的规定,应由经代表公司 2/3 以上表决权的股东通过。《公司法》第 21 条规定:"公司股东应当遵守法律、行政法规和公司章程,依法行使股东权利,不得滥用股东权利损害公司或者其他股东的利益。公司股东滥用股东权利给公司或者其他股东造成损失的,应当承担赔偿责任。"根据该条规定,公司分立需作出股东会决议,如股东滥用表决权给公司或者其他股东造成损失,应当承担赔偿责任。

(三)第三人

《民事诉讼法》第 59 条第 1 款与第 2 款规定:"对当事人双方的诉讼标的,第三人认为有独立请求权的,有权提起诉讼。对当事人双方的诉讼标的,第三人虽然没有独立请求权,但案件处理结果同他有法律上的利害关系的,可以申请参加诉讼,或者由人民法院通知他参加诉讼。人民法院判决承担民事责任的第三人,有当事人的诉讼权利义务。"因此,第三人分为有独立请求权的第三人与无独立请求权的第三人两类。《公司法》未对公司分立纠纷第三人作出明确规定,法院可依职权或相关主体有权申请追加第三人,以查明案件事实。

二、管辖

《民事诉讼法》第 27 条规定,因公司设立、确认股东资格、分配利润、解散等纠纷提起的诉讼,由公司住所地人民法院管辖。《民事诉讼法司法解释》第 22 条规定,因股东名册记载、请求变更公司登记、股东知情权、公司决议、公司合并、公司分立、公司减资、公司增资等纠纷提起的诉讼,依照《民事诉讼法》第 27

条规定确定管辖。根据上述规定，公司分立纠纷由公司住所地法院管辖。如(2020)粤01民辖终509号案，广州市中级人民法院查明，广州鼎汉公司、北京鼎汉公司向一审法院提交了中车股份公司作为存续公司(甲方)、广州中车轨道交通空调装备有限公司(筹)作为拟新设公司(乙方)于2014年9月1日签订的《公司分立协议》，另外提交了中车租赁公司作为转让方(甲方)、北京鼎汉公司作为受让方(乙方)于2015年1月29日签订的《股权转让协议》。《股权转让协议》第13条第1款约定，凡因本协议的理解或履行而发生的争议，双方应协商解决，协商不成的，任何一方均可向中国国际经济贸易仲裁委员会申请仲裁，仲裁地点在北京，仲裁结果对双方均具有约束力。广州市中级人民法院认为，从广州鼎汉公司、北京鼎汉公司的诉讼请求及所依据的事实和理由看，一审裁定认定该案为公司分立纠纷正确，依法予以维持。案涉《公司分立协议》并未约定争议管辖法院，案涉分立的公司即中车股份公司和广州鼎汉公司的住所地均在广州市海珠区，一审裁定依据《民事诉讼法》第26条的规定，以分立的公司即中车股份公司和广州鼎汉公司的住所地确定管辖法院，并据此确认一审法院对该案具有管辖权，事实和法律依据充分，法院依法予以维持。该案并非中车租赁公司与北京鼎汉公司之间《股权转让协议》所致的纠纷，中车股份公司和中车租赁公司主张应依据《股权转让协议》第13条第1款约定的仲裁条款解决该案具有争议，理据不足，一审不予支持正确，广州市中级人民法院依法予以维持。

《民事诉讼法司法解释》第3条规定，法人或者其他组织的住所地是指法人或者其他组织的主要办事机构所在地。法人或者其他组织的主要办事机构所在地不能确定的，法人或者其他组织的注册地或者登记地为住所地。

三、诉讼请求

因分立协议订立及履行产生的争议，原告的诉讼请求一般包括继续履行分立协议或解除分立协议等。如(2018)沪01民终303号案，原告向一审法院提出诉讼请求如下：(1)伦特公司、吴某伦应完全履行原伦特公司分立之义务，对原伦特公司的土地和厂房进行测量分割，即顺协盈公司分得3971.50平方米的土地和相对应1#门房、3#厂房共计1856.15平方米，伦特公司分得3107.50平方米的土地和相对应2#厂房计3839.39平方米，并协助原告办理土地和厂房的产权转移登记手续；(2)一审诉讼费由伦特公司、吴某伦承担。

四、诉讼时效

债权人请求清偿债务，属于债权请求权，应适用诉讼时效。

如公司股东、债权人等以公司分立违法为由提起公司分立无效之诉，属于确认之诉，不适用诉讼时效，但为避免法律关系长期处于不确定状态，应明确公司股东、债权人等提起公司分立无效之诉的时限，例如股东、债权人等应在公司分立登记完成后 6 个月内提出确认公司分立无效之诉。

第二节　公司分立纠纷实务操作

一、公司分立的概念和分类

《公司法》及《民法典》虽提到了公司分立或法人分立，但却都未对公司分立进行定义。商务部制定的《外商投资企业合并与分立的规定》(2015 修正)第 4 条规定："本规定所称分立，是指一个公司依照公司法有关规定，通过公司最高权力机构决议分成两个以上的公司。公司分立可以采取存续分立和解散分立两种形式。存续分立，是指一个公司分离成两个以上公司，本公司继续存在并设立一个以上新的公司。解散分立，是指一个公司分解为两个以上公司，本公司解散并设立两个以上新的公司。"因此，公司分立是指一家公司不经过清算程序，分设为两家以上公司的法律行为。[1]

公司分立，不仅涉及公司人格的分立，公司财产也应作相应的分割，仅分立出新的公司，但分立后公司未取得财产的，公司独立性缺乏物质基础，因此《公司法》第 222 条第 1 款明确规定："公司分立，其财产作相应的分割。"如(2018)苏执复 166 号案，法院认为，根据《公司法》的规定，公司分立，其财产作相应的分割。因此，判断金泰公司是否由法兰公司分立而来，应当证明金泰公司的财

---

〔1〕 参见刘俊海：《现代公司法》(第 2 版)，法律出版社 2011 年版，第 594 页。

产全部或部分来源于法兰公司。但在该案中，从外观判断分析，金泰公司的工商登记及企业成立公示中均未表明其由法兰公司分立而来。南通市中级人民法院认定三林金泰公司是三林法兰公司为逃废债务而新设的公司，该公司的设立构成了事实上或者实质上的公司分立，没有事实与法律依据。

以被分立公司法人资格是否存续为标准，公司分立分为存续分立和解散分立。存续分立，是指被分立公司继续存在并分立一个以上的新的公司；解散分立，是指被分立公司的法人资格消灭，并分解为两个以上公司。

二、公司分立的程序

根据《公司法》的规定，公司分立程序包括：

（一）董事会拟订公司分立方案、并编制资产负债表及财产清单

《公司法》第222条第2款规定，公司分立，应当编制资产负债表及财产清单；《公司法》第67条规定，公司分立方案由董事会制订。《公司法》未规定公司分立方案应包括的具体内容，但为保障股东对公司分立事项的决策权，董事会在制订公司分立方案时，应确保足以影响股东决策的信息均被包含在公司分立方案中。董事制订公司分立方案时负有忠实、勤勉义务，如违反相应义务，应赔偿损失。

（二）股东会通过公司分立方案

公司分立涉及公司经营事项的重大变更，公司是否分立应由公司股东会决议。《公司法》第59条规定，股东会对公司分立作出决议；《公司法》第66条第3款规定，公司分立决议，必须经代表2/3以上表决权的股东通过。

公司股东会通过公司分立决议，对中小股东而言，股东共同设立公司的基础发生了重大变更或其参股公司的合理预期发生了重大变化，此时应保障中小股东提出异议的权利。根据《公司法》第89条的规定，公司分立的，对股东会该项决议投反对票的股东可以请求公司按照合理的价格收购其股权。对于股份有限公司，根据《公司法》第162条的规定，股东对分立决议持异议的，有权要求公司收购其股份。

(三)签订公司分立协议

《公司法》未规定公司分立应签订分立协议,但因公司分立事项纷繁复杂,建议签署公司分立协议。关于公司分立协议的内容,参考《外商投资企业合并与分立的规定》(2015 修正)第 23 条规定:“公司分立协议应包括下列主要内容:(一)分立协议各方拟定的名称、住所、法定代表人;(二)分立后公司的投资总额和注册资本;(三)分立形式;(四)分立协议各方对拟分立公司财产的分割方案;(五)分立协议各方对拟分立公司债权、债务的承继方案;(六)职工安置办法;(七)违约责任;(八)解决争议的方式;(九)签约日期、地点;(十)分立协议各方认为需要规定的其他事项。”

(四)通知并公告债权人

《公司法》第 222 条第 2 款规定,公司应当自作出分立决议之日起 10 日内通知债权人,并于 30 日内在报纸上或者国家企业信息公示系统公告。

通知方式上,《公司法》第 222 条表述为通知债权人并进行公告,说明两种告知方式应同时使用,而非选择适用。对于已知债权人,要选择通知方式;对于未知债权人,要在报纸上或者在国家企业信息公示系统公告。无论选择何种公告方式,公司要以最大诚信保障公司债权人知晓公司分立事项。

(五)办理公司注销、变更登记

公司分立涉及法人主体注销、变更的,应办理变更登记,如《市场主体登记管理条例》第 31 条规定,市场主体因解散、被宣告破产或者其他法定事由需要终止的,应当依法向登记机关申请注销登记。经登记机关注销登记,市场主体终止。

三、公司违法分立的法律后果

公司分立应履行相应的义务,包括董事会制订公司分立方案,股东会通过分立决议,通知并公告债权人等。上述义务是否构成公司法强制性规定中的效力性规范?未履行上述义务,是否会造成公司分立行为无效?

（一）违法分立的行政责任

《公司法》第 255 条规定，公司在分立时，不依照本法规定通知或者公告债权人的，由公司登记机关责令改正，对公司处以 1 万元以上 10 万元以下的罚款。《公司法》仅对未通知债权人的行为作出了规定，对其他行为如何处理未进行规定。

（二）违法分立的民事责任

公司分立与公司减资均属于公司经营活动，同属《公司法》第十一章“公司合并、分立、增资、减资”。《公司法》第 226 条规定：“违反本法规定减少注册资本的，股东应当退还其收到的资金，减免股东出资的应当恢复原状；给公司造成损失的，股东及负有责任的董事、监事、高级管理人员应当承担赔偿责任。”该条就违法减资的法律后果进行了规定，但《公司法》除就违法分立的行政责任作出部分规定外，未就违法分立的民事责任作出规定。

违法分立的民事责任包括两个视角：一是相应主体承担何种责任；二是违反分立程序是否会导致公司分立行为无效，并恢复原状。

1. 董事会未拟订公司分立方案、编制资产负债表及财产清单的责任

《公司法》第 180 条规定，公司董事、监事、高级管理人员对公司负有忠实、勤勉义务。董事、高级管理人员负责公司日常运营，知晓公司经营和财务状况，应如实编制资产负债表及财产清单，不得隐瞒或提供虚假信息；董事会在制订公司分立方案时，应确保一切影响股东作出决策的信息均已提供，不得隐瞒或拒绝提供。监事会应对董事、高级管理人员履职行为进行监督。公司董事、监事、高级管理人员违反对公司的忠实、勤勉义务，应赔偿公司或相应主体的损失，但因仅涉及内部主体履职问题，不影响公司分立法律行为的效力。

2. 公司分立未经股东会审议通过的法律后果

公司分立应经股东会决议，并经代表 2/3 以上表决权的股东通过。可能对类别股股东权益造成损害的，根据《公司法》第 146 条的规定，还应当经出席类别股股东会的股东所持表决权 2/3 以上通过。

公司依法作出股东会决议，之后由公司实施公司分立行为。但是，二者是

相互关联，一行为无效必然导致另一行为无效？还是效力各自分开，互不影响？例如，股东会分立决议存在无效、不成立或可撤销的情形，公司后续分立行为的效力如何？或者公司分立程序被认定违法，是否反向导致公司分立决议无效？

作者认为，《公司法》第28条规定："公司股东会、董事会决议被人民法院宣告无效、撤销或者确认不成立的，公司应当向公司登记机关申请撤销根据该决议已办理的变更登记。股东会、董事会决议被人民法院宣告无效、撤销或者确认不成立的，公司根据该决议与善意相对人形成的民事法律关系不受影响。"根据该条规定，公司分立决议被法院宣告无效、撤销或者确认不成立的，依据该分立决议作出的变更登记应予撤销。公司股东会作出决议与公司分立是两个不同的法律行为，股东会作出决议是公司分立的前提，因此，股东会决议效力存在瑕疵，将影响公司分立行为的效力。

反之，公司分立程序存在违法，例如未通知债权人，股东会决议的效力如何？股东会决议作为民事法律行为，《公司法》对其无效、可撤销以及不成立情形已作出明确规定，股东会决议效力应以此作为判断依据，公司分立程序的违法并不影响股东会决议的效力。

公司未作出股东会决议即实施分立的，作者认为，公司分立应按无效处理。按《公司法》第28条规定，公司股东会作出决议，如存在无效、不成立或可撤销情形，公司应当向公司登记机关申请撤销根据该决议已办理的变更登记。公司未作出股东会决议的，视为决议不成立，因公司分立形成的变更登记更应予以撤销。但是，实务中也存在不同意见，有法院认为，召开股东会是为维护股东利益，如果股东利益实质上没有受损，那么即使未召开股东会也不影响公司分立行为的效力。如(2014)民申字第905号案，沈某龙等人实施的分割公司财产的行为，虽未依照《公司法》的规定履行股东会决议、通知债权人及公告等法定程序，但不宜以此为由否定财产分割协议的法律效力。从公司股东意思的形成来看，恒信公司本身系沈某龙、沈某嘉、沈某林三人协议共同持有控制股权的家族企业，除沈某龙之妻李某杰之外的其他股东所持有的股权均系源自沈某龙之赠与，且该等其他股东当时均在恒信公司任职，应当知道沈某龙等三人之间签订了财产分割协议，且其他股东在分割协议签订之后，并未主动提出异议。故不能仅以该协议在签订之时未经股东会议决议的程序瑕疵为由，否认该协议在股东之间的效力。

3. 公司分立未通知债权人的法律后果

《公司法》第223条规定："公司分立前的债务由分立后的公司承担连带责任。但是，公司在分立前与债权人就债务清偿达成的书面协议另有约定的除外。"公司分立影响债权人利益，因此，公司分立时，债权人对公司分立享有介入的权利。

但是，公司分立未通知债权人如何处理？这一问题涉及债权人介入公司分立的权利，是公司分立的生效要件还是对抗要件？如果是生效要件，公司分立未通知债权人，则公司分立不发生法律效力或无效，债权人或股东有权提起公司分立无效之诉；如果是对抗要件，公司分立未通知债权人或未提前清偿债务，公司分立继续有效，只是对未通知的债权人不发生效力。《公司法》对此并未进行规定。

1993年《公司法》第185条第2款规定："不清偿债务或者不提供相应的担保的，公司不得分立。"2005年《公司法》修改时，该规定被取消，说明立法者不以债权人介入权否定公司分立。作者认为，公司分立的，分立后公司连带清偿公司债务，足以保障债权人利益，同时负有责任的股东、董事、监事及高级管理人员也应承担赔偿责任。因此，公司分立时债权人介入权具有对抗效力，公司未通知债权人，不影响公司分立行为的效力，如上述最高人民法院(2014)民申字第905号案。

第二十章

公司减资纠纷

公司注册资本是构成公司独立人格的重要条件，同时也是公司对外承担责任的物质基础。[1] 因此，根据资本维持原则，非经法定程序和条件，公司不允许随意减少注册资本。公司减少注册资本，即减资，是指公司在存续过程中，因资本过剩或者亏损严重而依照法定的条件和程序减少注册资本。[2] 公司减资不仅牵涉公司资本变动，影响股东利益分配，而且也会导致公司责任财产减少进而影响债权人利益。为保障各方诉权，2020 年《民事案件案由规定》确定了三级案由“281. 公司减资纠纷”，其是指在公司注册资本减少过程中减资行为引起的民事纠纷。[3]

公司因资本过剩实施的实质减资客观上降低了公司偿债能力，影响债权人利益实现，外观表现为损害了公司债权人利益，因此，实务中，多数公司减资纠纷由债权人提起，这与损害公司债权人利益责任纠纷案由存在相似性，适用时应注意区分。损害公司债权人利益责任纠纷是指股东或实际控制人滥用公司人格独立或股东有限责任损害公司债权人利益的情形，与公司因减资行为损害债权人利益存在差异。

公司减资事项由股东会作出决议，但减资决议作出与减资行为实施属于两个阶段，减资决议在前，实施减资行为在后。公司股东、董事及高级管理人员等

---

〔1〕 参见张俊勇：《论公司法修订中减资制度的完善》，载《法律适用》2023 年第 1 期。

〔2〕 参见杨万明主编、最高人民法院研究室编著：《最高人民法院新民事案件案由规定理解与适用》，人民法院出版社 2021 年版，第 777 页。

〔3〕 参见杨万明主编、最高人民法院研究室编著：《最高人民法院新民事案件案由规定理解与适用》，人民法院出版社 2021 年版，第 777 页。

认为公司减资决议存在无效、不成立或可撤销情形,提起诉讼的,应适用公司决议效力纠纷案由,非公司减资纠纷案由。

第一节　公司减资纠纷诉讼指引

一、诉讼主体

(一)原告

1. 债权人

2018 年《公司法》第 177 条第 2 款规定:“公司应当自作出减少注册资本决议之日起十日内通知债权人,并于三十日内在报纸上公告。债权人自接到通知书之日起三十日内,未接到通知书的自公告之日起四十五日内,有权要求公司清偿债务或者提供相应的担保。”

但是,公司减资未通知债权人的,或者债权人要求公司清偿债务或提供担保时,公司拒绝的,债权人如何保护自身权益,2018 年《公司法》并未规定。实务中,法院认可债权人作为原告提起诉讼,要求减资股东在减资数额内承担补充赔偿责任。如(2016)沪 02 民终 10330 号案(《最高人民法院公报》2017 年第 11 期),德力西公司作为江苏博恩公司的债权人,要求江苏博恩公司股东上海博恩公司、冯某在减资数额范围内对江苏博恩公司债务不能清偿的部分承担补充赔偿责任,法院支持了德力西公司的诉求。

《公司法》第 226 条规定:“违反本法规定减少注册资本的,股东应当退还其收到的资金,减免股东出资的应当恢复原状;给公司造成损失的,股东及负有责任的董事、监事、高级管理人员应当承担赔偿责任。”该条明确了公司违法减资的法律后果,填补了 2018 年《公司法》的法律漏洞。需要注意的是,债权人有权根据该条规定要求股东退还其收到的资金给公司,而非直接赔偿给债权人,与之前的处理存在实质性差别,应予注意。股东不能退还的,视为给公司造成了损失,债权人有权要求股东及负有责任的董事、监事、高级管理人员承担赔偿责任。

2. 股东

《公司法》第224条规定："公司减少注册资本，应当编制资产负债表及财产清单。公司应当自股东会作出减少注册资本决议之日起十日内通知债权人，并于三十日内在报纸上或者国家企业信息公示系统公告。债权人自接到通知之日起三十日内，未接到通知的自公告之日起四十五日内，有权要求公司清偿债务或者提供相应的担保。公司减少注册资本，应当按照股东出资或者持有股份的比例相应减少出资额或者股份，本法或者其他法律另有规定的除外。"

根据上述规定，《公司法》对公司减资环节作出了规定，涉及信息披露、通知与公告以及债权人介入等，如公司减资过程违反了上述规定，股东有权诉请公司停止减资；违法减资完成后，股东有权依据《公司法》第226条规定，要求违法减资股东退还其收到的资金给公司，造成公司损失的，有权向相应主体主张赔偿。

需要注意的是，违法减资侵害的是公司责任财产，损害对象是公司，股东为公司利益提起诉讼，需提起股东代表诉讼。股东能否依据《公司法》第226条提起直接诉讼尚需司法实务进一步明确。

3. 公司

违法减资侵害了公司责任财产，公司是损失方，其有权根据《公司法》第226条提起诉讼，要求违法减资股东退还其收到的资金，如不能退还，相应责任主体应赔偿公司损失。

（二）被告

1. 股东

《公司法》第226条规定，股东违法减资的，应将收到的资金退还给公司，不能退还给公司造成损失的，应承担相应赔偿责任。违法减资的资金是分配给了股东，股东应负责退还，其是公司减资纠纷的适格被告。

2. 董事、监事、高级管理人员

《公司法》第226条规定，股东不能退还因减资收到的资金的，视为给公司造成了损失，负有责任的董事、监事、高级管理人员应当承担赔偿责任。

董事、高级管理人员负责公司经营管理，应按公司真实经营情况编制资产负债表及财产清单。公司作出减资决议后，董事、高级管理人员应通知公司全体债权人，不得遗漏通知债权人，并及时办理减资登记。董事、高级管理人员未按《公司法》第224条规定的程序办理，构成对其勤勉义务的违反，造成公司损失的，应承担相应赔偿责任；如造成他人损失，主要是债权人损失，根据《公司法》第191条规定，董事、高级管理人员存在故意或者重大过失的，也应当承担赔偿责任。实务中也存在以董事未尽通知义务，恶意协助股东进行减资为由，要求董事承担赔偿责任的案例。

至于公司监事，其并不参与公司经营，如何认定其在公司违法减资中负有责任，尚不明确。合理的解释是，根据《公司法》第78条的规定，监事有权对董事、高级管理人员执行职务的行为进行监督；当董事、高级管理人员的行为损害公司的利益时，有权要求董事、高级管理人员予以纠正。因此，当董事、高级管理人员在公司违法减资未尽忠实勤勉义务时，监事应及时行使监督职权。监事未及时监督造成公司损失的，应承担相应赔偿责任。

（三）第三人

现行《公司法》并未对公司减资纠纷第三人作出明确规定。结合案件需要，法院可依职权或相关主体可申请列第三人，以查明案件事实。

二、管辖

《民事诉讼法》第27条规定，因公司设立、确认股东资格、分配利润、解散等纠纷提起的诉讼，由公司住所地人民法院管辖。《民事诉讼法司法解释》第22条规定，因股东名册记载、请求变更公司登记、股东知情权、公司决议、公司合并、公司分立、公司减资、公司增资等纠纷提起的诉讼，依照《民事诉讼法》第27条规定确定管辖。根据上述规定，公司减资纠纷由公司住所地法院管辖。

三、诉讼请求

《公司法》第226条明确了违法减资的法律后果。公司违法减资的，公司、股东或债权人有权诉请违法减资的股东退还其收到的资金；无法退还的，公司即存在损失，公司、股东或债权人有权诉请违法减资的股东及负有责任的董事、监事、高级管理人员承担赔偿责任。

债权人提起诉讼的最终目的是直接获得清偿，而非要求股东退还资金或赔偿损失给公司。为避免债权人提起两次诉讼，即先请求违法减资股东退还资金或赔偿损失给公司，再起诉公司要求清偿债务，债权人是否可以通过行使代位权的方式实现其诉求，要求违法减资的股东（违法减资资金应退还给公司）直接向其支付，尚需司法实务进一步明确。

四、诉讼时效

《公司法》第 224 条对公司实质减资程序作出了规定，违反该条规定，违法减资股东应退还资金给公司或由股东等赔偿公司损失。

违法减资属于无效法律行为，因此，股东退还资金给公司不适用诉讼时效。但是，股东无法退还资金造成公司损失的，公司有权向股东，负有责任的董事、监事、高级管理人员追偿，此时公司享有债权请求权，应适用诉讼时效，自公司知道或应当知道违法减资股东无法退还资金之日起算。

第二节 公司减资纠纷实务操作

公司减资原因多样：公司可能为压缩经营规模而减资（有净资产）；可能因已经有所亏损而减资（虽亏损但未破产）；可能因部分股东出资不到位而减资；可能因公司按约定回购股权或依法履行强制回购义务而减资；可能因除名股东而减资；可能因股东退股而减资；等等。[1] 前述减资情形对公司清偿能力或责任财产的影响并不相同，有必要进行区分，并对不同减资类型适用不同规范，实现公司、股东与债权人利益的平衡。

一、实质减资与形式减资

2018 年《公司法》第 177 条规定，公司需要减少注册资本时，必须编制资产

〔1〕 参见虞政平等：《〈公司法〉第一百七十七条之理解与适用：决议减资与债权人保护》，载《人民司法》2017 年第 16 期。

负债表及财产清单。公司应当自作出减少注册资本决议之日起10日内通知债权人,并于30日内在报纸上公告。债权人自接到通知书之日起30日内,未接到通知书的自公告之日起45日内,有权要求公司清偿债务或者提供相应的担保。

根据上述规定,公司只要决定减资,无论减资金额大小,减资原因如何,是否影响公司偿债能力,公司均需履行通知与公告义务,债权人均有权请求公司立即清偿债务或者提供相应担保。上述规定加重了公司负担,导致公司有心减资而无力付诸实践。

公司注册资本随经营情况逐渐转化为公司资产。公司资产因经营好坏处于波动状态,经过一段时间,公司资产可能高于注册资本,也可能低于注册资本。如公司资产高于注册资本,为避免资金闲置与浪费,股东可以通过减资方式实现资本退出,收回投资;如公司资产低于注册资本,注册资本已无法反映公司真实资产情况,影响交易相对方对公司实力的判断,为了使公司真实资产与注册资本相符,昭示与维持商业信用,有必要进行减资。在此种情形下的减资,减少的注册资本并未返还给股东,如要求公司立即清偿债务或提供相应担保,将增加公司减资成本,使公司减资过于僵化与呆板。

因此,公司法理论与司法实务基于公司减资行为是否客观上减少了公司责任财产或降低了公司清偿能力,将公司减资类型区分为实质减资和形式减资。实质减资,是指公司减资行为将导致公司责任财产下降,偿债能力降低,影响债权人利益实现,实质减资常发生在公司实际资产明显超过业务需要的情形下,为避免资金闲置,通过减资的方式提高资金效率,一般表现为公司向股东退还注册资本。因此,公司实质减资的,必须按照《公司法》第224条的规定,履行通知与公告义务,进行债务清偿或担保。

形式减资,又称名义减资,是指在公司亏损、实有资产明显低于注册资本的情况下,为了使公司的注册资本与公司的实际资产相一致,通过减资的手段,使公司注册资本能够真实地反映出公司实际资本的情况。此时公司没有分配资产给股东,公司偿债能力也未发生实质性变化,更多的是会计账簿上的调整。[1]

---

〔1〕 参见张俊勇:《论公司法修订中减资制度的完善》,载《法律适用》2023年第1期。

对形式减资而言，其仅仅是注册资本额减少，并不发生净资产的流动，旨在实现公司注册资本与公司资产的匹配。[1] 因形式减资并不损害债权人利益，无须债权人介入，故根据《公司法》第225条的规定，形式减资的，公司仅需履行公告义务，保证相关主体的知情权即可。

实质减资与形式减资区分的关键在于公司减资行为是否导致公司责任财产的变化，而非是否向股东退还了资金。例如，通过减资免除未到出资期限股东的出资义务，虽并不存在资金退回行为，但公司责任财产却实质减少，应属于实质减资。如江苏万丰光伏有限公司诉上海广力投资管理有限公司、丁某焜等买卖合同纠纷案（《最高人民法院公报》2018年第12期），法院裁判摘要认为，注册资本作为公司资产的重要组成部分，既是公司从事生产经营活动的经济基础，亦是公司对外承担民事责任的担保。注册资本的不当减少将直接影响公司对外偿债能力，危及债权人的利益。公司在股东认缴的出资期限届满前，作出减资决议而未依法通知债权人，免除了股东认缴但尚未履行的出资义务，损害了债权人利益。债权人起诉请求股东对公司债务在减资范围内承担补充赔偿责任的，人民法院应予支持。

二、实质减资的规制

公司实质减资导致公司责任财产下降，是重大变化，不仅需要公司内部决议，公司外部债权人亦有权介入，要求公司清偿债务或提供担保。公司实质减资违反法定程序，构成违法减资的，应承担相应的法律后果。

（一）减资方案制订

《公司法》第224条规定，公司减少注册资本，必须编制资产负债表及财产清单；该法第67条规定，董事会制订减少注册资本的方案。

为保障股东知情权，确保股东在作出减资决议时知晓公司经营的真实情况，董事会应如实制订减资方案；高级管理人员负责公司事务的执行，应如实编制公司资产负债表及财产清单，不得遗漏、隐瞒债权人信息。董事、高级管理人

[1] 参见丁辉：《认缴登记制下公司减资制度研究》，载《河北法学》2017年第6期。

员在减资方案制订及通知环节未履行其义务，构成对其忠实勤勉义务的违反。根据《公司法》第 226 条规定，违法减资造成公司损失的，负有责任的董事、高级管理人员应承担赔偿责任。

(二)股东会决议

根据《公司法》第 59 条及第 116 条的规定，公司减少注册应由股东会作出决议，并经代表 2/3 以上表决权的股东通过。可能对类别股股东权益造成损害的，根据《公司法》第 146 条的规定，还应当经出席类别股股东会的股东所持表决权 2/3 以上通过。

公司依法作出股东会决议，之后由公司实施减资行为。但是，二者是相互关联，一行为无效必然导致另一行为无效？还是效力各自分开，互不影响？例如，股东会减资决议存在无效、不成立或可撤销的情形，公司后续减资行为的效力如何？或者公司减资程序被认定违法，是否反向导致公司减资决议无效？《公司法》对此并未规定，实务中也有很大争议。

有观点认为，减资决议是减资行为的基础，减资决议无效，减资行为也随之无效。[1] 也有观点认为，减资决议与减资行为属于两个不同行为，属于不同阶段。决议行为仅涉及内部，实施决议的行为则涉及外部。[2] 减资决议瑕疵，并不影响后续减资行为的效力，或者后续减资行为违法，也并不导致减资决议无效，决议效力受《公司法》第 25 条、第 26 条及第 27 条调整。

作者认为，《公司法》第 28 条规定："公司股东会、董事会决议被人民法院宣告无效、撤销或者确认不成立的，公司应当向公司登记机关申请撤销根据该决议已办理的变更登记。股东会、董事会决议被人民法院宣告无效、撤销或者确认不成立的，公司根据该决议与善意相对人形成的民事法律关系不受影响。"根据该条规定，首先，如果公司减资决议被法院宣告无效、撤销或者确认不成立，依据该决议作出的减资变更登记应予撤销；其次，在公司减资过程中，善意债权人债务获得了清偿或被提供了相应担保，应不受影响，继续有效，恶意债权人应

〔1〕 参见李珈娴：《公司减资未通知债权人时的股东责任认定》，载《天津法学》2022 年第 4 期。

〔2〕 参见朱虎等：《〈公司法〉第一百七十七条之理解与适用：决议减资与债权人保护》，载《人民司法》2017 年第 16 期。

将收到的资金退还给公司。

（三）通知并公告

《公司法》第224条第2款规定，公司减少注册的，应当自作出减少注册资本决议之日起10日内通知债权人，并于30日内在报纸上公告。该款规定了公司减资的通知程序。实证研究表明，90%的公司减资纠纷集中在公司减资的程序是否合法上。[1]

1. 通知方式

《公司法》第224条第2款就通知程序表述为“通知债权人，并公告”，说明通知与公告两种告知方式是同时使用，而非选择适用。即使公司通知了全部已知债权人，仍应同步进行公告。

公司实施减资，一旦通知债权人，债权人有权要求公司清偿债务或提供相应担保，因此，公司为了避免债权人行使该权利，或者公司股东为了逃避债务，公司通常使用公告方式而非直接通知债权人方式告知公司减资。公告方式存在局限性，债权人能否看到公告具有或然性，这导致公司减资完成并进行工商变更后，债权人才知晓公司实施了减资，并进而主张权益。如（2017）最高法民终422号案，法院认为，公司减资减少了以公司资产承担责任的能力，直接影响公司债权人的利益，因此我国《公司法》对公司减资规定了比增资更为严格的法律程序，其目的就是有效保护债权人的利益。《公司法》第177条[2]规定：“公司需要减少注册资本时，必须编制资产负债表及财产清单。公司应当自作出减少注册资本决议之日起十日内通知债权人，并于三十日内在报纸上公告。债权人自接到通知书之日起三十日内，未接到通知书的自告知之日起四十五日内，有权要求公司清偿债务或者提供相应的担保。”因此，公司减资时，应当采取及时有效的方式通知债权人，以确保债权人有机会在公司责任财产减少之前进行相应的权衡并作出利益选择，公司则根据债权人的要求进行清偿或者提供担保。上述行为既是公司减资前对债权人应当履行的义务，同时也是股东对公司

［1］ 参见丁辉：《认缴登记制下公司减资制度研究》，载《河北法学》2017年第6期。

［2］ 2023年《公司法》第224条。

减资部分免责的前提。根据该案查明的事实，2015 年 11 月 12 日，中储国投实业公司经股东会决议将注册资本由 37,000 万元减少至 1000 万元时，曲阳煤炭物流公司已于 2015 年 8 月 20 日将中储国投实业公司诉至法院，请求其偿还所欠 3000 余万元债务，并提供了煤炭购销合同、结算清单及增值税发票等为证。而中储国投实业公司在曲阳煤炭物流公司起诉前已向曲阳煤炭物流公司支付了部分货款，并将曲阳煤炭物流公司开具的增值税发票进行了税务认证和抵扣。由此可见，中储国投实业公司对欠付曲阳煤炭物流公司案涉债务应属明知。在此情况下，该公司仅在报纸上刊登减资公告，未就减资事项采取及时、有效的方式告知曲阳煤炭物流公司，未向工商登记部门如实报告其负有大额债务未清偿的事实就办理了工商变更登记，其刊登公告的行为不能构成对已知债权人曲阳煤炭物流公司的通知，其并未完成法定的履行通知的义务，其行为不符合公司减少注册资本的法定程序，故中储国际控股公司提出曲阳煤炭物流公司不是已知债权人，上海昊阁公司减资程序合法的上诉理由不能成立，法院不予支持。

因此，为了避免因通知方式产生纠纷，公司通知应贯彻最大诚信的原则，确保债权人知晓公司减资情况。对已知或应知的债权人，公司应采取直接通知的方式，对于下落不明、穷尽所有手段无法联系的债权人，公司应同时进行公告。至于公告的范围，可参考《公司法司法解释二》第 11 条的规定，根据公司规模和营业地域范围在全国或者公司注册登记地省级有影响的报纸上进行公告。随着我国统一的企业信息公示系统的建立和完善，为避免公告范围的争议，公司减资可以根据《公司法》第 224 条第 2 款的规定在企业信息公示系统进行披露。

2. 通知对象

公司减资的通知对象是公司债权人。以债权是否到期为分类标准，债权人分为到期债权的债权人和未到期债权的债权人。无论债权是否到期，债权均形成于减资前，注册资本对交易相对方构成信赖，公司减资对未到期债权人存在影响，因此，未到期的债权人也应是通知对象。

以债权是否存在争议为分类标准，债权人可分为确定的债权人和存疑的债权人。前者无疑是通知的对象，而后者是否需要通知则有待商榷。[1] 通知存疑的债权人，是否意味着对该笔债权的确认？通知存疑的债权人后，如该债权人要求清偿债务或提供担保，公司如何处理？如公司拒绝，之后该笔债权经司法确认确实存在，是否构成违法减资？

作者认为，对于存疑的债权人，因债权可能存在，公司仍应履行通知义务，但在通知时可备注说明该笔债权存疑，需经司法确认；债权人要求清偿的，公司有权提出因债权存疑，公司仅可提供担保，同时备注说明提供担保并不意味着对债权的确认。如后期存疑债权为被司法确认，因公司提供了担保，并不损害债权人利益，不影响减资行为效力；如未被确认，则公司安排的担保因主债权不存在，担保方无须承担担保责任，公司亦不存在损失。

3. 未通知债权人的法律后果

2018 年《公司法》，对于未通知债权人是减资行为的“生效要件”还是“对抗要件”，存在不同观点。“生效要件”观点认为，为保障债权人利益，避免公司减资在事实上成为公司单方决议的行为，公司减资应取得债权人同意，否则减资行为不发生效力；“对抗要件”观点认为，即使减资未通知债权人，减资行为仍然有效，只是对未通知的债权人不发生效力，债权人有权要求违法减资股东在减资范围内承担补充赔偿责任。实务中，法院倾向于将债权人异议认定为“对抗要件”，公司的减资行为自作出时开始生效。[2] 如(2019)鄂民申 4318 号案，法院认为，宏畅公司在作出减资决定时，明知胡某是公司债权人的事实，但宏畅公司仅发出减资公告，而对胡某没有采取合理、有效的方式告知，宏畅公司的减资行为对胡某不具有对抗的效力。

《公司法》采纳的是“生效要件”的观点，公司实质减资未通知债权人的或通知方式不适当的，属于违法减资，依据《公司法》第 226 条的规定，违法减资股东应将收到的资金退还给公司，免除的股东出资义务的应恢复原状；造成公司损失的，违法减资股东，负有责任的董事、监事及高级管理人员等主体应负责赔偿。

---

〔1〕 参见李珈娴：《公司减资未通知债权人时的股东责任认定》，载《天津法学》2022 年第 4 期。

〔2〕 参见丁辉：《认缴登记制下公司减资制度研究》，载《河北法学》2017 年第 6 期。

（四）外部债权人介入

1. 外部债权人介入前提

公司注册资本虽然不反映公司真实资产状况，但却是债权人对公司实力的初步印象，构成债权人信赖的基础，如公司实质减资，公司偿债能力降低，但未影响债权人信赖利益，那么债权人无权要求公司清偿债务或提供担保。如（2021）京民终555号案，法院查明，2004年1月13日，北京台湾会馆国际旅行社设立，注册资本为人民币300万元。2016年10月18日，北京台湾会馆国际旅行社召开股东会，形成股东会决议：同意将注册资本变更为人民币5580万元。2018年1月24日，北京台湾会馆国际旅行社召开第6届第2次股东会，形成股东会决议：同意将注册资本由人民币5580万元减至人民币300万元。2018年4月23日，北京台湾会馆国际旅行社注册资本由人民币5580万元变更为人民币300万元。2015年12月18日北京台湾会馆国际旅行社向亚洲旅行社发出的《承诺书》中载明双方于2015年8月7日最后对账共同确认债权债务，在2015年8月时双方已自行共同确认该债权债务。亚洲旅行社诉请股东在减资范围内承担补充赔偿责任。法院认为，该案争议焦点是北京台湾会馆国际旅行社于2018年4月23日将注册资本人民币5580万元变更为人民币300万元是否损害债权人亚洲旅行社的利益。根据查明的事实，自2014年起亚洲旅行社与北京台湾会馆国际旅行社就两岸旅行多次组团合作，并于2015年12月对北京台湾会馆国际旅行社欠付亚洲旅行社的团款进行对账确认。在此期间，北京台湾会馆国际旅行社的注册资本为人民币300万元，故此时，亚洲旅行社对北京台湾会馆国际旅行社的信赖利益基础即为人民币300万元，亦为北京台湾会馆国际旅行社的债务承担能力。2016年10月18日北京台湾会馆国际旅行社作出增资决议，公司注册资本增至人民币5580万元，各股东为认缴出资，出资时间为2026年12月31日。2018年1月24日，北京台湾会馆国际旅行社股东会决议减资，注册资本由人民币5580万元变更为人民币300万元。首先，股东对认缴出资享有期限利益，在期限届满前，北京台湾会馆国际旅行社实缴注册资本仍为人民币300万元，故并不对公司债务承担能力产生影响。其次，减少后的注册资本并未低于其增资前的原有注册资本，由此，也并不因该减资行为对亚洲旅行社交易当时的信赖利益产生减损。最后,法院驳回亚洲旅行社的全部诉讼请求。

2. 外部债权人介入方式

根据《公司法》第 224 条第 2 款的规定,公司将实质减资通知债权人后,无论债权是否到期,债权人有权行使介入权,要求公司清偿债务或提供相应担保。于公司而言,清偿债务会减少公司现金流,其更愿意选择提供担保的方式,而债权人则更倾向于提前获得清偿,避免后期实现债权存在不确定性。根据《公司法》第 224 条第 2 款的表述,债权人"有权要求公司清偿债务或者提供相应的担保",选择权似乎在债权人。

作者认为,虽然公司实质减资应保障债权人利益,但公司正当减资的权利不应忽视,债权人因减资获取的利益不应大于减资前的状态,因此,对于到期债务,公司应予以清偿,但对于未到期债务,公司有权以提供担保的方式保障其权益。特别是,对于公司的或有债务,因存在不确定性,如将清偿或提供担保的选择权赋予债权人,债权人自然选择清偿,对公司并不合理。

需要注意的是,公司提供相应担保的,债权人存在后期无法获得清偿的风险,因此债权人对公司提供担保的质量有权进行审查,如公司提供的担保方式存在不确定性,将实质增加债权人后期获得清偿的风险,债权人有权要求公司另行提供担保或清偿债务。

(五)违法减资的法律后果

1. 违法减资的认定

违法减资确定的标准规范主要是《公司法》第 224 条。[1] 《公司法》第 224 条规定,公司减资,必须编制资产负债表及财产清单、履行通知并公告义务,并清偿债务或提供相应担保。该条规定了公司合法减资需履行的三项义务,即信息披露义务、通知并公告义务以及清偿债务或提供担保义务,对任意一项义务的违反,都构成违法减资。

---

〔1〕 参见陈克:《公司减资微观视角之观察——兼评公司法二草中的减资制度|民商辛说》,载微信公众号"天同诉讼圈"2023 年 2 月 7 日,https://mp. weixin. qq. coms/kMD76ggicop5 - jxCdoMOCQ。

2. 违法减资的行政责任

《公司法》第255条规定，公司在合并、分立、减少注册资本或者进行清算时，不依照本法规定通知或者公告债权人的，由公司登记机关责令改正，对公司处以1万元以上10万元以下的罚款。该条仅规定违反通知并公告义务时对债权人的行政处罚，对于未编制资产负债表及财产清单，或未清偿债务或提供相应担保如何进行行政处罚，《公司法》并未规定。

3. 违法减资的民事责任

(1)2018年《公司法》的规定

2018年《公司法》未对违法减资的民事责任进行规定，仅原则性地规定了公司减资所应遵循的程序，并未规定公司违法减资的具体后果和债权人的救济权利，《公司法》粗糙的规定使《公司法》对债权人的保护成为一只没有牙齿的老虎，损害了债权人的事中异议权和事后司法救济权。[1] 违法减资应承担何种民事责任，首先要确定违法减资的行为效力。例如，公司未履行通知或公告义务，在债权人不知晓公司减资的情况下，减资行为的效力如何？对此，有以下两种观点。

一种观点认为，违法减资行为无效，股东应退还其收到的减资资金给公司。该观点的主要理由为，2018年《公司法》第177条属于效力性强制性规范，违反该条的法律行为无效；认定违法减资行为无效，有利于债权人公平清偿，否则违法减资股东只对提起诉讼的债权人清偿，在违法减资额内承担责任后，对其他债权人不负继续清偿的义务，对未提起诉讼的债权人不公平。

另一种观点认为，违法减资行为有效，但对未被通知的债权人不发生对抗效力，未被通知的债权人有权要求减资股东在减资范围内承担补充赔偿责任。认定违法减资行为无效，过度保护了债权人利益，导致股东在减资过程中付出的时间和精力付诸东流，不利于提高公司经营效率；债权人的最终目的在于实现债权，并不是要公司资产恢复原状，认定违法减资行为不得对抗未被通知的债权人，既保障了债权人利益，又维持了经营的稳定性。[2]

---

〔1〕 参见李东侠、郝磊：《注册资本弱化视角下的公司债权人利益保护》，载《人民司法》2014年第5期。

〔2〕 参见李珈娴：《公司减资未通知债权人时的股东责任认定》，载《天津法学》2022年第4期。

实务中，实证研究表明，法院通常不对违法减资行为的效力进行判断，而是判决公司对未清偿的债务承担责任，股东在减资的范围内对公司不能清偿的公司债务承担责任。[1] 因 2018 年《公司法》未对违法减资行为的效力及法律后果作出规定，法院一般基于资本维持原则，类推适用《公司法司法解释三》第 13 条第 2 款或第 14 条第 2 款要求违法减资股东承担补充赔偿责任。补充赔偿责任是一种顺序责任，股东仅在公司财产不足以清偿时才承担补充赔偿责任。

类推适用《公司法司法解释三》第 14 条第 2 款的规定，如（2016）沪 02 民终 10330 号案（《最高人民法院公报》2017 年第 11 期），法院认为，公司未对已知债权人进行减资通知时，该情形与股东违法抽逃出资的实质以及对债权人利益受损的影响，在本质上并无不同。因此，尽管我国法律未具体规定公司不履行减资法定程序导致债权人利益受损时股东的责任，但可比照《公司法》相关原则和规定来加以认定。江苏博恩公司在减资行为上存在瑕疵，致使减资前形成的公司债权在减资之后清偿不能，上海博恩公司和冯某作为江苏博恩公司股东应在公司减资数额范围内对江苏博恩公司债务不能清偿部分承担补充赔偿责任。

类推适用《公司法司法解释三》第 13 条第 2 款的规定，如江苏万丰光伏有限公司诉上海广力投资管理有限公司、丁某焜等买卖合同纠纷案（《最高人民法院公报》2018 年第 12 期），法院认为，该案中，在上诉人广力投资公司与被上诉人万丰光伏公司发生硅料买卖关系时，广力投资公司的注册资本为 2500 万元，后广力投资公司注册资本减资为 500 万元，减少的 2000 万元是丁某焜、丁某认缴的出资额，如果广力投资公司在减资时依法通知其债权人万丰光伏公司，则万丰光伏公司依法有权要求广力投资公司清偿债务或提供相应的担保，万丰光伏公司作为债权人的上述权利并不因广力投资公司前期出资已缴付到位、实际系针对出资期限未届期的出资额进行减资而受到限制。但广力投资公司、丁某焜、丁某在明知广力投资公司对万丰光伏公司负有债务的情形下，在减资时既未依法通知万丰光伏公司，亦未向万丰光伏公司清偿债务，不仅违反了上述《公司法》第 177 条的规定，也违反了上述《公司法》第 3 条“有限责任公司的股东以

---

〔1〕 参见余斌：《公司未通知债权人减资效力研究——基于 50 个案例的实证分析》，载《政治与法律》2018 年第 3 期。

其认缴的出资额为限对公司承担责任"的规定，损害了万丰光伏公司的合法权益。而基于广力投资公司的法人资格仍然存续的事实，原审判决广力投资公司向万丰光伏公司还款，并判决广力投资公司股东丁某焜、丁某对广力投资公司的债务在其减资范围内承担补充赔偿责任，既符合上述公司法人财产责任制度及减资程序的法律规定，又与《公司法司法解释三》第13条第2款关于"公司债权人请求未履行或未全面履行出资义务的股东在未出资本息范围内对公司债务不能清偿的部分承担补充赔偿责任的，人民法院应予支持"的规定一致，合法有据。

（2）《公司法》的规定

《公司法》第226条规定，违反本法规定减少注册资本的，股东应当退还其收到的资金，减免股东出资的应当恢复原状；给公司造成损失的，股东及负有责任的董事、监事、高级管理人员应当承担赔偿责任。

根据上述规定，公司违法减资的，股东收到的资金应退还给公司或减免的股东出资义务应恢复原状，而非向债权人清偿，因此，《公司法》采纳的是违法减资行为无效的观点。但是，认定违法减资行为无效，也存在一系列问题。首先，例如，债权人就违法减资行为提起诉讼付出了时间、精力与金钱，但并不直接受益，难免有其他债权人"搭便车"，最后形成债权人都怠于维权的状况；其次，胜诉后，资金退还到公司，债权人再另行起诉公司要求支付，造成双重诉讼，增加债权人维权成本；最后，违法减资行为无效，是自始无效，公司减资后的注册资本对外进行了公示，之后债权人对违法减资前的注册资本并未产生信赖，其与违法减资行为并不存在利害关系，但其有权就公司违法减资行为提起无效之诉，资金退还公司后，公司净资产增加，之后债权人获得清偿的概率增加，变相降低违法减资行为之前的债权人清偿概率，实质上并不公平。因此，如认定违法减资行为无效，也应限定债权人提起减资无效行为的期限，如异议债权人可以自减资行为登记之日起6个月内向法院主张违法减资行为无效。无效判决不具有溯及力，只能面向将来产生效力，且该判决对第三人也具有约束力。[1]

---

〔1〕 参见何林峰：《公司违法减资纠纷裁判路径的检讨与立法矫正》，载《甘肃社会科学》2022年第6期。

三、形式减资的规制

形式减资是为了把公司注册资本调整到与公司实际资产相符的状态，不会减少公司责任财产，不会对外部债权人产生影响，因此，根据《公司法》第 225 条的规定，形式减资的环节包括减资方案制订、股东会作出决议与公告。减资方案制订和股东会作出决议的要求与实质减资一致，此处不再赘述。

（一）形式减资的前提

《公司法》第 225 条第 1 款规定，公司依照本法第 214 条第 2 款的规定弥补亏损后，仍有亏损的，可以减少注册资本弥补亏损，但不得向股东分配，也不得免除股东缴纳出资或者股款的义务；第 214 条第 2 款规定，公积金弥补公司亏损，应当先使用任意公积金和法定公积金；仍不能弥补的，可以按照规定使用资本公积金。

根据上述规定，形式减资只能用于弥补亏损，而且是在任意公积金、法定公积金和资本公积金均不能弥补亏损后，才能通过减资弥补亏损。而且，形式减资只适用于实际缴纳的资本，对于未缴纳的出资，股东尚未完成出资义务，并不适用形式减资。

公司形式减资的，从会计处理角度看，公司应向股东返还相应的出资，但公司实际上并不返还或股东并不实际取回，而是直接用本应返还的资金冲抵公司的亏损，如《2016 年无锡市国税局企业所得税汇缴政策答疑》中第 15 条规定，企业通过减资方式弥补亏损是否需要调增当年度应纳税所得额？答复称：被投资企业减资弥补亏损，投资企业应按从被投资企业减少投资，再以减资额投入被投资企业用于弥补亏损两项业务进行所得税处理；被投资企业应作为取得其他收入进行所得税处理，即并入收入总额计算应纳税所得额。

（二）公告义务

《公司法》第 225 条第 2 款规定，按照前款规定减少注册资本的，不适用前条第 2 款的规定，但应当在报纸上或者国家企业信息公示系统公告。

形式减资并不降低公司责任财产，因此公司仅需履行公告义务。但是，公司公告声称进行了形式减资，公司责任财产未减少，但债权人作为外部主体，保障债权人的知情权，是否需要公告形式减资时公司资产和负债情况，《公司法》并未规定。实务中，公司有多种途径可以为公司制造亏损，然后再以弥补亏损为由进行形式减资，避免按实质减资的要求清偿债务或提供担保，损害了债权人利益，因此，后期认定形式减资是否成立的纠纷必然增多。

（三）对形式减资后的利润分配限制

《公司法》第210条第1款规定，公司分配当年税后利润时，应当提取利润的10%列入公司法定公积金。公司法定公积金累计额为公司注册资本的50%以上的，可以不再提取。

根据上述规定，形式减资后，公司注册资本减少，在利润分配时，提取的法定公积金也相应减少，股东就可以多分取利润，为防止公司借形式减资降低公司利润分配的门槛，《公司法》第225条第3款规定，公司按照前两款的规定减少注册资本后，在法定公积金累计额达到公司注册资本50%前，不得分配利润。如此，公司形式减资后，利润分配的门槛提高，避免股东通过形式减资实现违法分配。

（四）形式减资的法律后果

2018年《公司法》对形式减资未作出规定。实务中，如公司实施了形式减资，债权人以股东抽逃出资为由要求股东承担责任，法院基于形式减资并不降低公司责任财产的客观情况，并不支持债权人诉求。如最高人民法院第二巡回法庭2019年第27次法官会议纪要对于“减资程序违法的情形下，形式上减资是否构成抽逃出资?”这一问题认为：公司在减资过程中存在程序违法情形，与股东利用公司减资而抽逃出资是两个不同的问题，违法减资的责任主体是公司，抽逃出资的责任主体是股东，故不能仅因公司减资程序违法就认定股东抽逃出资。该案重点衡量股东在公司违法减资过程中是否存在抽逃出资行为。股东抽逃出资行为本质上是股东侵犯公司财产权，导致公司责任财产减少的行为。如果在公司减资过程中股东并未实际抽回资金，则属于形式上的减资，即虽然公司登记的注册资本减少，但公司责任财产并未发生变化。在这种情形下，虽然公司减资存在违法行为，应由相关管理机关对其实施一定的处罚，但股东并未利用公司减资程序实际抽回出资、侵犯公司财产权，亦未损害债权人的利益，因此不能因公司减资程序不合法就认定股东构成抽逃出资。

《公司法》第225条规定了形式减资，并在第226条规定了违法减资的法律后果。如认定形式减资违法，公司应当恢复原状。给公司造成损失的，股东及负有责任的董事、监事、高级管理人员应当承担赔偿责任。

第二十一章

公司增资纠纷

公司增资是指公司基于筹集资金、引进投资者等目的,依照法定程序增加公司注册资本总额的行为。在公司增资过程中产生纠纷适用的案由包括公司决议纠纷、新增资本认购纠纷与公司增资纠纷三个案由。根据最高人民法院对民事案由的释义,公司增资纠纷是指公司在增加注册资本过程中因增资行为引起的民事纠纷。[1]

但何为增资行为,法律并未给出清晰的定义,例如,公司作出增资决议的行为或者新增资本的认购行为,是否属于"增资行为"存在争议。为对上述三个案由作出区分,作者在第五章按照公司增资的流程进行分析,认为因增资合同的履行或终止(提前解除)产生的纠纷属于公司增资纠纷。

公司增资形式包括现股东向公司增资、投资者向公司增资或者二者兼而有之。在商业实践中,公司增资主要体现为投资者认缴公司新增资本,在形式上表现为投资者与公司达成了书面或口头的增资合同。因此,本章主要论述投资者与公司达成增资合同的履行或终止。

---

〔1〕 参见杨万明主编、最高人民法院研究室编著:《最高人民法院新民事案件案由规定理解与适用》,人民法院出版社 2021 年版,第 780 页。

第一节　公司增资纠纷诉讼指引

一、诉讼主体

（一）原告

1. 公司

公司是认缴新增资本的接收方，如投资者不履行增资合同约定，拒绝缴纳新增资本，公司有权作为原告提起诉讼。

2. 股东

股东与投资者达成了认缴新增资本的合意，并签订了增资合同。如投资者不履行增资合同任何约定，股东有权作为原告提起诉讼。

3. 投资者

投资者是增资合同的签约主体，如股东不履行增资合同约定，投资者有权作为原告提起诉讼。公司不配合办理股东名册、公司章程及工商登记变更的，投资者有权作为原告提起诉讼，但适用的案由为请求公司变更登记纠纷，非公司增资纠纷。

（二）被告

增资合同的签约主体包括公司、股东或投资者。一方作为原告提起诉讼，则另一方为公司增资纠纷的被告。

（三）第三人

法律并未对公司增资纠纷中的第三人作出明确要求。法院因查明事实的需要，可依据当事人申请或法院审理情况，依申请或职权追加第三人。

需要注意的是，基于合同相对性规则，公司增资纠纷的诉讼主体应是增资合同的签约主体。投资者通常是增资合同的签约主体，但经常出现股东或公司单方作为签约主体的情况。股东是增资合同的签约主体，但公司未作为签约主体的，只要公司就增资事项作出了合法有效的股东会决议，股东请求履行或终止（提前解除）增资合同的法律后果对公司具有约束力；如股东不是增资合同的主体，其无法直接作为原告提起增资合同解除诉讼，但是其认为增资合同的履行或终止（提前解除）损害公司利益的，股东可提起代表诉讼，代表公司请求确认增资合同的履行或终止（提前解除）。如（2011）渝五中法民终字第3039号案，一审法院认为案涉《增资扩股协议》虽然为泰和公司和利豪公司所签订的协议，但是增资扩股行为依照法律规定应当为股东权利，泰和公司的行为是代表公司股东行使权利，该协议所享有的一切权利义务应当属于全体股东。另外，利豪公司虽然为泰和公司第一大股东，但是该案是股东与股东之间的诉讼，并不是泰和公司与其股东之间的诉讼，股东有独立的诉权，其权利不应受其他股东的影响，郭某等31个股东的起诉符合法律规定，没有诉求的股东作为第三人参加诉讼。因此，一审法院认为郭某等31人是该案的适格主体。该案经重庆市第五中级人民法院二审改判后认定《增资扩股协议》的合同相对人为利豪公司和泰和公司，郭某等31人系泰和公司股东，但并非该《增资扩股协议》的合同主体或该合同主体的权利义务的继受人，且利豪公司虽被吊销营业执照，但其作为诉讼主体的资格存在，按照合同相对性原则，郭某等31人无权依据相关规定行使合同解除权。

二、管辖

《民事诉讼法》第27条规定，因公司设立、确认股东资格、分配利润、解散等纠纷提起的诉讼，由公司住所地人民法院管辖。《民事诉讼法司法解释》第22条规定，因股东名册记载、请求变更公司登记、股东知情权、公司决议、公司合并、公司分立、公司减资、公司增资等纠纷提起的诉讼，依照《民事诉讼法》第27条规定确定管辖。根据上述规定，公司增资纠纷由公司住所地法院管辖。

需要注意的是，公司增资纠纷由公司住所地法院管辖，但并不是专属管辖。专属管辖仅限于《民事诉讼法》第34条规定的几种情形。[1] 公司增资纠纷案

---

〔1〕 参见《民事诉讼法》第34条规定："下列案件，由本条规定的人民法院专属管辖：（一）因不动产纠纷提起的诉讼，由不动产所在地人民法院管辖；（二）因港口作业中发生纠纷提起的诉讼，由港口所在地人民法院管辖；（三）因继承遗产纠纷提起的诉讼，由被继承人死亡时住所地或者主要遗产所在地人民法院管辖。"

件，如各方对管辖地作出了约定，优先适用约定管辖，如（2019）最高法民辖终170号案，上诉人认为，原裁定书以约定管辖确定管辖权，属于适用法律错误。该案包含股权转让和公司增资两个法律关系，引起该案争议的对赌条款对应的是增资协议方面的纠纷，且对赌条款触发的条件是安尼公司的业绩，根据2017年《民事诉讼法》第26条、第34条及《民事诉讼法司法解释》第22条，该案应由安尼公司所在地法院管辖。法院审查认为，公司增资纠纷是指公司在增加注册资本过程中因增资行为引起的纠纷，该案纠纷虽发生在信达公司与李某义履行股权转让和增资协议过程中，但系因案涉协议中承诺利润的对赌条款而产生，与增资行为无关，并不涉及目标公司即安尼公司本身或该公司的内部法律关系，即该案纠纷存在于目标公司之外。而2017年《民事诉讼法》第26条（作者注：现《民事诉讼法》第27条）规定针对的是公司内部纠纷，故该案不属于《民事诉讼法》第26条和《民事诉讼法司法解释》第22条规定的应由公司住所地人民法院管辖的公司纠纷。《民事诉讼法》第34条规定当事人就合同或者其他财产权益纠纷可以书面协议选择被告住所地、合同履行地、合同签订地、原告住所地、标的物所在地等与争议有实际联系的地点的人民法院管辖。该案中，信达公司与李某义在讼争协议中关于因协议产生的或与协议有关的任何争议，任何一方均有权向协议签署地具有管辖权的人民法院提起诉讼的约定符合上述规定，且不违反级别管辖和专属管辖。

又如，（2019）最高法民辖终475号案，案由为公司增资纠纷，法院认为，该案是依据双方当事人签订的《增资扩股协议》第13条约定的条款提起的诉讼，该条款约定“如果经协商未达成书面协议，则任何一方当事人均有权向原告方住所地人民法院提起诉讼”。该管辖约定符合《民事诉讼法》第34条的规定，属有效约定。（2016）最高法民辖终154号案，法院认为，该案主要争议点在于地域管辖问题。该案系双方当事人在履行《增资协议书》和《备忘录》等系列合同过程中发生的争议。《增资协议书》第17条第2点明确约定相关争议向甲方即振华集团住所地人民法院提起诉讼。该约定符合《民事诉讼法》第34条和《民事诉讼法司法解释》第30条第1款关于协议管辖的规定，应据此确定管辖法院。《民事诉讼法》第26条和《民事诉讼法司法解释》第22条是关于特殊地域管辖的规定，不同于《民事诉讼法》第33条规定的专属管辖。特殊地域管辖不能排除协议管辖。

三、诉讼请求

投资者与现股东达成新增资本认缴合意后，各主体依据增资合同履行各自义务。如一方不履行增资合同约定义务，另一方有权要求对方继续履行，诉讼请求包括请求对方履行相应行为，因违反合同造成对方损失的，应负责赔偿。如（2020）冀民终111号案，隆德公司以德大公司违反《增资协议》约定给其造成损失为由，诉请德大公司赔偿损失，该诉请是隆德公司依据《增资协议》主张合同权利。

如一方构成实质性违约，另一方有权请求解除合同，诉讼请求包括请求确认合同解除，要求退回投资款、恢复原工商登记等。经作者检索案例发现，实务中多数案例的诉讼请求均与增资合同解除及解除后的法律后果相关。

另外，投资者向公司增资时，因存在信息不对称现象，为降低投资风险，投资者与公司、现股东往往约定"对赌"条款，一旦公司业绩或发展进度不符合增资合同约定，投资者有权要求公司或现股东返回投资。但一旦增资完成，增资财产即属于公司资产，非经法定程序，投资者无法从公司直接取回增资财产。因此，基于目前的司法实践，投资者仅有权要求现股东而非公司承担增资款返还义务。在此类增资纠纷中，诉讼请求通常为投资者请求现股东退还增资款项，如最高人民法院（2012）民提字第11号案（《最高人民法院公报》2014年第8期），原告海富公司的诉讼请求是判令被增资的公司世恒公司以及股东迪亚公司、陆某向其支付协议补偿款19,982,095元并承担该案诉讼费用及其他费用，没有请求解除增资合同，返还投资款。

四、诉讼时效

增资合同签订后，公司、现股东有权请求投资者履行新增资本缴纳义务。公司、现股东的请求权依据限于增资合同框架，如果将公司、现股东的请求权理解为债权请求权，则应适用诉讼时效的规定。但是，作者认为，增资合同一旦签订，即代表投资者与现股东、公司达成了认缴出资合意，双方成立了投资关系，根据《最高人民法院关于审理民事案件适用诉讼时效制度若干问题的规定》

(2020 修正)第 1 条规定,基于投资关系产生的缴付出资请求权不适用诉讼时效的规定。因此,投资者履行新增资本缴纳义务不应适用诉讼时效。

投资者缴纳新增资本后,根据《市场主体登记管理条例》第 8 条与第 9 条的规定,公司、现股东应变更股东名册、公司章程及进行工商变更登记,这是其法定义务,同样不应适用诉讼时效。

第二节　公司增资纠纷实务操作

增资合同的内容不仅涉及投资者缴纳新增资本,还包括公司治理等内部事务的重新安排,其实质是一种股东协议。所谓股东协议是指股东为了重新固定股东之间的权利义务关系,针对公司内部事务,就公司权利边界或者利益分配所达成的协议。[1] 因此,增资合同具有合同与组织的双重属性,在司法审查中应平衡适用《民法典》合同编与《公司法》,协议解除时并不当然产生合同法上恢复原状、返还增资款的法律效果。[2] 增资合同的履行或终止(提前解除)与普通民商事合同相比存在一定程度上的差异。

一、增资合同的履行

增资合同达成后,投资者的核心义务为履行新增资本的交付义务。以货币形式增资的,应将货币交付至公司账户;以非货币财产增资的,应办理非货币财产的交付或产权转移登记手续。投资者向公司履行新增资本的缴纳义务,应明确款项性质,否则应认定为借款或按不当得利处理。如(2013)民二终字第 119 号案,法院认为,股东向公司提供投资款项时,如双方未明确约定款项属于股东对公司的增资款,则法院不宜直接认定该款项属于股东增资款。一般情况下公

---

〔1〕 参见刘海东:《对股东间协议的司法审查——从浙江新湖集团增资纠纷案说起》,载《法律适用(司法案例)》2017 年第 10 期。

〔2〕 参见庞闻淙、程勇跃:《协议解除,3000 多万增资款为何要不回? | 案例精选》,载微信公众号“上海一中法院”2021 年 3 月 1 日,https://mp.weixin.qq.com/s?src=11&timestamp=1709444620&ver=5115&signature=jxXbuNjrTNWXik7kVgT8iqPE5NuB4Dlwp0frOpgO2KeLp5xTWuWps4v88xInmJp7msJiZJymM2YwuhDEexnTBz44FHVjRy1VhKNorKY0R5sEbSmiLs38WKgi-3zkLVFr&new=1。

司不能无偿取得该笔款项，而应当返还该款项及相应利息。

公司及现股东应将投资者记载于公司名册、公司章程，并办理变更与备案登记。根据《市场主体登记管理条例》第8条与第9条的规定，公司注册资本或者出资额变更，应办理变更登记；章程、有限责任公司股东认缴的出资数额，缴付期限和出资方式变更，应办理备案登记。实务中，公司及现股东怠于履行上述义务的，投资者有权提起公司变更登记纠纷，要求公司及现股东完成上述变更和备案登记。

二、投资者股东资格的取得

投资者何时取得股东资格，影响增资合同解除后的法律处理。如投资者尚未取得股东资格，因其尚未涉及公司组织，则增资合同解除后的法律后果不应受到限制；如投资者已取得股东资格，与公司组织产生关联，则基于投资者利益与公司债权人利益平衡考虑，增资合同解除的法律后果应受到必要限制。

（一）投资者股东资格取得的标志

公司增加注册资本的程序包括股东会作出增资决议、签订增资合同、投资者交付新增认缴资本、公司变更股东名册、修改公司章程及进行股东变更登记等。上述程序中，哪个程序的完成意味着投资者取得了股东资格？

对于此问题，实务中存在以下两种观点。

一是综合判定法。投资者股东资格的取得并不限于某一个程序的完成，而是结合增资过程中各项程序的完成情况综合判定。如广西壮族自治区高级人民法院2020年7月发布的《关于审理公司纠纷案件若干问题的裁判指引》第26条与第27条规定：

【完成增资的判断方法】在当事人具备增资合意事实的情况下，法律并未具体规定完成增资及新股东身份生效的时间点。公司增资并吸纳新股东通常表现出三个阶段：（1）公司与投资人之间订立投资入股协议或股权认购协议；（2）投资人向公司依法缴纳出资或股款，或交付、移转非货币财产；（3）公司为投资人依法完成吸纳、认可新股东的法定程序。这些阶段中的法定程序具体包括：公司就增资事项通过代表2/3以上表决权或出席会议所持表决权2/3以上的股东会决议;向新股东出具出资证明书并修改公司股东名册;依法向公司登记机关办理变更登记;等等。单一来看,这些法定程序并非每一个都是增资并吸纳新股东的必备要件,但都是公司股东重要事项的实质变更,应结合这些程序或手续的办理情况与认缴或实缴情况,综合判定公司是否在整体上完成增资效果。

【完成增资的通常方式】公司增资在实践中可能体现为四种完成方式:(1)先由公司股东会作出对外增资的决议,公司再依此与具体的投资人订立投资入股协议或股权认购协议,随后双方依约履行认缴或实缴出资、出具出资证明书、修改股东名册以及办理变更登记等义务;(2)投资人与公司先订立投资入股协议或投资意向书,公司股东会就该增资事项作出决议,随后双方依约认缴或实缴出资,并继续完成余下法定变更程序;(3)控股股东或大股东代表公司与投资人订立投资入股协议后,该投资人即开始认缴或实缴出资,公司也随后履行增资的法定变更程序,但公司从未就增资事项召开股东会并作出决议;(4)投资人既未与公司订立投资入股协议或相关意向书,该公司也从未就增资事项召开股东会并作出决议,但投资人与公司之间又存在支付与接受款项、交付与转移财产、变更名册或工商登记等符合增资程序的行为。

就(1)、(2)类完成方式而言,投资人与公司股东会的表意事实可能互有先后地完成,就此应以在后发生的表意事实作为起始点,进而结合关于增资的履行行为或法定程序完成情况,具体判定投资人获得股权即股东身份的时间点。

就(3)、(4)类完成方式而言,涉及对当事人默示表意的判断,公司、股东以及投资人可能在相关增资变更程序或公司内部治理过程中,体现出投资人意在出资入股、公司意在接纳新股东的客观表象,人民法院须就此结合相关事实综合认定。例如,公司股东会就公司章程的股东变动事项予以审议表决、投资人在支付款项时明确表达出资入股的用途、投资人开始参与公司股东会决议并依据相关股权比例行使共益权、公司开始依据投资人的相关股权比例对其分配股利,等等。总之,应在这类个案中找出体现默示表意的关键事实,进而结合相关履行行为来判定完成增资的时间点。

根据广西壮族自治区高级人民法院的意见,投资者向公司增资涉及的各项法定程序实施情况均影响其股东身份的取得,完成的程序越多,越有利于股东身份的认定。由此导致在增资时股东资格的认定上，仅能依靠不断堆砌完成各项程序的证据予以证明，缺乏清晰可识别的标准。

二是以单一程序的完成作为投资者取得股东资格的判断标准，如以增资合同的签订，或新增资本的缴纳或公司股东名册、公司章程的变更或完成工商变更登记作为股东资格的取得标志。

作者认为，《公司法司法解释三》第22条规定："当事人之间对股权归属发生争议，一方请求人民法院确认其享有股权的，应当证明以下事实之一：（一）已经依法向公司出资或者认缴出资，且不违反法律法规强制性规定；（二）已经受让或者以其他形式继受公司股权，且不违反法律法规强制性规定。"因此，股东资格原始取得的关键是"当事人已经依法向公司出资或者认缴出资"。投资者通过增资取得股东资格也是原始取得。2013年公司资本制度改革，公司资本缴纳实行全面的认缴制，因此，增资时股东资格取得的标志是投资者认缴了新增资本，即当事人之间就认缴新增资本达成了合意。至于新增资本的缴纳，变更公司章程和股东名册等是取得股东资格后的履行行为，是证明各方达成合意的证据，而非股东资格取得的标志。同时，根据《公司法》第34条第2款的规定，公司登记事项未经登记或者未经变更登记，不得对抗善意相对人。因此，工商变更登记的作用在于对抗第三人，其不是股东资格取得的标志，是否进行工商变更登记不影响投资者股东资格的取得。

（二）公司股东全体一致同意或公司股东会作出有效决议是投资者取得股东资格的前提

公司注册资本增加，现股东持有的股权比例被稀释，自身比例利益与经济利益均受到实质影响，因此，公司增资应取得现股东的同意，而非公司的同意，投资者仅与公司达成了新增资本的认缴合意，不能产生增资的法律效果，如黄某忠诉陈某庆等股东资格确认案（《最高人民法院公报》2015年第5期），裁判摘要认为，未经公司有效的股东会决议通过，他人虚假向公司增资以"稀释"公司原有股东股份，该行为损害原有股东的合法权益，即使该出资行为已被工商行政机关备案登记，仍应认定为无效，公司原有股东股权比例应保持不变。

首先，如全体股东一致同意接受投资者，并与其签署了增资合同，可以不作出股东会决议,增资行为合法有效。《公司法》第 59 条第 3 款规定,对公司增加注册资本以书面形式一致表示同意的,可以不召开股东会会议,直接作出决定,并由全体股东在决定文件上签名或者盖章。根据上述规定,全体股东与投资者签署增资合同,表明全体股东一致同意,不用另行召开股东会。这与实务中主张的,公司增资属于要式法律行为并不冲突,全体股东一致同意的增资合同可视为全体股东一致同意的决议。

其次,股东就公司增资无法达成一致意见的,不应忽视公司发展和资金需求,公司应召开股东会,按资本多数决原则就增资事项进行表决,各股东行使表决权。如增资决议经代表 2/3 以上表决权的股东通过,则公司增资行为有效,否则不产生相应的法律效果。如(2019)黔民申 10 号案,法院认为,有限责任公司增加注册资本的问题,不仅涉及股东会决议的召集及决议事项是否合法有效,还涉及股东持股比例的变化以及工商行政机关登记对增资效力的影响,并直接影响与股东资格相关的知情权、参与决策权、表决权等股东权利,因此我国法律对上述问题有严格的程序要求。根据《公司法》第 43 条(作者注:现《公司法》第 66 条)"股东会的议事方式和表决程序,除本法有规定的外,由公司章程规定。股东会会议作出修改公司章程、增加或者减少注册资本的决议,以及公司合并、分立、解散或者变更公司形式的决议,必须经代表三分之二以上表决权的股东通过"的规定,能否通过公司内部股东会议决议,是该公司能否增加注册资本必不可少的重要环节之一。红枫湖畜禽公司成为好一多公司的股东方式为增资扩股,该事项属于公司的重大事项,红枫湖畜禽公司并未提交证据证明好一多公司为其增资事宜按照《公司法》第 43 条的规定召开了股东会并取得代表 2/3 以上表决权的股东通过。因此,双方的增资扩股行为因欠缺程序上的法定条件而不能产生相应的法律效果。

实务中经常存在的情形是,公司虽未召开股东会就增资事项作出决议,但签署增资合同的股东持有表决权超过 2/3,对此,司法实务一般认定增资行为有效。例如,(2014)民申字第 698 号案,新井煤业公司(增资公司)称新股东加入公司以及向股东分红等事项,应为股东会决议事项,陈某干(法定代表人)无权作出决定和承诺。法院认为,《出资协议书》不但有新井煤业公司法定代表人陈某干签字,还有双方加盖公章。陈某干不仅为新井煤业公司法定代表人,同时持有新井煤业公司 80% 股权，其有权对公司增资扩股事宜作出决定。新井煤业公司以未经股东会决议为由否认协议效力缺乏法律依据，法院不予采纳。又如，《山东省高级人民法院关于审理公司纠纷案件若干问题的意见（试行）》第 34 条亦明确规定："公司未经股东会决议与第三人签订增资协议收取股款，并办理股东名册、工商登记变更手续的，该第三人请求确认股东资格的，人民法院不予支持。但股东会事后决议追认，或者享有公司三分之二以上表决权的股东实际认可该第三人享有并行使股东权利的除外。"

作者认为，不能只以同意增资的股东持股比例多少认定增资行为的效力，如此则会架空股东会会议。这样的审判规则一旦确立，持股超过公司 2/3 表决权的股东完全可以不召开股东会，直接与投资者签署增资合同，从而导致股东会审议增资事项名存实亡。持股超过公司 2/3 表决权的股东同意增资，即使召开股东会会议，也不能改变结果，但股东会的召开是为了其他股东有权就增资事项发表意见，参与公司管理。全体股东进行讨论之后，可能改变同意增资股东之前的意见，也可能通过会议说服不同意增资的股东最终同意增资，实现程序公正。因此，作者认为，仅由代表 2/3 以上表决权的股东签字的增资合同，因未召开股东会，增资行为同样不发生相应的法律效果。

最后，作者认为，公司增资事项未取得全体股东一致同意，或者公司未就增资事项作出合法有效决议的，公司增资行为不发生相应法律效果，但不影响增资合同有效。合同效力的判断应以法律明文规定为依据，《民法典》及《公司法》均未规定，公司未作出有效增资决议的，增资合同无效，但因公司增资欠缺法定程序，增资合同实质上无法履行。

三、增资合同的解除

增资合同依法达成后，一方未履行增资合同约定，构成实质违约的，相对方享有约定或法定解除权。如实务中也经常出现，投资者缴纳了新增资本后，公司迟迟不办理工商变更登记，或者公司业绩"变脸"，投资者要求解除增资合同、收回投资款项等。根据《民法典》第 566 条的规定，合同解除后，尚未履行的，终止履行；已经履行的，根据履行情况和合同性质，当事人可以请求恢复原状或者采取其他补救措施，并有权请求赔偿损失。

根据上述规定，增资合同解除后的法律后果包括：投资者尚未缴纳的出资，可以不再继续缴纳；投资者已经缴纳的出资，有权要求公司返还其出资，或公司有义务退回投资者的出资，并将股东名册、公司章程及工商变更登记恢复原状。

公司作为组织体，增资合同解除后的法律后果不仅影响公司内部法律关系，如股东股权比例变化，而且牵涉债权人利益。在公司债权人不参与的情况下，投资者与公司、现股东解除增资合同，公司返还投资者出资，会减少公司注册资本与公司资产，降低公司偿债能力，影响交易安全，损害债权人利益。因此，对增资合同解除后的法律后果进行限制是必要的。但是，一味考虑债权人利益，完全限制增资合同解除后的后果，相当于直接剥夺了解除权人在增资合同项下本应受保护的解除利益，于解除权人难言公平、合理。[1] 因此，对增资合同解除后法律后果的限制应在保护解除权人的解除利益与公司债权人利益之间保持适当平衡。

公司增资阶段包括股东会作出增资决议、增资合同签订、增资款项缴纳、公司股东名册或章程修改以及办理工商变更登记等。上述增资阶段包括内部与外部关系，一般而言，在增资合同涉及内部关系时，增资合同解除后的法律后果不应存在限制，保护解除权人的解除利益优先，但公司增资行为一旦公示，将使不特定主体对公司公示的注册资本产生信赖利益，此时应注重保护债权人利益。因此，结合实务案例，增资合同解除后的法律后果如何限制与公司增资是否办理工商变更登记紧密相关。

（一）增资合同签订后，公司尚未办理工商变更登记

增资合同签订后，视为投资者与股东达成新增资本的认缴合意，投资者取得了股东资格。投资者成为新股东后，公司修改股东名册、公司章程仅是内部程序，此时债权人的信赖利益尚未产生，如法院支持增资合同解除，则解除后的法律后果未受到限制，法院支持投资者请求公司返还增资款的诉求。例如，（2020）最高法民申 5766 号案，根据原审查明的事实，美景公司按照中新公司

---

〔1〕 参见叶俊鑫：《有限责任公司增资合同解除权纠纷的法律适用——基于合同法与公司法的比较与选择》，载《商法界论集》2018 年第 2 期。

《关于引进第三期投资人的会议纪要》于2017年7月13日向中新公司转款1.1亿元用于增资后,中新公司并未按该会议纪要于2017年7月完成增资。直至该案一审庭审结束,中新公司增资事宜尚未经董事会会议通过,更未报审批机构批准、办理变更登记手续,中新公司登记的注册资本、美景公司的出资额及持股比例均无变化。经美景公司多次催要,中新公司已于2019年5月分3笔向美景公司返还共计2800万元。中新公司自收到美景公司前述款项近3年后仍未完成增资,致使美景公司向中新公司增资的目的不能实现,根据《合同法》第94条第4项(作者注:《民法典》第563条第4项)、第97条(作者注:《民法典》第566条第1款)之规定,美景公司有权要求解除其与中新公司之间事实上已达成的增资协议,并要求中新公司返还剩余增资款8200万元。股东认缴新增注册资本是一种商业投资行为,应当遵循自愿原则,在美景公司已明确要求返还前述款项后,中新公司以增资后续程序仍有可能完成为由主张不予返还,缺乏依据。

又如,(2019)最高法民申1738号案,再审审查过程中,各方当事人均确认,真金公司增资上海占空比公司的2000万元尚未在工商行政管理部门进行增资变更登记。《公司法》规定股东不得抽逃出资,以及公司减少注册资本应当履行相应的法定程序并依法向公司登记机关办理变更登记,主要目的之一在于保护公司债权人的利益。案涉2000万元增资款尚未在工商登记部门办理变更登记,该增资款对公司债权人尚未产生公示效力,公司债权人尚无需要保护的信赖利益,真金公司依约定条件解除案涉《增资协议》并请求返还投资款,并不涉及因抽逃出资或不按法定程序减资损害公司债权人利益的问题。

(二)公司就投资者增资事项办理了股东变更登记

结合上述(2020)最高法民申5766号案及(2019)最高法民申1738号案的认定,公司增资事项经工商变更登记的,对公司债权人产生公示效力,公司债权人有需要保护的信赖利益,即使法院支持增资合同解除,对解除后的法律后果也应进行相应的限制,公司非经减资程序不得返还投资者增资款。如(2019)沪01民终11265号案,法院认为,上诉人投入的3250万元是其作为目标公司新股东所需缴纳的出资,并非对被上诉人西北工业公司、北方能源公司享有的普通债权。在经过公司章程修改及工商变更登记后，其股东身份、认缴数额、股权比例及公司注册资本均已对外公示，该3250万元转化为公司资本性质，已形成公司资产。上诉人所谓因增资协议解除而要求返还出资，从本质上说，系基于其股东身份的退出。但正如上述认缴、出资、登记等均需由各方当事人按照《公司法》关于公司增资的程序完成，股东退出公司，包括采取何种退出方式，资本、股权的处分等，亦应当适用《公司法》作为特别法的相关规定。上诉人要求将其出资直接返还以"恢复原状"，实质上等同于股东未经法定程序任意抽回出资，将造成公司资产的不当减少，显然有违公司资本的确定、维持和不变原则，直接影响公司的经营能力和债权人利益保护。综上所述，该案系争增资协议的解除虽然适用《民法典》合同编的规定，但协议解除的后果，实际系处理上诉人作为原增资股东的退出问题。在上诉人出资已转化为公司资本的情况下，应按照《公司法》的特别规定适用执行。现该案各方当事人虽均确认协议解除，但未予明确上诉人退出的具体方式，如通过股权转让、股权回购、公司减资、公司解散等，更未经相应的法定程序，上诉人仅就返还出资一节单独提出主张，不符合《公司法》的规定，法院不予支持。

需注意的是，是否办理股东变更登记仅是形式判断，投资者向公司增资虽未办理工商变更登记，但债权人作为交易相对方已知晓投资者增资，并据此与公司进行交易的，应认定债权人对公司增资产生了信赖。因此，对于增资合同解除后法律后果的限制问题，法院不应仅局限于公司增资在形式上是否办理了工商变更登记，应进行实质判断，查明债权人是否知晓公司增资事项，是否具有信赖利益。

（三）对增资合同解除后法律后果的限制不影响投资者的解除权

增资合同主体是否享有合同解除权，应依据《民法典》第562条和第563条进行判断，以《公司法》规定限制增资主体的解除权，值得商榷。如（2019）粤03民终3651号案，梁某屏向法院起诉，请求判决：（1）解除《投资协议书》《增资扩股协议》；（2）力合光电股份公司、力合高科技公司连带返还梁某屏投资款456万元以及违约金和利息；（3）力合光电股份公司、力合高科技公司承担该案诉讼费用。法院认为，关于梁某屏要求解除《增资扩股协议》的诉讼请求，力合光电股份公司已完成增资扩股，梁某屏已成为力合光电股份公司的股东。在力合光电股份公司没有完成履行减少公司注册资本、减少公司公积金等条件的情况下，法院对梁某屏要求解除《增资扩股协议》并退出力合光电股份公司的诉讼请求，不予支持。

作者认为，在该案中，法院以力合光电股份公司没有完成履行减少公司注册资本、减少公司公积金等《公司法》规定的事由不予认可《增资扩股协议》的解除，属于法律适用错误，应以《民法典》第562条和第563条判断梁某屏是否享有解除权，至于增资合同解除后如何处理是另外需要考虑的问题。对增资合同解除后法律后果的限制，不应理解为对增资合同主体解除权的限制。

四、投资者解除利益与公司债权人利益保护的平衡

增资合同被认定解除，且法院支持投资者返还增资款诉求的，公司注册资本及资产相应减少，但这并不意味着公司债权人的利益直接受到损害，债权人仍有可能得到清偿。前述案例中，法院以新增资本认缴是否进行工商登记作为判断返还增资款的依据，过于片面和简单，注重对抽象债权人的利益保护，而忽视了投资者的解除利益。尽管投资者可以通过公司减资、股权转让等途径退出公司，但在投资者与股东已经产生重大争议且不可调和的情况下，公司减资自然无法形成有效决议。而股权转让退出方式，由于股东之间存在争议，第三人不会轻易受让股权，因此，法院要求解除权人通过股权转让或公司减资等途径实现增资合同解除之法定效果，可操作性不强，面临着其他实质性障碍，显得比较僵化，因为无论是股权转让，还是公司减资都将为解除权人带来难以承受的更高的交易成本和更为烦琐的法定程序。[1] 因此，尽管法院支持增资合同解除，但增资款依然无法取回，所谓的法定退出程序相当于给投资者画了一个饼，投资者很难吃上。

另外，以增资事项办理工商变更登记推定公司债权人享有信赖利益，还会产生其他问题。商业实践中，出于维持现股东股权比例的目的，增资款会部分

〔1〕 参见叶俊鑫：《有限责任公司增资合同解除权纠纷的法律适用——基于合同法与公司法的比较与选择》，载《商法界论集》2018年第2期。

计入公司注册资本账户，剩余部分计入资本公积账户，但无论计入哪个账户，均属于公司资产。如(2015)民申字第811号案，法院认为，无论是注册资本还是资本公积，均是公司资本，公司以资本为信用，公司资本的确定、维持和不变，是保护公司经营发展能力，保护债权人利益以及交易安全的重要手段。

按照公司增资变更登记的规定，公司增资时，仅公示注册资本金额，并不公示资本公积数额。如果债权人存在信赖利益，那么信赖对象应是公示的注册资本，而非资本公积。增资合同解除后，公司注册资本因已公示不可以返还，那么增资款中计入资本公积账户的资金是否可以返还呢？资本公积账户并不属于公示内容，债权人也不知晓公司增资时多少款项计入资本公积账户。按公示产生信赖的规则判断，资本公积账户资金是可以返还的，但一旦返还资本公积账户中的资金，公司资产减少，同样损害公司债权人利益。

因此，以公司增资是否办理了工商变更登记决定增资款项返还没有法律依据，也缺乏合理性。法院仅抽象假设返还增资款必然损害债权人利益，并没有查明返还增资是否实际损害债权人利益。基于上述原因，有学者建议，应设置一条财务底线以限制合法的资本返还行为，只要增资合同的解除未产生以下两项后果之一的，便应当允许返还增资款：一是公司无法偿还正常经营过程中产生的到期债务；二是公司的资产总额低于负债总额。[1] 因公司掌握公司经营和财务资料，所以上述两项财务指标，应由公司承担举证责任，同时一旦投资者提出合理怀疑，应由法院委托专业审计机构进行审计。

五、增资合同解除后的股东资格处理及持股期间盈亏承担问题

（一）增资合同解除后的股东资格处理

法院认定增资合同解除，并支持投资者返还增资款诉求的，投资者的股东资格如何处理，法律未明确规定，其涉及的理论也非常复杂。作者从实务处理角度出发，认为增资合同解除，表明双方不再具有认缴新增资本的合意，投资者成为股东的合意基础丧失；而且作为股东，缴纳增资款是其核心义务，现增资款

---

〔1〕 参见叶俊鑫：《有限责任公司增资合同解除权纠纷的法律适用——基于合同法与公司法的比较与选择》，载《商法界论集》2018年第2期。

项被返还,说明投资者未履行出资义务,根据股东未缴纳出资的失权或除名制度,也亦认定投资者丧失了股东资格。否则,会出现投资者具有股东资格,但增资款已返还的矛盾状态。

(二)增资合同解除后投资者持股期间亏损承担问题

《山东省高级人民法院关于审理公司纠纷案件若干问题的意见(试行)》(2006年)第33条规定:"公司经股东会决议增资,并与第三人签订增资协议收取股款后,拒不办理股东名册和工商登记变更手续的,该第三人申请解除增资协议,要求收回出资并支付相应利息的,人民法院应予支持。但第三人已经实际行使股东权利的,公司可以要求该第三人退还行使股东权利期间所取得的财产利益。"对于持股期间的亏损,参考上述第33条的规定,按权责一致原则,如投资者行使了股东权益,参与了公司管理,应承担经营期间的对应亏损。如(2020)最高法民申2137号案,法院认为,该案纠纷的实质系新乐热电公司要求控股股东石家庄热电公司承担持股期间的公司亏损。公司财产源于股东出资,有限责任公司的股东以其出资为限对公司承担责任。该案中,根据各方之间的"一揽子"协议,石家庄热电公司通过债转股及增资的形式,将其对李某强、新乐热电公司享有的债权,转为对新乐热电公司的过半数股权,并接管新乐热电公司进行运营管理,作为控股股东,应当以其所持股权对应的债权、增资金额等投入,对新乐热电公司的亏损承担相应比例的责任。因各方之间的"一揽子"协议不再履行,石家庄热电公司退出新乐热电公司经营后,通过提起另案诉讼已将所持股权恢复为债转股之前的原债权,形成了在未承担持股经营期间亏损的情况下完整撤回股东出资的实际效果,客观上导致其作为股东的权责失衡,有违《公司法》规定及公平原则。因此,法院认为,在已恢复取得原债权的情况下,石家庄热电公司应当在该案中承担持股经营期间新乐热电公司相应比例的亏损。

第二十二章

公司解散纠纷

公司解散依事由不同，分为公司自愿解散、行政解散与司法解散三种形式。[1]

如公司按公司章程、股东会决议或公司合并或者分立进行解散，是基于股东自治，称自愿解散。公司因设立或运营过程中的违法行为被吊销营业执照、登记证书或责令关闭或者被撤销的，属于行政解散，例如，根据《公司法》第39条、第260条和第262条的规定，提交虚假材料取得公司登记的，公司成立后无正当理由超过6个月未开业的，或者开业后自行停业连续6个月以上的可以由公司登记机关吊销营业执照；利用公司名义从事危害国家安全、社会公共利益的严重违法行为的，吊销营业执照，责令关闭。司法解散，又称股东强制解散、法院判决解散，指股东以公司的经营管理存在严重困难为由向法院提起诉讼，请求裁判解散公司。

2020年《民事案件案由规定》确定了三级案由"283. 公司解散纠纷"。《最高人民法院新民事案件案由规定理解与适用》将其释义为"公司解散纠纷主要指公司僵局出现时，公司股东提起解散公司申请而引发的纠纷"。

〔1〕参见人民法院出版社编著：《最高人民法院民事案件案由适用要点与请求权规范指引》，人民法院出版社2019年版，第707页。

第一节 公司解散纠纷诉讼指引

一、诉讼主体

(一)原告

1. 股东

《公司法》第231条规定,持有公司全部股东表决权10%以上的股东,可以请求人民法院解散公司。《公司法司法解释二》第1条规定,单独或合计持有公司全部股东表决权10%以上的股东可提起解散公司诉讼。因此,股东是提起公司解散之诉的适格原告。

股东提起公司解散纠纷是为消灭公司人格,终止与公司之间的投资关系。公司一旦解散,具有不可逆性,为防止个别股东将该制度作为谋取不当利益的手段,《公司法》对原告的限定,除需具有股东身份外,且该股东持有的表决权比例不低于10%。在诉讼过程中,如单个或多个原告合计持有公司表决权低于10%,法院应以主体不适格裁定驳回起诉。

适格原告的判断标准是股东持有的表决权比例,但表决权比例与股权比例并不一定对应。《公司法》第65条规定:"股东会会议由股东按照出资比例行使表决权;但是,公司章程另有规定的除外。"根据该条规定,公司章程可对表决权作出另外规定。例如,股东按出资比例享有15%的股权,但公司章程约定的表决权为5%,此时,应以公司章程的约定为准,法院在确定原告资格时应审查公司章程是否有例外约定。如(2019)冀民终413号案,法院认为,关于香港浪尖公司、挪威百奥公司是否具备申请解散张家口百奥公司的主体资格问题,《公司法》第42条(作者注:现《公司法》第65条)规定,"股东会会议由股东按照出资比例行使表决权;但是,公司章程另有规定的除外"。张家口百奥公司章程并未就股东表决权作出规定,但公司章程约定,誉鹏公司出资比例30%,挪威百奥公司出资比例60%,香港浪尖公司出资比例10%。根据《公司法》第182条(作者注:现《公司法》第231条)、《公司法司法解释二》第1条的规定,香港浪尖公司、挪威百奥公司具备申请解散张家口百奥公司的主体资格。

《公司法》第65条规定，股东会会议由股东按照出资比例行使表决权。该“出资比例”是“认缴”还是“实缴”，《公司法》并未明确。实务中的观点比较统一，在公司章程未作例外规定时，按认缴出资比例行使表决权。

对于未届出资期限的认缴出资的表决权是否可以限制，《九民会议纪要》第7条作出了规定：“股东认缴的出资未届履行期限，对未缴纳部分的出资是否享有以及如何行使表决权等问题，应当根据公司章程来确定。公司章程没有规定的，应当按照认缴出资的比例确定。如果股东（大）会作出不按认缴出资比例而按实际出资比例或者其他标准确定表决权的决议，股东请求确认决议无效的，人民法院应当审查该决议是否符合修改公司章程所要求的表决程序，即必须经代表三分之二以上表决权的股东通过。符合的，人民法院不予支持；反之，则依法予以支持。”

根据上述规定，未出资部分是否享有表决权应按公司章程规定，公司章程未规定的，按认缴出资比例行使表决权，股东会决议对未出资部分的表决权进行限制的，属于修改公司章程事项，应至少经代表2/3以上表决权的股东通过。

2. 实际出资人

实际出资人要取得股东资格，根据《公司法司法解释三》第24条的规定，需经公司其他股东半数以上同意。因此，在未完成特定显名程序的情况下，实际出资人不是股东，不得提起解散公司诉讼。如（2017）苏02民终3435号案，法院认为，该案的争议焦点在于陆某洪是否具有提起公司解散之诉的主体资格。根据法律规定，记载于股东名册的股东，可以依股东名册主张行使股东权利，有限责任公司股东会由全体股东组成。除章程另有规定外，股东会会议由股东按照出资比例行使表决权。单独或合计持有公司全部股东表决权10%以上的股东，符合法定事由可以提起解散公司诉讼。该案中，陆某洪虽然系实际投资人，但并未登记在股东名册和公司章程中，其不符合提起公司解散之诉的主体资格。

但是，如实际出资人能够提供证据证明其显名已经半数以上股东同意，或按《九民会议纪要》第28条的规定，实际出资人能够提供证据证明有限责任公司过半数的其他股东知道其实际出资的事实，且对其实际行使股东权利未曾提出异议，仅是未完成工商登记，作者认为，在此情况下，实际出资人取得股东资格已符合法律规定，仅是未登记为公司股东，其可提起公司解散诉讼。如(2014)湘高法民二终字第92号案，法院认为，即使莫某杨在诚信公司成立之初属于公司隐名股东，但其在继受取得刘某芳股权后，取代了刘某芳在公司的股东资格，成为公司实名股东。上诉人称莫某杨不是诚信公司的股东，不符合客观事实。诚信公司未及时在工商部门变更莫某杨及刘某芳的股东身份，在对内法律关系上，不影响莫某杨在诚信公司实际享有的股东资格和刘某芳不属于公司股东的客观事实。该案中，诚信公司成立时注册资本为85万元，现生效文书已确认莫某杨占有诚信公司47万元股本金，亦受让了刘某芳2万元的股本金，莫某杨的持股比例，显然超过了公司10%的股份。莫某杨提起解散公司之诉，主体适格，其具有该案诉讼主体资格。

但是，实践中存有不同案例，如(2016)苏05民终8505号案，苏州市中级人民法院认为，公司解散具有消灭公司法人主体地位的法律效果，并不仅仅是公司内部关系问题，还会影响公司对外的民事权利能力和民事行为能力的行使，应当审慎严格。工商登记不仅具有对抗第三人的效力，还对公司及股东的行为产生一定的约束效力。李某春虽经江苏省高级人民法院的终审判决，确认为理盈公司股东，但并未办理工商变更登记手续。根据理盈公司的工商登记记载，理盈公司的企业性质仍然为独资企业，强塑公司为唯一股东。一审法院认定李某春诉讼主体不适格，裁定驳回起诉，并无不当。

3. 股权已转让的前股东

公司解散纠纷终结股东与公司之间的投资关系以及股东之间的合作关系，如股东已进行股权转让，其丧失了股东身份，主张权利的事实基础已不存在，不再具有原告主体资格。

4. 出资瑕疵股东

股东是否已经实际履行出资义务，不影响股东资格的确定。《公司法司法解释三》第16条规定："股东未履行或者未全面履行出资义务或者抽逃出资，公司根据公司章程或者股东会决议对其利润分配请求权、新股优先认购权、剩余财产分配请求权等股东权利作出相应的合理限制，该股东请求认定该限制无效的，人民法院不予支持。"根据该条规定，对于瑕疵出资股东的利润分配请求权、新股优先认购权、剩余财产分配请求权等财产性股东权利,公司可根据公司章程或股东会决议作出合理限制,但是否可限制出资瑕疵股东对应的表决权,法律未有明确规定。

《九民会议纪要》(征求意见稿)第8条规定,未根据约定履行出资义务的股东,其存在瑕疵出资部分的表决权可以被限制。但该规定最终未通过,也说明对出资瑕疵股东对应的表决权是否进行限制,存在争议。如(2021)最高法民申6453号案(《最高人民法院公报》2023年第1期),法院认为,根据《公司法司法解释三》第16条的规定,因未履行或者未全面履行出资义务而受限的股东权利,并不包括提起解散公司之诉。又如(2021)最高法民申2928号案,法院认为,在股东未履行或者未全面履行出资义务或者抽逃出资等瑕疵出资的情况下,对股东权利的限制并不及于请求公司解散的权利。因此,按最高人民法院的观点,瑕疵股东有权提起公司解散之诉。

(二)被告

《公司法司法解释二》第4条第1款规定,股东提起解散公司诉讼应当以公司为被告;原告以其他股东为被告一并提起诉讼的,人民法院应当告知原告将其他股东变更为第三人;原告坚持不予变更的,人民法院应当驳回原告对其他股东的起诉。

公司解散纠纷起因于股东在公司经营过程中产生的争议,但产生的法律后果是公司主体消灭,股东与公司之间的投资关系终止,股东通过清算取回投入资产与收益,因此直接承担法律后果的对象是公司,公司是公司解散纠纷的唯一适格被告。

(三)第三人

《公司法司法解释二》第4条第3款规定,原告提起解散公司诉讼应当告知其他股东,或者由人民法院通知其参加诉讼。其他股东或者有关利害关系人申请以共同原告或者第三人身份参加诉讼的,人民法院应予准许。

公司一旦解散,所有股东与公司的法律关系终止,公司应进行清算与注销,对未提起解散公司诉讼的其他股东,应充分保障其参与诉讼的权利。其他股东的诉讼地位,应区分其诉求与立场确定,如同意原告诉求,应作为共同原告,如不同意原告诉求,应以第三人身份参加诉讼。

二、管辖

《公司法司法解释二》第24条规定:"解散公司诉讼案件和公司清算案件由公司住所地人民法院管辖。公司住所地是指公司主要办事机构所在地。公司办事机构所在地不明确的,由其注册地人民法院管辖。基层人民法院管辖县、县级市或者区的公司登记机关核准登记公司的解散诉讼案件和公司清算案件;中级人民法院管辖地区、地级市以上的公司登记机关核准登记公司的解散诉讼案件和公司清算案件。"

实践中,公司解散纠纷案件一般由公司住所地法院管辖,除非有足够证据证明公司住所地非主要办事机构所在地。主要办事机构可通过主要办公场所(通过产权证、租赁合同、物业服务协议等证明)、权力机构所在地(董事、监事与高级管理人员办公所在地)、主要业务部门所在地以及公司业务常用联系地址等确定。

三、诉讼请求

股东提起解散公司诉讼的请求一般包括两项:一是判令公司解散;二是判令公司承担诉讼费用。

四、诉讼时效

公司解散纠纷是为终结股东与公司的投资关系,属于变更之诉,不适用诉讼时效。

五、公司解散之诉不适用仲裁

《公司法》第231条是股东提起解散公司诉讼的法律依据。根据该条规定,只有股东有权请求人民法院解散公司。公司一旦解散,涉及公司终止、股东收回投资、债权人保护、劳工利益等,不宜由股东之间选择仲裁解决。《最高人民法院关于撤销中国国际经济贸易仲裁委员会(2009)CIETACBJ裁决(0355)号裁决案的请示的复函》(2011 年 4 月 22 日 〔2011〕民四他字第 13 号)答复第 2 项:“根据《中华人民共和国公司法》第一百八十一条的规定,仲裁机构裁决解散公司没有法律依据,属于无权仲裁的情形。”根据该答复,最高人民法院认为仲裁机构无权就解散公司作出裁决。

六、公司解散案件的诉讼费问题

《公司法司法解释三》(征求意见稿)第 1 条规定:“股东提起解散公司的诉讼,由公司住所地人民法院管辖。案件受理费按照非财产案件标准收取。”但该条款未保留,因此,公司解散纠纷的案件受理费并不明确。

根据国务院制定的《诉讼费用交纳办法》第 13 条的规定,案件受理费按财产案件、非财产案件、知识产权民事案件、劳动争议案件、行政案件与管辖权异议案件的不同类型收费。公司解散之诉属于变更之诉,在于变更股东与公司之间的投资关系,不涉及财产争议,应属于非财产案件,但实践中绝大多数法院均是按财产案件收费,通常是以公司的注册资本计收。如最高人民法院指导性案例 8 号,林某清诉常熟市凯莱实业有限公司、戴某明公司解散纠纷案,公司注册资本 218 万元,案件受理费 20,910 元,显然是按财产案件收费。

公司解散制度为小股东退出僵局公司提供了救济途径,案件受理费过高,有利于抑制股东提起解散公司诉讼,使股东斟酌行事,寻求其他途径解决争议。但若小股东已受到大股东不合理压迫,又因过高的案件受理费无法诉诸法院解决争议,可谓双重打击。认缴制下,股东在设立公司时并未预期公司解散,为彰显实力,认缴的注册资本金额通常较高,要求股东按认缴金额缴纳案件受理费,实属不合理。为解决实务中存在的争议,最高人民法院于 2023 年 9 月 22 日作出法释〔2023〕9 号批复,明确公司解散纠纷应当按照非财产案件确定受理费标准。

七、财产保全

《公司法司法解释二》第 3 条规定,股东提起解散公司诉讼时,向人民法院申请财产保全或者证据保全的,在股东提供担保且不影响公司正常经营的情形下,人民法院可予以保全。

第二节　公司解散纠纷实务操作

《公司法》第231条规定："公司经营管理发生严重困难，继续存续会使股东利益受到重大损失，通过其他途径不能解决的，持有公司百分之十以上表决权的股东，可以请求人民法院解散公司。"该条既是法院受理股东请求解散公司诉讼时形式审查的法律依据，也是审理股东请求解散公司诉讼时实体审查的法律依据。[1]

基于该条规定，实务中，法院将公司解散纠纷案件的审理分为四个要件予以逐项分析，并得出是否应解散公司的结论：(1)提起诉讼的原告是否享有公司10%以上的表决权；(2)公司经营管理是否发生严重困难；(3)继续存续是否会使股东利益受到重大损失；(4)是否通过其他途径不能解决。

关于要件一，提起诉讼的原告主体资格，已在本章第一节论述，不再赘述。本节逐项解释说明另外三个要件。

一、"公司经营管理已发生严重困难"的认定

公司经营管理已发生严重困难，理论上被称为"公司僵局"，从文义上可区分为"经营困难"、"管理困难"或"经营与管理困难并存"。经营困难，与业绩相关，如公司效益低下，持续亏损，入不敷出，股东的投资如流水般消逝，公司前景不明。管理困难，与公司治理相关，如股权结构、公司章程不合理导致股东会或董事会无法召开或无法达成有效决议。经营与管理困难并存，是指将经营与管理困难作为一个整体予以考虑。在公司解散纠纷案件中，何种困难应予以适用，分析如下。

(一)"公司经营管理已发生严重困难"在法律适用上主要是指管理困难

1.《公司法司法解释二》第1条列举的解散事由

公司经营管理已发生严重困难，属于原则性规定，无法在实践中作为客观

[1] 参见最高人民法院民事审判第二庭编著：《最高人民法院关于公司法司法解释(一)、(二)理解与适用》，人民法院出版社2015年版，第119页。

的立案与案件审理标准，为此《公司法司法解释二》第 1 条具体规定了人民法院应予受理公司解散纠纷的四项事由，股东起诉时只要证明其中任一事由存在即可，并非需要全部满足。

(1)公司持续两年以上无法召开股东会，公司经营管理发生严重困难的

该项规定的是股东会“无法召开僵局”，且无法召开要持续两年以上，如两年内召开过股东会的，时间应重新计算。

股东会会议分为定期会议与临时会议。根据《公司法》第 62 条第 2 款的规定，定期会议按公司章程的规定按时召开，临时会议由代表 1/10 以上表决权的股东，1/3 以上的董事，监事会提议召开。第 63 条规定，股东会会议由董事会、监事会或代表 1/10 以上表决权的股东召集，由董事长、副董事长、董事、监事会(监事)或代表 1/10 以上表决权的股东主持。因此，《公司法》对股东会的召开与召集程序作出了明确的规定，不存在股东会召开无法可依的情形。股东会无法召开，是因为无人召集股东会，或召集之后无股东出席股东会。

代表 1/10 以上表决权的股东有权提议召开临时股东会，但其并未提议召开，其是否有权以股东会无法召开僵局提请解散公司诉讼？实践中，有法院认为，股东有权提议召开临时股东会的，应证明其已经向公司提议召开股东会而遭拒绝，否则不得以股东会无法召开僵局作为解散事由。[1] 作者认为，股东会应首先按公司章程的规定举行定期会议，持续两年以上未举行定期会议，足以说明公司目前的管理层未履行公司章程规定的义务，股东提议临时股东会是其权利，法院不应对股东未行权利行为予以苛责，特别是存在现有召集义务人并未按公司章程规定召集定期会议的情形。股东会无法召开僵局，应从客观现状分析，不应追究过错方。过错的存在与否，无法否认股东会召开僵局的客观存在。如(2011)民四终字第 29 号案(《最高人民法院公报》2014 年第 2 期)，法院认为，公司能否解散取决于公司是否存在僵局以及是否符合《公司法》第 183 条(作者注：现《公司法》第 231 条)规定的实质条件，而不取决于公司僵局产生的原因和责任。因此，即使起诉股东未提请召开股东会，法院的审查重点也应是

〔1〕 参见祁某江与苏州市超运通讯科技有限公司公司解散纠纷案，苏州市中级人民法院民事判决书，(2017)苏 05 民终 5254 号。

僵局是否存在,而非以存在过错为由驳回提请解散公司的股东的诉请。

(2)股东表决时无法达到法定或者公司章程规定的比例,持续两年以上不能作出有效的股东会决议,公司经营管理发生严重困难的

该项规定的是股东会"无法达成有效决议僵局",且无法达成有效决议要持续两年以上,如两年内达成有效决议,时间应重新计算。

股东会的决议有效需满足两个要求:一是出席人数要求;二是表决数要求。

对于出席人数,《公司法》对有限公司与股份公司均没有特别规定,公司章程可对股东会最少出席人数作出规定,如股东会出席人数不符合公司章程,根据《公司法》第 27 条的规定,出席会议的人数不符合公司章程规定的,股东会决议不成立。

对于表决数,根据《公司法》的规定,有限公司的普通决议由经代表全体股东半数以上表决权的股东通过,特别决议(修改公司章程、增加或者减少注册资本的决议,以及公司合并、分立、解散或者变更公司形式的决议)由经代表全体股东 2/3 以上表决权的股东通过,而股份有限公司,普通决议由所持表决权的 1/2 以上出席股东通过,特别决议由所持表决权的 2/3 以上出席股东通过。公司章程可对上述半数以上或 2/3 以上作出更严格的例外要求,但不得低于法定的标准。

基于上述,股东会"无法达成有效决议僵局"主要包括两种情况:第一,股东会出席人数不符合公司章程的规定,决议不成立;第二,决议事项需代表半数或 2/3 以上表决权的股东通过,同意决议事项一方的表决权不足,如决议事项需过半数同意才可通过,但两方各拥有 50% 的表决权,任何一方的表决权都不过半数,决议无法通过。因此,表决权不足导致的股东会僵局,限于各方股东表决权相互制衡的情形,如任一股东拥有足够的表决权,其可以提议召开临时股东会,在公司章程没有就出席人员作出例外规定的前提下,即使其他股东不出席股东会,该股东也可作出有效的股东会决议。

(3)公司董事长期冲突,且无法通过股东会解决,公司经营管理发生严重困难的

该项规定的是董事会僵局。依据股东人数或公司规模,公司设董事会或董事。董事存在冲突,应指公司设董事会之情形,一名董事无法自我冲突。故有

最高人民法院再审裁定认为，如公司未设立董事会，仅有执行董事一名，解散事由不适用此项规定。[1]

董事由公司股东会选举产生，属于普通决议，如公司章程无例外规定，持有1/2以上表决权的股东即可作出有效决议替换董事，解决董事之间的冲突。董事之间的冲突实际为股东冲突的延伸，特别是在有限责任公司中，股东与董事身份高度重合，股东之间一旦丧失信任，相互对立，董事冲突随即产生。

公司董事长期冲突的表现有两种情形：一是董事会无法召开，如无法达到出席人数要求或召集人长期不召集董事会；二是无法作出有效决议。《公司法》第73条第3款规定，董事会决议的表决一人一票。如公司有4位董事，各为两派，则无法形成有效董事会决议。

（4）经营管理发生其他严重困难，公司继续存续会使股东利益受到重大损失的情形

该项属于立法技术上的兜底性条款，为了解决司法解释规定的滞后性，概括规定了其他严重困难，以适用新情况。

上述（1）、（2）、（3）项列举了股东会无法召开僵局、股东会无法达成有效决议僵局与董事会僵局，都是从公司组织机构方面进行分析，未涉及公司经营情况，属于管理困难。

需要注意的是，上述（1）、（2）、（3）项除列举了公司僵局的各种具体表现，同时都规定了“公司经营管理发生严重困难的”，因此，即使存在公司持续两年以上无法召开股东会的情形，公司并不必然解散，仍需证明“公司经营管理发生严重困难”。如（2017）最高法民申2342号案，法院认为，对于连续4年无法召开股东会的问题，虽然双方没有召开过股东会，但双方在公司的经营管理问题上一直在进行沟通和协商，该问题不能证明公司的经营管理发生了严重困难。

反之，因经营管理发生严重困难是公司解散的实质依据，即使不存在（1）、（2）、（3）项所列情形，法院也可认定“公司经营管理已发生严重困难”。如（2018）最高法民申280号案，法院认为，未召开股东会持续时间不足两年并非阻碍判定公司解散的绝对条件。如前文所述，判定公司能否解散应根据《公司

〔1〕 参见王某国、陈某胜公司解散纠纷案，最高人民法院民事裁定书，（2017）最高法民申987号。

法》第182条（作者注：现《公司法》第231条）的规定予以综合判断。故即使2016年1月15日龙润公司召开股东会且作出了股东会决议，亦不能得出龙润公司尚未陷入公司僵局的结论。

2. 经营管理困难主要指管理困难

2012年4月，最高人民法院发布了第8号指导性案例：林某清诉常熟市凯某实业有限公司、戴某明公司解散纠纷案。

归纳第8号指导案例的裁判要点：一是判断“公司经营管理是否发生严重困难”，应从公司组织机构的运行状态进行综合分析。所谓综合分析，是指对公司的组织机构，股东会、董事会与监事会三个机构的运行逐项分析，最终得出公司经营管理是否发生严重困难的结论。二是公司虽处于盈利状态，但其股东会机制长期失灵，内部管理有严重障碍，已陷入僵局状态，可以认定为公司经营管理发生严重困难。第8号指导案例说明，实务中“好公司”也可被判决解散，公司是否解散，公司经营情况并非决定性因素，如公司存在组织机构运行障碍，即管理困难，法院可判决公司解散。

例如，（2017）最高法民申2148号案（《最高人民法院公报》2018年第7期），最高人民法院是从董事会、股东会及监事会运行机制三个方面进行综合分析，最终得出公司经营管理已发生严重困难的结论。最高人民法院认为，根据一、二审法院查明的事实：关于董事会方面，东北亚公司董事会有5名成员，董某琴方3人，荟冠公司方2人。东北亚公司章程第53条规定：董事会会议由董事代股东行使表决权，董事会会议对所议事项作出决议，决议应由代表3/5以上（含本数）表决权的董事表决通过。根据以上规定，董某琴方提出的方案，无须荟冠公司方同意即可通过。荟冠公司曾3次提出修改公司章程，均遭到董某琴的拒绝。此外，荟冠公司向东证公司转让部分股权一事，东北亚公司拒绝配合，最终通过诉讼才得以实现。自2013年8月6日起，东北亚公司已有两年未召开董事会，董事会早已不能良性运转。关于股东会方面，自2015年2月3日至诉讼时，东北亚公司长达两年没有召开股东会，无法形成有效决议，更不能通过股东会解决董事之间激烈的矛盾，股东会机制失灵。关于监事会方面，东北亚公司成立至诉讼时从未召开过监事会，监事亦没有依照《公司法》及公司章程行使监督职权。综上，客观上东北亚公司董事会已由董某琴方控制，荟冠公司无法正常行使股东权利，无法通过委派董事加入董事会参与经营管理。东北亚公司的内部机构已不能正常运转，公司经营管理陷入僵局。

又如，(2021)最高法民申 6453 号案(《最高人民法院公报》2023 年第 1 期)，最高人民法院认为，《公司法》第 182 条(作者注：现《公司法》第 231 条)规定的"严重困难"包括对外的生产经营困难、对内的管理困难。该案中，一、二审法院已查明认定博鑫公司的股东会机制失灵，股东之间矛盾无法调和，且经法院协调仍难以打破公司僵局；而博鑫公司申请再审的事由也反映出其客观上存在管理方面的严重困难。因此，二审判决认定博鑫公司已具备《公司法司法解释二》第 1 条规定的解散事由，在事实认定和法律适用上并无不当。该案中，最高人民法院虽认定"严重困难"包括对外的生产经营困难、对内的管理困难，但其描述的具体情况仍属于管理困难。

根据《最高人民法院关于案例指导工作的规定》第 7 条的规定："最高人民法院发布的指导性案例，各级人民法院审判类似案例时应当参照。"无论是最高人民法院的司法解释，抑或指导性案例与最高人民法院公报案例，均认为《公司法》上的"经营管理发生严重困难"主要是指管理困难，该管理困难应从董事会、股东会及监事会运行机制三个方面进行综合分析，最终得出结论。

(二)公司经营情况是法院判定是否解散公司的重要参考因素

虽然基于法律规定及指导案例、公报案例，公司经营管理已发生严重困难是指管理困难，但因公司解散与清算后，公司作为法人主体资格消灭，有形资产可分配给股东，积累的无形资源均随之消失，拆分的有形资产同样无法发挥整体效用，公司解散具有不可逆性。

因此，公司经营情况是法院判决是否解散公司的重要参考因素，大量实证研究文章表明，"好公司"被解散的概率远远小于经营不善的公司。如蒋大兴教授经实证研究后认为："很明显，在中国法院的解散诉讼中，对于正常营业的公司，法院多倾向于做不解散判决，而对于非正常营业的公司，法院作出解散判决的可能性远高于不解散判决。在正常营业的 93 家公司中，被法院判决解散的仅有 13 家，占比 14%；而在非正常营业的 168 家公司中，被法院判决解散的有

152 家，占比 90%。"[1]耿利航教授认为："样本案件中法院是否判决解散公司与公司经营状况之间相关性极为显著：虽然总体上公司被判决解散占比为 57%，但对于停业公司（117 例），91% 的公司被法院判决解散，公司停业事实对法院判决公司解散几乎有着决定性的影响，而如果公司正常经营（94 例），判决解散比例仅有 15%。"[2]最高人民法院的部分案例也以公司正常经营，甚至盈利作为否认公司存在经营管理严重困难的理由。[3]

二、继续存续会使股东的利益受到重大损失

一般而言，如果法院认定第一个要件成立，公司经营管理已发生严重困难，那么很难论述继续存在股东利益不会遭受重大损失，故第一个要件的认定是前提。

股东利益不同于股东权利。在逻辑上，并非所有利益都以权利形式体现，利益的范围大于权利。[4] 依据《公司法》第 4 条第 2 款，公司股东依法享有资产收益、参与重大决策和选择管理者等权利，但股东利益总体上可分为管理利益和财产利益。

当公司盈利，公司继续存续不存在投资损失，股东财产利益获益，但管理利益受损时，如第 8 号指导性案例，法院认为，由于凯莱公司的内部运营机制早已失灵，林某清的股东权、监事权长期处于无法行使的状态，其投资凯莱公司的目的无法实现，利益受到重大损失。

当公司亏损时，法院则从财产利益角度论述公司继续存续会使股东遭受重大损失，如（2011）民四终字第 29 号案，法院认为，关于富钧公司继续存续是否会使股东利益受到重大损失，从富钧公司经营情况看，富钧公司僵局形成后，公司经营即陷入非常态模式，在永利公司单方经营管理期间，富钧公司的业务虽

[1] 蒋大兴：《"好公司"为什么要判决解散——最高人民法院指导案例 8 号评析》，载《北大法律评论》2014 年第 1 期。

[2] 参见耿利航：《公司解散纠纷的司法实践和裁判规则改进》，载《中国法学》2016 年第 6 期。

[3] 参见宝丰国际投资公司、成都富力熊猫城项目开发有限公司公司解散纠纷案，最高人民法院民事裁定书，（2019）最高法民申 5886 号；上海瑞华新能源汽车有限公司、海南瑞华特新能源汽车有限公司公司解散纠纷案，最高人民法院民事裁定书，（2019）最高法民申 1787 号。

[4] 参见李建伟：《司法解散公司事由的实证研究》，载《法学研究》2017 年第 4 期。

然没有停顿，但持续亏损，没有盈利年度，公司经营能力和偿债责任能力显著减弱，股东权益已大幅减损至不足实收资本的1/2。富钧公司关于其生产经营正常，亏损额正在减少，有望扭亏转盈的上诉理由没有充分证据证明，法院不予采信。

三、通过其他途径不能解决

公司经营管理已发生严重困难，继续存续会使股东利益遭受重大损失，但可通过其他途径解决的，如以股权转让或减资等方式实现争议股东退出，此时应尽可能采取其他途径，维持公司运营，避免公司解散。因此，《公司法司法解释二》第5条第1款规定："人民法院审理解散公司诉讼案件，应当注重调解。当事人协商同意由公司或者股东收购股份，或者以减资等方式使公司存续，且不违反法律、行政法规强制性规定的，人民法院应予支持。当事人不能协商一致使公司存续的，人民法院应当及时判决。"

但何为其他途径，法律并未明确。在第8号指导案例一审时，法院认为股东争议可通过其他途径解决，但二审改判认为，林某清在提起公司解散诉讼之前，已通过其他途径试图化解与戴某明之间的矛盾，服装城管委会也曾组织双方当事人调解，但双方仍不能达成一致意见。两审法院也基于慎用司法手段强制解散公司的考虑，积极进行调解，但均未成功，应认定为通过其他途径无法解决。

（一）通过其他途径无法解决为导向性要求

法院在受理公司解散诉讼纠纷案件时，应审查起诉股东是否以其他方式解决争议，但该审查更多的是形式审查，意义更多在于其导向性。[1] 通过其他途径不能解决的实质判断唯有通过庭审方能进行，从而保护当事人的诉讼权利。[2] 起诉股东只要证明其"用过"其他方式即可，而无须证明在起诉前"用尽"所有方式。鉴于其他途径范围的不确定性，如法院立案时要求起诉股东证

---

〔1〕 参见最高人民法院民事审判第二庭编著：《最高人民法院关于公司法司法解释（一）、（二）理解与适用》，人民法院出版社2015年版，第19页。

〔2〕 参见唐明、赵静：《公司司法解散诉讼实证研究》，载《法治研究》2008年第4期。

明“用尽”所有方式,起诉股东无法完成不确定性事项的证明,最终导致公司解散纠纷诉讼形同虚设。

(二)查明“用尽”其他途径的主体

其他途径在不同案件中应有不同的适用情形,起诉股东可提出其认为合适的方案,但其无法知道其提出的方案是否已经穷尽,只能在其认知范围内提出,但法院认定,起诉股东仍有其他途径可以采用,此时驳回起诉股东的诉求是否合理?

作者认为,并不合理,查明“用尽”其他途径的主体应是法院,而非起诉股东举证。根据《公司法司法解释二》第5条第1款规定:“人民法院审理解散公司诉讼案件,应当注重调解。”法院应在调解环节,穷尽其他途径,并供当事人协商。例如,(2017)最高法民申2148号案,最高人民法院认为,基于有限责任公司的人合性,股东之间应当互谅互让,积极理性地解决冲突。在东北亚公司股东发生矛盾冲突后,荟冠公司试图通过修改公司章程改变公司决策机制解决双方纠纷,或通过向董某琴转让股权等退出公司的方式解决公司僵局状态,但均未能成功。即使荟冠公司向东证公司转让了部分股权,也仅是荟冠公司与董某琴双方的冲突历经诉讼程序才能实现的。同时,一审法院基于慎用司法手段强制解散公司的考量,多次组织各方当事人进行调解。在二审法院调解过程中,荟冠公司、东证公司主张对东北亚公司进行资产价格评估,在确定股权价格后,由董某琴收购荟冠公司及东证公司所持东北亚公司的股权,荟冠公司及东证公司退出东北亚公司,最终各方对此未能达成一致意见,调解未果。东北亚公司僵局状态已无法通过其他途径解决。

又如,(2011)民四终字第29号案(《最高人民法院公报》2014年第2期),最高人民法院认为,公司僵局并不必然导致公司解散,司法应审慎介入公司事务,凡有其他途径能够维持公司存续的,不应轻易解散公司。然而该案经过一、二审法院多轮的调解,永利公司和仕丰公司始终不能就转让股权、公司回购或减资等维系富钧公司存续的解决方案达成合意。尤其是在二审调解过程中,仕丰公司愿意受让永利公司股权,使富钧公司存续,其与永利公司就股权转让价格亦基本达成一致,但由于富钧公司不愿意全面公开在永利公司单方经营期间的经营状况和对外债务，故最终未能达成调解协议。《公司法》没有确立解决公司僵局的其他替代性救济措施，现富钧公司的持续性僵局已经穷尽其他途径仍未能化解，如维系富钧公司，股东权益只会在僵持中逐渐耗竭。相较而言，解散富钧公司能为双方股东提供退出机制，避免股东利益受到不可挽回的重大损失。

最高人民法院在认定公司僵局已无法通过其他途径解决时，论述的理由是一审、二审法院均组织了各方当事人调解。因此，通过其他途径不能解决，应由法院通过庭审与调解等形式完成审查，而非股东证明。如要求股东证明，股东无法证明是否穷尽“其他途径”，因为“其他途径”是不确定概念。

四、其他考虑因素

（一）社会责任

《公司法》第20条第1款规定，公司从事经营活动必须承担社会责任。法院以此作为阻却公司解散事由，认为公司解散不仅关乎公司股东的利益，更涉及公司债权人、公司员工、公司客户等多方利益，股东行使权利要受到公司社会责任的约束，应尽量维持公司的存在。如（2019）皖民终1078号案，丰源公司共两位股东，各占50%的股权比例，丰源公司长达7年未召开股东会，且股东之间已有多起诉讼，但法院未判决解散，其认为股东对公司事务进行管理和决策时，要充分考虑到职工、消费者与社会等利益相关方的利益。另外，根据公司社会责任的立法理念，公司维持原则应当得到充分尊重，在公司解散诉讼中应尽量维持公司的生命力。特别是涉及公司股东内部人的利益与公司外部消费者等社会公众利益的冲突时，需要优先维护社会公共利益。丰源公司作为以销售汽车及售后服务为主业的企业，通过数十年的经营，已形成消费者达几千人规模的售后服务群体，公司正式员工达70余人，公司解散对广大消费者群体及职工利益影响最大。因此，即使徐某与郭某在公司经营管理中产生争议时，也不宜将解散公司作为首选方案。

作者认为，以公司应承担的社会责任作为是否解散公司的考量因素失之偏颇。如此，承担社会责任大的公司解散概率就低于经营失败的公司，法院自由裁量权过于宽泛,而且与指导案例第 8 号确定的“好公司”也可解散的规则相违背。当然,如果公司设立具有特殊性与公益性的项目,如开发安置房,设立民办学校等,应考虑适用公司社会责任理论。

(二)股东之间的涉诉情况

股东之间诉讼不断,虽不属于法律规定的公司僵局情形,但也足以说明股东之间丧失人合性,无法通过其他途径解决争议,法院在此基础上,不判决公司解散是否合适?

在作者检索到的案例中,法院经常以股东之间的涉诉情况作为证明股东之间丧失人合性与无法通过其他途径解决争议的重要标志,如(2015)苏商再提字第 00035 号案,法院认为,江阳公司股东个人之间的矛盾激化到已经不可能商议公司治理的程度。在陈某刚控制公司后,江阳公司向公安控告郭某银,要求刑事立案。股东长期严重对立,互相发起多起诉讼,至今还有其他纠纷尚未审结。而有限责任公司是兼具人合性与资合性的商事主体,股东之间具有合作意愿和稳定关系是公司存续的重要基础。当股东之间丧失信任、关系破裂时,实际占有、控制公司的股东往往会直接侵害不能参与公司治理的股东的利益。考虑到股东个人的真实意愿与企业生存的社会影响之间的利益平衡,原审、再审期间,法院曾试图通过其他方式解决公司经营管理存在的问题,但是多次调解也未能改变股东的对立状况。股东确实不能协商一致使公司存续的,人民法院应当及时判决。因此,在股东矛盾不可调和,无法改变公司目前的经营管理困难,且公司持续亏损,继续存续会严重损害股东利益的情况下,应当依法解散江阳公司。

第三节　公司解散的其他事由

公司僵局是《公司法》及《公司法司法解释二》第 1 条认定的公司解散核心事由,甚至可以理解为法律认可的唯一事由。

公司僵局的认定,应从公司股东会、董事会与监事会三个方面进行综合分析，但从逻辑与构成要件分析，股东会无法召开僵局、股东会无法达成有效决议僵局与董事会僵局，均是在股东势力对峙或相互制衡时出现，如股东各持有50%的表决权，任何一方均无法达成任何有效决议。然而，当公司章程未有例外规定时，如股东一方具有明显优势的表决权，如2/3以上，该股东可以单方发出通知召开股东会、作出有效的股东会决议，改选董事与监事，此时不存在《公司法司法解释二》第1条规定的公司僵局的具体表象，无法以存在僵局为由解散公司。如（2017）最高法民再373号案，法院认为，首先，华城公司尚不存在公司经营管理发生严重困难的情形。判断"公司经营管理是否发生严重困难"，应从公司组织机构的运行状态进行综合分析，如股东会、董事会以及监事会等公司权力机构和管理机构是否无法正常运行，是否对公司事项无法作出有效决议，公司的一切事务是否处于瘫痪状态等。该案中，虽然华城公司自2009年召开股东会后未再召开股东会，也未召开董事会，但是根据合计持股60.12%的股东（温某生17.97%、韦某书22.2%、李某东19.95%）明确表示不同意解散公司的事实可知，即便持股18.67%的股东刘某不参加股东会，华城公司仍可以召开股东会并形成有效决议。这一推断也被华城公司2017年3月23日召开临时股东会并制定有效公司章程的事实所印证。刘某称其与黄某良的股权合计已经超过华城公司股份总额的1/3，但刘某并无证据证明黄某良同意解散公司。至诉讼时，黄某良虽未出庭并陈述意见，但其已经签收该案相关法律文书，无法认定其是否反对股东会作出的决议。未召开股东会并不等于无法召开股东会，更不等于股东会议机制失灵，刘某提出公司机制失灵的理由不成立。

由此产生的疑问是：股东在对峙时，尚有解散公司的机会，而面对控股股东滥用股东权利，侵犯小股东利益时，小股东却无法律依据请求解散公司，是否只能忍受剥削与宰割？

值得庆幸的是，司法实务中解散公司的事由，已不限于从公司组织结构的运行状态综合分析公司僵局。虽囿于法律规定与指导案例第8号裁判要旨，法院论述其他公司解散事由时仍需努力呼应现有规定，但其论述的内涵已超出公司僵局的范围。公司解散事由，除公司僵局外，实务中还存在以下事由。

一、股东压迫

域外立法中,股东压迫与公司僵局是最主要的两类公司解散事由。拥有股东身份并不意味着可以参与公司管理,因此对股东压迫的理解,并非限于控股股东排挤小股东参与公司管理,重点在于控股股东是否利用其控制地位,侵占公司资产与商业机会,进行利益输送,持续复合损害小股东利益,并致使公司丧失独立性人格。

有观点认为,如果存在股东压迫,但是公司经营状况良好的情况,不易启用司法解释程序。[1] 该类观点的理由主要是《公司法司法解释二》第 1 条第 2 款的规定:"股东以知情权、利润分配请求权等权益受到损害,或者公司亏损、财产不足以偿还全部债务,以及公司被吊销企业法人营业执照未进行清算等为由,提起解散公司诉讼的,人民法院不予受理。"受压迫的股东可以提起股东知情权,利润分配请求权,损害公司利益、股东利益的诉讼或请求回购股权等方式,保障其合法权益。如(2018)京 01 民终 4910 号案,法院认为,根据《公司法》关于司法解散制度的相关规定,解散的情形主要限于公司僵局,股东受到其他股东压迫,无法直接参与公司的经营管理,无法得知公司的经营状况等,不是认定"经营管理发生严重困难"的直接依据,徐某依据其受到控股股东安方达公司以及实际控制人方某娆的压迫,无法行使对公司的知情权和有效的经营管理的权利,要求解散兴安方达公司,不符合《公司法》及相关司法解释的规定。

作者认为,股东压迫应作为与公司僵局并列的公司解散事由。首先,司法解散制度源于英国的"公正合理清盘令",即当小股东在不能承受控股股东的各种不公平欺压行为时可以直接向法庭申请颁发"清盘令"解散公司,以解散公司的生命并依据投资比例分配公司的剩余财产。[2] 因此,从起源上看,司法解散制度的产生缘由在于赋予小股东在持续受到压迫时,以终结公司控股股东资本多数决暴政。其次,小股东受到压迫,意图退出时,其只能对外转让,但鉴于有

---

〔1〕 参见最高人民法院民事审判第二庭编著:《最高人民法院关于公司法司法解释(一)、(二)理解与适用》,人民法院出版社 2015 年版,第 135 页。

〔2〕 参见最高人民法院民事审判第二庭编著:《最高人民法院关于公司法司法解释(一)、(二)理解与适用》,人民法院出版社 2015 年版,第 139 页。

限公司的人合性以及控股股东的暴政，合理第三方自然不愿意介入纷争，受让小股东股权。小股东退出的选择对象似乎只有控股股东，在此种情况下，小股东只能任控股股东宰割，无法实现股权平等。再次，虽然对于控股股东损害公司、股东利益的行为，小股东可提起单项诉讼，但单项诉讼仅针对单次侵权行为，无法彻底解决控股股东反复的持续损害。最后，特别是，股权对峙形成公司僵局是法定解散事由，但在股东股权处于劣势，无法对峙时，却不予保护，对此需要法律的合理解释。

实务中，已有法院以股东压迫进行判决说理，如(2019)最高法民申1474号案，法院认为，金融控股公司完全否认该次股东会、董事会召集程序的合法性和决议的有效性，且股东双方已经对簿公堂，证明股东之间、董事之间的矛盾已经激化且无法自行调和，股东会、董事会机制已经不能正常运行和发挥作用。在此情形下，继续维持公司的存续和股东会的非正常运行，只会产生控股股东利用其优势地位单方决策，压迫损害另一小股东利益的后果。

二、设立公司的目标不达

股东耗费时间与金钱设立公司必有其目的。公司设立的目的无法实现，并非公司僵局，如法院按照《公司法》及《公司法司法解释二》的规定去判断，则无法解散，但因目的不达，违背了股东投资设立公司的初衷，股东自然无继续经营管理公司的意愿，仅为维持公司存续继续消耗各股东的投入不符合各方股东利益，应认定符合《公司法司法解释二》第1条第1款第4项“经营管理发生其他严重困难”的情形，可予以解散。如(2019)最高法民申1474号案，吉林省金融资产管理有限公司(以下简称金融管理公司)由吉林省金融控股集团股份有限公司(以下简称金融控股公司)与宏运集团有限公司(以下简称宏远集团)共同设立，金融控股公司占比20%，宏远集团占比80%。金融管理公司设立宗旨为经营不良资产批量收购与处置业务，成立后不久，在未经股东之间充分协商及董事会批准的情况下，即将9.65亿元资金借给宏运集团公司实际控制的关联方，导致金融管理公司无法正常开展不良资产业务，二审法院吉林省高级人民法院认为：“宏运集团公司违背诚信原则，滥用控股股东优势和支配地位，背离公司设立宗旨，使公司设立目的无法实现，造成公司经营管理严重困难，损害股东权益,无法通过其他途径解决,一审法院判决公司解散并无不当。”最高人民法院认为:“由于金融管理公司的经营资金被宏运集团公司单方改变用途作为贷款出借且长期无法收回,导致公司批量收购、处置不良资产的主营业务无法正常开展,也使公司设立的目的落空,公司经营发生严重困难。”

三、丧失人合性

有限责任公司是兼具人合性与资合性的商事主体,股东之间具有合作意愿和稳定关系是公司存续的重要基础。股东通常既是公司的投资者又是公司的经营管理者,当股东之间丧失信任,纷争不断,甚至意图借助刑事手段,将曾经的合作伙伴送进监狱时,虽不符合《公司法司法解释二》所列的公司僵局情形,但在矛盾无法调和的情况下,应尊重股东意愿,保障股东退出的权利,予以解散公司。如(2011)民四终字第29号案(《最高人民法院公报》2014年第2期)与(2017)最高法民申2148号案(《最高人民法院公报》2018年第7期),最高人民法院在论述公司解散时,都将“人合性障碍”作为考量因素。又如,(2014)浙民申字第714号案,法院认为,判断公司是否符合解散的条件,应从公司的人合性和资合性要素依次考察公司僵局状态,即判断公司的人合基础是否已完全丧失、公司的法人财产是否处于不断损耗和流失的严重状态。从查明的事实看,联创公司自成立以来,股东之间从未召开股东会,且二审中股东徐某春曾向法院提交了其向司法机关控告丁某涉嫌侵占、挪用公司资金的控告状及要求将其司法移送的申请书,而丁某亦未将2012年6月收取的公司货款及时交回公司,可见公司股东之间已丧失了最起码的信任关系,股东之间相互合作的基础已完全丧失,即公司存续的人合基础丧失。

当然,公司是营利性组织,在运营时,股东之间不可避免存在矛盾,但存在矛盾不代表就丧失人合性,只有丧失人合性导致公司无法正常运营时,才可以丧失人合性为由解散公司。如(2017)最高法民申987号案,法院认为,对公司是否已丧失人合性,是否应当解散应综合判断。股东之间的矛盾首先是公司内部的管理问题,为维护商业经营的稳定和安全,不能仅因公司股东之间存在矛盾就将公司解散,更不能因为一个股东与其他股东之间存在矛盾而解散公司,只有在达到公司经营管理发生严重困难,符合公司解散的法定条件时方可解散，否则会对社会经济尤其是公司经营所涉及的其他社会关系造成损害，影响其稳定。

综述，上述事由并非单一适用，在存在公司僵局的情形下，可能同时伴随人合性丧失与股东压迫，作为小股东如想逃离控股股东的枷锁，就诉讼角度而言，应尽可能举证存在上述事由，增加法官判决公司解散的内心确信。

另外，虽然《公司法》及其司法解释就公司解散作出了原则和具体的规定，但解散公司并非易事，法院对此持谨慎态度，如即使存在连续两年未召开股东会或未形成有效决议的情形，法院也可认为公司不存在经营困难严重困难，甚至以“超过两年未召开股东会，并不等于无法召开股东会，更不等于股东会议机制失灵”等类似理由否定司法解释的具体规定，[1]造成司法实践中裁判标准不统一、无迹可循。作者认为，公司解散纠纷已有明确、具体的法律规定和指导案例，法院在审理类似案件时应当参照，同时也应意识到，法院判决公司解散，并不意味着公司一定进入清算程序，法院判决解散后，小股东增加了谈判的筹码，仍可通过协商的方式使公司存续。作为市场经济参与主体，小股东或控股股东都有能力辨别清算公司是否最有利于各方利益，第 8 号指导案例中被判决解散的常熟市凯莱实业有限公司，截至本书完成日，仍未解散，说明胜诉的股东并未启动清算程序，最终以和解的方式使自身利益最大化。

---

〔1〕 参见赵某峰、陕西义禧投资管理有限公司解散纠纷案，最高人民法院民事裁定书，(2019)最高法民申 2477 号。

第二十三章

清算责任纠纷

公司出现解散事由后，应成立清算组，启动清算程序。存在怠于清算或违法清算等行为，导致公司资产贬值、灭失或无法清算的，债权人、股东或公司利益将受损，由此产生的争议为"清算责任纠纷"。为依法保障债权人、股东或公司的诉权，《民事案件案由规定》确定了三级案由"284. 清算责任纠纷"。《最高人民法院新民事案件案由规定理解与适用》将其释义为"清算组成员在清算期间，因故意或者重大过失给公司、债权人造成损失，应当承担赔偿责任的纠纷"。[1] 作者认为，该释义并不准确。清算责任，不仅包括清算组的责任，也包括清算义务人的责任。遭受损失的主体不仅包括公司、债权人，也包括股东。

清算组，又称清算人，是负责具体执行清算事务的民事主体，例如通知债权人、审核申报债权、处置与分配公司财产等。《公司法》第 232 条第 2 款规定，清算组由董事组成，但是公司章程另有规定或者股东会决议另选他人的除外。公司股东、董事、监事、高级管理人员、《人民法院中介机构管理人名册》中的中介机构或者个人均可成为清算组成员。[2]

---

〔1〕 参见人民法院出版社编著：《最高人民法院民事案件案由适用要点与请求权规范指引》，人民法院出版社 2019 年版，第 787 页。

〔2〕 参见《最高人民法院关于审理公司强制清算案件工作座谈会纪要》第 22 条规定："人民法院受理强制清算案件后，应当及时指定清算组成员。公司股东、董事、监事、高级管理人员能够而且愿意参加清算的，人民法院可优先考虑指定上述人员组成清算组；上述人员不能、不愿进行清算，或者由其负责清算不利于清算依法进行的，人民法院可以指定《人民法院中介机构管理人名册》和《人民法院个人管理人名册》中的中介机构或者个人组成清算组；人民法院也可根据实际需要，指定公司股东、董事、监事、高级管理人员，与管理人名册中的中介机构或者个人共同组成清算组。人民法院指定管理人名册中的中介机构或者个人组成清算组，或者担任清算组成员的，应当参照适用最高人民法院《关于审理企业破产案件指定管理人的规定》。"

清算义务人是指有义务启动清算程序的主体，指"基于其与公司之间存在的特定法律关系，在公司解散时负有在法定期限内启动清算程序、成立清算组织，并在公司未及时清算给相关权利人造成损失时依法承担相应责任的民事主体"。《公司法》第232条第1款规定，董事为公司清算义务人，应当在解散事由出现之日起15日内组成清算组进行清算。

需要注意的是，无论是清算组责任还是清算义务人责任，仅限于公司不能清偿的部分，如公司有剩余资产可以清偿，应首先用公司财产清偿，清算组或清算义务人只对公司不能清偿的部分承担责任。

第一节　清算责任纠纷诉讼指引

一、诉讼主体

（一）原告

1. 债权人

公司一旦注销，法人资格消灭，债权人主张权益的对象则不复存在。为保障债权人利益，清算义务人应及时组织清算，清算组应依法清算。清算组或清算义务人行为导致债权人损失的，债权人有权提起诉讼。实践中的清算责任纠纷，多数为债权人提起。

公司债权人身份是首先需要确认的事实，一般以生效法律文书为准。清算义务人或清算组对债权人身份提出异议，并提供初步证据证明的，原则上要另案处理。

2. 股东

公司经清算有剩余资产的，应归属于股东。清算义务人或清算组未依法清算，不仅损害了债权人利益，股东利益同样受损。控股股东利用掌握公司的优势不依法清算，损害小股东的事例并不鲜见。《公司法司法解释二》重点关注债权人利益保护，但对于清算过程中损害股东利益的行为，股东如何救济缺乏具体规定。《公司法司法解释二》第15条第2款规定："执行未经确认的清算方案给公司或者债权人造成损失，公司、股东、董事、公司其他利害关系人或者债权人主张清算组成员承担赔偿责任的，人民法院应依法予以支持。”根据该条规定，执行未经确认的清算方案给公司造成损失，股东主张清算组成员承担赔偿责任，是为公司利益，应为股东代表诉讼，诉讼利益应归属于公司，非为股东个人利益。作者认为，股东享有剩余财产分配请求权，未依法清算损害股东利益的，股东作为受害方，有权提起诉讼，维护自身权利。

3. 公司

清算组或清算义务人造成公司损失的，应承担赔偿责任，公司可提起诉讼。公司已解散，但尚未注销的，法人资格仍存在，根据《公司法司法解释二》第 10 条的规定，公司依法清算结束并办理注销登记前，有关公司的民事诉讼，应当以公司的名义进行。公司成立清算组的，由清算组负责人代表公司参加诉讼；尚未成立清算组的，由原法定代表人代表公司参加诉讼。

公司注销的，法人资格消灭，公司无法提起诉讼，应由股东提起。《民事诉讼法司法解释》第 64 条规定：“企业法人解散的，依法清算并注销前，以该企业法人为当事人；未依法清算即被注销的，以该企业法人的股东、发起人或者出资人为当事人。”如（2020）最高法知民终 232 号案，最高人民法院认为，虽然贝齿公司已经在诉讼过程中注销，但原审法院应当变更贝齿公司的股东、发起人或者出资人等为该案当事人继续审理本案，原审法院以不符合起诉条件为由驳回原告起诉，法律适用错误。

严格按文意解释，《民事诉讼法司法解释》第 64 条后半段规定适用公司未依法清算即注销的情形，如公司已依法清算，是否适用？作者认为，公司依法清算，最终的权利义务承继方是股东或出资人，应以股东作为当事人。如（2019）最高法民终 612 号案，上诉人雅威公司认为，该案一审期间，辽宁华冶公司被注销，华冶集团依据《民事诉讼法司法解释》第 64 条主张权利，但该条仅适用“未依法清算即被注销”的情形，而辽宁华冶公司成立清算组进行了清算，不能依据上述司法解释规定取得原告资格，法院认为，根据《公司法》第 4 条、第 186 条（作者注：现《公司法》第 236 条）规定，股东享有公司剩余财产分配权，是公司注销之后权利义务的法定继受主体。2017 年 7 月 31 日，工商行政管理机关核准注销辽宁华冶公司，华冶集团系辽宁华冶公司的唯一股东，依法继受辽宁华冶公司对外的债权债务。一审法院认定华冶集团作为该案建设工程施工合同的总承包人行使合同权利,有事实根据和法律依据,最高人民法院予以维持。

(二)被告

1. 清算组成员

《公司法》第 238 条第 2 款规定:“清算组成员怠于履行清算职责,给公司造成损失的,应当承担赔偿责任;因故意或者重大过失给债权人造成损失的,应当承担赔偿责任。”清算组成员是具体清算事务的执行者,其给公司、股东或债权人造成损失的,应承担赔偿责任,是清算责任纠纷案件的被告。

2. 清算义务人

清算义务人为公司董事。《公司法》第 232 条第 3 款规定:“清算义务人未及时履行清算义务,给公司或者债权人造成损失的,应当承担赔偿责任。”清算义务人怠于履行清算义务,使公司、股东或债权人遭受损失的,应承担赔偿责任。公司、债权人或股东仅起诉部分清算义务人的,为查明案件事实,法院在必要时可依法追加其他清算义务人作为第三人参加诉讼。

(三)管辖

《公司法司法解释二》第 24 条规定,公司清算案件由公司住所地人民法院管辖。2020 年《民事案件案由规定》规定的案由为清算责任纠纷。公司清算案件是否指清算责任纠纷,并不明确。因此,清算责任纠纷是由公司住所地法院管辖,还是按侵权责任纠纷确定管辖,实务中观点并不一致。

有观点认为,清算责任纠纷本质上属于侵权纠纷,应依据《民事诉讼法》第 29 条确定管辖。如(2020)云民辖终 87 号案,云南省高级人民法院认为,根据《民事诉讼法》第 28 条(作者注:现《民事诉讼法》第 29 条)的规定,因侵权行为提起的诉讼,由侵权行为地或者被告住所地人民法院管辖。该案系清算责任纠纷,原审原告主张清算组成员作为被告承担侵权赔偿责任,原审被告袁某雯、袁某、顾某忠、王某荷等人的住所地在云南省昆明市,云南省昆明市中级人民法院依法对该案有管辖权。上诉人的上诉请求成立,应予支持。

也有观点认为,清算责任纠纷法律管辖复杂,被告可能涉及实际控制人、清算义务人、清算组成员等，损失形式多样，但共同点在于，都与公司相关，相关法律关系全部以公司为中心展开。因此，不仅在公司清算期间，即使在公司注销之后，所有清算责任纠纷的审理还是离不开公司这个中心点，由公司住所地人民法院管辖，更方便审理，更利于查清事实、分清责任。[1] 作者赞同后一种观点。

（四）诉讼时效

1. 债权人对公司享有的债权仍在诉讼时效保护期内

清算组或清算义务人承担清算责任是因为其未依法实施清算的行为侵害了债权人对公司享有的债权。如果债权人对公司享有的债权已过诉讼时效，那么债权人的诉求无法得到法院支持，因为清算组或清算义务人未依法实施清算的行为并未实质损害其权益，债权人要求清算组或清算义务人承担清算责任无合理基础。

《九民会议纪要》第16条第1款亦规定，公司债权人请求股东对公司债务承担连带清偿责任，股东以公司债权人对公司的债权已经超过诉讼时效期间为由抗辩，经查证属实的，人民法院依法予以支持。

2. 清算组责任与清算义务人责任适用诉讼时效

清算组责任与清算义务人责任属于侵权责任，侵权赔偿请求权适用诉讼时效制度。《民法典》第188条第2款规定，诉讼时效期间自权利人知道或者应当知道权利受到损害以及义务人之日起计算。如（2019）鲁民终2484号案，山东省高级人民法院认为，关于诉讼时效的问题，华洲公司等主张，该案诉讼时效期间应当以三公司注销公示之日起计算，清洋支行起诉时已过诉讼时效。山东省高级人民法院认为，《民法总则》第188条第2款规定，诉讼时效期间以权利人知道或者应当知道权利受到损害及义务人之日起计算。该案中，三公司的注销情况虽然可以通过公开的工商信息平台进行查询，但主动查询相关公司是否注销并不是债权人的法定义务，也不能以债权人未及时查询债务人公司情况推定

〔1〕 参见江苏省高级人民法院民事审判第二庭课题组等：《公司设立、治理及终止相关疑难法律问题研究》，载《法律适用》2016年第12期。

债权人知道或应当知道权利受到侵害，否则会给债权人苛加过重的义务而损害债权人的利益。因此，为保护债权人权利，权利人知道或应当知道权利受到损害的认定应以有证据证明权利人已经知道或债务人已经通知其权利可能受到损害的相关事实为限。且该案中三公司完全有条件通知债权人或执行法院，但三公司并未履行通知义务而是迳行进行清算注销损害了债权人的利益，如以三公司注销时间作为诉讼时效期间的起算时间对债权人明显不公。因此，一审法院以清洋支行经查询得知华得公司注销情况作为其知道或者应当知道权利受到损害的诉讼时效起算时间符合法律规定，清洋支行起诉并未超过诉讼时效，一审法院对此认定正确。

需要注意的是，根据《公司法司法解释二》第 18 条第 2 款及第 20 条的规定，公司债权人受到损害的时间应当是其知道或应当知道“公司无法清算”之日，在无法清算的结果出现之前，公司债权人无法主张请求权。《九民会议纪要》第 16 条第 2 款亦规定，“公司债权人以公司法司法解释（二）第 18 条第 2 款为依据，请求有限责任公司的股东对公司债务承担连带清偿责任的，诉讼时效期间自公司债权人知道或者应当知道公司无法进行清算之日起计算”。如（2019）最高法民申 6099 号案，法院认为，恒宇公司依据《公司法司法解释二》第 18 条第 2 款的规定，请求中宏家俱公司股东常晴公司对公司债务承担连带清偿责任，诉讼时效期间自恒宇公司知道或者应当知道公司无法清算之日起计算。常晴公司认为该案诉讼时效的起算点应为中宏家俱公司被吊销营业执照 15 日后，即 2009 年 2 月 28 日，该日期为债权人有权申请强制清算的时间，并非债权人要求股东承担连带清偿责任请求权诉讼时效的起算点，再审申请人的此项再审事由并不符合法律规定。

第二节　清算组责任实务操作

《公司法》第 238 条规定：“清算组成员履行清算职责，负有忠实义务和勤勉义务。清算组成员怠于履行清算职责，给公司造成损失的，应当承担赔偿责任；因故意或者重大过失给债权人造成损失的，应当承担赔偿责任。”《公司法司法解释二》第23条第1款规定:“清算组成员从事清算事务时,违反法律、行政法规或者公司章程给公司或者债权人造成损失,公司或者债权人主张其承担赔偿责任的,人民法院应依法予以支持。”

根据上述规定,无论公司自行清算,或法院组织强制清算,清算组未履行清算义务造成公司、债权人或股东损失的,应承担赔偿责任,该责任性质属于侵权责任。按侵权责任构成要件,清算组成员承担赔偿责任,请求人应举证证明清算组成员存在侵权行为,损害后果,侵权行为与损害结果之间的因果关系以及主观过错等。

一、清算组成员范围

《公司法》第232条第2款规定,清算组由董事组成,但是公司章程另有规定或者股东会决议另选他人的除外。

因此,公司自行清算,经股东会决议,公司可委托公司董事、股东、高级管理人员或外部第三方参与,并不限于公司董事。公司强制清算,根据《公司法司法解释二》第8条的规定,清算组成员可以从下列人员或者机构中产生:(1)公司股东、董事、监事、高级管理人员;(2)依法设立的律师事务所、会计师事务所、破产清算事务所等社会中介机构;(3)依法设立的律师事务所、会计师事务所、破产清算事务所等社会中介机构中具备相关专业知识并取得执业资格的人员。

根据《市场主体登记管理条例》第32条第1款的规定,市场主体注销登记前依法应当清算的,清算组应当自成立之日起10日内将清算组成员、清算组负责人名单通过国家企业信用信息公示系统公告。因此,国家企业信用信息公示系统公告是认定清算组成员身份的重要依据。

二、清算组成员的清算义务

清算组成员的侵权行为体现为未履行清算义务,具体表现为不作为侵权,例如未按法律规定通知已知债权人,或作为侵权,如侵占公司财产。根据《公司法》及《公司法司法解释二》的规定,清算组清算义务主要包括以下几项。

(一)清算组的通知与公告义务

《公司法》第235条第1款规定,清算组应当自成立之日起10日内通知债权人,并于60日内在报纸上或者国家企业信息公示系统公告。《公司法司法解释二》第11条规定,公司清算时,清算组应当按照《公司法》第185条(作者注:现《公司法》第235条)的规定,将公司解散清算事宜书面通知全体已知债权人,并根据公司规模和营业地域范围在全国或者公司注册登记地省级有影响的报纸上进行公告。清算组未按照前款规定履行通知和公告义务,导致债权人未及时申报债权而未获清偿,债权人主张清算组成员对因此造成的损失承担赔偿责任的,人民法院应依法予以支持。

根据上述规定,清算组通知债权人申报债权的方式视债权人为已知债权人和未知债权人而有所区别。对于已知债权人,清算组必须以书面形式进行个别通知,不能以公告替代。对于未知债权人,应在相应级别的媒体上以公告方式催告债权人申报债权。相应级别的媒体应根据公司的经营规模确定,涉及跨省市经营的,应在全国媒体公告,其他至少应在公司注册地省级有影响的媒体上进行公告。已知债权人是公司清算组掌握其主体身份、交易信息并留有有效通信地址的债权人,与清算中的公司存在合同关系的债权人一般应识别为已知债权人。已知债权人的债权在公司清算时是否已届履行期,或债权金额是否确定,均不影响认定已知债权人的身份。对于已知债权人,清算组应以书面形式进行个别通知。清算组未进行书面个别通知,导致已知债权人未及时申报债权而未获清偿,债权人主张清算组成员对其损失承担赔偿责任的,人民法院应予支持。[1] 如(2020)最高法民申5085号案,王某森申请再审称,其已向当地报纸刊登森和公司解散清算公告,履行了通知义务。《公司法司法解释二》第11条第1款规定:"公司清算时,清算组应当按照公司法第一百八十五条的规定,将公司解散清算事宜书面通知全体已知债权人,并根据公司规模和营业地域范围在全国或者公司注册登记地省级有影响的报纸上进行公告。"据此,在公司解

〔1〕 参见黄甲潮、黄乙潮金融借款合同纠纷案,广东省高级人民法院民事裁定书,(2019)粤民申7304号。

散清算时，清算组除需在报纸上刊登公告外，还应书面通知全体已知债权人，王某森自认清算组未向昆源公司书面告知森和公司解散清算事宜，原审法院认定其未履行通知义务并无不当，王某森该项主张不能成立。

（二）清算方案报股东会或法院确认义务

《公司法》第236条第1款规定，清算组在清理公司财产、编制资产负债表和财产清单后，应当制订清算方案，并报股东会或者人民法院确认。《公司法司法解释二》第15条规定："公司自行清算的，清算方案应当报股东会或者股东大会决议确认；人民法院组织清算的，清算方案应当报人民法院确认。未经确认的清算方案，清算组不得执行。执行未经确认的清算方案给公司或者债权人造成损失，公司、股东、董事、公司其他利害关系人或者债权人主张清算组成员承担赔偿责任的，人民法院应依法予以支持。"

清算方案是指清算组在清查公司财产、确认公司债权后，依法制订的关于如何清偿公司债务、分配公司剩余财产的一整套计划，它是清算组用以处理公司事务、了结公司债权债务关系的基本法律文件。[1] 清算方案的确认是清算组清产核资、清偿公司债务与分配公司剩余资产的前提。

清算方案未确认，清算工作无法开展。关于清算方案的确认主体，《公司法司法解释二》的规定更加清晰，明确公司自行清算的清算方案由股东会确认，公司强制清算的清算方案由法院确认，避免出现清算方案必须最后经法院确认的误解。股东会确认清算方案，应召开会议表决确认，《公司法》未将清算方案确认作为特别决议事项，应理解为清算方案确认只需按一般事项进行表决即可。

执行未经确认的方案，损害公司、债权人或股东利益的，清算组成员应承担赔偿责任。如（2019）渝民申3434号案，法院认为，该案中，沈某建、李某、唐某艳召开形成注销公司的股东会决议，确定了清算组成员为沈某建、李某、唐某艳，沈某建为清算组组长。在清算注销该公司时，作为公司股东的周某万、张某忠并不知情，也未将清算方案交周某万、张某忠予以确认。沈某建、李某、唐某艳

〔1〕 参见最高人民法院民事审判第二庭编著：《最高人民法院关于公司法司法解释（一）、（二）理解与适用》，人民法院出版社2015年版，第345页。

的违法清算行为，不仅损害了重庆市乾程陶瓷有限公司的利益，也损害了股东的合法权益。现因重庆市乾程陶瓷有限公司已经注销，故其股东张某忠、周某万主张清算组成员承担赔偿责任，符合《公司法司法解释二》第 15 条的规定。

清算方案经股东会或法院确认，但方案执行过程中仍有公司、股东或债权人遭受损失的，应如何处理？有观点认为，股东会或法院对清算方案的确认仅是形式审查，清算组成员存在故意或重大过失导致清算方案存在瑕疵，并因此带来损失的，清算组成员仍应承担损害赔偿责任。[1] 作者认为，清算方案经股东会确认，代表股东认可清算方案，该清算方案应作为股东之间处理清算事务的依据，如涉及第三人，不具有约束力。公司强制清算，清算方案经法院确认，应具有相应的公信力，清算组按照法院确认的清算方案实施清算的，不应承担责任；债权人依据确认的清算方案主张债权的，应予支持，除非清算组成员在制订清算方案时存在故意或重大过错，误导法院进行了确认，否则法院不应以仅进行形式审查为由推翻之前的确认，损害司法权威。

（三）清算报告报股东会或法院确认义务

《公司法》第 239 条规定，公司清算结束后，清算组应当制作清算报告，报股东会或者人民法院确认，并报送公司登记机关，申请注销公司登记。《公司法司法解释二》第 19 条规定，有限责任公司的股东、股份有限公司的董事和控股股东，以及公司的实际控制人在公司解散后，未经依法清算，以虚假的清算报告骗取公司登记机关办理法人注销登记，债权人主张其对公司债务承担相应赔偿责任的，人民法院应依法予以支持。《最高人民法院关于审理公司强制清算案件工作座谈会纪要》第 36 条规定，公司依法清算结束，清算组应当制作清算报告并报人民法院确认后，人民法院应裁定终结清算程序；公司登记机关应依据清算组的申请，注销公司登记，公司终止。

根据上述规定，依清算方式不同，清算报告由股东会或法院确认。需要注意的是，清算报告是申请公司注销的必备文件，在强制清算中，法院出具了终结

---

〔1〕 参见最高人民法院民事审判第二庭编著：《最高人民法院关于公司法司法解释（一）、（二）理解与适用》，人民法院出版社 2015 年版，第 354 页。

清算程序裁定并不代表公司注销，清算组仍应制作清算报告，经法院确认后，向公司登记机关申请注销，否则公司法人资格继续存续。

清算报告是对清算方案执行情况的总结，清算组未清算或未按清算方案清算，提交虚假的清算报告骗取公司注销，应承担相应的赔偿责任。如（2019）最高法民再195号案，经法院查明，2015年8月18日，创新公司出具清算报告，称清算工作已完成，全体股东保证公司债务已清偿完毕，所报清算材料真实、完整，并承担由此产生的一切责任。2015年8月21日，创新公司办理了注销登记。法院认为，创新公司在出具清算报告、办理注销登记时向勤上公司所借款项尚未到期，也未清偿完毕（本金仅偿还了70万元，利息未偿还），表明创新公司的股东存在“在公司解散后，未经依法清算，以虚假的清算报告骗取公司登记机关办理法人注销登记”的情形，对未获得全部清偿的公司债权人，理应承担赔偿责任。

（四）提请公司破产义务

《公司法》第237条规定，清算组在清理公司财产、编制资产负债表和财产清单后，发现公司财产不足清偿债务的，应当依法向人民法院申请破产清算。

适用公司解散清算程序的前提是公司财产足以清偿债务，如清算组在清算过程中发现公司资产不足以清偿债务或者公司明显缺乏偿债能力时，应依法向法院申请破产，否则应承担不利后果。如（2015）民申字第916号案，法院查明，林某洋和林某夫妻作为康宇公司、永恩公司仅有的两名股东，分别担任两公司的法定代表人，在自行清算的过程中，在明知该两公司的资产不足以清偿案涉烟台银行债权的情况下，既未通知烟台银行申报债权，亦未依法向人民法院申请进行破产清算，反而以虚假的清算报告骗取公司登记机关办理了注销登记，其行为损害了债权人烟台银行的利益，依法应当认定为故意侵权行为。在债务人企业资不抵债的情况下，通过依法进行破产清算的制度设计，保证债权人就公司全部财产公平受偿的同时，也为债务人企业提供了破产免责的救济。该破产免责的法律后果在合法免除债务人企业不能清偿的部分债务的同时，也隔断了股东对公司债务的责任，使得股东受到有限责任原则的保护。该案中，申请人林某洋、林某自行实施的违法清算行为，系对法人独立地位和股东有限责任的滥用,既不能产生债务人康宇公司和永恩公司免于清偿部分债务的法律后果,同时,作为股东的林某洋、林某也不再受到股东有限责任原则的保护,应当对康宇公司和永恩公司的全部债务承担责任。

(五)负有忠实义务和勤勉义务

《公司法》第238条规定:"清算组成员履行清算职责,负有忠实义务和勤勉义务。清算组成员怠于履行清算职责,给公司造成损失的,应当承担赔偿责任;因故意或者重大过失给债权人造成损失的,应当承担赔偿责任。"根据该条规定,清算组成员类似公司董事,对公司、公司债权人负有忠实义务和勤勉义务。

三、损害后果

根据《公司法》第238条第2款的规定,清算组成员怠于履行清算职责,给公司造成损失的,应当承担赔偿责任;因故意或者重大过失给债权人造成损失的,应当承担赔偿责任。《公司法》未要求清算组成员承担原来的公司债务,而是赔偿损失。那么损失应如何计算以及与原公司债务之间的关系如何?

作者认为,公司注销的,法人资格消灭,债权人无法向法人资格消灭的公司主张债权,因此原公司债务转化为损失,法院按原公司债务金额确定损失金额。如(2015)民申字第916号案,该法院认为,《公司法》第189条第3款(作者注:现《公司法》第238条第2款)规定:"清算组成员因故意或者重大过失给公司或者债权人造成损失的,应当承担赔偿责任。"申请人的违法清算行为的直接后果,就是导致债权人烟台银行因债务清偿主体消灭而无法主张债权。故原审判决将申请人的违法清算行为给烟台银行所造成的损失认定为债权本息的全部,并无不当,最高人民法院予以维持。

四、因果关系

清算组的侵权行为和损害后果易于证明,对于因果关系,法院往往以推定方式认定存在因果关系。实践中,在证明清算组存在侵权行为以及债权人存在损失后,法院即认定清算组承担责任。

清算组抗辩因果关系不存在的理由通常是公司在清算前已资不抵债,已无财产可供执行,债权人遭受的损失与公司没有履行债务的能力存在关系,与清算组成员未依法履行清算程序没有关系,因公司无任何财产权益,清算组成员的清算活动不会给债权人造成损失。如(2019)川民申2212号案,再审申请人邓某、何某琼认为,天津瓦特斯公司在成都瓦特斯公司办理清算前就已得知成都瓦特斯公司停业,二审法院未查清成都瓦特斯公司在清算时是否有资产,认为只要未完成形式上的清算通知,即便清算公司没有资产,清算组成员也应当承担赔偿责任,属查明事实不清,导致适用法律确有错误。四川省高级人民法院认为,天津瓦特斯公司系成都瓦特斯公司已知债权人,成都瓦特斯公司清算组应自成立之日起10日内将公司解散清算事宜书面通知天津瓦特斯公司,因其未依法书面通知,致使天津瓦特斯公司未能及时申报债权而未获清偿。对此,清算组成员应向天津瓦特斯公司承担侵权赔偿责任。

该案中,再审申请人提出了因果关系异议,但法院未采纳,也未进行分析与论述。作者认为,清算组以公司无财产可供执行阻断因果关系的理由不成立。首先,未经依法清算,无法确定公司真实的资产情况,以及是否存在公司股东等以财务处理形式侵占公司资产的情形。实务中以及第十五章节论述的高级管理人员损害公司利益责任纠纷中,股东存在以与公司业务无关的发票报销套取公司资金的行为,这些侵占公司资产的行为只能通过审计才能发现。其次,《公司法》第237条第1款规定,清算组在清理公司财产、编制资产负债表和财产清单后,发现公司财产不足以清偿债务的,应当依法向人民法院申请宣告破产。如清算组成员发现公司资不抵债,应申请破产,实现股东有限责任保护,清算组成员选择自行清算,应视为公司财产足以清偿公司债务。

五、清算组存在过错

清算组的主观过错应通过其客观行为予以认定。根据《公司法》第238条的规定,清算组成员的过错类型包括过错(对公司)、故意和重大过失(对债权人)两种。如邹某英诉孙某根、刘某工伤事故损害赔偿纠纷案(《最高人民法院公报》2010年第3期),[1]法院裁判要旨认为,公司法定代表人在组织公司清算

[1] 参见邹某英诉孙某根、刘某工伤事故损害赔偿纠纷案,载《最高人民法院公报》2010年第3期。

过程中，明知公司职工构成工伤并正在进行工伤等级鉴定，仍未考虑其工伤等级鉴定后的待遇给付问题，从而给工伤职工的利益造成重大损害，该行为应认定构成重大过失，应当依法承担赔偿责任。作为清算组成员的其他股东在公司解散清算过程中，未尽到其应尽的查知责任，也应认定存在重大过失，承担连带赔偿责任。

六、清算组的责任承担

清算组赔偿责任是由全体清算组成员共同承担连带责任，或由清算组成员中有过错的个体承担单独责任，《公司法》未作明确规定。有观点认为，清算组是作为一个共同体而一同管理公司清算事务的，每一个成员都应该依法履行清算组职责，应风险共担，根据行为人对共同侵权造成的损失承担连带责任的原理，应由清算组成员共同承担连带责任，其中无过错的清算组成员承担赔偿义务后，可向有过错的清算组成员追偿。[1] 如(2019)京 03 民终 7019 号案，法院认为，栗某军、栗某峰作为清算组成员，并未履行法定的清算义务，其向公司登记机关提交的清算报告不能如实反映公司清算情况，故栗某军、栗某峰应对杨某晨承担相应的侵权损害赔偿责任。关于侵权损害的赔偿范围，因栗某军、栗某峰未经依法清算，以虚假的清算报告骗取公司登记机关办理法人注销登记，造成杨某晨未能通过申报债权等程序获得债权清偿。未获清偿的全部债权作为一个整体，均是清算组不当履行清算义务造成的侵权后果，均属于加害人赔偿责任范围，故清算组成员应赔偿杨某晨团购服务费。根据《侵权责任法》第 8 条的规定，二人以上共同实施侵权行为，造成他人损害的，应当承担连带责任。栗某军、栗某峰作为清算组成员，对于杨某晨的损害构成共同侵权，故栗某军、栗某峰应连带赔偿杨某晨团购服务费。

作者认为，连带责任属于法律规定的特别事项，在《公司法》未明确规定清算组成员承担连带责任时，清算组成员应适用单独责任。清算组成员无过错、故意或重大过失时，仅因其是清算组成员就承担连带责任，与法律规定不符。

---

[1] 参见最高人民法院民事审判第二庭编著：《最高人民法院关于公司法司法解释（一）、（二）理解与适用》，人民法院出版社 2015 年版，第 293 页。

此外，清算组成员权利义务与董事类似，公司清算阶段，公司清算组的功能类似于董事会，职能仅限于具体执行公司清算事务。根据《公司法》第125条第2款的规定：董事会的决议违反法律、行政法规或者公司章程、股东会决议，给公司造成严重损失的，参与决议的董事对公司负赔偿责任；经证明在表决时曾表明异议并记载于会议记录的，该董事可以免除责任。同理，如清算组成员对清算事务的履行不存在过错，应免除责任。

就实务角度而言，公司自行清算，清算组成员一般由公司股东或实际控制人安排，因此部分员工会被指定为清算组成员，该等员工认为仅需配合履行注销的程序性事项，因此对其中的法律风险并不知晓。特别是在公司股东或实际控制人恶意逃废债务的情况下，该等员工往往并不参与具体的清算事务，如果司法机关认定因是清算组成员，该等员工需承担清算组责任，并支付巨额赔偿给债权人，那么对该等员工而言是不合理的，他们由此背负巨额债务，陷入人生困境。因此，在司法实务中，法院应查明清算组成员的身份、任命原因、是否参与公司管理以及是否参与清算事务等，避免简单引用法律规定，让为了生计，盲目接受安排的员工承担本应由股东或实际控股控制人承担的责任。如（2019）粤民终2608号案，法院认为，南光公司为法人独资的有限责任公司，股东为天同公司，其经营期限届满后，自行组织清算并注销了公司。南光公司明知其与富力公司的债权债务关系，但在清算时并没有书面通知富力公司，导致富力公司部分债权至今未获清偿，根据《公司法》第183条以及《公司法司法解释二》第11条之规定，一审法院认定天同公司作为唯一股东系南光公司的法定清算责任主体，虽然南光公司清算报告所列的清算组成员为孙某将、陈某芳，但他们仅为代表天同公司执行清算事务的人员，故相关清算责任应由天同公司承担。又如（2019）鲁民终256号案，法院认为，清算组成员王某并非蓝海公司股东或蓝海公司实际控制人，其虽然在清算报告上签字，但是并无证据证实其故意或过失出具虚假的清算报告，因此对蓝海公司的债权债务其不承担民事赔偿责任。

第三节　清算义务人责任实务操作

《民法典》第 70 条第 3 款规定,“清算义务人未及时履行清算义务,造成损害的,应当承担民事责任”。《公司法》第 232 条第 3 款规定:“清算义务人未及时履行清算义务,给公司或者债权人造成损失的,应当承担赔偿责任。”结合《公司法司法解释二》的规定,作者认为,清算义务人民事责任包括赔偿责任、连带清偿责任与清偿责任三种。

一、清算义务人的赔偿责任

(一)未在法定期限内成立清算组导致的赔偿责任

《公司法》第 232 条第 1 款规定,董事为公司清算义务人,应当在解散事由出现之日起 15 日内组成清算组进行清算。《公司法司法解释二》第 18 条第 1 款规定,清算义务人未在法定期限内成立清算组开始清算,导致公司财产贬值、流失、毁损或者灭失,债权人主张其在造成损失范围内对公司债务承担赔偿责任的,人民法院应依法予以支持。

清算义务人未在法定期限内成立清算组开始清算,属于消极不作为,违反了其应负责成立清算组的法定义务,构成不作为侵权,主观上存在过错。清算义务人未及时清产核资,导致公司财产贬值、流失、毁损或者灭失的,间接损害了债权人或股东利益,为损害后果。就因果关系而言,债权人或股东利益受损,是清算义务人的不作为行为导致的。

清算义务人在法定期限内未成立清算组、存在过错以及债权人受到损失(债权未获清偿)较易证明,但证明存在因果关系较为困难,如无法举证,应承担不利后果。如(2017)最高法民申 127 号案,梁某来认为,该公司法定代表人季某冰已下落不明,公司无任何账目存在,而二审法院要求其举证证明该公司存在公司财产贬值、流失、毁损或者灭失,将此举证责任分配给其显然错误。最高人民法院认为,梁某来根据最高人民法院相关司法解释的规定,主张宏润公司股东季某冰、周某东对该案债务承担连带赔偿责任，需要举证证明季某冰、周某东未及时清算而导致宏润公司财产贬值、流失、毁损或者灭失的事实，原判决认定由梁某来一方承担举证责任并无不当。在梁某来未提供充分证据证明的情况下，原审判决认定其主张季某冰、周某东承担连带还款责任不能成立，并无不当。

（二）恶意处置公司财产或以虚假清算报告骗取公司注销登记导致的赔偿责任

《公司法司法解释二》第 19 条规定："有限责任公司的股东、股份有限公司的董事和控股股东，以及公司的实际控制人在公司解散后，恶意处置公司财产给债权人造成损失，或者未经依法清算，以虚假的清算报告骗取公司登记机关办理法人注销登记，债权人主张其对公司债务承担相应赔偿责任的，人民法院应依法予以支持。"上述条文规定了清算义务人作为行为导致的赔偿责任，包括恶意处置公司财产以及以虚假清算报告骗取公司注销登记两种情形。

第一种情形，清算义务人恶意处置公司财产，说明清算义务人主观上存在故意，行为上体现为清算义务人侵占、私分公司财产或以不合理低价转让公司财产，由此导致的后果是债权人利益受损。如（2017）鲁民终 1329 号案，法院认为，亿丰公司股东将公司财产以退还股金及股息的理由予以分配，并对公司进行清算，造成亿丰公司无财产向宏利达公司承担债务。且在亿丰公司清算组向股东分配资产前，绝大部分亿丰公司的实际出资人与鲁泰煤业有限公司签订了股权转让协议，收取了股权转让款。这些股东在明知自己已经将股权转让给他人的情况下，仍然领取了亿丰公司返还的股金及股息，属于恶意处置公司财产，依法应当对公司债务承担相应赔偿责任。

清算义务人恶意处置公司财产，根据《公司法司法解释二》第 19 条规定，清算义务人对公司债务承担相应赔偿责任，说明清算义务人并非对所有公司债务承担责任。实务中，法院应查明恶意处置公司财产给公司带来的损失，并将清算义务人的赔偿范围限制在造成的损失范围内，不能仅因清算义务人存在恶意处置财产的行为，就认定由清算义务人对债权人的未偿债务承担全部赔偿责任。

第二种情形,清算义务人以虚假的清算报告骗取公司注销登记。公司工商注销前,必须提交清算报告。如债权人或法院认定的清算情况与清算报告载明的情形不符,一般应认定为欺诈注销,清算义务人应承担赔偿责任。如(2017)苏民申2423号案,该案中,李甲、李乙系美乐公司的股东,在2011年6月1日向工商登记部门出具的清算报告中明确表明"公司偿还债务0万元,至清算报告出具之日,公司已经清算完毕",但在2010年7月12日,美乐公司还曾向徐州医学院出具欠租金118万元的还款计划,李甲、李乙作为公司股东对此是明知的,却在清算报告中故意隐瞒了该事实。李甲、李乙作为公司的股东、清算组的负责人存在故意隐瞒拖欠房租的事实,提供虚假清算报告骗取公司登记机关办理法人注销登记,依法应当向徐州医学院承担赔偿责任。

二、清算义务人的连带清偿责任

《公司法司法解释二》第18条第2款规定:"有限责任公司的股东、股份有限公司的董事和控股股东因怠于履行义务,导致公司主要财产、账册、重要文件等灭失,无法进行清算,债权人主张其对公司债务承担连带清偿责任的,人民法院应依法予以支持。"该款规定了清算义务人的连带清偿责任。

对于清算义务人承担连带清偿责任的法理基础,有观点认为是依据《公司法》第23条的法人人格否认制度,但该制度规制滥用股东权利与法人人格损害债权人利益的情形,清算义务人怠于履行清算义务,属于不作为,并未主动滥用股东权利。作者认为,清算义务人怠于履行清算义务,导致债权人、公司或股东利益受损,应承担侵权责任。《九民会议纪要》亦明确,清算责任的性质是因清算义务人怠于履行清算义务致使公司无法清算所应当承担的侵权责任。[1]

按侵权责任构成要件,清算义务人承担连带清偿责任,需要满足以下要件:行为上,清算义务人怠于履行清算义务;结果上,公司主要财产、账册与重要文件等灭失,无法进行清算;行为与结果存在因果关系;清算义务人存在过错。

---

〔1〕 参见最高人民法院民事审判第二庭编著:《〈全国法院民商事审判工作会议纪要〉理解与适用》,人民法院出版社2019年版,第12页。

（一）清算义务人怠于履行清算义务

1. 清算义务人怠于履行清算义务的情形

《九民会议纪要》第14条规定，《公司法司法解释二》第18条第2款规定的“怠于履行义务”，是指有限责任公司的股东，在能够履行清算义务的情况下，故意拖延、拒绝履行清算义务，或者因过失无法进行清算的消极行为。根据上述规定，并结合清算义务人与清算组的不同职责，作者认为，怠于履行清算义务包括两种情形：一是未在法定期限内成立清算组进行清算；二是未积极协助清算组工作，向清算组移交公司财产、账册及重要文件等。

（1）未在法定期限内成立清算组进行清算

《民法典》第70条第1款规定，法人解散的，除合并或者分立的情形外，清算义务人应当及时组成清算组进行清算。《公司法》第232条第1款规定，公司应当在解散事由出现之日起15日内组成清算组进行清算。法律对清算义务人成立清算组启动清算的时间作出了明确规定，未在法定期限内成立清算组，是怠于履行清算义务的最主要情形之一。

（2）未积极协助清算组工作，向清算组移交公司财产、账册及重要文件

清算组成立后，由清算组负责具体清算事务。清算义务人应配合清算组进行清算，向清算组移交公司财产、账册及重要文件等。参考《江苏省高级人民法院关于审理公司强制清算案件若干问题的意见（试行）》第35条的规定，清算组应自成立之日起15日内完成对公司财产、印章和账簿、文书等资料的接管。

清算义务人的管理与保管义务应在清算组接管公司前履行，违反相关义务既包括故意不向清算组移交公司财产、账册与财务资料的情形，也包括未管理好账册无法移交清算组导致无法进行清算的情形。[1] 如（2016）浙01民终5140号案，杭州市中级人民法院认为，其审理的刘某敏申请众安公司清算纠纷一案中，作为众安公司法定清算义务人的众安广告、楼某、刘某飞、蒋某模、何某军、何某凤、桑某芳未能向清算组移交公司财产、印章、账册等，也未能提供明确

[1] 参见最高人民法院民事审判第二庭编著：《〈全国法院民商事审判工作会议纪要〉理解与适用》，人民法院出版社2019年版，第166页。

线索,导致清算程序无法进行,因此裁定终结众安公司的强制清算程序。因众安广告、楼某、刘某飞、蒋某模、何某军、何某凤、桑某芳怠于履行法定清算义务,众安公司无法进行清算,损害了众安公司债权人刘某敏的利益,原审法院判决楼某、刘某飞、蒋某模、何某军、何某凤、桑某芳、众安广告对众安公司欠刘某敏的债务承担连带清偿责任,符合法律规定。

2. 清算义务人怠于履行清算义务的例外情形

(1)清算义务人举证证明其已经为履行清算义务采取了积极措施

《九民会议纪要》第 14 条规定,清算义务人举证证明其已经为履行清算义务采取了积极措施,以不构成“怠于履行义务”为由,主张其不应当对公司债务承担连带清偿责任的,人民法院依法予以支持。解散事由出现后,为履行清算义务,清算义务人采取的措施是否积极,应结合具体案件判断。

(2)《公司法司法解释二》第 18 条第 2 款的规定不适用于破产清算

公司被依法宣告破产的,依照有关企业破产的法律实施破产清算。公司破产清算的,破产管理人负有组织清算的义务。公司破产,但未出现解散事由的,清算义务人的清算义务尚未产生,未达到适用《公司法司法解释二》第 18 条第 2 款的前提。因此,在破产清算中,公司主要财产、账册与重要文件等灭失,无法继续进行破产清算的,不应适用《公司法司法解释二》第 18 条第 2 款的规定,要求清算义务人承担连带清偿责任。

在审判实践中,存在《公司法司法解释二》第 18 条第 2 款扩大适用于破产案件的情形,对此《九民会议纪要》第 118 条第 2 款规定:“人民法院在适用《最高人民法院关于债权人对人员下落不明或者财产状况不清的债务人申请破产清算案件如何处理的批复》第 3 款的规定,判定债务人相关人员承担责任时,应当依照企业破产法的相关规定来确定相关主体的义务内容和责任范围,不得根据公司法司法解释(二)第 18 条第 2 款的规定来判定相关主体的责任。”如(2019)苏 01 民终 11200 号案,法院认为,争议焦点在于:9 位被上诉人应否就欣力公司对恒和公司所负案涉债务承担连带清偿责任。法院认为,9 位被上诉人不存在怠于履行义务的行为,包括清算义务及保管账簿义务的行为,理由为:欣力公司系经人民法院审查进入破产清算程序,在进入破产清算程序之前,该公司并未出现法定解散事由,9 位被上诉人作为公司股东,尚无须因此组织对公司进行清算。根据《企业破产法》的相关规定，进入破产程序后，破产清算事务亦由人民法院指定的管理人主导，负有协助配合义务的亦非全体股东，而是法定代表人和经人民法院决定的财务负责人等经营管理人员，亦非9位被上诉人。

(二)公司主要财产、账册与重要文件等灭失，无法进行清算

清算过程体现为清产核资，清偿债务以及分配剩余财产。清算义务人向清算组移交财产、账册与重要文件，是清算组开展清算活动的前提，若公司财产、账册与重要文件灭失或公司"人去楼空"，清算活动无法开展，最终公司无法清算。需要注意的是，公司财产、账册与重要文件的灭失要达到无法清算的程度，只是部分遗失或毁损，不影响清算的，不应认定为无法清算。

无法清算的认定，法律未规定以生效文书作为依据，但债权人作为公司外部主体，举证证明主要财产、账册与重要文件灭失难度较大。实务中，债权人或股东一般向法院申请强制清算，以法院生效文书的形式确认公司无法进行清算。但申请法院强制清算并非前置程序，如债权人有充分的证据证明公司无法进行清算，法院也可作出公司无法清算的认定。如(2018)最高法民申5325号案，法院认为，无法进行清算是一种消极的客观事实状态，《公司法司法解释二》第18条第2款的适用不以必须履行清算程序为前提，只要债权人能够提供证据证明清算义务人怠于履行义务，导致无法清算，法院即可认定无法进行清算。

虽然无法清算已由法院生效文书认定，但清算义务人举证证明终结强制清算程序的裁定书存在瑕疵的，该裁定书不应作为无法进行清算的唯一依据，法院可对裁定书的形成过程予以以下审查：一是法院有无按照《最高人民法院关于审理公司强制清算案件工作座谈会纪要》第28条规定，要求清算义务人、管理层及相关人员提交财产状况说明和相关材料；二是法院是否对直接责任人员释明或采取罚款等民事制裁措施；三是对于公司尚有部分财产，依据现有账册等材料可以进行部分清偿的，法院是否参照《企业破产法》的规定对现有财产进行公平清偿。没有履行上述程序直接终结强制清算的，法院不能将终结强制清算裁定书作为认定"公司无法进行清算"的唯一依据，还应结合其他证据进行综

合认定。[1]

（三）怠于履行清算义务与无法清算存在因果关系

清算义务人连带清偿责任的认定，应避免唯结果论倾向，即只要存在无法进行清算的结果，就认定属于清算义务人的责任。为改变这种倾向，《九民会议纪要》第15条规定，清算义务人举证证明其"怠于履行义务"的消极不作为与"公司主要财产、账册、重要文件等灭失，无法进行清算"的结果之间没有因果关系，主张其不应对公司债务承担连带清偿责任的，人民法院依法予以支持。

清算义务人存在怠于履行清算义务的行为，客观上出现了公司主要财产、账册、重要文件等灭失，无法清算的结果，应推定二者存在因果关系。清算义务人对此否认的，因债权人无法知悉公司经营与财务状况，应由清算义务人对不存在因果关系承担举证责任。《九民会议纪要》第15条的规定亦是将举证责任分配给清算义务人。

清算义务人抗辩不存在因果关系的，可从以下两个层面分析。两个层面具有递进关系，从任一层面认定不存在因果关系的，即可认定因果关系不成立。

首先，怠于履行清算义务与公司主要财产、账册、重要文件等灭失的因果关系。清算义务人举证证明财产、账册、重要文件等灭失与其怠于履行清算义务没有关系的，即可阻断因果关系。如（2019）苏民申3923号案，江苏省高级人民法院认为，该案中，刘某、彭某未按照法律规定在江苏恒鑫隆国际货运代理有限责任公司（以下简称恒鑫隆公司）经营期限届满之日起15日内成立公司清算组进行清算，存在怠于清算的行为。港中旅南京公司于2016年向南京市六合区人民法院申请对恒鑫隆公司强制清算，经清算组调查，恒鑫隆公司仅提供部分财务资料，致无法对其进行全面清算。刘某、彭某二人未能提供全部财务资料的原因在于恒鑫隆公司2010年4月8日及以前的财务资料被盗，就此刘某提供了报案记录、立案告知单、报警登记表予以证明。港中旅南京公司现无证据证明财务资料被盗事故系刘某、彭某等人故意制造，该财务资料被盗事故不可归

---

〔1〕 参见赵卫平、须海波：《类案裁判方法 | 有限责任公司清算清偿责任纠纷案件审理思路和裁判要点》，载网易，https://www.163.com/dy/article/FB7VPMLN0514ILI0.html，最后访问日期：2021年7月24日。

责于刘某、彭某,故不能全面清算并非因刘某、彭某怠于履行股东义务,刘某、彭某怠于履行义务的行为与公司主要财产、账册、重要文件等灭失,无法进行清算之间不具有法律上的因果关系。该案中,江苏省高级人民法院认定清算义务人存在怠于履行清算义务的行为,但因财务资料被盗,非清算义务人原因,故认定不存在因果关系。

其次,公司主要财产、账册、重要文件等灭失与无法清算的因果关系。灭失的程度要达到实质性影响公司清算的程度,审计部门通过查询银行流水、税务记录等可完成清算的,不应认定无法清算。

(四)清算义务人存在过错

清算义务人连带清偿责任适用过错推定的归责原则。实务中,法院一般不对清算义务人的主观过错进行详细说理,而是通过清算义务人的行为推论是否存在过错,如公司债权人或股东举证存在清算义务人怠于履行清算义务的行为,可推定清算义务人存在过错。

(五)公司无财产可供执行不应作为清算义务人承担责任的要件

除上述四个要件外,有观点认为,清算义务人怠于履行清算义务,但在公司出现解散事由时,公司已无财产可供偿债,清算义务人怠于履行清算义务造成无法清算后果并未给债权人造成损失,请求清算义务人承担赔偿责任没有依据。

在多数案例中,清算义务人抗辩,经法院执行程序,公司已无财产可供执行,即使清算义务人怠于清算造成公司无法清算,也不会导致债权人利益受损,故以此为理由主张不承担责任。如(2021)京民申 3155 号案,北京市高级人民法院认为,根据查明的事实,因街头公司无可供执行的财产,海淀法院于 2017 年 4 月 17 日作出(2017)京 0108 执 1074 号执行裁定书,终结此次执行程序。2018 年 10 月 16 日,街头公司被吊销营业执照。在股东负有清算义务的时点,街头公司已失去偿债能力,常某所等街头公司股东是否实际履行清算义务与债权人董某方的损失之间应已不存在因果关系。且在该案审理过程中,董某方没有提供证据证明常某所等街头公司股东在街头公司被吊销营业执照后至今未组织清算与其债权未得到清偿之间有因果关系。故对董某方要求常某所等街头公司股东对(2015)海民(商)初字第38038号民事判决书确定的债务承担清偿责任的诉讼请求,应当予以驳回。

作者认为,将公司无财产可供执行认定为清算义务人承担连带清偿责任的要件并不合理。首先,债权人的债务未获清偿,即存在损失。其次,从《公司法司法解释二》第18条第2款的出台背景分析,司法解释规定了清算义务人的连带清偿责任,是为了敦促清算义务人依法实施清算行为。清算义务人存在怠于清算行为,并造成无法清算后果,即应承担责任,清算义务人承担连带清偿责任是对其怠于实施清算行为并造成无法清算后果的制裁。最后,公司无可供执行的财产,仅从外观上认定公司银行账户或名下是否有资产,未完整、全面审核公司的资产状况并不合理。如仅以法院执行结果认定公司无财产可供执行,会诱使清算义务人掏空公司财产,灭失公司账册,最终以无财产可供执行逃避债务。如(2016)闽民终365号案,福建省高级人民法院认为,厦门海事法院于2000年7月13日作出的(1999)厦海法执字第110号民事裁定书,认定珍宝公司下落不明,无财产可供执行,但珍宝公司在其他案件中因无财产可供执行被中止执行的情况,只能证明人民法院在执行中未查找到珍宝公司的财产,不能证明珍宝公司的财产在被吊销营业执照时已全部灭失。何某宝、高某娟作为珍宝公司的股东,怠于履行清算义务与珍宝公司的财产、账册灭失之间具有因果关系。一审法院要求鹭升公司举证珍宝公司在被吊销营业执照时的资产状况及与何某宝、高某娟怠于履行清算义务之间的关联性,系对举证责任分配不当,应予纠正。

(六)清算义务人内部责任划分

清算义务人为二人以上的,根据《公司法司法解释二》第21条的规定,在内部责任承担上,清算义务人之间应按过错大小分担责任。由此产生的问题是,过错大小如何认定,特别是在清算义务人均未在法定期限内组织清算,均为不作为违法的情况下,无法认定过错的大小,因此实践中法院以出资比例大小分配责任。如(2021)苏01民终609号案,法院认为,股东按照持股比例享有股东权益,也应当按照持股比例承担各自义务,持股比例高的股东对可能损害债权人利益的情形应当负有更高的注意义务，因此，在当事人未能提供充分证据证明各个股东过错大小的情形下，应当以各股东的持股比例来认定股东怠于履行清算义务的过错大小及责任划分。

三、清偿责任

《公司法司法解释二》第20条第1款规定："公司解散应当在依法清算完毕后，申请办理注销登记。公司未经清算即办理注销登记，导致公司无法进行清算，债权人主张有限责任公司的股东、股份有限公司的董事和控股股东，以及公司的实际控制人对公司债务承担清偿责任的，人民法院应依法予以支持。"

根据上述规定，清算义务人承担清偿责任的前提是公司无法进行清算。公司未经清算即办理注销登记，应推定公司财产足以清偿债务。因法人资格消灭，清算义务人无法与已注销的公司共同承担清偿责任，故第20条规定的是清算义务人的清偿责任，但关于清偿责任涉及的无法进行清算的认定应与清算义务人连带清偿责任类似，故不再赘述。

此外，如存在《公司法司法解释二》第20条第1款规定的情形，债权人除通过起诉主张权利外，亦可根据《最高人民法院关于民事执行中变更、追加当事人若干问题的规定》第21条作为被执行人的公司，未经清算即办理注销登记，导致公司无法进行清算，申请执行人申请变更、追加有限责任公司的股东、股份有限公司的董事和控股股东为被执行人，对公司债务承担连带清偿责任的，人民法院应予支持的规定，在执行程序中追加清算义务人为被执行人。

第四节　清算责任纠纷中的其他问题

一、清算责任纠纷承担的赔偿范围不应限于股东出资或股东在清算中获得的剩余财产

实务中，有观点认为，清算义务人或清算组成员的赔偿范围限于股东出资或股东在清算中获得的剩余财产。如（2020）最高法知民终1283号案，法院认

为，关于隆霆公司应承担的赔偿责任，因隆霆公司在刑事案件过程中已注销，其主体资格已经不存在。《公司法司法解释二》第 19 条规定，有限责任公司的股东、股份有限公司的董事和控股股东，以及公司的实际控制人在公司解散后，恶意处置公司财产给债权人造成损失，或者未经依法清算，以虚假的清算报告骗取公司登记机关办理法人注销登记，债权人主张其对公司债务承担相应赔偿责任的，人民法院应依法予以支持。因李某瑞报案引发冯某军侵犯著作权刑事案件，冯某军在刑事案件中辩称属于单位犯罪。隆霆公司在刑事案件审理过程中由股东会决议解散并直接申请注销。原审法院有理由相信隆霆公司实际控制人冯某军及股东冯某祥是在明知隆霆公司涉嫌侵犯李某瑞计算机软件著作权的情况下通过解散公司的股东会决议并申请注销公司以逃避相应债务。隆霆公司向工商部门申请注销登记称债权债务已清理完毕、公司剩余净资产 0.2 万元，其故意忽略该案诉讼所涉债务，存在显而易见的虚假故意。故在隆霆公司已注销的情况下，隆霆公司股东冯某祥应在其出资额范围内对隆霆公司应承担的赔偿责任承担连带清偿责任。又如(2020)最高法民申 467 号案，最高人民法院认为，涉案事实显示，迎海苑公司在公司清算前已致函启迪公司主张损失赔偿，即表示启迪公司应知晓迎海苑公司系已向其主张权利的债权人，启迪公司清算组应以明确可到达的方式通知迎海苑公司有关公司清算事宜。马力公司和众泰公司作为接收启迪公司剩余财产的主体，均参与了启迪公司的清算事务，但并未将公司清算注销事宜明确告知迎海苑公司，且在此情形下对启迪公司清算后的财产进行了分配，原审法院认为马力公司和众泰公司对启迪公司与迎海苑公司尚未履行结束的合同并未进行清理计算，系未完全履行清算义务，因此判决两公司作为共同清算义务人在接收启迪公司剩余财产范围内承担相应赔偿责任并无不当。

作者认为，首先，公司剩余财产应经严格审计，即使公司财务报告显示并不存在任何资产，也并不排除股东通过财务处理等方式侵占或窃取了公司财产，特别是在公司自行清算时，清算组成员由股东选任或兼任，很可能为股东利益制作不真实的清算报告，导致非经审计机构结合财务原始凭证审计不能发现虚假债务或隐藏资产。其次，清算义务人怠于履行清算义务，导致公司财产灭失，或公司财产被清算义务人侵占，唯有通过清算才能查明公司的真实资产状况，如果清算义务人不申请公司破产，而是采取默认财产足以清偿债务的公司清算程序，那么清算义务人不应得到有限责任制度保护，应按《公司法司法解释二》的规定对债权人债务足额清偿。最后，如剩余财产并不足以覆盖债权人损失，公司应申请破产，公司所有债权人按比例清偿。清算组未通知部分债权人，导致部分债权人未申报债权，以致不存在过错的部分债权人受偿范围仅以股东分配剩余财产为限，其他债权人却足额清偿，对该部分债权人可谓沉重打击。

如(2018)浙民终6号案，一审法院认为，民宇公司已经股东会决议解散而注销登记，解散期间虽组成了清算组，但清算组成员王某、何某军未能举证证明其已依据《公司法》的相关规定，书面通知债权人，故应当承担赔偿利通公司相应损失的责任，即对民宇公司所欠利通公司的债务予以偿还。尽管如此，根据《公司法》的规定，民宇公司为有限责任公司，其股东仅在注册资金范围内承担有限责任，故王某、何某军的赔偿责任仅限于注册资金30万元的范围。二审法院认为，关于王某、何某军应当承担的赔偿范围，首先，民宇公司系由王某、何某军两股东自行清算，鉴于股东对公司情况知情的优势地位，应由清算义务人举证证明公司清算注销时的剩余财产。王某、何某军未能举证证明民宇公司在依法清算时应当剩余的财产数额，其提供的清算报告因存在虚假情形亦不能作为认定该剩余财产数额的依据，故王某、何某军应承担举证不能的不利后果。其次，《公司法》所规定的公司解散清算程序，是指在公司非因破产解散后，按照规定的程序所进行的清算活动。适用该解散清算程序的前提是公司的财产能够清偿全部债务，当公司财产不能足额清偿债务或者公司明显缺乏清偿能力时，应当依法进行破产清算。王某、何某军以虚假的清算报告为依据，自行实施违法清算行为，系对法人独立地位和股东有限责任的滥用，既不能产生债务人民宇公司免于清偿部分债务的后果，同时其作为股东也不再受到股东有限责任原则的保护。《公司法》第20条第3款(作者注：现《公司法》第23条第1款)规定：公司股东滥用公司法人独立地位和股东有限责任，逃避债务，严重损害公司债权人利益的，应当对公司债务承担连带责任。据此，王某、何某军应当对民宇公司的全部债务承担责任。最后，该案王某、何某军作为民宇公司的股东，在对民宇公司进行清算时未通知债权人利通公司，以虚假的清算报告骗取公司登记机关办理了注销登记，其行为严重损害了利通公司的合法权益，应当对利通公司承担赔偿责任，其赔偿责任的范围不应受股东有限责任原则的保护。一审判决认定事实清楚，但适用法律有误，应予纠正。

二、清算责任纠纷中的股东代表诉讼

根据《公司法司法解释二》第23条的规定，清算组成员从事清算事务时，违反法律、行政法规或者公司章程给公司或者债权人造成损失，公司或者债权人主张其承担赔偿责任的，人民法院应依法予以支持。有限责任公司的股东、股份有限公司连续180日以上单独或者合计持有公司1%以上股份的股东，依据《公司法》第151条第3款（作者注：现《公司法》第189条第3款）的规定，以清算组成员有前款所述行为为由向人民法院提起诉讼的，人民法院应予受理。公司已经清算完毕注销，上述股东参照《公司法》第151条第3款的规定，直接以清算组成员为被告、其他股东为第三人向人民法院提起诉讼的，人民法院应予受理。

根据上述规定，股东可针对清算组成员损害公司利益的行为，提起股东代表诉讼。公司自行清算，清算组成员由股东选任，如控股股东利用资本优势，安排其控制人员为清算组成员，清算组成员实施了损害公司利益的行为，但公司财产足以清偿公司债务时，债权人并未追究清算组责任，但却间接损害了股东利益，股东可代表公司提起股东代表诉讼。如（2019）最高法民终594号案，法院认为，根据我国《公司法》的规定，股东代表诉讼是在公司董事、监事、高级管理人员违反对公司的忠实和勤勉义务，以及包括大股东等在内的他人侵犯公司合法权益，给公司利益造成损害，而公司又不追究其责任时，赋予股东代表公司提起诉讼的权利，以维护公司合法权益。公司经解散清算并注销后，并非没有权利义务的继受人，在公司已经注销的情况下，符合法定条件的股东对提起股东代表诉讼仍具有诉的利益。故武广公司虽已注销，但国际公司提起的该案股东代表诉讼应继续审理。

根据《公司法》第189条的规定，股东提起代表诉讼应履行前置程序。如公司已注销，董事会或监事会已不存在，股东可直接提起代表诉讼；如公司处于清算中，公司董事会或监事会仍存续，股东仍应履行前置程序，要求董事会或监事会提请诉讼，董事会或监事会拒绝提起诉讼，或者自收到请求之日起30日内未提起诉讼，或者情况紧急、不立即提起诉讼将会使公司利益受到难以弥补的损害的，股东可提起代表诉讼。

有观点认为，因公司处于清算阶段，实际是清算组控制公司，股东无须履行前置程序。如（2014）甘民二终字第149号案，法院认为，周某斌以郑某廉将公司财产转入其他公司名下，对宝礼公司的利益构成损害为由，为宝礼公司利益向郑某廉提出股东代表诉讼。郑某廉当庭答辩称周某斌未适用《公司法》第151条股东代表诉讼的前置程序，即未向公司监事提出书面请求，其诉讼不应受理。《公司法》第151条第1款规定的目的是促使股东在维护公司利益方面尽量与公司决策机构形成一致的利益认同，避免经营分歧，并非为股东代表诉讼设置必经的前置程序。宝礼公司目前处于清算阶段，公司的一切事务由清算小组及清算组长郑某廉负责。因此，周某斌受客观因素限制无法通过前置程序提出请求，可以直接提起股东代表诉讼。

也有观点认为，股东应向清算组履行前置程序。如（2013）民四终字第46号案，法院认为，帕拉沃公司是昆泰集团作为合作公司的股东，有权就所认为的昆泰集团对合作公司的违约和侵权行为提起股东代表诉讼。双方合作的目标公司富裕达公司作为股东代表诉讼的受益人，应为该案第三人。因富裕达公司已进入清算程序，负责对富裕达公司进行特别清算的富裕达公司特别清算委员会，在特别清算期间行使富裕达公司的民事权利和义务，其应作为该案的第三人。帕拉沃公司以书面形式请求富裕达公司特别清算委员会以公司名义对昆泰集团出资不到位及抽逃资金的行为提起诉讼，富裕达公司特别清算委员会回函明确告知无法实施，帕拉沃公司才提起该案诉讼，属于已履行了法律规定的前置程序，并已竭尽了内部救济程序，故该案股东代表诉讼成立。

第二十四章

上市公司收购纠纷

上市公司收购对调整产业结构、提升上市公司经营效率、管理层进行监督、改善公司治理具有积极作用。[1] 近年来，上市公司收购频繁，导致发生在上市公司收购过程中的纠纷不断增多，为妥善处理因上市公司收购产生的争议，2020年《民事案件案由规定》确定了三级案由“285. 上市公司收购纠纷”。上市公司收购纠纷是指购买者在购买上市公司股份以获得其控制权的过程中与被收购者之间发生的纠纷。[2] 这个概念确定了上市公司收购纠纷基本判断标准，即取得上市公司控制权。

第一节　上市公司收购纠纷诉讼指引

一、诉讼主体

（一）原告与被告

上市公司收购实质是股份买卖。无论是从二级市场购买，还是从股东处受让，投资者作为购买方，上市公司股东作为出售方，交易发生在二者之间。根据《最高人民法院新民事案件案由规定理解与适用》对上市公司收购纠纷的定义，

---

〔1〕 参见李芬芬：《2014年以来上市公司收购与反收购情况探析》，载《证券市场导报》2017年第12期。
〔2〕 参见杨万明主编、最高人民法院研究室编著：《最高人民法院新民事案件案由规定理解与适用》，人民法院出版社2021年版，第790页。

上市公司收购纠纷限于购买者与被收购者之间的纠纷，因此，上市公司收购纠纷的原告与被告为投资者和上市公司股东。

（二）上市公司收购纠纷中的其他义务主体

1. 控股股东或者实际控制人

被收购公司的控股股东或者实际控制人同意出售其股份，为变现价值最大化，通常会忽略被收购公司或其他股东的权益，因此，《上市公司收购管理办法》第 7 条第 1 款规定："被收购公司的控股股东或者实际控制人不得滥用股东权利损害被收购公司或者其他股东的合法权益。"

2. 被收购公司董事、监事、高级管理人员

《上市公司收购管理办法》第 8 条规定："被收购公司的董事、监事、高级管理人员对公司负有忠实义务和勤勉义务，应当公平对待收购本公司的所有收购人。被收购公司董事会针对收购所做出的决策及采取的措施，应当有利于维护公司及其股东的利益，不得滥用职权对收购设置不适当的障碍，不得利用公司资源向收购人提供任何形式的财务资助，不得损害公司及其股东的合法权益。"一般而言，上市公司收购完成，公司新控制人会更换公司管理层，为避免被替换，被收购公司的董事、监事、高级管理人员会采取各种措施阻遏收购，而不优先考虑公司利益，为此，《上市公司收购管理办法》规定了被收购公司的董事、监事、高级管理人员在上市公司收购过程中对公司负有忠实义务和勤勉义务。

3. 中介机构

根据《上市公司收购管理办法》第 9 条的规定，投资者进行上市公司的收购，应当聘请符合《证券法》规定的专业机构担任财务顾问，为上市公司收购出具资产评估报告、审计报告、法律意见书的证券服务机构及其从业人员，应当遵守法律、行政法规、中国证券监督管理委员会的有关规定，以及证券交易所的相关规则，遵循本行业公认的业务标准和道德规范，诚实守信，勤勉尽责，对其所制作、出具文件的真实性、准确性和完整性承担责任。

（三）第三人

《公司法》及其司法解释未明文规定上市公司收购纠纷的第三人，法院有权

根据法庭调查需要追加或当事人申请追加第三人。

二、管辖

上市公司收购纠纷非《民事诉讼法》及其司法解释确立的特殊管辖，应按管辖一般原则，由被告住所地或合同履行地法院管辖。最高人民法院认为，上市公司收购纠纷的管辖确定要综合考虑公司所在地等因素。[1]

三、诉讼请求

上市公司收购纠纷限于投资者与被收购者之间的纠纷。结合上市公司的收购方式，投资者多数情况下是以协议方式完成收购，因此，上市公司收购纠纷的诉讼请求涉及合同成立与生效、履行、终止及赔偿损失等事项。如（2013）苏商终字第0036号案，原告要求被告承担缔约过失责任。

四、诉讼时效

上市公司收购纠纷是否适用诉讼时效制度应结合原告的诉讼请求确定，如原告诉讼请求是要求被告履行法定或约定义务，不受诉讼时效规制；如原告诉讼请求涉及赔偿损失等，应受诉讼时效制度规制。

第二节　上市公司收购纠纷实务操作

一、上市公司收购的概念

现行《公司法》及《上市公司收购管理办法》均未对上市公司收购作出定义。《上市公司收购管理办法》（2002年颁布，已失效）第2条规定："本办法所称上市公司收购，是指收购人通过在证券交易所的股份转让活动持有一个上市公司的股份达到一定比例、通过证券交易所股份转让活动以外的其他合法途径

〔1〕参见杨万明主编、最高人民法院研究室编著：《最高人民法院新民事案件案由规定理解与适用》，人民法院出版社2019年版，第790页。

控制一个上市公司的股份达到一定程度，导致其获得或者可能获得对该公司的实际控制权的行为。”该概念强调上市公司控制权的转移，但之后这个定义又被取消了，未再有新的规定对此进行明确。实务意见认为，上市公司收购是收购人通过法定方式，为取得或巩固对上市公司的控制权而购买该上市公司股份的行为。[1]

二、上市公司收购的方式

《证券法》第 62 条规定：“投资者可以采取要约收购、协议收购及其他合法方式收购上市公司。”这是《证券法》的法定分类，但实务中还存在其他收购方式。

（一）要约收购、协议收购及其他合法方式

1. 要约收购

要约收购，是指投资者向被收购上市公司所有股东发出要约，公开求购股份的行为。除要约方式外，投资者不得在证券交易所外公开求购上市公司的股份。要约收购分为部分要约收购与全面要约收购、自愿要约收购与强制要约收购。

部分要约收购是指向被收购公司所有股东发出收购其所持有的部分股份的要约；全面要约收购是指投资者向被收购公司所有股东发出收购其所持有的全部股份的要约。

投资者要约收购上市公司股份一般是自愿的，即为自愿要约收购，但当投资者持有一个上市公司的股份达到该公司已发行股份的 30% 时，继续增持股份的，应当向被收购上市公司的所有股东发出全面要约或者部分要约，为强制要约收购。

例如，上海妙可蓝多食品科技股份有限公司（以下简称妙可蓝多公司）公告称，内蒙古蒙牛乳业（集团）股份有限公司（以下简称内蒙蒙牛）于 2022 年 10 月

〔1〕 参见杨万明主编、最高人民法院研究室编著：《最高人民法院新民事案件案由规定理解与适用》，人民法院出版社 2019 年版，第 789 页。

14 日披露《上海妙可蓝多食品科技股份有限公司要约收购报告书》，内蒙蒙牛向妙可蓝多公司除内蒙蒙牛以外的全体股东发出收购公司部分股份的要约，要约收购股份数量为 25,809,008 股，要约价格为 30.92 元/股，要约收购期限为 2022 年 10 月 18 日至 11 月 16 日。截至 2022 年 11 月 16 日，该次要约收购期限届满，在要约收购期限内，预受要约的股东账户总数为 305 户，预受要约股份总数共计 27,071,853 股，占妙可蓝多公司目前股份总数的 5.25%。内蒙蒙牛已按照《上海妙可蓝多食品科技股份有限公司要约收购报告书》的约定，按照同等比例收购已预受要约的股份，最终收购股份数量为 25,809,008 股，截至 2022 年 11 月 25 日，该次要约收购的清算过户手续已办理完毕。内蒙蒙牛已按照上海证券交易所及中国证券登记结算有限责任公司上海分公司有关规定履行了相关义务。该次要约收购完成后，内蒙蒙牛共计持有妙可蓝多公司 180,671,963 股股份，占妙可蓝多公司目前股份总数的 35.01%。

要约收购的优点在于收购初期就确定了持股成本，如果通过二级市场集中竞价方式，股价不断上升，收购成本将难以控制，如宝能通过集中竞价方式购买万科股票，股价从 15 元左右涨至 30 元左右，涨幅接近 100%。要约收购的缺点是对现金要求高，根据《上市公司收购管理办法》第 36 条规定，投资者可以采用现金、证券、现金与证券相结合等合法方式支付收购上市公司的价款。投资者以未在证券交易所上市交易的证券支付收购价款的，必须同时提供现金方式供被收购公司的股东选择；以现金支付收购价款的，将不少于收购价款总额的 20% 作为履约保证金存入证券登记结算机构指定的银行。因此，虽然要约收购是法定收购方式，但多年来要约收购制度在我国一直处于理论意义较高，实践意义偏低的尴尬境地。[1]

2. 协议收购

协议收购，是指投资者与被收购上市公司的股东达成协议，受让全部或部分股份，实现对上市公司的控制。实务中，为避免触发强制要约收购义务，投资者收购的上市公司股份比例一般低于 30%，同时为了确保投资者对被收购上市公司的控制权，投资者还会要求控股股东及其一致行动人配套地作出表决权委

---

〔1〕 参见李文莉、倪受彬、黄江东：《上市公司收购监管制度研究》，载《证券法律评论》2015 年第 02 期。

托等安排。

例如,道森股份公告称,宝业机械将向科云新材转让其持有公司的全部26.1%股份。道森投资将分别向科云新材转让其持有公司的1.9%股份、向华昇晖转让其持有公司的12%股份、向铭鹰发展转让其持有公司的10%股份。上述交易的转让价格均为15.84元/股,转让价款合计为16.47亿元。在合计50%股权过户完成后,科云新材将持有公司28%的股份,成为公司第一大股东。道森投资及其一致行动人合计持有公司26.23%的股份,已低于第一大股东科云新材,但比例接近,为进一步筑固科云新材的控制权,维持公司股权结构稳定,道森投资将暂时自愿放弃10%股份对应的表决权,公司控股股东变更为科云新材。[1]

3.其他合法方式

(1)举牌收购

举牌收购,是指投资者通过二级市场竞价交易取得上市公司控制权。例如,自2015年1月起,前海人寿保险股份有限公司、深圳市钜盛华股份有限公司通过二级市场不断购入万科股票,最终持有股份数比例为25%左右。因万科公司采取的反收购措施,两公司未能收购成功,但该案例受到了广泛关注,具有代表性。

(2)定向增发新股

上市公司向投资者定向增发新股,投资者认购增发的股份,实现投资者取得上市公司控制权。例如,启明星辰公告称,启明星辰向中移资本发行股票283,109,667股,拟募资不超过40.6亿元。本次发行完成后,中移资本直接持有公司23.08%的股份。王某、严某夫妇合计持有公司21.73%的股份,并自愿、无条件且不可撤销地,放弃持有的8.65%股份对应的表决权,其合计持有公司13.08%的表决权,因此,中移资本成为公司控股股东。

(二)直接收购与间接收购

按投资者收购时是否直接成为被收购上市公司的股东,上市公司收购分为

〔1〕 参见《道森股份最新公告:控股股东拟变更为科云新材明日复牌》,载金融界,https://baijiahao.baidu.com/s?id=1714690032724412005&wfr=spider&for=pc,最后访问日期:2023年7月5日。

直接收购与间接收购。间接收购是指投资者在形式上没有直接成为被收购上市公司的股东，但通过投资关系、协议、其他安排导致其拥有被收购上市公司的控制权。比较常见的是，投资者通过取得上市公司控股股东的控制权而间接控制上市公司。例如，天津普林公告称，TCL 科技通过受让津智资本及渤海国资分别持有的中环集团 51% 及 49% 股权，获取中环集团的控制权；由于中环集团控股天津普林，导致 TCL 科技间接持有天津普林 6231 万股股份，占总股本的 25.35%，间接控股天津普林。

反之，投资者通过投资关系、协议、其他安排直接拥有被收购上市公司控制权的，即为直接收购。

综上所述，上市公司收购方式决定了上市公司收购纠纷的类型。除举牌收购之外，无论是要约收购、协议收购、定向增发新股以及间接收购等，投资者与上市公司、上市公司控股股东或实际控制人之间均存在协议关系，因此，上市公司收购纠纷的类型主要为上市公司收购协议的成立与生效、履行、终止或赔偿损失等问题。实证研究表明，最常见的收购方式为协议转让及定向增发新股，两者合计占比近 70%。[1] 对于举牌收购方式，投资者通过二级市场购买股票，主要涉及信息披露是否合规、投资者主体资格是否合法、资金来源是否合法等，这些涉及证券监管问题，不属于上市公司收购纠纷范围；上市公司及其控股股东采取的反收购措施，例如限制提案权利、对股东提名董事的人数进行限制、限制改选董事的比例及金色降落伞（公司章程中规定，对于上市公司的董事、高级管理人员等，任期未满而被动解职的，上市公司应当向其支付巨额补偿金）等，这些涉及公司章程修改，与股东会决议相关，通常按公司决议纠纷处理，不属于上市公司收购纠纷范围。

三、上市公司反收购的措施

上市公司反收购措施主要适用于举牌收购。按反收购措施决定权归属的立法实践，美国在立法上将上市公司反收购的决定权赋予以董事会为代表的管理层，但董事会行使该权利时受商业判断规则的约束，应履行相应的注意和忠

---

〔1〕 参见李芬芬：《2014 年以来上市公司收购与反收购情况探析》，载《证券市场导报》2017 年第 12 期。

诚义务;英国在立法上倾向于将上市公司反收购的决定权赋予股东大会。[1]

根据《证券法》及《公司法》规定,我国涉及公司根本性问题的决定权都被赋予给股东会,上市公司董事会基于《公司法》所能采取的措施有限。[2] 我国现行付诸实践的反收购措施多数规定于公司章程中,如限制提案权条款(效力存疑),限制董事、高级管理人员提名、任免条款,限制更换董事比例条款等,公司章程修改属于股东会权限范围,因此,我国上市公司反收购措施的决定权在股东会。

---

〔1〕 参见曹晓路:《注册制背景下完善我国上市公司收购与反收购制度立法建议——从"万科股权之争"反思上市公司反收购决定权的归属》,载《证券法律评论》2016 年第 00 期。

〔2〕 参见曹晓路:《注册制背景下完善我国上市公司收购与反收购制度立法建议——从"万科股权之争"反思上市公司反收购决定权的归属》,载《证券法律评论》2016 年第 00 期。